T. Kaiser · T. Köster · A. Müller

Die öffentlich-rechtliche Klausur im Assessorexamen Niedersachsen

Die öffentlich-rechtliche Klausur im Assessorexamen Niedersachsen

Von

Torsten Kaiser
Rechtsanwalt
Wirtschaftsjurist (Univ. Bayreuth)
Seminarleiter bei den Kaiserseminaren
Mitherausgeber der Juristischen Arbeitsblätter

Thomas Köster
Richter am Landessozialgericht NRW
Dipl.-Verwaltungswirt (FH)
Seminarleiter bei den Kaiserseminaren

Andreas Müller
Vorsitzender Richter am Verwaltungsgericht Düsseldorf
Seminarleiter bei den Kaiserseminaren

2021

Verlag Franz Vahlen

Zitierweise: *Kaiser/Köster/Müller* ÖffR-Klausur Nds

www.vahlen.de

ISBN 978 3 8006 6497 9

Wilhelmstraße 9, 80801 München
Druck: Himmer GmbH Druckerei & Verlag
Steinerne Furt 95, 86167 Augsburg

Satz: R. John + W. John GbR, Köln
Umschlaggestaltung: Martina Busch Grafikdesign, Homburg Saar

CO_2 neutral
vahlen.de/nachhaltig

Gedruckt auf säurefreiem, alterungsbeständigem Papier
(hergestellt aus chlorfrei gebleichtem Zellstoff)

Vorwort

Dieses speziell für Rechtsreferendarinnen und Rechtsreferendare aus Niedersachsen entwickelte Lehrbuch greift den vielfach an die Verfasser herangetragenen Wunsch auf, ein spezielles Lernmedium zu entwickeln, in dem die besonderen Prüfungsanforderungen des niedersächsischen Landesrechts und des dortigen Landesjustizprüfungsamtes behandelt werden. Es verzichtet auf eine umfassende Darstellung der verwaltungsgerichtlichen Klausuren und erörtert vertieft die verwaltungsfachlichen und gutachterlich-rechtsberatenden Aufgabenstellungen. Examenskandidatinnen und -kandidaten aus anderen Bundesländern, die auch den Entwurf von verwaltungsgerichtlichen Urteilen und Beschlüssen beherrschen müssen, sei das ebenfalls im Verlag Vahlen erschienene Kaiserskript »Die öffentlich-rechtliche Klausur im Assessorexamen« ans Herz gelegt.

Das Lehrbuch ist für die Wochenendseminare entwickelt worden, die die Verfasser zur Vorbereitung auf die öffentlich-rechtlichen Klausuren im Assessorexamen veranstalten. Es ist als Wissensbasis für die Nacharbeitung und Vertiefung des in den Seminaren vermittelten Stoffes gedacht. Es kann aber auch unabhängig vom Besuch der Seminare Grundlage für die Examensvorbereitung sein, da es alle wesentlichen Fragen und verwaltungsfachlichen sowie anwaltlichen Examensprobleme behandelt, die Gegenstand von öffentlich-rechtlichen Aufgabenstellungen im Assessorexamen sind.

In dem ersten Teil werden die Grundlagen für die Bearbeitung solcher Aktenauszüge dargestellt, die aus der Perspektive eines Verwaltungsjuristen zu bearbeiten sind (»VR-Klausur«). Hier werden die typischen Klausurhauptleistungen einschließlich der ergänzenden Verfügungen und Arbeitsvermerke eingängig erörtert. Gleichzeitig wird verdeutlicht, wie die jeweiligen Abschnitte im vorzulegenden Verwaltungsentwurf darzustellen sind.

Anschließend finden Sie im zweiten Teil das notwendige Handwerkszeug für die öffentlich-rechtliche Klausur mit einer anwaltlichen Aufgabenstellung (»VA-Klausur«). Diese fallen bisher vielfach schlecht aus, weil viele Kandidatinnen und Kandidaten ein Gutachten verfassen, das nicht ausreichend auf die Besonderheiten der für das Assessorexamen typischen Problemstellungen eingeht. In diesem Skript wird daher besonderen Wert auf die Darstellung der anwaltlichen Zweckmäßigkeitsüberlegungen und die Darstellung des praktischen Teils einer Anwaltsklausur gelegt.

Die zweite »Säule« Ihrer Examensvorbereitung im öffentlichen Recht muss das materielle Recht sein. Hierzu verweisen wir Sie auf das Kaiserseminar »Materielles Öffentliches Recht im Assessorexamen« und das entsprechende Lehrbuch. Dort lernen Sie, welche materiellen Themen immer wieder Gegenstand von Assessorexamensklausuren sind.

Für Anregungen und Kritik sind wir unter th.koester@gmx.de und andreas-stuhr@web.de jederzeit dankbar.

Lübeck, Münster, Düsseldorf im Dezember 2020

Torsten Kaiser
Thomas Köster
Andreas Müller

Inhaltsverzeichnis

Abkürzungsverzeichnis

aA . . . . anderer Ansicht; anderer Auffassung
Abs. . . . . Absatz
aE . . . . am Ende
AllGO . . . . Verordnung über die Gebühren und Auslagen für Amtshandlungen und Leistungen (Allgemeine Gebührenordnung)
AllgVorbehVO . . . . . . Allgemeine Verordnung über die den Landkreisen gegenüber den großen selbständigen Städten und den selbständigen Gemeinden vorbehaltenen Aufgaben des übertragenen Wirkungskreises (Allgemeine Vorbehaltsverordnung)
AO . . . . Abgabenordnung
AOsofVz . . . . Anordnung der sofortigen Vollziehung
Art. . . . . Artikel
AsylG . . . . Asylgesetz
AufenthG . . . . Gesetz über den Aufenthalt, die Erwerbstätigkeit und die Integration von Ausländern im Bundesgebiet (Aufenthaltsgesetz)
AufenthV . . . . Aufenthaltsverordnung
Aufl. . . . . Auflage

BAföG . . . . Bundesgesetz über individuelle Förderung der Ausbildung (Bundesausbildungsförderungsgesetz)
BauGB . . . . Baugesetzbuch
BBG . . . . Bundesbeamtengesetz
BBodSchG . . . . Gesetz zum Schutz vor schädlichen Bodenveränderungen und zur Sanierung von Altlasten (Bundes-Bodenschutzgesetz)
BeamtStG . . . . Gesetz zur Regelung des Statusrechts der Beamtinnen und Beamten in den Ländern (Beamtenstatusgesetz)
BeckRS . . . . Beck-Rechtsprechung
Beschl. . . . . Beschluss
BGB . . . . Bürgerliches Gesetzbuch
BGBl. . . . . Bundesgesetzblatt
BGebG . . . . Bundesgebührengesetz
BGH . . . . Bundesgerichtshof
BImSchG . . . . Bundesimmissionsschutzgesetz
BNatSchG . . . . Gesetz über Naturschutz und Landschaftspflege (Bundesnaturschutzgesetz)
BVerfG . . . . Bundesverfassungsgericht
BVerwG . . . . Bundesverwaltungsgericht
BVerwGE . . . . Entscheidungen des Bundesverwaltungsgerichts
bzgl. . . . . bezüglich
bzw. . . . . beziehungsweise

c.i.c. . . . . culpa in contrahendo

dh . . . . das heißt

EB . . . . Empfangsbekenntnis
EGGVG . . . . Einführungsgesetz zum Gerichtsverfassungsgesetz
ERVV . . . . Verordnung über die technischen Rahmenbedingungen des elektronischen Rechtsverkehrs und über das besondere elektronische Behördenpostfach (Elektronischer-Rechtsverkehr-Verordnung)
EUR . . . . Euro

f. .... folgende
FBA .... Folgenbeseitigungsanspruch
ff. .... fortfolgende
FFI .... Fortsetzungsfeststellungsinteresse
FFK .... Fortsetzungsfeststellungsklage
FFW .... Fortsetzungsfeststellungswiderspruch
FGO .... Finanzgerichtsordnung

GebO .... Gebührenordnung
gem. .... gemäß
GewO .... Gewerbeordnung
GG .... Grundgesetz
ggf. .... gegebenenfalls
GKG .... Gerichtskostengesetz
GmbH .... Gesellschaft mit beschränkter Haftung
GmSOBG .... Gemeinsamer Senat der obersten Gerichtshöfe des Bundes
GPA .... Gemeinsames Prüfungsamt
GVG .... Gerichtsverfassungsgesetz

HandwO .... Handwerksordnung
hL .... herrschende Lehre
hM .... herrschende Meinung
hRspr .... herrschende Rechtsprechung
Hs. .... Halbsatz

idR .... in der Regel
idS .... in diesem Sinne
IFG .... Gesetz zur Regelung des Zugangs zu Informationen des Bundes (Formationsfreiheitsgesetz)
insbes. .... insbesondere
iRd .... im Rahmen der (des)
iSd .... im Sinne der(s)
iSv .... im Sinne von
iVm .... in Verbindung mit
IWG .... Gesetz über die Weiterverwendung von Informationen öffentlicher Stellen (Informationsweiterverwendungsgesetz)

JA .... Juristische Arbeitsblätter (Zeitschrift)
JAPrO .... Verordnung des Justizministeriums über die Ausbildung und Prüfung der Juristinnen und Juristen (Juristenausbildungs- und Prüfungsordnung)
JPA .... Justizprüfungsamt
JURA .... Juristische Ausbildung (Zeitschrift)
JuS .... Juristische Schulung (Zeitschrift)

KFB .... Kostenfestsetzungsbescheid
KrWG .... Gesetz zur Förderung der Kreislaufwirtschaft und Sicherung der umweltverträglichen Bewirtschaftung von Abfällen (Kreislaufwirtschaftsgesetz)

LJPA .... Landesjustizprüfungsamt
LSG .... Landessozialgericht
LT-Drs. .... Landtagsdrucksache
LZG .... Landeszustellungsgesetz

mwN .... mit weiteren Nachweisen

NBauO .... Bauordnung Niedersachsen
NBG .... Niedersächsisches Beamtengesetz
NBodSchG .... Niedersächsisches Bodenschutzgesetz
NdsAllgZustVO-Kom Allgemeine Zuständigkeitsverordnung für die Gemeinden und Landkreise zur Ausführung von Bundesrecht des Landes Niedersachsen
NdsDVO-BauGB ... Niedersächsische Verordnung zur Durchführung des Baugesetzbuches
Nds. ERVVO-Justiz .. Niedersächsische Verordnung über den elektronischen Rechtsverkehr in der Justiz (Elektronische Rechtsverkehr-Verordnung)
NdsGGO .... Gemeinsame Geschäftsordnung der Landesregierung und der Ministerien in Niedersachsen
NdsVerf .... Niedersächsische Verfassung
NdsZustVO-SOG ... Verordnung über Zuständigkeiten auf verschiedenen Gebieten der Gefahrenabwehr des Landes Niedersachsen
NJAVO .... Verordnung zum Niedersächsischen Gesetz zur Ausbildung der Juristinnen und Juristen
NJG .... Niedersächsisches Justizgesetz
NJW .... Neue Juristische Wochenschrift (Zeitschrift)
NKAG .... Niedersächsisches Kommunalabgabengesetz
NKomVG .... Niedersächsisches Kommunalverfassungsgesetz
NPOG .... Niedersächsisches Polizei- und Ordnungsbehördengesetz
Nr. .... Nummer
NSchulG .... Niedersächsisches Schulgesetz
NStrG .... Niedersächsisches Straßengesetz
NUIG .... Niedersächsisches Umweltinformationsgesetz
NVwKostG .... Niedersächsisches Verwaltungskostengesetz
NVwVfG .... Niedersächsisches Verwaltungsverfahrensgesetz
NVwZ .... Neue Zeitschrift für Verwaltungsrecht
NVwZG .... Niedersächsisches Verwaltungszustellungsgesetz
NVwZ-RR .... NVwZ-Rechtsprechungs-Report Verwaltungsrecht (Zeitschrift)
NWG .... Niedersächsisches Wassergesetz
NWVBl. .... Nordrhein-Westfälische Verwaltungsblätter (Zeitschrift)

OLG .... Oberlandesgericht
OVG .... Oberverwaltungsgericht
OWiG .... Gesetz über Ordnungswidrigkeiten

ParteiG .... Gesetz über die politischen Parteien (Parteiengesetz)
PAuswG .... Gesetz über Personalausweise und den elektronischen Identitätsnachweis (Personalausweisgesetz)
PassG .... Passgesetz
PKH .... Prozesskostenhilfe
PZU .... Postzustellungsurkunde

RBB .... Rechtsbehelfsbelehrung
r.i.p. .... reformatio in peius
Rn. .... Randnummer
RSB .... Rechtsschutzbedürfnis
RVG .... Gesetz über die Vergütung der Rechtsanwältinnen und Rechtsanwälte (Rechtsanwaltsvergütungsgesetz)

s. .... siehe
S. .... Satz
SGB II .... Sozialgesetzbuch (SGB) Zweites Buch (II) – Grundsicherung für Arbeitsuchende
SGB XII .... Sozialgesetzbuch (SGB) Zwölftes Buch (XII) – Sozialhilfe
SGG .... Sozialgerichtsgesetz

SigG .... Gesetz über Rahmenbedingungen für elektronische Signaturen (Signaturgesetz)
sog. .... sogenannt(e)
StPO .... Strafprozessordnung
str. .... streitig
stRspr .... ständige Rechtsprechung
StVG .... Straßenverkehrsgesetz
StVO .... Straßenverkehrs-Ordnung

TA Lärm .... Technische Anleitung zum Schutz gegen Lärm
TA Luft .... Technische Anleitung zur Reinhaltung der Luft

UdG .... Urkundsbeamter der Geschäftsstelle
UIG .... Umweltinformationsgesetz
umstr. .... umstritten
UmwRG .... Gesetz über ergänzende Vorschriften zu Rechtsbehelfen in Umweltangelegenheiten nach der EG-Richtlinie 2003/35/EG (Umwelt-Rechtsbehelfsgesetz)
Urt. .... Urteil
UVP .... Umweltverträglichkeitsprüfung

v. .... von, vom
VA .... Verwaltungsakt
Var. .... Variante
VG .... Verwaltungsgericht
VGH .... Verwaltungsgerichtshof
vgl. .... vergleiche
VV RVG .... Vergütungsverzeichnis zum Rechtsanwaltsvergütungsgesetz
VwGO .... Verwaltungsgerichtsordnung
VwVfG .... Verwaltungsverfahrensgesetz (des Bundes)
VwVG .... Verwaltungsvollstreckungsgesetz (des Bundes)
VwZG .... Verwaltungszustellungsgesetz (des Bundes)

WaffenG .... Waffengesetz
WPflG .... Wehrpflichtgesetz
WSV .... Widerspruchsverfahren
Wv./WV/Wvl. ...... Wiedervorlage

zB .... zum Beispiel
z.d.A. .... zu den Akten
ZDG .... Gesetz über den Zivildienst der Kriegsdienstverweigerer (Zivildienstgesetz)
Ziff. .... Ziffer
zit. .... zitiert
zum Vorg. .... zum Vorgesetzten
ZPO .... Zivilprozessordnung
zzgl. .... zuzüglich

Literaturverzeichnis

Bülter, G., Öffentlich-rechtliche Anwaltsklausuren im Assessorexamen, 2010 (zit.: *Bülter* ÖffR-Anwaltsklausuren)

Eyermann, E., Kommentar zur Verwaltungsgerichtsordnung, 15. Aufl. 2019 (zit.: Eyermann/*Bearbeiter*)

Fehling, M./Kastner, B./Störmer, R., Verwaltungsrecht Handkommentar, 4. Aufl. 2016 (zit.: HK-VerwR/*Bearbeiter*)

Fichte, W., Typische Fehler in der öffentlich-rechtlichen Assessorklausur, 2. Aufl. 2010 (zit.: *Fichte* Typische Fehler)

Happ, M./Allesch, E./Geiger, H./Metschke, A., Die Station in der öffentlichen Verwaltung, 5. Aufl. 2003 (zit.: Happ/Allesch/Geiger/Metschke ÖffVerw-Station)

Ipsen, J., Niedersächsisches Kommunalrecht, 4. Aufl. 2011 (zit.: *Ipsen* NdsKommR)

Kaiser, T./Kaiser, H./Kaiser, J., Die Anwaltsklausur Zivilrecht, 8. Aufl. 2019 (zit.: *Kaiser/Kaiser/Kaiser* Anwaltsklausur ZivilR)

Kaiser, T./Köster, T./Seegmüller, R., Die öffentlich-rechtliche Klausur im Assessorexamen, 5. Aufl. 2019 (zit.: *Kaiser/Köster/Seegmüller* ÖffR-Klausur)

Kaiser, T./Köster, T./Seegmüller, R., Materielles Öffentliches Recht im Assessorexamen, 5. Aufl. 2021 (zit.: *Kaiser/Köster/Seegmüller* MatÖffR)

Kintz, R., Öffentliches Recht im Assessorexamen, 10. Aufl. 2018 (*Kintz* ÖffR)

Kopp F. O./Ramsauer, U., Verwaltungsverfahrensgesetz Kommentar, 21. Aufl. 2020 (zit.: Kopp/Ramsauer/*Bearbeiter*)

Kopp, F. O./Schenke, W.-R., Verwaltungsgerichtsordnung Kommentar, 26. Aufl. 2020 (zit.: Kopp/Schenke/*Bearbeiter*)

Maurer H./Waldhoff, C., Allgemeines Verwaltungsrecht, 19. Aufl. 2017 (zit.: *Maurer/Waldhoff* AllgVerwR)

Pietzner, R./Ronellenfitsch, M., Das Assessorexamen im Öffentlichen Recht, 14. Aufl. 2019 (zit.: *Pietzner/Ronellenfitsch* Assessorexamen ÖffR)

Posser, H./Wolff, H. A., VwGO Kommentar, 2. Aufl. 2014 (zit.: Posser/Wolff/*Bearbeiter*)

Quaas, M./Zuck, R./Funke-Kaiser, M., Prozesse in Verwaltungssachen, 3. Aufl. 2018 (zit.: PHB-VerwS/*Bearbeiter*)

Schoch, F./Schneider, J.P./Bier, W., Verwaltungsgerichtsordnung: VwGO Kommentar, 38. Aufl. 2020 (zit.: Schoch/Schneider/Bier/*Bearbeiter*)

Seybold, J./Neumann, W./Weidner, F., Niedersächsisches Kommunalrecht, 6. Aufl. 2019 (zit.: *Seybold/Neumann/Weidner* NdsKommR)

Stelkens, P./Bonk, H. J./Sachs, M., Verwaltungsverfahrensgesetz: VwVfG, 9. Aufl. 2018 (zit.: Stelkens/Bonk/Sachs/*Bearbeiter*)

Thomas, H./Putzo, H., Kommentar zur Zivilprozessordnung, 41. Aufl. 2020 (zit.: Thomas/Putzo/*Bearbeiter*)

Volkert, W., Die Verwaltungsentscheidung, 5. Aufl. 2010 (zit.: *Volkert* VerwEntsch)

Wolff, H. A./Decker, A., Studienkommentar zur VwGO/VwVfG, 3. Aufl. 2012 (zit.: Wolff/Decker/*Bearbeiter*)

1. Teil. Die verwaltungsfachliche Klausur

Examensrelevanz: Gemäß § 37 II 1 Nr. 3 NJAVO sind zwei Aufsichtsarbeiten aus dem Bereich des Öffentlichen Rechts anzufertigen. Eine der beiden Klausuren hat eine verwaltungsfachliche Aufgabenstellung zu enthalten. Sofern eine Wahlfachklausur aus dem Öffentlichen Recht gewählt wird, hat diese ebenfalls eine verwaltungsfachliche Aufgabe zu enthalten (§ 37 II 1Nr. 4 NJAVO). 1

Die formalen Anforderungen einer Klausur aus dem Öffentlichen Recht sind trotz der Unterschiedlichkeit im Detail vergleichbar. Regelmäßig haben Sie bei einer verwaltungsfachlichen Klausur – je nach Bearbeitervermerk – einen »vorangestellten Vermerk« (bzw. – was allerdings nach den Informationen des LJPA Niedersachsen die Ausnahme ist – ein »vorbereitendes Gutachten«) anzufertigen, dem ein praktischer Teil folgt. Dieser Entscheidungsvorschlag ist in einen durchzunummerierenden Verwaltungsvorgang (dem »Entwurf«) einzukleiden.[1] 2

Der Standardklausurfall ist der Entwurf einer ausgangsbehördlichen Entscheidung (vielfach einer gefahrenabwehrrechtlichen Verfügung oder einer kommunalaufsichtlichen Maßnahme gem. §§ 172 ff. NKomVG), eines Widerspruchsbescheides oder eines Schriftsatzes (insbesondere Antrags- und Klageerwiderungen im gerichtlichen Verfahren). Manchmal werden atypische Entscheidungsformen verlangt, zB eine nichtregelnde Reaktion auf eine formlose Eingabe (»Beschwerdebescheid«). 3

Vielen Kandidaten bereiten verwaltungsfachliche Klausuren Unbehagen, da man »nie wisse, was und wie das LJPA etwas hören wolle«. Diese Sorgen sind unberechtigt. Bei verwaltungsfachlichen Aufgabenstellungen (ähnlich aber auch bei anwaltlichen Klausuren) erwartet das LJPA keinen zwingenden und mit dem Lösungsvorschlag deckungsgleichen Klausuraufbau. Im Gegenteil wird eine gewisse Kreativität durchaus belohnt.[2] Deshalb sollten Sie sich nicht zu sehr mit Gestaltungsfragen befassen, sondern folgendes Ziel anstreben: Stellen Sie sicher, dass Ihre Klausur in sich schlüssige Entwurfselemente enthält und nach fünf Stunden als vollständiger, praktisch verwertbarer Entscheidungsvorschlag abgeliefert wird. Das Erfordernis eines in sich schlüssigen Aufbaus verlangt etwa, dass der praktische Teil dem Ergebnis des vorangestellten Vermerks bzw. Gutachtens entspricht und die weiteren Verfügungen (zB »*Kostenfestsetzungsbescheid fertigen*«) und Schlussverfügungen (»*Wvl.*«, »*z.d.A.*«, »*zum Vorg.*«, »*weglegen*«) der Sachentscheidung entsprechen. 4

Folgender Hinweis erscheint trivial, ist er aber nicht: Viele Kandidaten verfassen ein Gutachten und stellen beim praktischen Teil fest, dass die Lösung vermeintlich »nicht passt«. Dann wird oft versucht, zumindest den praktischen Klausurteil zu »retten« und ein dem Gutachten nicht entsprechender Bescheidentwurf abgegeben. Dies darf nicht passieren. Bevor Sie das Gutachten in Reinschrift abfassen, sollten Sie den praktischen Teil schon gedanklich durchgespielt haben. 5

Zudem unterläuft vielen Kandidaten folgender Fehler: Da die Abfassung eines eventuellen Gutachtens aus dem Referendarexamen bekannt ist, verwenden schwächere Kandidaten den größten Teil der Bearbeitungszeit mit der Abfassung des Gutachtens und werden mit dem praktischen Teil nicht fertig. Klausuren, die einen nicht abgeschlossenen praktischen Teil enthalten, landen allerdings häufig unter dem Strich. Deshalb sollten Sie sich bemühen, im Gutachten bzw. dem gegebenenfalls verlangten vorbereitenden Vermerk nur die problematischen Aspekte gutachterlich zu erörtern und im Übrigen Urteilsstil zu verwenden. 6

1 Niedersächsisches Justizministerium, Merkblätter zur zweiten juristischen Staatsprüfung, »Die Aufsichtsarbeit aus dem Öffentlichen Recht mit einer verwaltungsfachlichen Aufgabenstellung«, Januar 2010.

2 Niedersächsisches Justizministerium, Merkblätter zur zweiten juristischen Staatsprüfung, »Die Aufsichtsarbeit aus dem Öffentlichen Recht mit einer verwaltungsfachlichen Aufgabenstellung«, Januar 2010, A.IV.

1. Kapitel. Aufgaben im Verwaltungsverfahren

7 Eine verwaltungsfachliche Klausur sollten Sie in folgender Technik bearbeiten:

Übersicht: Technik zur Bearbeitung verwaltungsfachlicher Klausuren

- **Lesen des Bearbeitervermerks** zur Erfassung der Aufgabenstellung (Was wird verlangt? Was wird erlassen?). Bisweilen wird eine Kostenlastentscheidung erlassen. Gerade bei verwaltungsfachlichen Klausuren ist es wichtig, die Aufgabenstellung genau zu erfassen, da hier die verlangten Prüfungsleistungen erheblich variieren;
- **Klärung der verfahrensrechtlichen Situation**, in der Sie sich als »Entscheider« befinden;
- Anlegen eines **Brainstorming-Zettels** für jeden Teil der Klausur (eventuell Gutachten, anschließend praktischer Teil [Bescheidentwurf, Schreiben an sonstige Behörden etc.]);
- **Mehrfaches »Überfliegen« der Klausur**, um sich einen ersten Eindruck zu verschaffen;
- Anfertigung einer **Sachverhaltsskizze** (einschließlich Zeitstrahl) beim nochmaligen Lesen des Aktenauszugs;
- **Gutachterliche Erarbeitung der Lösung**;
- **Sammeln formaler Besonderheiten** (insbesondere für VA [Eingangsteil, Entscheidungsformel, Sachverhalt, rechtliche Begründung]; Anordnung der sofortigen Vollziehung, Verwaltungszwang);
- **Umsetzung der Skizze** = Formulierung (Entscheidungsentwurf; gegebenenfalls mit vorangestelltem Gutachten oder Vermerk).

A. Entwurf einer ausgangsbehördlichen Entscheidung

8 **Examensrelevanz:** Aktenauszüge, in denen ein Ausgangsbescheid zu entwerfen ist, sind neben dem Entwurf eines Widerspruchsbescheides der Standardfall einer verwaltungsfachlichen Klausur. Da in Niedersachsen die Bedeutung des Widerspruchsverfahrens ungeachtet des »Optionsmodells« (§ 80 III NJG) abgenommen hat, ist damit zu rechnen, dass das LJPA auch künftig ausgangsbehördliche Entscheidungen entwerfen lässt. Im Bearbeitervermerk finden Sie gegebenenfalls die Aufgabe: *»Die Entscheidung der Gemeinde G ist zu entwerfen.«*

Materiell stammen diese Klausuren häufig aus dem Gefahrenabwehrrecht, weil dort neben der Regelung der Hauptsache wichtige Nebenentscheidungen zu treffen sind (zB Anordnung der sofortigen Vollziehung gem. § 80 II 1 Nr. 4 VwGO, Androhung vollstreckungsrechtlicher Zwangsmaßnahmen). Falls Sie eine ausgangsbehördliche Entscheidung vorzubereiten haben, besteht der Entscheidungsentwurf (*»E.«*) regelmäßig aus folgenden, mit arabischen Ziffern durchzunummerierenden Bestandteilen:

E.

Angabe der Behörde

1. Gegebenenfalls (sofern der Bearbeitervermerk dies erfordert) **vorbereitendes Gutachten** bzw. **»vorangestellter Vermerk«**
2. **Erstbescheid**
3. **Schreiben an sonstige Stellen** (zu beteiligende Dritte [insbesondere sonstige Behörden und Bürger])
4. Gegebenenfalls **ergänzender Vermerk**
5. **Weitere Verfügungen**, zB:
   - *»Kostenfestsetzungsbescheid (KFB) fertigen«*,
   - *»Annahmeanordnung fertigen«*
6. **Schlussverfügungen**, zB:
   - Maßnahmen zur internen Koordination, zB *»Dezernat 25 zur Mitzeichnung«, »Kenntnis ... vor Absendung«*,
   - *»Wv. am ... (Widerspruch bzw. Klage erhoben?)«*,
   - ausnahmsweise: *»z.d.A.«*
7. **Schlusszeichnung** (Paraphe)

Beachten Sie, dass die Gliederungsziffer »1.« nicht bereits dem Entwurf zugeordnet wird (also **nicht:** »1. Entwurf«).
Die erste Gliederungsziffer wird vielmehr als Ziffer 1 Bestandteil des eigentlichen Verwaltungsentwurfs.

Da das niedersächsische Prüfungsamt einen »Entscheidungsentwurf« verlangt, ist die Verfügung mit »**E.**« (für Entwurf) zu überschreiben. 9

Anschließend geben Sie oben links die jeweilige Behörde an, zumal der anschließend unter »1.« bzw. – bei erforderlichem Gutachten bzw. vorangestelltem Vermerk – unter »2.« zu entwerfende Bescheid nach § 37 III 1 VwVfG[3] die erlassende **Behörde** erkennen lassen muss. Bitte merken Sie sich, dass nicht etwa eine Dienststelle, sondern »die Behörde« tätig wird (Grundsatz der Einheit der Behörde). Daher sollten Sie den Entwurf zur Vermeidung etwaiger Irritationen des Prüfers nicht mit »Stadt Oldenburg, Abteilung Bauaufsicht« überschreiben. Behörde ist der Oberbürgermeister, nicht die organisatorisch zuständige Dienststelle »Abteilung Bauaufsicht«. Richtig ist also: *»Stadt Oldenburg, Der Oberbürgermeister« bzw. »Landkreis Oldenburg, Der Landrat«.* Ob Sie zusätzlich die Dienststelle angeben, ist Geschmackssache. 10

I. Aufbau des vorbereitenden Gutachtens bzw. »vorangestellten Vermerks«

Ausnahmsweise verlangt das LJPA Niedersachsen in seinen Bearbeitervermerken ein **vorbereitendes Gutachten.** Da die im Examen zu entwerfenden Erstbescheide oftmals belastende Verfügungen zum Gegenstand haben, schlagen wir für das vorbereitende Gutachten folgenden Aufbau[4] vor: 11

Übersicht: Vorbereitendes Gutachten bei belastenden Ausgangsbescheiden

A. Entscheidung zur Hauptsache
- I. Angabe der **Ermächtigungsgrundlage**
- II. **Formelle Rechtmäßigkeit** behördlichen Einschreitens
  1. **Zuständigkeit** (sachlich, örtlich, instanziell)
  2. **Verfahren** (insbesondere § 28 VwVfG bzw. im Bauordnungsrecht gem. § 79 IV NBauO)
  3. **Form**
- III. **Materielle Rechtmäßigkeit** behördlichen Einschreitens

B. Nebenentscheidungen
- I. Entscheidung über die **Anordnung der sofortigen Vollziehung**
- II. Entscheidung über **Maßnahmen im Verwaltungszwang**
- III. **Kostenentscheidung**

C. Gegebenenfalls zusammenfassender Vorschlag/weitere Vorgehensweise

Verlangt der Bearbeitervermerk ein vorbereitendes Gutachten, befinden Sie sich häufig in folgender Verfahrenssituation: Der Aktenauszug enthält Hinweise über eine Gefährdungslage, die die Frage nach einem behördlichen Einschreiten aufwirft. Unter Umständen hat eine Ortsbesichtigung stattgefunden, während der der Betroffene angehört (§ 28 I VwVfG) wurde. Der Betroffene hat dargelegt, aus welchen Gründen er ein behördliches Einschreiten für rechtswidrig hält. 12

3 Außerhalb der Tätigkeit der Bundesbehörden gelten gem. § 1 I NVwVfG weitgehend die Vorschriften des VwVfG des Bundes. Zur Vereinfachung werden nachfolgend allein die Vorschriften des VwVfG angegeben. Im Examen ist es im Fall der öffentlich-rechtlichen Verwaltungstätigkeit der Behörden des Landes, der Gemeinden, der Landkreise und der sonstigen der Aufsicht des Landes unterstehenden Körperschaften, Anstalten und Stiftungen des öffentlichen Rechts – also in der ganz überwiegenden Zahl der Klausuren – korrekt, *»§ 1 I NVwVfG iVm § … VwVfG«* zu zitieren.

4 Sofern kein belastender Ausgangsbescheid, sondern eine begünstigende Entscheidung zu entwerfen ist, prüfen Sie nach Benennung der Anspruchsgrundlage deren formelle und materielle Anspruchsvoraussetzungen. Dieser Prüfung folgt die Erörterung ggf. zu treffender Nebenentscheidungen (zB Nebenbestimmungen zur Begünstigung, Kosten).

13 Im Gutachten sollten Sie zunächst die vorzuschlagende Hauptsacheentscheidung erörtern. Diese Prüfung beginnt mit der Benennung der **Ermächtigungsgrundlage.** An dieser Stelle erwartet das Prüfungsamt häufig eine Auseinandersetzung mit der Frage, welche Ermächtigungsgrundlage überhaupt in Betracht kommt (Rückgriff auf gefahrenabwehrrechtliche Generalklausel, Vorliegen einer Standardbefugnis oder einer spezialgesetzlichen Ermächtigungsgrundlage). Bei untergesetzlichen Ermächtigungsgrundlagen (zB Verordnung, Satzung) ist an dieser Stelle deren Wirksamkeit zu erörtern, wenn im Aktenauszug Zweifel geäußert werden. Häufig weist der Bearbeitervermerk darauf hin, dass von der Wirksamkeit der untergesetzlichen Norm auszugehen ist (zB *»Es ist davon auszugehen, dass die Baumschutzsatzung … formell und materiell wirksam ist.«).*

14 Anschließend prüfen Sie die **formellen Voraussetzungen** eines behördlichen Einschreitens. Das Gutachten muss in der Regel Feststellungen zur sachlichen und örtlichen **Zuständigkeit** der handelnden Behörde enthalten. Gibt der Bearbeitervermerk hierzu keine Auskunft, ist die Zuständigkeit vertieft zu erörtern: Für die allgemeine Gefahrenabwehr ist etwa nach § 97 I NPOG die Gemeinde *sachlich* zuständig, soweit nicht nach § 97 II NPOG eine Sonderordnungsbehörde zuständig ist und soweit nichts anderes durch eine Verordnung nach § 97 III NPOG bestimmt ist.[5] Vielfach bestimmt allerdings auf den Gebieten des Gefahrenabwehrrechts die NdsZustVO-SOG (März 211-1) etwas anderes (z. für das Waffenrecht). Beachten Sie, dass jenseits des Gefahrenabwehrrechts die AllgVorbehVO (März 220-4) Zuständigkeitsregelungen für Aufgaben im übertragenen Wirkungskreis enthält. Die NdsAllgZustVO-Kom (März 220-3) regelt Zuständigkeiten der Gemeinden und Landkreise bei der Ausführung von Bundesrecht.

15 Die *örtliche* Zuständigkeit bestimmt sich gem. § 100 NPOG nach dem Ort der Gefahr. Ausführungen zur *instanziellen* Zuständigkeit sind nur bei einem mehrstufigen Behördenaufbau erforderlich. In diesem Fall ist grundsätzlich die untere Behörde zuständig. Eine übergeordnete Behörde ist nur ausnahmsweise befugt, eine in die Zuständigkeit der unteren Behörde fallende Entscheidungszuständigkeit an sich zu ziehen, wenn ein Fall des Selbsteintrittsrechts der höheren Behörde bejaht werden kann.[6] Ein solches Selbsteintrittsrecht kommt – neben gesetzlich ausdrücklich geregelten Fällen – nur bei Gefahr im Verzug in Betracht oder wenn die nachgeordnete Behörde eine ihr erteilte Weisung nicht befolgt.[7]

16 Anschließend erörtern Sie die übrigen formellen Voraussetzungen für den zu erlassenen (in der Regel) belastenden VA, insbesondere die **Anhörung** gem. § 28 I VwVfG.

Klausurhinweis: Die Gründe für ein eventuelles Absehen von der Anhörung gem. § 28 II VwVfG sind als Ermessensentscheidung (hM) im VA besonders darzustellen (§ 39 I 3 VwVfG). Sofern Sie bei der Aktenbearbeitung der von uns empfohlenen Zettelmethode folgen, sollten Sie diesen Gesichtspunkt an geeigneter Stelle markieren, um ihn bei der Abfassung des Bescheidentwurfs nicht zu vergessen.

17 Aufgrund des gegenüber § 28 I VwVfG spezielleren § 79 IV NBauO kann das einseitige Anhörungsgebot zugunsten einer weitergehenden wechselseitigen *Erörterungs*pflicht (vor Erlass einer Bauordnungsverfügung) erweitert sein.

18 Der Schwerpunkt des Gutachtens wird bei der Prüfung der **materiellen Rechtmäßigkeit** eines behördlichen Einschreitens liegen. Zunächst prüfen Sie die tatbestandlichen Eingriffs-

5 § 97 NPOG regelt nur die sachliche Zuständigkeit der Verwaltungsbehörden, dh welche Verwaltungsbehörde für die Gefahrenabwehr zuständig ist, und nicht die Zuständigkeit der Polizeibehörden. Die Abgrenzung der Zuständigkeiten zwischen Verwaltungsbehörde und Polizei erfolgt vielmehr nach § 1 II 1 NPOG. Gibt es keine zuständige Verwaltungsbehörde für den speziellen Aspekt der Gefahrenabwehr, ist allein die Polizei zuständig. Gibt es eine zuständige Verwaltungsbehörde und liegt kein Eilfall vor, so ist ausschließlich diese zuständig. In Eilfällen sind dagegen Verwaltungsbehörde und Polizei nebeneinander zuständig, dh, auch die Polizei ist dann zuständig. In diesen Fällen begründet § 1 II 1 NPOG eine eigene Zuständigkeit der Polizei für unaufschiebbare Maßnahmen, OVG Lüneburg BeckRS 2010, 46858 = juris Rn. 33 mwN.

6 *Maurer/Waldhoff* AllgVerwR § 21 Rn. 49.

7 *Maurer/Waldhoff* AllgVerwR § 21 Rn. 49.

voraussetzungen (zB Vorliegen einer Gefahr iSd § 11 NPOG; Verantwortlichkeit des potenziellen Adressaten [nicht: Störerauswahl, da personelle Auswahlermessensentscheidung]). Schließlich erörtern Sie die in der Regel zu treffende Ermessensentscheidung differenziert nach inhaltlichem und personellem Entschließungs- und Auswahlermessen (vgl. § 39 I 3 VwVfG). Gerade diese Anforderung macht Aktenauszüge aus dem Gefahrenabwehrrecht für das LJPA reizvoll. Bitte legen Sie auf die Begründung der Ermessensentscheidung – insbesondere im praktischen Klausurteil – einen Schwerpunkt.[8]

Anschließend prüfen Sie eventuell erforderliche **Nebenentscheidungen**: 19

- Nach § 80 II 1 Nr. 4 VwGO kann die **Anordnung der sofortigen Vollziehung** auszusprechen sein. Hierfür ist (neben der Widerspruchsbehörde) die Ausgangsbehörde zuständig (vgl. § 80 II 1 Nr. 4 VwGO). Einer Anhörung in direkter oder analoger Anwendung des § 28 I VwVfG bedarf es nach hM vor einer Anordnung der sofortigen Vollziehung nicht. Dies gilt nach hM auch, wenn die Anordnung der sofortigen Vollziehung – was allerdings eher im Klausurtyp »behördliche Antragserwiderung« relevant wird – nachgeschoben wird, also noch nicht mit dem Ausgangsbescheid »körperlich« verbunden war. Falls Sie die sofortige Vollziehung anordnen, sollten Sie im Gutachten auf das besondere formelle Begründungsgebot nach § 80 III 1 VwGO hinweisen. Wichtig ist, dass Sie in dem Bescheidentwurf eine ordnungsgemäße Begründung aufnehmen. Insoweit ist erforderlich, dass die sofortige Vollziehung im öffentlichen Interesse oder im überwiegenden Interesse eines Beteiligten liegt. Maßstab der Abwägung zwischen dem öffentlichen Vollzugsinteresse und dem privaten Suspensivinteresse des Adressaten ist der voraussichtliche Erfolg eines Hauptsacherechtsbehelfs. Sie werden im Gutachten eine rechtmäßige Entscheidung entworfen haben, sodass eine umfassende Prüfung des Erfolgs des Hauptsacherechtsbehelfs entbehrlich ist. Wichtig ist nur, dass das bloße Interesse an dem Erlass des rechtmäßigen VA (»Erlassinteresse«) allein für ein Überwiegen des öffentlichen Interesses an dessen sofortiger Vollziehung grundsätzlich nicht ausreicht. Daher müssen Sie zusätzlich ein besonderes Interesse am sofortigen Vollzug (Eilbedürftigkeit) darlegen.[9] Nur ausnahmsweise kann das öffentliche Interesse an dem VA und seiner sofortigen Vollziehung übereinstimmen: Soll ein VA eine drohende Gefahr abwenden, kann das Interesse der Gefahrenabwehr ausnahmsweise zugleich die sofortige Vollziehung erfordern, wenn andernfalls die Gefahrenabwehr nicht sichergestellt werden kann. Dies wird beispielsweise bei Fahrerlaubnisentziehungen wegen Alkoholmissbrauchs angesichts der hohen Bedeutung der Sicherheit des Straßenverkehrs angenommen.[10]

Klausurhinweis: In der Klausur sollten Sie sämtliche Informationen aus dem Aktenauszug sammeln, die eine besondere Eilbedürftigkeit stützen. Finden Sie keine konkreten Hinweise im Aktenauszug, können gegebenenfalls die Notwendigkeit einer zeitnahen effektiven Gefahrenabwehr oder eine negative Vorbildfunktion eine besondere Eilbedürftigkeit stützen.
Beachten Sie, dass die Anordnung der sofortigen Vollziehung gem. § 80 II 1 Nr. 4 VwGO nach der gesetzlichen Konzeption die Ausnahme darstellt; der Gesetzgeber geht nämlich wegen Art. 19 IV GG grundsätzlich von der aufschiebenden Wirkung eines Anfechtungsrechtsbehelfs aus (§ 80 I VwGO). Auch wenn im Examen vielfach die Anordnung der sofortigen Vollziehung auszusprechen ist, sollten Sie sprachlich deutlich machen, dass die Anordnung der sofortigen Vollziehung »ausnahmsweise« angeordnet wird. Merken Sie sich zudem folgenden Grundsatz: Je schwerwiegender die behördliche Belastung für den Betroffenen und je irreparabler die behördliche Anordnung ist, desto höher sind die Anforderungen an das »besondere« Interesse an der sofortigen Vollziehung.[11]

- Zudem ist bei belastenden Verfügungen in der Regel zu erörtern, ob und gegebenenfalls welche vollstreckungsrechtlichen Maßnahmen erforderlich sind. An dieser Stelle ist insbe-

8 Im Einzelnen hierzu → Kap. 3 Rn. 209 ff.
9 OVG Münster BeckRS 2019, 17502.
10 OVG Magdeburg BeckRS 2019, 17885.
11 BVerfG NVwZ 2007, 1302 (1304) (generalpräventive Ausweisung eines seit langem in Deutschland lebenden Ausländers).

sondere zu klären, ob **Zwangsmittel** anzudrohen sind, zumal diese Entscheidung grundsätzlich mit dem durchzusetzenden VA verbunden werden soll (zB § 13 II 2 VwVG; § 70 II 2 NPOG). Die Auswahl des Zwangsmittels (Zwangsgeld, Ersatzvornahme oder unmittelbarer Zwang; vgl. § 65 I NPOG) ist nach dem Gebot der Verhältnismäßigkeit und der effektiven Gefahrenabwehr zu treffen. Insoweit kommen neben dem in ausgangsbehördlichen VA nur selten anzuordnenden unmittelbaren Zwang (§ 69 NPOG, zB Versiegelung eines Gewerbelokals) insb.

- bei *vertretbaren Handlungen* eine Ersatzvornahme (§ 66 NPOG) in Betracht, wobei in der Praxis – obgleich gesetzlich bei vertretbaren Handlungen nach § 66 I 1 NPOG ausdrücklich die Ersatzvornahme vorgesehen ist – zulässigerweise anstelle der Ersatzvornahme ein Zwangsgeld angedroht wird,
- bei *unvertretbaren Handlungen* (zB bei erkennungsdienstlichen Anordnungen, Duldungsanordnungen) ein Zwangsgeld (§ 67 NPOG) in Betracht.

- Ob die hierfür erforderlichen Voraussetzungen gegeben sind, beurteilen Sie nach dem jeweils maßgebenden Verwaltungsvollstreckungsgesetz (insbesondere §§ 64 ff. NPOG). Allerdings wird in einigen Bearbeitervermerken das VwVG des Bundes für anwendbar erklärt. Dann greifen Sie auf dieses zurück.[12]

Beachten Sie, dass das VwVG und das NPOG für die jeweiligen Zwangsmittel besondere Anforderungen erheben. So ist das in der Klausur besonders häufige **Zwangsgeld** in *bestimmter* Höhe anzudrohen (vgl. etwa § 13 V VwVG, § 70 V NPOG). Prüfer honorieren es, wenn Sie die Zwangsgeldhöhe unter Auswertung der Sachverhaltsinformationen in der gebotenen Kürze einzelfallbezogen begründen. Achten Sie darauf, ob im Aktenauszug zB die Einkünfte aus selbstständiger Tätigkeit beziffert werden: Je höher die Einkünfte des Pflichtigen, desto höher muss das Zwangsgeld bemessen sein, um die bezweckte »Beugefunktion« der Vollstreckungsmaßnahme zu gewährleisten. Gerade bei der Androhung hoher Zwangsgelder sollten Sie in den Entscheidungsentwurf eine nähere Begründung aufnehmen. Bei der Begründung der Höhe des Zwangsgeldes ist auch ratsam, § 67 I 2 NPOG aufzugreifen, wonach bei der Bemessung des Zwangsgeldes auch das wirtschaftliche Interesse des Adressaten an der Nichtbefolgung des VA zu berücksichtigen ist. Bei einer Androhung einer **Ersatzvornahme** sind die voraussichtlichen Kosten vorläufig zu veranschlagen (§ 13 IV 1 VwVG, § 70 IV NPOG). Hierauf wird der Prüfer gerade bei der Korrektur des Tenors im praktischen Teil achten.

- Schließlich ist zu klären, ob und gegebenenfalls wie hoch **Kosten** festzusetzen sind. Begrifflich umfassen Kosten »Gebühren« und »Auslagen« (§ 1 I 1 NVwKostG; auch § 2 I BGebG). Sofern nach dem Bearbeitervermerk eine Entscheidung über die Kostenlast nicht erlassen ist, müssen Sie unterscheiden:
  - Für die kaum klausurrelevante öffentlich-rechtliche Verwaltungstätigkeit der **Bundesbehörden** und der bundesunmittelbaren Körperschaften, Stiftungen und Anstalten des Öffentlichen Rechts gilt das BGebG. In diesen Fällen dürfen Sie nicht auf das NVwKostG zurückgreifen (vgl. § 1 I 1 NVwKostG)!
  - Bei einer ausgangsbehördlichen Entscheidung durch eine **Landes- oder Kommunalbehörde im übertragenen Wirkungskreis** (hierbei kann es sich um Bundes- oder Landesrecht handeln!) ist zu unterscheiden:
    - Wird **Bundes**recht (Art. 83, 84 GG) vollzogen, ist zunächst zu prüfen, ob spezialgesetzliche Vorschriften des Bundes vorliegen. Scheiden solche aus, besteht bei *ausschließlicher* Gesetzgebungskompetenz des Bundes (Art. 71, 73 GG) Gebührenfreiheit. Betrifft der Fall eine Materie *konkurrierender* Gesetzgebungskompetenz (Art. 72, 74 GG) besteht hingegen eine Gebührenpflicht, soweit das Landesrecht (insbesondere NVwKostG) dies vorsieht.
    - Wird **Landes**recht vollzogen (besonders häufig!), ist zunächst nach spezialgesetzlichen Bestimmungen des Landes zu suchen. Scheiden solche aus, können subsidiär die §§ 1, 3, 5, 6, 13 NVwKostG iVm Anlage zu § 1 I AllGO (März 213-2) eine Kostenerhebung vorsehen. Enthält die Anlage zu § 1 I AllGO keinen Kostentitel, kommt nur

12 Im Einzelnen: *Kaiser/Köster/Seegmüller* MatÖffR Kap. 4 Rn. 1 ff.

ein Auslagenersatz nach § 13 NVwKostG in Betracht. Allerdings ist ausnahmsweise eine Kostenerhebung ausgeschlossen, etwa nach § 2 NVwKostG (zB bei kommunalaufsichtlichen Maßnahmen [§ 2 I 1 Nr. 1 NVwKostG]).
Unter dem Gesichtspunkt der Billigkeit ist ferner zu berücksichtigen:
- Nach § 11 I NVwKostG sind Kosten, die dadurch entstanden sind, dass eine Behörde die Sache unrichtig behandelt hat, zu erlassen.
- Nach § 11 II 1 NVwKostG kann die Behörde Kosten stunden.
- Gemäß § 11 II 2 NVwKostG kann die Behörde Kosten ermäßigen oder von einer Kostenerhebung absehen, wenn dies im Einzelfall wegen der wirtschaftlichen Verhältnisse des Schuldners oder sonst aus Billigkeitsgründen geboten ist.[13]

Schließlich kann das zuständige Ministerium im Einvernehmen mit dem Finanzministerium gem. § 11 V NVwKostG bestimmen, dass für besondere Arten von Amtshandlungen eine Gebühr ganz oder teilweise nicht zu erheben ist, wenn die Erhebung der Gebühr unbillig ist oder dem öffentlichen Interesse widerspricht.
- Entscheidet eine **Selbstverwaltungskörperschaft im eigenen Wirkungskreis**, kommt eine Kostenpflicht nur nach §§ 2, 4 NKAG iVm einer erlassenen kommunalen Gebührensatzung in Betracht. Ohne eine Gebührenregelung ist nur ein Auslagenersatz zulässig (§ 4 IV NKAG iVm § 13 NVwKostG).

Statt eines vorbereitenden Gutachtens verlangen Bearbeitervermerke bisweilen einen »**vorangestellten Vermerk**«. Hierzu neigt das LJPA vor allem, wenn der Entscheidungsentwurf erst nach einer Klärung der Rechtslage plausibel wird (etwa bei atypischen Entscheidungsformen [zB bei einem »Beschwerdebescheid«]). 20

II. Entscheidungsentwurf

Der Entscheidungsentwurf ist für die Klausurbewertung von zentraler Relevanz, weil gerade dieser Abschnitt im Vergleich zum Referendarexamen »neu« ist und Sie hier unter Beweis stellen können, dass Sie – wie ein Verwaltungsjurist – Bescheide abfassen können. 21

Die oberste Devise lautet auch hier: Fertigwerden! Falls Sie infolge falscher Zeiteinteilung Schwierigkeiten haben, diesem Anspruch gerecht zu werden, müssen Sie sich bemühen, zumindest den praktischen Entscheidungsentwurf als Prüfungshauptleistung vollständig abzufassen und in den übrigen Abschnitten des Entwurfs zu »kürzen«. 22

13 Beachten Sie – insbes. auch für eine rechtsberatend-gutachterliche Klausur – dass der Anspruch auf Kostenerlass – bzw. zumindest auf eine ermessensfehlerfreie Entscheidung insoweit – aus Billigkeitsgründen nach § 11 II 2 NVwKostG nicht Gegenstand der Anfechtungsklage gegen den Kostenbescheid als solchen ist. Vielmehr ist eine Entscheidung über § 11 II 2 NVwKostG gesondert bei der Behörde geltend zu machen und bei Ablehnung ggf. mit der Verpflichtungsklage gerichtlich weiter zu verfolgen; OVG Lüneburg NordÖR 2012, 355 (356). Ob dies auch für die Anwendung des § 2 II NVwKostG, dh der hier vorrangig streitigen Entscheidung über das Absehen von der Gebührenerhebung im »öffentlichen Interesse« gilt, ist nicht abschließend geklärt. Nach OVG Lüneburg NordÖR 2012, 355 (356) spricht hiergegen die systematische Gleichstellung der Gebührenbefreiung im allgemeinen öffentlichen Interesse nach § 2 II NVwKostG mit den in § 2 I NVwKostG speziell geregelten Fällen der gebührenfreien Amtshandlungen, die eine Gebührenerhebung bereits dem Grunde nach ausschließen und damit kein gesondertes, weiteres Verwaltungsverfahren neben dem Kostenerhebungsverfahren erfordern (vgl. nur OVG Lüneburg BeckRS 2011, 50317).

23 Der Aufbau des Bescheidentwurfs entspricht folgendem Muster:

1. Eingangsteil

24 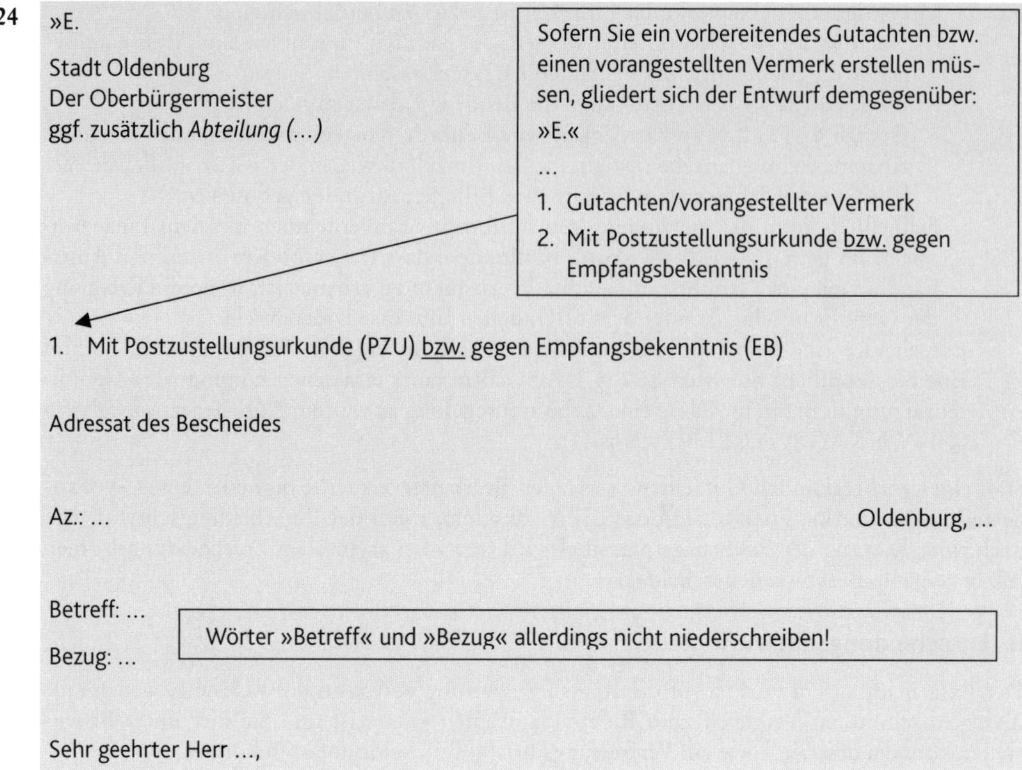

»E.

Stadt Oldenburg
Der Oberbürgermeister
ggf. zusätzlich *Abteilung (...)*

Sofern Sie ein vorbereitendes Gutachten bzw. einen vorangestellten Vermerk erstellen müssen, gliedert sich der Entwurf demgegenüber:

»E.«

...

1. Gutachten/vorangestellter Vermerk
2. Mit Postzustellungsurkunde <u>bzw.</u> gegen Empfangsbekenntnis

1. Mit Postzustellungsurkunde (PZU) <u>bzw.</u> gegen Empfangsbekenntnis (EB)

Adressat des Bescheides

Az.: ... Oldenburg, ...

Betreff: ...

Bezug: ...

Wörter »Betreff« und »Bezug« allerdings nicht niederschreiben!

Sehr geehrter Herr ...,

25 Im Entwurf der Verwaltungsentscheidung müssen Sie vermerken, *wie* der VA bekanntgegeben werden soll. Im Rahmen der förmlichen Zustellung sind insbesondere folgende Zustellungsarten denkbar:[14]

- **Postzustellungsurkunde (PZU),** wenn ein belastender VA erlassen wird (§ 3 I VwZG) und kein Rechtsanwalt bevollmächtigt wurde;
- **Empfangsbekenntnis (EB),** insbesondere gegenüber Rechtsanwälten (§ 5 IV VwZG).

26 Die **Zustellungsart** vermerken Sie im Anschluss an die Gliederungsziffer: *»gegen Empfangsbekenntnis«* oder *»mit Postzustellungsurkunde«*. Grundsätzlich reicht eine Bekanntgabe des Ausgangsbescheides mit einfachem Brief aus. In bestimmten Fällen ist allerdings gesetzlich eine förmliche Zustellung vorgeschrieben. Dies gilt etwa im Anwendungsbereich des VwVG für die Androhung von Zwangsmitteln (§ 13 VII 1 VwVG). Wird der durchzusetzende VA also mit einer Zwangsmittelandrohung verbunden (§ 13 II VwVG), ist der gesamte Bescheid förmlich zuzustellen. Unabhängig davon kann sich die Behörde nach Ermessen für eine förmliche Zustellung entscheiden (§ 1 II Var. 2 VwZG). Dieses ist in der Regel bei einem belastenden VA zweckmäßig, weil die Behörde mit einer Anfechtung ihrer Entscheidung rechnen muss und durch die Zustellung den Lauf der Rechtsmittelfrist sicher berechnen kann. Deshalb sollten Sie im Examen den VA grundsätzlich förmlich zustellen. Wegen der Nachweisplicht der Behörde (§ 4 II 3 VwZG) sollten Sie auf ein Einschreiben verzichten.

27 Beachten Sie, dass die Zustellung durch Landesbehörden oder Kommunen nach dem VwZG des Landes erfolgt (wobei § 1 I NVwZG für das Zustellungsverfahren unter anderem von Landes- und Kommunalbehörden auf die Bestimmungen des VwZG verweist); die Zustellung durch eine Bundesbehörde hingegen nach dem VwZG (§ 1 I VwZG). Letzteres findet auch

14 Daneben sind als Sonderarten der Zustellung (§ 2 II 2 VwZG) die Zustellung im Ausland (§ 9 VwZG) und die öffentliche Zustellung (§ 10 VwZG) geregelt. Für den Entwurf einer ausgangsbehördlichen Entscheidung genießen diese Sonderarten keine größere Examensrelevanz.

bei der Zustellung von Widerspruchsbescheiden Anwendung, weil diese gem. § 73 III 1 VwZG zuzustellen sind.

Dem Zustellungsvermerk folgt der Adressat des Bescheides. Nach § 41 I 1 VwVfG ist der VA an denjenigen zu adressieren, dem er bekannt gegeben werden soll. Allerdings muss der **Adressat** verfahrensfähig sein (§ 11 VwVfG). Der VA ist außerdem weiteren an dem Verfahren beteiligten Personen bekanntzugeben (§ 13 VwVfG). Dies sind in der Regel der Antragsteller, daneben aber auch eventuell Drittbetroffene (zB bei einer bauaufsichtlichen Entscheidung ein betroffener Nachbar). 28

Problem: Bekanntgabe an gesetzliche Vertreter 29

Bei *Minderjährigen* ist der VA gegenüber den Erziehungsberechtigten bekannt zu geben (§ 1629 I BGB), da Minderjährige in der Regel nicht handlungsfähig sind (§ 12 VwVfG). Wird eine *geschäftsunfähige Person* aufgrund einer vormundschaftsgerichtlichen Verfügung durch einen Betreuer vertreten, erfolgt die Bekanntgabe diesem gegenüber.

Problem: Bekanntgabe bei Vertretung durch Bevollmächtigte 30

Hat ein Rechtsanwalt eine Vollmacht vorgelegt, muss die Zustellung (in der Regel gegen EB [§ 5 IV VwZG]) an diesen erfolgen (§ 7 I 2 VwZG). Es reicht allerdings aus, dass eine Bevollmächtigung behauptet wird, weil der Bevollmächtigte seine Vollmacht nur auf Verlangen vorlegen muss (§ 14 I 3 VwVfG). Falls eine Vertretung durch ein Anwaltsbüro erfolgt, achten Sie auf die Abfassung der Vertretungsvollmacht: Bei *einem* Rechtsanwalt hat dieser auf dem Schriftstück als Adressat zu erscheinen. Dieser wird in dem Schriftstück persönlich angesprochen. Erfolgt die Vertretung durch ein Anwaltsbüro mit mehreren Anwälten sollten Sie Ungenauigkeiten vermeiden: Meistens hat sich der Mandant an »die« Kanzlei gewandt und nicht an einen bestimmten Anwalt derselben. Dann müssen Sie die Entscheidung an die Anwaltskanzlei richten. Dieses folgt aus § 14 III 1 VwVfG. Die Anrede lautet dann *»Sehr geehrte Damen und Herren Rechtsanwälte«*.

Problem: Bekanntgabe bei Personenmehrheiten 31

Bei Personenmehrheiten (zB mehrere Adressaten bei einem Abgabenbescheid, mehrere sonstige Betroffene bei einem VA mit Drittwirkung) muss die Bekanntgabe gegenüber allen Beteiligten erfolgen.[15] Dieses gilt auch, wenn Ehegatten Beteiligte sind. Dann formulieren Sie: *»Eheleute Andreas und Ulrike Schmidt.«*

Anschließend folgt der **»Betreff«**, in dem knapp der Gegenstand des VA genannt wird (»Worum geht es in diesem Verfahren?«). Die Wörter *»Betreff«* und *»Bezug«* selbst tauchen jedoch nicht auf.[16] Hier ist **nicht** das Ergebnis des Bescheides voranzustellen. Falsch wäre zB »Ablehnung des Bauantrags«, »Untersagung des Betriebes«. Üblich ist etwa: *»Verunstaltung des Gebäudes …«* oder *»Antrag auf Erteilung einer Baugenehmigung«*. In der folgenden **Bezugszeile** stellen Sie dar, worauf die Behörde reagiert, zB *»Ihr Schreiben vom …« oder »Ortstermin am …«*.

Problem: Bekanntgabe durch Abruf aus dem Behördenportal 32

Gemäß § 41 IIa VwVfG kann ein elektronischer VA mit Einwilligung des Beteiligten dadurch bekannt gegeben werden, dass er vom Beteiligten oder seinem Bevollmächtigten über öffentlich zugängliche Netze abgerufen wird. Der VA gilt am Tag nach dem Abruf als bekanntgegeben. Die Möglichkeit einer Bekanntgabe durch Abruf ist an strenge Voraussetzungen geknüpft, um den Adressaten nicht zu überfordern.[17] Sie setzt nicht nur eine Einwilligung, sondern auch einen tatsächlichen Abruf innerhalb von zehn Tagen nach elektronischer Benachrichtigung über die Bereitstellung des VA zum Abruf voraus. Die praktische Bedeutung der Regelung wird wohl eher gering bleiben.[18] Dies wird auch daran liegen, dass die Bekannt-

15 *Schoch* JURA 2011, 23 (24).
16 Dies folgt aus der DIN 5008 über Schreib- und Gestaltungsregeln für die Textverarbeitung, an der sich Behörden erfahrungsgemäß orientieren.
17 Kopp/Ramsauer/*Tegethoff* VwVfG § 41 Rn. 43a.
18 Kopp/Ramsauer/*Tegethoff* VwVfG § 41 Rn. 43.

gabe misslingt, wenn der Empfänger den VA nicht abruft und zwar unabhängig davon, aus welchem Grund der Abruf unterbleibt. Die Grundsätze über die arglistige Vermeidung der Bekanntgabe gelten hier nicht.[19] Vielmehr regelt § 41 IIa 4 VwVfG, dass Bereitstellung des VA zum Abruf beendet wird, wenn der Verwaltungsakt nicht innerhalb der genannten 10-Tages-Frist abgerufen wird. In diesem Fall ist die Bekanntgabe nicht bewirkt (§ 41 IIa 5 Hs. 1 VwVfG).

33 Eine **Überschrift** enthalten in Niedersachsen nur Ausgangsentscheidungen, die ein förmliches Verwaltungsverfahren abschließen (zB *»Planfeststellungsbeschluss«*).

2. Entscheidungsformel

34 Zur Entscheidungsformel gehören alle Regelungen, die das Verwaltungsverfahren (vgl. § 9 VwVfG) abschließen.

Übersicht: Typische Entscheidungen beim belastenden Ausgangsbescheid

- **Hauptsacheentscheidung**
- **Nebenentscheidungen**
  - **Anordnung der sofortigen Vollziehung** (§ 80 II 1 Nr. 4 VwGO)
  - **Androhung von Zwangsmitteln**
    - Androhung von Ersatzvornahme (§§ 9 I lit. a, 10, 13 VwVG; § 70 I NVwVG iVm §§ 64 I, 65 I Nr. 1, 66, 70 NPOG) bei vertretbaren Handlungen
    - Androhung von Zwangsgeld (§§ 9 I lit. b, 11, 13 VwVG; § 70 I NVwVG iVm §§ 64 I, 65 I Nr. 2, 67, 70 NPOG) bei unvertretbaren Handlungen
    - Ausnahmsweise unmittelbarer Zwang (§§ 9 I lit. c, 12, 13 VwVG; § 70 I NVwVG iVm §§ 64 I, 65 I Nr. 3, 69, 70, 74 NPOG)
  - **Kostenentscheidung**

35 Die Entscheidungsformel ist in kurzen Aktivsätzen zu formulieren. Überflüssige und damit in der Regel fehlerhafte Elemente in dem Verfügungssatz können zB sein:

- Hinweis auf eventuelle Bevollmächtigung (die »namens und in Vollmacht Ihres Mandanten« beantragte …«);
- Sachverhaltselemente (»die am … beantragte Genehmigung wird abgelehnt«);
- Aktenzeichen und sonstige Zuordnungsmerkmale, die bereits in dem Bescheidkopf enthalten sind;
- rechtliche Hinweise, zB Paragraphen (»Gemäß § 35 I GewO untersage ich Ihnen …«) oder Ausdrücke des Bedauerns (»leider …«).

a) Entscheidung zur Hauptsache

36 Die Hauptsacheentscheidung muss einen vollstreckbaren Inhalt haben und inhaltlich hinreichend bestimmt sein (§ 37 I VwVfG) sein. Eine Bezugnahme auf eine dem VA beigefügte Anlage (zB Lageplan) ist allerdings zulässig. Gerade auf die hinreichende Bestimmtheit achten Prüfer.[20] Nicht zur Hauptsacheentscheidung gehören Verfahrensentscheidungen wie die Wiedereinsetzung in den vorigen Stand (§ 32 VwVfG) oder die Verlängerung behördlicher Fristen (§ 31 VwVfG). Diese Fragen erörtern Sie in der rechtlichen Begründung des Bescheides bzw. im Vermerk. Falsch wäre es, einem Antrag »stattzugeben«. Richtig sind folgende Formulierungen:

> Ich fordere Sie auf, das im öffentlichen Straßenraum der Stadt Oldenburg im Bereich … abgestellte Werbefahrzeug mit dem amtlichen Kennzeichen OL-SX 717 bis zum [konkretes Datum] zu entfernen und künftig das Abstellen von Werbefahrzeugen auf öffentlichen Verkehrsflächen der Stadt Oldenburg zu unterlassen.
>
> Die mit Bescheid vom … des Oberbürgermeisters der Stadt Lüneburg unter dem Az. … erteilte Erlaubnis zum Betrieb einer Nachtbar mit Striptease-Vorführungen in dem Lokal »Zum Blauen

19 Kopp/Ramsauer/*Tegethoff* VwVfG § 41 Rn. 43 f.
20 Fehlerhaft etwa: »Es wird der Ausschank alkoholischer Getränke zu nicht kostendeckenden Preisen untersagt« – VG Berlin BeckRS 2008, 31055 oder »Ich gebe Ihnen auf, einen baurechtmäßigen Zustand herbeizuführen«.

Bock«, Celler Str. 14, ... Lüneburg widerrufe ich.

Entwerfen Sie keinen belastenden VA, sondern eine begünstigende Entscheidung, muss der Tenor umfänglich über den Antrag entscheiden. Bleibt die Genehmigung hinter dem beantragten Rahmen zurück, dürfen Sie den Satz *»Im Übrigen lehne ich Ihren Antrag ab«* nicht vergessen.[21] 37

Klausurhinweis: Versuchen Sie, die Leitbegriffe der Rechtsgrundlage in den Verfügungssatz (allerdings ohne die Vorschriften) aufzunehmen, zB bei einer Untersagungsverfügung: *»Hiermit **untersage** ich Ihnen den Betrieb der Gaststätte ›Zum Blauen Bock‹ ...«* und nicht »Ich **verbiete** Ihnen ...«.

b) Nebenentscheidungen

aa) Entscheidung über die Anordnung der sofortigen Vollziehung

Häufig müssen Sie gem. § 80 II 1 Nr. 4 VwGO die Anordnung der sofortigen Vollziehung aussprechen, um zu verhindern, dass eine Anfechtung aufschiebende Wirkung bewirkt. Verzichten Sie bei einer Gefahrenabwehrverfügung auf die Anordnung, sollten Sie dies begründen (ergänzender Vermerk!). Dieses dürfte aber die Ausnahme bleiben. 38

Ich ordne die sofortige Vollziehung der Ziffer ... dieses Bescheides an.

Klausurhinweis: Denken Sie daran, von der *»Anordnung der sofortigen Vollziehung«* und nicht vom Sofortvollzug zu sprechen. Außerdem müssen Sie konkretisieren, auf welche Ziffer des VA sich die Anordnung der sofortigen Vollziehung bezieht. Sofern die aufschiebende Wirkung gem. § 80 II 1 Nr. 1 bis 3 VwGO kraft Gesetzes entfällt, ist eine Anordnung der sofortigen Vollziehung fehlerhaft. Dieses betrifft etwa Anfechtungsrechtsbehelfe gegen die Androhung und Festsetzung von Zwangsmitteln in der Verwaltungsvollstreckung (§ 80 II 1 Nr. 3 VwGO iVm § 64 IV 1 NPOG bzw. § 80 II 2 VwGO).
Falls Sie die Anordnung der sofortigen Vollziehung aussprechen, müssen Sie daran denken, in der »Schlussverfügung«, also vor der »Schlusszeichnung«, eine kurze Wiedervorlagefrist zu vermerken. Ein Wiedervorlagevermerk *»WV 6 Wochen«* wäre insbesondere dann nicht praxisgerecht, wenn zugleich Zwangsmittel angedroht werden.

bb) Entscheidungen zum Verwaltungszwang

Innerhalb der Zwangsmittelandrohung stellen sich folgende Fragen: 39

- Ist eine Frist zu setzen?
- Welche Frist ist angemessen?
- Welches Zwangsmittel wird angedroht?

Zunächst ist zu fragen, ob überhaupt eine **Frist zu setzen** ist. Abgesehen von Unterlassungs- und Duldungsverfügungen müssen Sie eine Frist setzen (§ 70 I 2 NPOG). Im Gefahrenabwehrrecht ist die Fristsetzung daher die Regel. 40

Anschließend stellt sich die Frage, **welche Frist angemessen** ist. Die Frist muss so bestimmt sein, dass der Adressat weiß, bis zu welchem Zeitpunkt die auferlegte Pflicht zu erfüllen ist. Nicht ausreichend ist daher zB »unverzüglich«.[22] Für die Bemessung der Frist müssen Sie sich an der Dringlichkeit der Maßnahme orientieren; eine Erzwingungsfrist von einem Monat entspricht der Praxis. 41

21 *Volkert* VerwEntsch 50 (»Ich erteile Ihnen die Fahrerlaubnis der Klasse C 1. Im Übrigen lehne ich Ihren Antrag ab«).
22 *Kintz* ÖffR Rn. 781.

42 Bei der Formulierung der Fristbestimmung müssen Sie wie folgt unterscheiden:

Fristbestimmung bei AOsofVz (§ 80 II 1 Nr. 4 VwGO) – Der Regelfall –	Fristbestimmung, wenn die AOsofVz (§ 80 II 1 Nr. 4 VwGO) **nicht** ausgesprochen wird
In der Klausur werden Sie wahrscheinlich die AOsofVz aussprechen. Dann knüpft die Frist an die Bekanntgabe (Zustellung) an, da ein evtl. Anfechtungsrechtsbehelf die Vollstreckbarkeit des VA unberührt lässt.	Wurde keine AOsofVz ausgesprochen, knüpft die Frist an die Unanfechtbarkeit an. Zur Vermeidung einer Rechtswidrigkeit der Zwangsmittelandrohung dürfen Sie keinen Termin innerhalb der Rechtsbehelfsfrist aufnehmen.
Für den Fall, dass Sie nicht innerhalb eines Monats nach **Zustellung** dieses Bescheides der Aufforderung nach Ziffer 1 dieses Be-Bescheides nachkommen, …	Für den Fall, dass Sie nicht innerhalb eines Monats nach **Unanfechtbarkeit** dieses Bescheides der Aufforderung nach Ziffer 1 dieses Bescheides nachkommen, …«

43 Schließlich müssen Sie beantworten, **welches Zwangsmittel** angedroht wird. In der Klausur ist insbesondere die Androhung von Zwangsgeld oder Ersatzvornahme relevant. Wichtig ist, dass Sie sich für ein *bestimmtes* Zwangsmittel entscheiden. Wegen Unbestimmtheit fehlerhaft ist zB eine *»Androhung von Zwangsgeld in Höhe von 200 EUR oder Ersatzvornahme«*.[23] Werden mehrere Zwangsmittel angedroht, ist deren Reihenfolge zu nennen (§ 70 III 2 NPOG). Nach § 13 III 2 VwVG ist die Angabe mehrerer Zwangsmittel generell unzulässig.

- Drohen Sie ein **Zwangsgeld** an (§§ 64 I, 65 I Nr. 2, 67, 70 NPOG), müssen Sie den Zwangsgeldrahmen (10 EUR bis max. 100.000 EUR) beachten (§ 67 I 1 NPOG). In der Klausur liegt man bei einer erstmaligen Androhung mit 200 EUR gegenüber einer nicht gewerbetreibenden natürlichen Person nicht falsch. Allerdings müssen Sie das wirtschaftliche Interesse an der Beibehaltung des rechtswidrigen Zustandes berücksichtigen (§ 67 I 2 NPOG). Finden Sie im Aktenauszug Hinweise, wonach zB ein Gewerbelokal »viel Geld abwirft«, kann dies höhere Zwangsgelder erfordern. In gewerberechtlichen Klausuren sind häufig auch mehrere Personen in Anspruch zu nehmen. Dann sollten Sie das Zwangsgeld gegebenenfalls in unterschiedlicher Höhe auswerfen (zB Eigentümer 2.000 EUR, Pächter 4.000 EUR). Vergessen Sie nicht, die tragenden Erwägungen im VA unter »II.« darzulegen.
- Drohen Sie eine **Ersatzvornahme** an (§§ 64 I, 65 I Nr. 1, 66, 70 NPOG), »sollen« Sie den ungefähren Kostenaufwand beziffern (§ 70 IV NPOG). Diesen werden Sie vielfach nicht kennen. Auch der Aktenauszug wird hierzu nur selten Angaben enthalten. Nennen Sie dann einen Betrag, der Ihnen plausibel erscheint und begründen Sie diesen kurz in der Begründung des VA unter »II.«. Dann haben Sie verdeutlicht, das Problem gesehen zu haben.

cc) Entscheidung über die Kosten

44 Schließlich verlangt das LJPA in der Regel eine Kosten*last*entscheidung über die Verwaltungskosten der Ausgangsbehörde (Gebühren und Auslagen). Zum Verständnis: Sie müssen zwischen zwei Entscheidungen differenzieren:

- Die **Kostenlastentscheidung** regelt, wer für die Kosten des Verfahrens einschließlich des Bescheides *dem Grunde nach* aufzukommen hat.
- Die **Kostenfestsetzung** regelt, *in welcher Höhe* Gebühren bzw. Auslagen erhoben werden. Da diese Entscheidung in der Regel im »Kostenfestsetzungsbescheid« getroffen wird, ist in der Regel nur zu verfügen: *»KFB fertigen«*.[24]

23 So die Formulierung eines Tenors aus einem Kurzvortrag.

24 *Fichte* Typische Fehler Rn. 53: »Die Kostenfestsetzung ist etwas, mit dem sich der Jurist – Gott sei Dank – nicht zu befassen hat. Denn soweit es um die Berechnung der Höhe der Kosten geht, gibt es glücklicherweise Kostenbeamte, die sich damit viel besser auskennen. Insoweit genügt ein – meist kurz vor Abschluss der Bearbeitung anzubringender – Verfügungspunkt im Entwurf, dass ein ›Kostenfestsetzungsbescheid‹ zu fertigen sei.«

- **Gebühren** werden für einzelne Amtshandlungen erhoben. Welche Amtshandlungen gebührenpflichtig sind, ergibt sich aus den jeweiligen Gebührenordnungen (§ 3 I NVwKostG).
- **Auslagen** sind Ausgaben, die für eine Amtshandlung notwendig sind und nicht schon durch die Gebühr abgegolten werden. Dieses gilt auch, wenn keine Gebühr anfällt (§ 13 I 1 aE NVwKostG). Auslagen werden insb. für die in § 13 III NVwKostG aufgeführten Aufwendungen erhoben (Laboruntersuchungen, Zustellungen, Dienstreisen etc.).
- Der Begriff der **Amtshandlungen** ist im NVwKostG selbst nicht legal definiert. Nach näherer Maßgabe der gem. § 3 I NVwKostG erlassenen AllGO stellt jedoch der Erlass von VA in bestimmten Materien eine gebührenpflichtige Amtshandlung dar. Bitte schauen Sie im Examen stets in die alphabetische Auflistung der Anlage zu § 1 I AllGO (März 213-2).
- **Kostenschuldner** ist derjenige, der zu der Verwaltungshandlung Anlass gegeben hat (§ 5 I 1 NVwKostG). Mehrere Schuldner haften gesamtschuldnerisch (§ 5 I 2 NVwKostG).

Falls Sie eine Entscheidung über die Kostenlast treffen müssen, formulieren Sie, wenn der Bescheid nicht kostenpflichtig ist:[25] 45

> Verwaltungskosten werden nicht erhoben.

Falls Kosten erhoben werden: 46

> Sie haben die Kosten des Verfahrens zu tragen.

Wird der Bescheid an einen Prozessbevollmächtigten adressiert: 47

> Die Kosten des Verfahrens hat Ihre Mandantin zu tragen.

Fehlerhaft ist es, die Zuziehung eines Bevollmächtigten im Verwaltungsverfahren für notwendig zu erklären. Nur im Vorverfahren (also im Tenor des Widerspruchsbescheides) kann die Zuziehung für erforderlich erklärt werden. 48

3. Begründung

Im Anschluss an die Entscheidungsformel ist der VA zu begründen (§ 39 I VwVfG). Diese Begründung erfolgt in zwei Abschnitten: 49

a) Sachverhaltsdarstellung (»I.«)

Erklärt der Bearbeitervermerk eine Sachverhaltsdarstellung nicht für entbehrlich, wird in der Regel eine geordnete Darstellung des entscheidungsrelevanten Sachverhalts erwartet.[26] Dann stellen Sie das Verwaltungsverfahren chronologisch dar.[27] Im Hinblick auf die formelle Rechtmäßigkeit des VA sollten Sie das wesentliche Vorbringen im Rahmen der Anhörung skizzieren. Zudem ist bei einer Ermessensentscheidung notwendig, in der Sachverhaltsdarstellung die Tatsachen zu benennen, die Sie in der Begründung der Ermessensentscheidung würdigen müssen. 50

> I.
>
> Sie betreiben seit … auf dem Gelände … eine Autoverwertungsanlage.
>
> Am 14.12.2020 stellten Mitarbeiter meines Ordnungsamtes fest, dass auf dem Gelände Kraftfahrzeuge gelagert werden, ohne dass durch technische Anlagen sichergestellt ist, dass von verunreinigten Fahrzeugteilen keine wassergefährdenden Stoffe ausgewaschen werden können … Zudem befanden sich in einem auf dem Gelände errichteten Schuppen fünf nicht verschlossene Metallfässer, in denen Altöl gelagert wurde. Anlässlich dieser Ortsbesichtigung befanden sich bereits Versickerungsspuren auf der nicht versiegelten Bodenoberfläche …
>
> Mit Schreiben vom … habe ich Sie darauf hingewiesen, dass …

25 Formulierungsvorschläge nach *Volkert* VerwEntsch 77, so auch *Fichte* Typische Fehler Rn. 53: »Kosten (bzw. Verfahrenskosten) werden nicht erhoben.«

26 Niedersächsisches Justizministerium, Merkblätter zur zweiten juristischen Staatsprüfung, »Die Aufsichtsarbeit aus dem Öffentlichen Recht mit einer verwaltungsfachlichen Aufgabenstellung«, Januar 2010, C.III.

27 *Fichte* Typische Fehler Rn. 58 (zum Sachbericht im Widerspruchsbescheid): »Es gilt der einfache Satz: Mit einer chronologischen Sachverhaltsschilderung kann ich regelmäßig nichts falsch machen.«

b) Rechtliche Begründung (»II.«)

51 In der Reihenfolge der Verfügungssätze folgt die im Urteilsstil abzufassende rechtliche Begründung des VA.

aa) Begründung der Hauptsacheentscheidung

52 Zunächst zitieren Sie bei einem belastenden VA die **Ermächtigungsgrundlage.** Anschließend benennen Sie die Normen, die die sachliche und örtliche **Zuständigkeit** der Behörde tragen.

> II.
>
> Gemäß § 10 I 1 Bundesbodenschutzgesetz (BBodSchG) kann die zuständige Behörde die zur Erfüllung der sich aus §§ 4 und 7 und den aufgrund von § 5 S. 1, §§ 6 und 8 erlassenen Rechtsverordnungen ergebenden Pflichten notwendigen Maßnahmen treffen.
>
> Gemäß §§ ... bin ich für den Erlass der Ordnungsverfügung sachlich und gem. §§ ... örtlich zuständig.

53 **Problem:** Darstellung der Anhörung im Erstbescheid

Zur Anhörung äußern Sie sich nur ausnahmsweise in den Fällen des § 28 II VwVfG. Dann sind Ausführungen notwendig, da der Verzicht eine nach § 39 I 3 VwVfG besonders zu begründende Ermessensentscheidung darstellt (hM).

> Gemäß § 1 NVwVfG iVm § 28 I VwVfG ist vor Erlass eines belastenden Verwaltungsakts grundsätzlich eine Anhörung erforderlich. Vorliegend ist allerdings gem. § 1 NVwVfG iVm § 28 II Nr. 1 VwVfG ausnahmsweise eine Anhörung wegen der bestehenden Gefahr im Verzug nicht geboten. Ein sofortiges Einschreiten war zwingend erforderlich, weil ... Bei dieser Sachlage war eine sofortige Entscheidung unumgänglich.

54 Anschließend prüfen Sie die tatbestandlichen Voraussetzungen der **Ermächtigungsgrundlage.** Nach deren Bejahung folgt (bei gefahrenabwehrrechtlichen Verfügungen die Begründung, weshalb der Adressat Störer ist, und) schließlich die Begründung der angeordneten **Rechtsfolge,** die bei einer Ermessensentscheidung fehleranfällig ist.

55 **Problem:** Darstellung der Ermessenserwägungen im Erstbescheid

Falls Sie einen Ausgangsbescheid anzufertigen haben, wird es sich häufig um eine Ermessensentscheidung handeln. Dann sind wegen § 39 I 3 VwVfG die tragenden Ermessenserwägungen anzugeben. Bitte schreiben Sie nicht nur, dass sich aufgrund der Ausübung des pflichtgemäßen Ermessens diese Entscheidung ergebe. Sie sollten bei der Anfertigung der Lösungsskizze einen Zettel zur Hand nehmen und die im Aktenauszug erwähnten Argumente der Beteiligten sammeln.

> Die Entscheidung über die ... steht gem. § ... im pflichtgemäßen Ermessen der zuständigen Behörde. Dem Zweck dieser Ermächtigung folgend bin ich gehalten, unter Berücksichtigung des Gebots einer effektiven Gefahrenabwehr einerseits und den Grundsätzen der Verhältnismäßigkeit andererseits darüber zu entscheiden, ob das ausgesprochene Verbot geboten ist. Unter Zugrundelegung dieser Maßstäbe waren für mich folgende Aspekte entscheidend: ...

56 Vermeiden Sie Formulierungen wie *»sah ich mich gezwungen«* oder *»war es zwingend erforderlich«*, da diese auf eine gebundene Entscheidung hindeuten.

57 Handelt es sich um einen Fall **intendierten Ermessens**, sind vertiefte Ermessenserwägungen häufig entbehrlich. Die Entscheidung ergibt sich für den Regelfall aus der Tatbestandserfüllung. Dann weisen Sie aber darauf hin, dass es sich bei dem zu entscheidenden Sachverhalt um einen typischen Regelfall handelt, weshalb für eine Ermessensentscheidung kein Raum bleibt. Liegt demgegenüber ein atypischer Fall vor, begründen Sie die Ermessensentscheidung.

Hinweis: Das LJPA legt potenziellen Verfügungsadressaten häufig Argumente in den Mund, die bei der Ermessensentscheidung aufzugreifen sind. Da ein VA noch nicht vorliegt, tauchen diese Argumente häufig in dem Vorbringen zur Anhörung auf. Jenseits der Besonderheiten des materiellen Rechts wird oft geltend gemacht, der beabsichtigte VA sei unverhältnismäßig oder verletze die

Grundsätze der Gleichbehandlung. Gerade bei einer gerügten Verletzung der Verhältnismäßigkeit (vgl. § 4 NPOG) sollten Sie nach folgendem Argumentationsschema vorgehen:

- Zunächst benennen Sie den legitimen (!) **Zweck** der jeweiligen Maßnahme.
- Anschließend benennen Sie das konkrete **Mittel.**
- **Geeignetheit** (vgl. § 4 I NPOG): Falls gerügt wird, die Maßnahme sei schon nicht geeignet, denken Sie daran, dass nach dem Grundsatz der Zwecktauglichkeit eine Maßnahme nur ungeeignet ist, wenn es den angestrebten Zweck noch nicht einmal fördern kann.
- Die **Erforderlichkeit** (vgl. § 4 I NPOG) fehlt nach dem Gebot des Interventionsminimums nur, wenn eine andere, aber gleich wirksame Maßnahme zur Verfügung steht. Meistens sind die weniger belastenden Maßnahmen indes nicht gleich effektiv. In der Klausur nennen Sie dann die im Anhörungsverfahren erwähnten weniger belastenden Maßnahmen und weisen anschließend darauf hin, dass diese nicht gleich effektiv sind.
- In der **Angemessenheit** (vgl. § 4 II NPOG) sind die widerstreitenden Interessen gegeneinander abzuwägen. Falls gerügt wird, die Maßnahme verletze den Adressaten in seinen Grundrechten, gehört dies systematisch zur Verhältnismäßigkeit im engeren Sinne, also zur Angemessenheit der Maßnahme. An dieser Stelle sind also Grundrechtsfragen in den Blick zu nehmen. Wenn eine Verletzung »der Grundsätze der Gleichbehandlung« gerügt wird, finden Sie im Aktenauszug meistens ausreichende Merkmale, die für wesentliche Unterschiede beider Sachverhalte sprechen.

bb) Begründung der Anordnung der sofortigen Vollziehung

Gemäß § 80 III 1 VwGO ist die Anordnung der sofortigen Vollziehung besonders zu begründen. Es reicht nicht, nur den Gesetzeswortlaut wiederzugeben und/oder die Anordnung der sofortigen Vollziehung formelhaft zu begründen. Vielmehr muss erkennbar sein, dass sich die Behörde des Ausnahmecharakters der sofortigen Vollziehung bewusst ist. Unzureichend ist auch der bloße Hinweis auf eine »offensichtliche Rechtmäßigkeit des Bescheides« oder auf ein »eklatant rechtswidriges Verhalten des Adressaten«.[28] Das LJPA versteckt im Aktenauszug in der Regel Hinweise auf die im Lösungsvorschlag erwartete Anordnung der sofortigen Vollziehung, zB Hinweise auf Nachahmungen durch Dritte oder die Dringlichkeit der Gefahrenabwehr (zB zeitnah erforderlicher Jugend- oder Verbraucherschutz). 58

Bei der Begründung der Anordnung der sofortigen Vollziehung gehen Sie argumentativ zweistufig vor: Sie stellen zunächst fest, welches über das bloße »Erlassinteresse« hinausgehende **»besondere Interesse«** an der sofortigen Vollziehung besteht. Sie müssen also Gründe für die besondere Eilbedürftigkeit aus dem Aktenauszug herausfiltern und diese als Stütze für die besondere Dringlichkeit benennen (zB negative Vorbildfunktion [Nachahmungsgefahr], Gefahrenabwehrzweck, Erforderlichkeit einer sofortigen Wiederherstellung des Rechtsfriedens). Anschließend nehmen Sie eine **Abwägung** zwischen dem (nach Ihrem Ergebnis überwiegenden) öffentlichen Vollzugsinteresse und dem privaten Suspensivinteresse des Adressaten vor.[29] 59

> Die Anordnung der sofortigen Vollziehung findet ihre Grundlage in § 80 II 1 Nr. 4 VwGO. Ein besonderes öffentliches Interesse an der sofortigen Vollziehung des Verwaltungsakts liegt vor. Auf dem Grundstück werden bodengefährdende Stoffe gelagert, die bereits gegenwärtig zu einer schädlichen Bodenveränderung geführt haben. Angesichts dieser bereits gegenwärtigen Gefahr für die Gesundheit der Bevölkerung kann nicht hingenommen werden, dass ... Bei der vorzunehmenden Interessenabwägung muss daher Ihr wirtschaftliches Interesse an der Fortsetzung der Abfallentsorgungsanlage hinter dem höherrangigen Schutzinteresse der Bevölkerung an einer ungefährlichen Trinkwasserversorgung zurückstehen.

cc) Begründung der Androhung von Zwangsmitteln

Falls Sie bei der Klausurbearbeitung bereits unter Zeitdruck stehen, sollten Sie zur Begründung der Androhung von Zwangsmitteln zumindest die maßgeblichen Rechtsgrundlagen angeben. Noch gelungener ist nach Angabe der vollstreckungsrechtlichen Bestimmungen eine an der Effektivität der Gefahrenabwehr orientierte Begründung, aus welchem Grund Sie das konkrete Zwangsmittel ausgewählt haben (inhaltliche Auswahlermessensentscheidung!). 60

28 *Volkert* VerwEntsch Rn. 100.
29 *Fichte* Typische Fehler Rn. 169.

61 Schließlich müssen Sie die weiteren Anforderungen an das ausgewählte Zwangsmittel darstellen (zB beim Zwangsgeld eine Begründung der Höhe des angedrohten Betrages und bei einer Ersatzvornahme im Hinblick auf § 13 IV 1 VwVG bzw. § 70 IV NPOG die Angabe der voraussichtlichen Kosten).

dd) Begründung der Kostenentscheidung

62 Die Kostenlastentscheidung wird – auch wenn Kosten nicht erhoben werden – durch die bloße Angabe der Vorschriften begründet.

63 Wird die Kostenentscheidung auf eine **bundesrechtliche Bestimmung** gestützt:[30]

> Die Kostenentscheidung beruht auf § 69 AufenthG iVm § 49 II, § 45 Nr. 2b AufenthV.

64 Fußt die Kostenentscheidung auf einer **landesrechtlichen Kostenregelung**:

> Die Kostenentscheidung beruht auf §§ 1 I, 3 I, 5 und 13 Niedersächsisches Verwaltungskostengesetz (NVwKostG) iVm Ziff. ... der Anlage 1 zur Verordnung über die Gebühren und Auslagen für Amtshandlungen und Leistungen (Allgemeine Gebührenordnung [AllGO]).

65 Bei einer **kommunalrechtlichen Bestimmung** könnten Sie formulieren:

> Die Kostenentscheidung beruht auf § 4 des Niedersächsischen Kommunalabgabengesetz (NKAG) iVm §§ ... der Satzung der Stadt ... über die Erhebung von Verwaltungskosten im eigenen Wirkungskreis und Nr. ... des Gebührenverzeichnisses.

4. Rechtsbehelfsbelehrung

66 Schließlich ist der VA mit einer ordnungsgemäßen Rechtsbehelfsbelehrung zu versehen. Beschränken Sie sich auf die nach § 58 I VwGO notwendigen Mindestbestandteile. Weitergehende Angaben sind zulässig, bieten aber Fehlerquellen.[31] Beanstandungsfrei wäre etwa:

> Gegen diesen Bescheid kann innerhalb eines Monats (nach dessen Zustellung)[32] Widerspruch erhoben werden. Der Widerspruch ist beim Oberbürgermeister der Stadt Oldenburg ... einzulegen.

67 Ist das Widerspruchsverfahren nach § 80 I und IV NJG nicht mehr statthaft, lautet die Rechtsbehelfsbelehrung wie folgt:

> Gegen diesen Bescheid kann innerhalb eines Monats Klage erhoben werden. Die Klage ist beim Verwaltungsgericht ... zu erheben.

68 Falls nach dem Bearbeitervermerk nur eine Angabe des Rechtsbehelfs und der einschlägigen Vorschriften verlangt wird, schreiben Sie im Fall eines noch statthaften Widerspruchs (insbesondere § 80 II NJG) zB:

> Rechtsbehelfsbelehrung: Widerspruch gem. § 68 VwGO

5. Unterschrift

69 Schließlich ist der Bescheid vom Behördenleiter, dessen Vertreter oder einem Beauftragten zu unterschreiben (§ 37 III VwVfG). Bei dem in Niedersachsen üblichen Briefstil nehmen Sie die Grußformel *»Mit freundlichen Grüßen«* auf.

III. Schreiben an Dritte

70 Unter der im Verwaltungsentwurf folgenden Gliederungsziffer »3. ...« sind eventuelle Schreiben an Dritte zu fertigen. Hierunter fällt auch die zu veranlassende Bekanntgabe eines mit

30 Formulierungsvorschläge nach *Volkert* VerwEntsch 113.

31 Beispiel: Häufig wird über die Form der Einlegung dahingehend belehrt, dass der Widerspruch *»schriftlich oder zur Niederschrift«* eingelegt werden kann. Ermöglicht die Behörde allerdings die elektronische Kommunikation gem. § 3a I VwVfG, muss sie auch über die Möglichkeit der Widerspruchseinlegung im Wege einer elektronischen Übermittlung belehren; andernfalls ist die Rechtsbehelfsbelehrung irreführend (OVG Koblenz NVwZ-RR 2012, 457); aA OVG Bremen BeckRS 2015, 51614 = juris Rn. 32 mwN).

32 Selbst die Angabe des Frist**beginns** ist entbehrlich. BVerwG NVwZ-RR 2019, 885: Eine RBB ist nicht iSd § 58 II VwGO deshalb unrichtig, weil sie keine Belehrung über den Beginn der Frist enthält. Es reicht aus, wenn sie die Fristdauer benennt (etwa: *»ein Monat«*); sie muss nicht auch zusätzlich den Beginn ausweisen (etwa: *»ab Bekanntgabe«*).

Rechtsbehelfsbelehrung versehenen Bescheides an anfechtungsbefugte **Dritte**. So werden diese der Fristbindung des § 70 I 1 bzw. § 74 I VwGO unterworfen. Bedeutsam ist dies zB in baurechtlichen Angelegenheiten, wo gem. § 80 II 1 Nr. 4 a NJG noch ein Vorverfahren statthaft ist. Bei fehlender Bekanntgabe käme eine Verwirkung analog § 242 BGB in Betracht.

Klausurhinweis: Das Interesse eines Bauantragstellers, etwaige Anfechtungsrechtsbehelfe Dritter der Fristbindung zu unterwerfen, sollten Sie auch in anwaltlichen Klausuren berücksichtigen. Sie sollten bei der Beantragung einer Baugenehmigung der Behörde empfehlen, die Genehmigung potenziellen Drittbetroffenen mit Rechtsbehelfsbelehrung bekanntzugeben. Hierdurch gewinnt der Mandant, aber auch die Behörde, frühzeitig Planungssicherheit.

An dieser Stelle sind gegebenenfalls auch **Duldungsverfügungen** an Dritte zu entwerfen. 71
Diese bezwecken, ein eventuelles Vollstreckungshindernis (wegen eines entgegenstehenden Rechts eines Dritten, der sich möglicherweise weigert, die Verpflichtung hinzunehmen) zu überwinden.[33] Duldungsverfügungen müssen Sie in Erwägung ziehen, wenn der durch den VA Verpflichtete die Verfügung nicht befolgen kann, ohne in die Rechte eines Dritten (zB Miteigentümer, Mieter, Pächter) einzugreifen. Bedeutsam wird dies insbesondere bei baurechtlichen Nutzungsuntersagungen (Beispiele: Nutzungsuntersagung gegenüber Pächter; Duldungsverfügung gegenüber Verpächter) oder Beseitigungsverfügungen (Bsp.: Beseitigungsanordnung gegenüber Eigentümer, Duldungsverfügung gegenüber obligatorisch Berechtigtem). Ermächtigungsgrundlage für die Duldungsverfügung ist entweder die Ermächtigung zum Erlass der Anordnung selbst (die als Minus die Duldungsverfügung enthält) oder die (bauaufsichtliche) Generalklausel.[34] Der Tenor einer solchen oftmals gem. § 80 II 1 Nr. 4 VwGO für sofort vollziehbar zu erklärenden Duldungsverfügung könnte lauten:

Sie werden verpflichtet, die Beseitigung des Pferdeunterstandes und des Zaunes zu dulden.[35]

Für die unvertretbare Duldungspflicht dürfen Sie nur ein Zwangsgeld androhen. 72

IV. Gegebenenfalls (ergänzender) Vermerk

Über den Sinn eines ergänzenden Vermerks wird zu viel diskutiert. Merken Sie sich nur Folgendes: Nach § 39 I VwVfG ist die Begründung des VA auf die wesentlichen Erwägungen zu beschränken. Daher sind für den Adressaten unwesentliche, für die Behörde aber wichtige Erwägungen im Verwaltungsvorgang selbst zu dokumentieren. Über Erwägungen, die nicht aus dem VA ersichtlich sind, die aber erklären, aus welchen Gründen die Verwaltungsentscheidung in der bestimmten Form getroffen wurde, kann ein – gegliedert abgefasster – Vermerk gefertigt werden.[36] Bei der Abfassung des Vermerkes ist zu beachten, dass nichts, was in dem Bescheid auftaucht, im Vermerk nochmals dargelegt werden darf. Andererseits darf nichts in einem Vermerk erörtert werden, was dem Adressaten mitzuteilen wäre.[37] Die Begründung unter »II.« des Bescheides muss in sich stimmig und vollständig sein. Der Vermerk 73

33 Hierzu etwa OVG Lüneburg NJW 2011, 2228 (2229).

34 *Schübel-Pfister* JuS 2013, 417 (420).

35 Zum Rechtsschutz des obligatorisch Berechtigten gegen eine an ihn gerichtete Verfügung vgl. VGH München BayVBl. 2012, 470; zur (fehlenden) Klagebefugnis eines dinglich Berechtigten gegen eine Duldungsverfügung, die der Umsetzung einer Nutzungsuntersagung an den Pächter dient OVG Münster BeckRS 2011, 51126.

36 *Volkert* VerwEntsch 275 führt hierzu aus: »Wenn sich die Begründung eines Bescheides gem. § 39 VwVfG darauf beschränkt, die aus dem Empfängerhorizont wesentlichen Erwägungen darzustellen, müssen die für den Adressaten unwesentlichen, für den Sachbearbeiter bzw. die Behörde aber gleichwohl wichtigen Informationen, Erwägungen und Gesichtspunkte außerhalb des Bescheides im Verwaltungsvorgang festgehalten werden. Über alle dokumentationsbedürftigen Umstände, die nicht aus einem zur Versendung an Außenstehende bestimmten Schreiben hervorgehen, wird deswegen ein sog. Vermerk gefertigt. Umgekehrt darf nichts Gegenstand eines Vermerks sein, was bereits Inhalt eines an Außenstehende gerichteten Schreibens ist. Doppelungen der Dokumentation sind überflüssiger Aufwand. Ein Vermerk, der den Inhalt eines Bescheides erst verständlich macht, ist ein Indiz für einen schlechten Bescheid. Bei der Planung der Verwaltungsentscheidung ist deshalb stets vorab zu klären, welchen Inhalt die an Außenstehende gehenden Schreiben haben werden. Nur der verbleibende Rest kann Gegenstand eines Vermerkes sein, soweit er dokumentationsbedürftig ist.«

37 *Volkert* VerwEntsch 275.

darf also nur genutzt werden, um Aspekte anzusprechen, die den Adressaten nicht interessieren dürften, zB weil sie sich im Ergebnis zugunsten des Adressaten auswirken. Zudem sind Vermerke ein internes Mittel, um die getroffene Entscheidung gegenüber dem späteren Sachbearbeiter, Vorgesetzten, der Rechnungsprüfung oder dem VG kritikfest zu machen.[38] Folglich bietet sich an, besondere im Aktenauszug aufgeworfene formelle Rechtmäßigkeitsprobleme im Vermerk abzuhandeln.[39] So können Sie zB im Bescheid die Wiedereinsetzung gem. § 32 VwVfG kurz bejahen und in dem Vermerk für zeichnungsberechtigte Vorgesetze die Voraussetzungen des § 32 VwVfG vertieft erörtern. Da es sich insoweit um Erörterungen handelt, die erst zur – nachfolgenden – Entscheidung der Behörde in der Sache führen, wird teilweise dafür plädiert, diesen Vermerk dem Bescheidentwurf voranzustellen.[40] Einen Fehler sollten Sie allerdings nicht begehen: Alle Zulässigkeitserwägungen ungeachtet der Bedeutung im konkreten Fall »lehrbuchartig« abzuarbeiten, wirkt anfängerhaft.[41]

74 Eine weitere, wichtige Konstellation ist Folgende: Bei einer **Identität von Ausgangs- und Widerspruchsbehörde** wird keine Abgabeverfügung gefertigt. Für den Fall, dass aufgrund eines Fehlers der Rechtsbehelfsbelehrung die Jahresfrist (§§ 70 I, II, 58 II VwGO) gilt, sollten Sie ebenfalls einen Vermerk fertigen.[42]

> 2. Vermerk:
>
> Der Widerspruch ist fristgerecht eingelegt worden, da abweichend von § 70 I VwGO die Jahresfrist gem. §§ 70 II, 58 II VwGO gilt. Die dem Bescheid vom … beigefügte Rechtsbehelfsbelehrung war als irreführende Erklärung iSv § 58 II 1 VwGO unrichtig. Die Formulierung … war nämlich geeignet, die Einlegung des statthaften Rechtsbehelfs wesentlich zu erschweren, indem sie bei dem Adressaten einen Irrtum über die formellen und materiellen Voraussetzungen hervorrufen und ihn dadurch davon abhalten konnte, einen Rechtsbehelf einzulegen.[43] Dieses ergibt sich aus …

V. Weitere Verfügungen

75 Weitere Verfügungen können Sie in der folgenden Gliederungsziffer aufnehmen. Dies betrifft – natürlich nur, wenn Kosten erhoben werden – insbesondere den Hinweis, dass ein **Kostenfestsetzungsbescheid** (»KFB«) zu fertigen ist. Da Sie in der Examensklausur in der Regel keine Kostenfestsetzung im Tenor treffen, müssen Sie im Verwaltungsentwurf also nur an die Anweisung *»KFB fertigen«* denken.

76 Wird eine solche Anweisung getroffen, korrespondiert damit eine anschließend aufzunehmende Anordnung an die Kasse *»Annahmeanordnung fertigen.«*[44]

VI. Schlussverfügungen

1. Maßnahmen zur behördeninternen Koordination

77 Der Entwurf muss die innerbehördlichen und zwischenbehördlichen Abstimmungs-, Beteiligungs- und Unterrichtungspflichten beachten, soweit der Klausurtext hierfür Anhaltspunkte bietet.[45] Das LJPA betont, dass die Beschränkung auf die rechtlichen Aspekte zu Abstrichen bei der Beurteilung führen kann.[46] Diese Informations- und Zeichnungsrechte ergeben sich

38 *Volkert* VerwEntsch 275.
39 *Fichte* Typische Fehler Rn. 93.
40 *Fichte* Typische Fehler Rn. 93.
41 *Fichte* Typische Fehler Rn. 208.
42 *Volkert* VerwEntsch 276.
43 Kopp/Schenke/*W.-R. Schenke* VwGO § 58 Rn. 12 mit Beispielen.
44 Zwischenzeitlich sollten Sie nicht mehr einen Verfügungspunkt *»BAAN anweisen«* aufnehmen. BAAN war ein niederländischer Softwarehersteller. Dessen Softwarelösung wurde in der Landesverwaltung Niedersachsens zur Überwachung von Zahlungseingängen eingesetzt. Das Unternehmen existiert zwischenzeitlich nicht mehr.
45 Niedersächsisches Justizministerium, Merkblätter zur zweiten juristischen Staatsprüfung, »Die Aufsichtsarbeit aus dem Öffentlichen Recht mit einer verwaltungsfachlichen Aufgabenstellung«, Januar 2010, C.II.4.
46 Niedersächsisches Justizministerium, Merkblätter zur zweiten juristischen Staatsprüfung, »Die Aufsichtsarbeit aus dem Öffentlichen Recht mit einer verwaltungsfachlichen Aufgabenstellung«, Januar 2010, C.II.

oft aus der Geschäftsordnung der Behörde.[47] In diesen ist zB das Zeichnungsrecht auf Mitarbeiter unterhalb der Leitungsebene übertragen worden.[48]

- Wünscht der Vorgesetzte eine **Kenntnisnahme vor Absendung**, bleibt das Zeichnungsrecht des Amtswalters unberührt, ermöglicht aber dem Vorgesetzten eine präventive Kontrolle. In der Verwaltungspraxis wird dieser Vermerk in der Regel mit einem in grün abgefassten »K« gekennzeichnet. Sie sollten daher vor der Abfassung des vollständigen Entwurfs den Aktenauszug auf dieses Zeichen hin überprüfen, dass wegen der »Schwarz/weiß«-Kopien im Examen bisweilen künstlich so sichtbar gemacht wird: »K (grün).« Im Entwurf wird dieser Arbeitsvermerk wie folgt aufgenommen:[49]

  Herrn Abteilungsleiter XY vor Abgang mit der Bitte um Kenntnisnahme.

- Mit dem **Vorbehalt der Schlusszeichnung** zieht der Vorgesetzte das Zeichnungsrecht an sich.[50] Achten Sie im Aktenauszug auf entsprechende Arbeitsvermerke. Finden Sie etwa handschriftliche Vermerke, sollten Sie innerhalb der Schlussverfügung sicherstellen, dass dem Vorgesetzten der Bescheid vor Absendung zur Unterzeichnung vorgelegt wird. In der niedersächsischen Verwaltungspraxis hat sich für diesen Arbeitsvermerk das Zeichen

  eingebürgert. Haben Sie auch dieses Zeichen bei einer vor Abfassung des Entwurfs vorzunehmenden Sichtung des Aktenauszugs stets im Blick!
  Im Verwaltungsentwurf wird dieser Arbeitsvermerk wie folgt aufgenommen:

  Herrn Abteilungsleiter XY zur Schlusszeichnung.

- Denkbar ist auch, dass der Vorgesetzte lediglich den Wunsch äußert, den Bescheid **nach Absendung** zur Kenntnis vorgelegt zu bekommen. Dann taucht in der Dokumentation der Verwaltungsentscheidung nur der Hinweis

  Herrn Abteilungsleiter XY nach Abgang mit der Bitte um Kenntnisnahme.

  auf.[51] Im Aktenauszug deutet auf diesen Arbeitsvermerk ein *»Kn.«* hin.

2. Wiedervorlagen

Der Entwurf schließt mit einer Schlussverfügung ab. Aus dieser muss sich ergeben, wie mit dem Verwaltungsvorgang weiter verfahren werden soll.[52] An dieser Stelle müssen Sie sich nochmals in die Rolle des Sachbearbeiters versetzen. Dieser muss entscheiden, ob und gegebenenfalls zu welchem Zeitpunkt ihm der Vorgang noch einmal vorgelegt wird oder ob er in der Registratur »verschwindet«. Werden an dieser Stelle Fehler gemacht, wird der Prüfer erkennen, dass Sie die verwaltungsinternen Abläufe nicht verstanden haben. Prägen Sie sich bitte folgende Schlussverfügungen ein: **78**

- Die **Wiedervorlage** wird verfügt, wenn der Vorgang mit dem Entwurf und den einzelnen Punkten der Begleitverfügung noch nicht endgültig abgeschlossen ist, sondern der weitere Ablauf verfolgt werden muss.[53] Hierbei handelt es sich – da oftmals der Eingang eines Rechtsbehelfs abzuwarten ist – um die Standardverfügung. Wegen der Klagefristen ist es

---

47 § 17 I 1 NdsGGO bestimmt, dass alle dem Ministerium oder dem einzelnen Bediensteten zugeleiteten Eingänge unverzüglich durchzusehen, mit Sicht- und Arbeitsvermerken zu versehen und der weiteren Bearbeitung zuzuführen sind.

48 *Volkert* VerwEntsch 281 f.: »Wer einen Bescheid versandreif aufschreiben kann, soll ihn auch nach außen vertreten bzw. verantworten. Standard ist die Identität von Sachbearbeitungskompetenz und Zeichnungskompetenz«.

49 Niedersächsisches Justizministerium, Merkblätter zur zweiten juristischen Staatsprüfung, »Die Aufsichtsarbeit aus dem Öffentlichen Recht mit einer verwaltungsfachlichen Aufgabenstellung«, Januar 2010, C.I.

50 *Volkert* VerwEntsch 283.

51 Niedersächsisches Justizministerium, Merkblätter zur zweiten juristischen Staatsprüfung, »Die Aufsichtsarbeit aus dem Öffentlichen Recht mit einer verwaltungsfachlichen Aufgabenstellung«, Januar 2010, C.I.

52 *Volkert* VerwEntsch 285.

53 *Volkert* VerwEntsch 285.

ratsam, eine Wiedervorlage von 6 Wochen zu notieren. Da in der Praxis auch der Eingang der Zustellungsnachweise (zB Empfangsbekenntnis) überwacht werden sollte, bietet es sich auch an, neben der sechswöchigen Frist eine weitere kürzere Frist zur Eingangskontrolle der Zustellungsnachweise zu notieren.
Im Entwurf könnte die Wiedervorlage so auftauchen:

> 6. Wv.
>   a) 2 Wo. (Rücksendung EB);
>   b) anschl. 4 Wochen (Bestandskraft?)

- **Zu den Akten**, also

> 6. z.d.A.

wird verfügt, wenn in der Sache kein weiterer Handlungsbedarf besteht.[54]

- Der Arbeitsvermerk »**weglegen**«, der im Entwurf als

> 6. Wgl.

verfügt wird, ist kaum examensrelevant. Diese Verfügung bewirkt, dass der Vorgang nicht zu den Akten genommen, sondern getrennt aufbewahrt und nach einer relativ kurzen Frist von einem Jahr vernichtet wird. In Betracht kommt diese Verfügung nur bei unwesentlichen Vorgängen ohne Regelungswirkung (zB Beantwortung einfacher Anfragen).[55]

- **Zum Vorgang** genommen,

> 6. z. Vg.

bedeutet, dass ein Entwurf zu einem bestehenden Verwaltungsvorgang genommen wird.[56] Praktisch bedeutet dies, dass ein »loses Aktenstück« zu einer bereits vorhandenen Akte genommen wird (zB Personalakte).

VII. Schlusszeichnung

79 Schließlich wird durch eine Schlusszeichnung des Amtswalters die Verantwortung für den Verwaltungsvorgang übernommen. Dieses ist insbesondere wichtig, wenn der den VA fertigende Sachbearbeiter diesen nicht unterzeichnet. In der Klausur sollten Sie den Entwurf daher mit einem Namenszeichen (Paraphe) und Datum versehen.

B. Entscheidungen im formlosen Beschwerdeverfahren

80 **Examensrelevanz:** Infolge der abnehmenden Bedeutung des Vorverfahrens (§ 80 I und IV NJG) hat der Entwurf von Entscheidungen im formlosen Beschwerdeverfahren das Interesse des LJPA geweckt. Das folgende Grundgerüst soll lediglich einen Überblick über denkbare Bescheidungstechniken geben. Auch hier gilt: Es gibt nicht »die« einzige richtige Lösung. Wichtig ist vielmehr, dass Sie dem Entwurf einen systematischen Aufbau verleihen und ein in sich stimmiges und abgeschlossenes Gesamtwerk abliefern. Die Bearbeitervermerke in Klausuren dieser Art sind teilweise sehr offen gestaltet. Neben einem in der Regel verlangten (vorbereitenden) Gutachten heißt es in den Bearbeitungshinweisen gegebenenfalls: *»Die notwendigen Schriftsätze sind zu entwerfen.«*

E.

Angabe der Behörde

1. Gegebenenfalls **vorbereitendes Gutachten** bzw. **»vorangestellter Vermerk«**
2. **»Beschwerdebescheid«**
3. **Schreiben an sonstige Stellen** (zu beteiligende Dritte [insbes. sonstige Behörden und Bürger])

54 *Volkert* VerwEntsch 287.
55 *Volkert* VerwEntsch 287.
56 *Volkert* VerwEntsch 287.

4. Gegebenenfalls **ergänzender Vermerk**
5. **Weitere Verfügungen**
6. **Schlussverfügungen**, zB
   - Maßnahmen zur internen Koordination, zB »Dezernat 25 zur Mitzeichnung«, »Kenntnis ... vor Absendung«; »Wv. am ... (Widerspruch bzw. Klage erhoben?)«
7. **Schlusszeichnung**

I. Aufbau des vorbereitenden Gutachtens

Für ein eventuell gefordertes Gutachten schlagen wir folgenden Grundaufbau vor: **81**

Übersicht: Aufbau eines vorbereitenden Gutachtens im Beschwerdeverfahren

- **Auslegung der Eingabe/des Prüfungsgegenstandes** (Petition/Aufsichtsbeschwerde)
- **Formelle Rechtmäßigkeit der gerügten Maßnahme**
- **Materielle Rechtmäßigkeit der gerügten Maßnahme**
- **Gegebenenfalls zusammenfassender Vorschlag**

1. Auslegung der Eingabe/des Prüfungsgegenstandes

Die zu bearbeitende Eingabe ist in der Regel zunächst auszulegen. Hierbei gelten die für die **82** Auslegung empfangsbedürftiger Willenserklärungen geltenden Grundsätze des BGB (§§ 133, 157 BGB) entsprechend. Es kommt darauf an, wie die Erklärung aus der Sicht des Empfängers bei objektiver Betrachtung zu verstehen ist. Zu unterscheiden sind insbesondere folgende Rechtsbehelfe:

außergerichtliche Rechtsbehelfe	
Förmliche Rechtsbehelfe	**Formlose Rechtsbehelfe**
• Widerspruch	• Fachaufsichtsbeschwerde • Kommunalaufsichtsbeschwerde • Dienstaufsichtsbeschwerde • Gegenvorstellung

- Mit der **Fachaufsichtsbeschwerde** wird die sachliche Richtigkeit einer behördlichen Maßnahme gerügt. Soweit nach § 80 II und IV NJG ein Widerspruchsverfahren noch statthaft ist, kann sich insbesondere ein Abgrenzungsproblem zum förmlichen Widerspruch ergeben: Falls die Eingabe innerhalb der Widerspruchsfrist eingelegt wird, ist im Zweifel von einem Widerspruch auszugehen. Eine Fachaufsichtsbeschwerde liegt demgegenüber vor, wenn der Widerspruch offensichtlich unzulässig ist, da dann eine sachliche Überprüfung der Verwaltungsentscheidung nicht mehr möglich ist.
- Mit der – klausurrelevanten – **Kommunalaufsichtsbeschwerde** wird die Ausübung kommunalaufsichtlicher Maßnahmen gegenüber der zu beaufsichtigenden Gebietskörperschaft begehrt.
  Beachten Sie, dass der Beschwerdeführer in einem Verwaltungsverfahren zwischen Gemeinde und Kommunalaufsichtsbehörde kein Beteiligter iSd § 13 VwVfG ist. Eine eventuell aufsichtsrechtliche Verfügung wird daher dem Beschwerdeführer nicht bekanntgegeben. Ergibt die kommunalaufsichtliche Prüfung, dass tatsächlich Rechtsverstöße vorliegen, sind in der Klausur eventuell zwei praktische Teile anzufertigen: erstens ein »Beschwerdebescheid« an den Beschwerdeführer; zweitens die erforderliche aufsichtliche Verfügung. Letztere stellt einen VA dar, sofern es sich um ein förmliches Aufsichtsmittel im eigenen Wirkungskreis der Gemeinde handelt. Insofern handelt es sich bei diesem Klausurtyp um eine besondere Erscheinungsvariante einer »Erstbescheidklausur«.
- Gegenstand einer **Dienstaufsichtsbeschwerde** ist das persönliche Verhalten des Beamten. Ziel ist die Einleitung disziplinarischer Maßnahmen, in der Regel durch den Dienstvorgesetzten.

- Mit einer **Gegenvorstellung** regt der Betroffene bei der Ausgangsbehörde die Änderung oder Aufhebung einer getroffenen Verwaltungsentscheidung an. Diese grenzen Sie von einem Widerspruch (§ 68 VwGO), von einem Antrag auf Aufhebung eines VA gem. §§ 48, 49 VwVfG bzw. einem Antrag auf Wiederaufgreifen des Verfahrens nach § 51 VwVfG ab. Gegen einen Widerspruch sollten Sie sich gegebenenfalls entscheiden, wenn dieser landesrechtlich entweder nicht statthaft oder der Ausgangsbescheid (offensichtlich) bestandskräftig geworden ist. Einen Aufhebungsantrag (§§ 48, 49 VwVfG) können Sie in der Examensklausur in der Regel ausschließen, wenn der Beschwerdeführer keine Gründe iSd §§ 48, 49 VwVfG geltend macht, die zur Aufhebung führen könnten (Vermögensdisposition etc.). Einen Antrag auf Wiederaufgreifen des Verfahrens (§ 51 VwVfG) verneinen Sie insbesondere, wenn keine Wiederaufnahmegründe (zB Änderung der Sach- oder Rechtslage gem. § 51 I Nr. 1 VwVfG) geltend gemacht werden.

2. Formelle Rechtmäßigkeit der gerügten Maßnahme

83 Gegenstand der Beschwerde wird eine Maßnahme eines Beamten oder einer Behörde sein. Je nach Sachverhalt werden Sie zunächst die formelle Rechtmäßigkeit der Maßnahme (sachliche und örtliche Zuständigkeit; Verfahren; Form) prüfen müssen.

3. Materielle Rechtmäßigkeit der gerügten Maßnahme

84 Anschließend prüfen Sie die Rechtmäßigkeit der Maßnahme in materieller Hinsicht. Dies wird voraussichtlich den Schwerpunkt der Klausur darstellen. Da in dieser prozessualen Einkleidung vielfach die Grundzüge des Kommunalaufsichtsrechts geprüft werden, müssen Sie in diesem Bereich fit sein.[57]

4. Vorschlag zur Vorgehensweise

85 Sofern verlangt, sollten Sie einen zusammenfassenden Vorschlag zur weiteren Vorgehensweise unterbreiten. An dieser Stelle kann insbesondere bei einer Kommunalaufsichtsbeschwerde die Darlegung erforderlich sein, dass kommunalaufsichtliche Maßnahmen keinen Individualschutz bezwecken, sondern im bloßen öffentlichen Interesse liegen. Aus diesem Grund sollten Sie darauf hinweisen, dass der Beschwerdeführer (aus Art. 17 GG) nur einen Anspruch auf formelle Bescheidung seiner Beschwerde hat.

II. »Bescheidentwurf« an Beschwerdeführer[58]

86 Bei der Anfertigung des »Bescheides« sollten Sie berücksichtigen, dass Art. 17 GG nur einen sog. formellen Bescheidungsanspruch vermittelt; allerdings keinen Anspruch auf die inhaltliche Erledigung der Petition im Sinne einer Beseitigung einer geltend gemachten Rechtsverletzung. Die befasste Stelle muss nur die Eingabe entgegennehmen, prüfen und einen sachlichen Bescheid erteilen, aus dem erkennbar ist, wie sie mit der Petition umgehen möchte.[59] Daher ist der »Beschwerdebescheid« nach hM mangels Regelungswirkung auch kein VA. Bei der äußeren Gestaltung des »Bescheides« können Sie sich an einem Erstbescheid orientieren. Besonderheiten gelten insoweit, als es sich bei dem »Beschwerdebescheid« nicht um einen regelnden VA handelt. Falsch wäre es daher, einen Tenor zu formulieren, der einen »regelnden« Eindruck erweckt. Auch eine Rechtsbehelfsbelehrung darf deswegen nicht auftauchen.

1. Eingangsteil des »Bescheides«

87 Adressat ist der Beschwerdeführer bzw. sein Bevollmächtigter. Abweichend von einem VA wird dieser mit einfachem Brief bekanntgegeben; einer Zustellung bedarf es nicht. Daher sollten Sie in dem Entwurf keinen Zustellvermerk anbringen. Anschließend führen Sie in der Betreffzeile *»Ihre Eingabe vom …«* an. Wegen des Briefstils folgt die Anrede des Beschwerdeführers.

57 Hierzu im Einzelnen: *Kaiser/Köster/Seegmüller* MatÖffR Kap. 11 Rn. 10 ff.
58 Im Einzelnen *Volkert* VerwEntsch 249.
59 *Pietzner/Ronellenfitsch* Assessorexamen ÖffR Rn. 1015.

2. »Entscheidungsformel«

Im Gegensatz zum Erstbescheid folgt anstelle einer Entscheidungsformel das Ergebnis der Überprüfung. Im Fall einer erfolgreichen Dienstaufsichtsbeschwerde könnte man formulieren:[60] 88

> Auf Ihr Schreiben vom … habe ich die erhobenen Vorwürfe überprüft. Für das Verhalten von Herrn Meier im Bürgeramt am … möchte ich – auch in seinem Namen – in aller Form um Entschuldigung bitten.

Im Misserfolgsfall könnten Sie wie folgt formulieren: 89

> Auf Ihre Eingabe vom … habe ich den Sachverhalt überprüft. Ich habe jedoch keinen Anlass für eine dienstaufsichtsrechtliche (bzw. fachaufsichtliche) Beanstandung finden können.

Klausurhinweis: Falls Sie (zB bei einer Kommunalaufsichtsbeschwerde) die Maßnahme der zu beaufsichtigenden Körperschaft beanstanden, die Beschwerde also (gewissermaßen) Erfolg hat, sollten Sie sich im Beschwerdebescheid selbst – wie in der Praxis üblich – kurz halten und nur das Ergebnis mitteilen. Eine umfassende Darstellung, aus welchen Gründen die Maßnahme gerügt wird, darf an dieser Stelle unterbleiben. Hierauf hat der Beschwerdeführer keinen Anspruch und Sie haben dafür im Examen keine Zeit. Diese müssen Sie für die in der Regel zu verfassende Beanstandungsverfügung verwenden. Sofern Sie eine solche Verfügung entwerfen, sollten Sie auch davon absehen, dem Beschwerdeführer eine Durchschrift des Bescheides zu übersenden. Da er kein Beteiligter des kommunalaufsichtsbehördlichen Verwaltungsverfahrens ist, ist der VA ihm nicht bekanntzugeben.

3. Begründung

Anschließend folgt – ähnlich wie bei einem Erstbescheid – eine Begründung, die Sie allerdings nicht ausdrücklich mit »Gründe« überschreiben sollten. 90

> I.
>
> Nach Vorlage der Akten habe ich folgenden Sachverhalt festgestellt: …
>
> II.
>
> Bei dieser Sachlage bin ich zu einem aufsichtsrechtlichen Einschreiten nicht berechtigt …
>
> Mit freundlichen Grüßen
> i.A.

III. Eventuelle zusätzliche Verfügung(en)

Ist die Maßnahme rechtswidrig, kommt eine kommunalaufsichtliche Verfügung an die jeweilige Behörde in Betracht. Adressat dieser Verfügung ist die Kommune, vertreten durch den Bürgermeister, nicht aber das Organ, das die beanstandete Maßnahme veranlasst hat. 91

In der Begründung sind unter »II.« die Voraussetzungen der Aufsichtsmaßnahme zu erörtern, von denen insbesondere die Beanstandung gem. § 173 I 1 NKomVG Klausurrelevanz genießt. Zunächst prüfen Sie die *formellen Voraussetzungen* für ein kommunalaufsichtliches Einschreiten: Die *sachliche Zuständigkeit* der Kommunalaufsichtsbehörde folgt aus § 170 I 2 NKomVG, der zwischen Kommunalaufsicht und Fachaufsicht unterscheidet. Aus dem Umkehrschluss des § 170 I 2 NKomVG folgt, dass die Kommunalaufsicht für Angelegenheiten des eigenen Wirkungskreises (§ 5 I NKomVG) zuständig ist.[61] *Instanziell zuständige* Aufsichtsbehörde bei Angelegenheiten im eigenen Wirkungskreis ist 92

- der jeweilige **Landkreis** über Gemeinden und Samtgemeinden (§ 97 NKomVG, § 171 II NKomVG),[62]
- das **Innenministerium** über kreisfreie Städte, große selbstständige Städte, die Region Hannover und über Landkreise (§ 171 I NKomVG).

60 *Volkert* VerwEntsch 253.
61 *Seybold/Neumann/Weidner* NdsKommR Rn. 845.
62 Bzw. das Innenministerium als *oberste* Kommunalaufsichtsbehörde.

93 Die *örtliche Zuständigkeit* der Kommunalaufsichtsbehörde folgt mangels spezieller Regelung im NKomVG aus § 3 I Nr. 3b VwVfG. Tatbestandlich verlangt eine Beanstandung das Vorliegen eines die Gemeinde bindenden Beschlusses oder einer anderen Maßnahme (§ 173 I NKomVG). Beachten Sie, dass eine vorbeugende Beanstandung im Hinblick auf die verfassungsrechtlich gesicherte Selbstverwaltungsgarantie (Art. 28 II GG; Art. 57 Abs. 1 NdsVerf) nicht in Betracht kommt.[63] Ob die beschlossene Maßnahme formell und/oder materiell gesetzeswidrig ist, wird in der Regel der folgende Klausurschwerpunkt sein. Auf Rechtsfolgenebene besteht grundsätzlich Ermessen, wobei die Rechtsprechung zur Annahme eines intendierten Ermessens neigt.[64] Im eigenen Wirkungskreis stellt die Verfügung einen VA dar, der mit einer Rechtsbehelfsbelehrung zu versehen ist. Statthafter Anfechtungsrechtsbehelf ist die Klage (§ 80 I NJG). Die Anfechtungsklage entfaltet aufschiebende Wirkung (§ 80 I 1 VwGO). § 173 I 2 NKomVG ist keine landesrechtliche Vorschrift, nach der die aufschiebende Wirkung gem. § 80 II 1 Nr. 3 VwGO entfällt.[65] Um die sofortige Vollziehbarkeit herbeizuführen, muss vielmehr – wichtig für behördliche Entscheidungsentwürfe – gem. § 80 II 1 Nr. 4 VwGO die Anordnung der sofortigen Vollziehung ausgesprochen werden. Dies darf bei der Tenorierung und der Begründung der Beanstandungsverfügung nicht vergessen werden.

2.[66] Zustellungsnachweis:
»gegen EB«[67]

Name und Anschrift der
zu beaufsichtigenden Körperschaft
(vertreten durch den Bürgermeister)

Entscheidung des Rates vom ...; Az.: ...

1. Ich beanstande die Entscheidung des Rates in der Sache ...
2. Gegebenenfalls Anordnung der sofortigen Vollziehung (§ 80 II 1 Nr. 4 VwGO)
3. In der Regel keine Erhebung von Verwaltungskosten (§ 2 I 1 Nr. 1 NVwKostG)

Begründung:

I.

(Sachverhalt)

II.

(Rechtliche Begründung)

63 *Seybold/Neumann/Weidner* NdsKommR Rn. 901.
64 OVG Lüneburg NVwZ-RR 2008, 127 (128).
65 *Ipsen* NdsKommR Rn. 883.
66 Bzw. »3.«, sofern die Zählung mit einem vorbereitenden Gutachten bzw. vorangestellten Vermerk beginnt.
67 Da es sich bei einer kommunalrechtlichen Verfügung im Bereich des eigenen Wirkungskreises um einen VA handelt (Außenwirkung wegen Art. 28 II GG), bietet sich eine Zustellung »*gegen EB*« an.

2. Kapitel. Aufgaben im Widerspruchsverfahren

Examensrelevanz: Wenngleich in Niedersachsen das Vorverfahren gem. § 80 I und IV NJG in vielen Bereichen abgeschafft worden ist, genießt die verwaltungsfachliche Klausur im Widerspruchsverfahren weiterhin eine hohe Examensrelevanz, da unter anderem in den in § 80 II NJG genannten Materien sowie bei einer Anordnung nach § 80 III NJG (»optionales Widerspruchsverfahren«) weiterhin ein Widerspruchsverfahren durchzuführen ist. Falls Sie eine Klausur aus diesem Bereich erhalten sollten, kann es sich um folgende Aufgabenstellungen handeln: 1

- Die Standardkonstellation ist der Entwurf eines **Widerspruchsbescheides.** Diese Entscheidungsform ist in den von § 80 II NJG und anderen spezialgesetzlich geregelten Konstellationen weiterhin vorgesehen. In der Prüfungspraxis spielen insbesondere Widersprüche im Bau- und Immissionsschutzrecht (§ 80 II 1 Nr. 4a und Nr. 4b NJG) eine herausragende Rolle. Nachfolgend wird diese Entscheidungsform vertieft erörtert.
- Ausnahmsweise ist der Entwurf eines **Vorlageberichts** denkbar. Da ein Vorlagebericht voraussetzt, dass die Ausgangsbehörde nicht mit der Widerspruchsbehörde identisch ist, scheidet diese Aufgabenstellung in Niedersachsen aus, wenn die Zuständigkeit der Widerspruchsbehörde aus § 73 I 2 Nr. 2 VwGO folgt. Ebenso scheidet ein Vorlagebericht bei Entscheidungen im eigenen Wirkungskreis aus, da hier die Selbstverwaltungskörperschaft gem. § 73 I 2 Nr. 3 VwGO selbst den Widerspruchsbescheid erlässt (vgl. etwa § 76 IV NKomVG – grundsätzliche Zuständigkeit des Hauptausschusses[1]). Aus diesem Grund wird auf die Darstellung dieses Klausurtyps in diesem Skript verzichtet.
- Ausnahmsweise ist schließlich der Entwurf eines **Abhilfebescheides** denkbar. Ebenso wie der Vorlagebericht ergeht ein Abhilfebescheid dann, wenn die Ausgangsbehörde nicht mit der Widerspruchsbehörde identisch ist. Andernfalls entfällt ein eigenständiges Abhilfeverfahren.
  Der Unterschied zum Vorlagebericht besteht darin, dass letzterer in der Situation abzufassen ist, in der die Ausgangsbehörde den Widerspruch für unzulässig und/oder unbegründet hält; der Abhilfebescheid hingegen die Situation erfasst, in der die Ausgangsbehörde den Widerspruch als erfolgreich betrachtet und diesem daher »abhilft«. Sind Ausgangs- und Widerspruchsbehörde hingegen – insbesondere nach § 73 I 2 Nr. 2 bis 3 VwGO – identisch, wird im Fall eines zulässigen und begründeten Widerspruchs kein Abhilfebescheid erlassen, sondern ein stattgebender Widerspruchsbescheid.

A. Entwurf eines Widerspruchsbescheides

Die Prüfungsleistung variiert je nach Bearbeitervermerk. In Niedersachsen erwartet das LJPA regelmäßig die Einkleidung des zu entwerfenden Widerspruchsbescheides in einen durchzunummerierenden Verwaltungsentwurf. Dieser besteht in der Regel aus folgenden Gliederungsabschnitten: 2

E.

Widerspruchsbehörde

1. Sofern verlangt: **vorbereitendes Gutachten** bzw. **»vorangestellter Vermerk«**
2. **Widerspruchsbescheid**
3. **Schreiben an sonstige Stellen** (zu beteiligende Dritte [insbesondere sonstige Behörden, insbesondere Ausgangsbehörde und Bürger])
4. Gegebenenfalls **ergänzender Vermerk**
5. **Weitere Verfügungen**, zB *»KFB fertigen«*, *»Annahmeanordnung fertigen«*
6. **Schlussverfügungen**, zB Maßnahmen zur internen Koordination, zB *»Dezernat 25 zur Mitzeichnung«*, *»Kenntnis … vor Absendung«*; *»Wv. am …«*, ausnahmsweise: *»z.d.A.«*
7. **Schlusszeichnung** (Paraphe)

1 Die Zuständigkeit für Widerspruchsentscheidungen im eigenen Wirkungskreis der Gemeinde setzt allerdings voraus, dass ein Widerspruchsverfahren überhaupt noch stattfindet. Dieses ist aber gem. § 80 I und IV NJG in der Regel nicht mehr der Fall. Die Zuständigkeiten des Hauptausschusses für den Erlass eines Widerspruchsbescheides fallen daher ins Leere; *Ipsen* NdsKommR Rn. 432.

I. Aufbau des vorbereitenden Gutachtens

3 **Übersicht: Gutachten zur Vorbereitung des Widerspruchsbescheides[2]**

- **Widerspruchsbescheid als zulässige Entscheidungsform**
  - **Auslegung** der Eingabe als Widerspruch; (P) Abgrenzung zu anderen (formlosen) Rechtsbehelfen; insbesondere Fachaufsichtsbeschwerden
  - **Zuständigkeit der Widerspruchsbehörde:** grundsätzlich nächsthöhere Behörde (§ 73 I 2 Nr. 1 VwGO), es sei denn Zuständigkeit der Ausgangsbehörde:
    - nächsthöhere Behörde ist oberste Bundes- oder Landesbehörde (§ 73 I 2 Nr. 2 VwGO): In **Niedersachsen** infolge Wegfalls der Mittelinstanz in der Regel Ausgangsbehörde auch für Widersprüche zuständig
    - Selbstverwaltungsangelegenheit (§ 73 I 2 Nr. 3 VwGO): vgl. § 76 IV NKomVG – grundsätzlich Zuständigkeit des Hauptausschusses
    - Bei gesetzlicher Anordnung (§ 73 I 3 VwGO)
  - Gegebenenfalls **erfolglose Durchführung eines Abhilfeverfahrens**
- **Zulässigkeit des Widerspruchs**
- **Begründetheit des Widerspruchs**
- **Nebenentscheidungen**
  - Anordnung der sofortigen Vollziehung (§ 80 II 1 Nr. 4 VwGO)
  - Entscheidung bezüglich eventuellem Aussetzungsantrag (§ 80 IV VwGO)
  - Entscheidungen zum Verwaltungszwang
  - Kostenentscheidung
- **Gegebenenfalls abschließender Entscheidungsvorschlag**

1. Widerspruchsbescheid als zulässige Entscheidungsform

4 Vor der Zulässigkeits- und Begründetheitsprüfung sollten Sie im Rahmen einer Prüfungsstation klären, ob ein Widerspruchsbescheid überhaupt ergehen kann.

a) Auslegung des Rechtsbehelfs

5 Gegebenenfalls ist der Rechtsbehelf zunächst zugunsten eines Widerspruchs auszulegen. Der auf die Überprüfung der Recht- und Zweckmäßigkeit einer Verwaltungsentscheidung gerichtete förmliche Widerspruch ist gegebenenfalls von formlosen Rechtsbehelfen abzugrenzen. Hierbei können insbesondere Abgrenzungsfragen zur formlosen Fachaufsichtsbeschwerde auftauchen. Mit dieser wird – wie beim Widerspruch – der sachliche Inhalt der behördlichen Entscheidung gerügt. Wie der Widerspruch bezweckt die Fachaufsichtsbeschwerde also eine Rechtmäßigkeits- und Zweckmäßigkeitsprüfung. Es ist allerdings anerkannt, dass bei der Einlegung eines Rechtsbehelfs innerhalb der Widerspruchsfrist im Zweifel ein Widerspruch angenommen werden kann, da dieser – anders als die Fachaufsichtsbeschwerde – die Bestandskraft des VA verhindert und damit intensiveren Rechtsschutz vermittelt. Im Zweifel legen Sie die Eingabe also zugunsten eines Widerspruchs aus. Eine Fachaufsichtsbeschwerde kann hingegen vorliegen, wenn ein Widerspruch als förmlicher Rechtsbehelf offensichtlich unzulässig ist (zB offensichtliche Verfristung oder offenkundig fehlende Widerspruchsbefugnis).

b) Zuständigkeit der Widerspruchsbehörde

6 Anschließend prüfen Sie die Zuständigkeit der Widerspruchsbehörde. Grundsätzlich liegt diese gem. § 73 I 2 Nr. 1 VwGO bei der nächsthöheren Behörde, also der, die landesorganisationsrechtlich der Ausgangsbehörde unmittelbar übergeordnet ist. Ausnahmsweise liegt die Zuständigkeit bei der Ausgangsbehörde,

- wenn die nächsthöhere Behörde eine oberste Bundes- oder Landesbehörde ist (§ 73 I 2 Nr. 2 VwGO). Da in Niedersachsen infolge des Wegfalls der Mittelinstanz keine Bezirksregierungen mehr existieren, ist der Ausgangsbehörde in der Regel nur die Oberinstanz übergeordnet. Dann hat die Ausgangsbehörde grundsätzlich den Widerspruchsbescheid zu erlassen. Ausgangs- und Widerspruchsbehörde sind in Niedersachsen damit vielfach identisch;

2 Nach *Brühl* JuS 1994, 153.

- wenn es sich um eine Selbstverwaltungsangelegenheit handelt (§ 73 I 2 Nr. 3 VwGO). Dieses sind Materien, in denen eigene, weisungsfreie Angelegenheiten erfüllt werden (Art. 28 II GG, § 5 NKomVG). Angelegenheiten des übertragenen Wirkungskreises (§ 6 I 1 NKomVG) fallen nicht hierunter. Beachten Sie, dass gesetzlich die Zuständigkeit der nächsthöheren Aufsichtsbehörde oder ein Ausschuss für zuständig erklärt werden kann (§ 73 II VwGO).

Häufiger stellt der Bearbeitervermerk die Zuständigkeit der Widerspruchsbehörde ausdrücklich fest. 7

c) Durchführung eines Abhilfeverfahrens

Erst nach erfolgloser Abhilfeprüfung (sofern wegen fehlender Identität von Ausgangs- und Widerspruchsbehörde überhaupt noch ein solches eigenständiges Abhilfeverfahren durchzuführen ist) sind die Sachentscheidungsvoraussetzungen für den Widerspruchsbescheid gegeben.[3] Falls Sie einen Widerspruchsbescheid zu entwerfen haben, wird diese Prüfung durchgeführt worden sein. Es reicht daher in der Regel ein kurzer Hinweis. 8

Klausurhinweis: Den bei fehlender Identität von Ausgangs- und Widerspruchsbehörde erforderlichen Hinweis auf das erfolglose Abhilfeverfahren dürfen Sie im Bescheidentwurf (letzter Satz der Gründe zu »I.«) nicht vergessen!

2. Zulässigkeit des Widerspruchs

Übersicht: Zulässigkeit des Widerspruchs (§§ 68 ff. VwGO) 9

- **Verwaltungsrechtliche Streitigkeit** (Spezialzuweisung oder § 40 I 1 VwGO analog)
- **Statthaftigkeit des Widerspruchs (§ 68 VwGO)**
  - Sachentscheidungsvoraussetzung für spätere **Anfechtungsklage** (§ 68 I 1 VwGO), bei Anfechtung eines belastenden, noch nicht erledigten VA; (P) Fortsetzungsfeststellungs-Widerspruch oder
  - Sachentscheidungsvoraussetzung für spätere **Verpflichtungsklage** (§ 68 II VwGO) bei Verpflichtung zur Erteilung eines VA, nach hM aber kein Untätigkeitswiderspruch (Arg.: § 347 I 2 AO enthält Sonderregelung) oder
  - ausnahmsweise: Sachentscheidungsvoraussetzung für spätere **Feststellungs- oder Leistungsklage** im Beamtenrecht (§ 54 II 1 BeamtStG, § 105 NBG; § 126 II BBG); (P) Landesrechtl. Rückausnahmen (§ 105 I NBG)
  - **Keine Unstatthaftigkeit** des Widerspruchs (§ 68 I 2 VwGO)
- **Widerspruchsbefugnis (§§ 70 I, 42 II VwGO analog)**
  - Mögliche Rechtsverletzung; (P) Bei Drittbeteiligung: Schutznormtheorie
  - Mögliche Interessenbeeinträchtigung, soweit individualschützende Ermessensvorschrift; (P) Bei Drittbeteiligung mit Schutznormtheorie lösen
- **Ordnungsgemäße Form** der Widerspruchseinlegung (§ 70 I VwGO)
- Wahrung der **Widerspruchsfrist** (§ 70 I VwGO)
- **Kein Verzicht** bzw. **keine Rücknahme** des Widerspruchs[4]
- **Sonstige beteiligtenbezogene Sachbescheidungsvoraussetzungen** (zB Beteiligtenfähigkeit)
- **Nicht »Widerspruchsgegner«**, da Widerspruchsverfahren kein kontradiktorisches Verfahren

a) Verwaltungsrechtliche Streitigkeit[5]

Eine verwaltungsrechtliche Streitigkeit analog § 40 I 1 VwGO ist gegeben, wenn für ein späteres Klageverfahren der Verwaltungsrechtsweg eröffnet ist. 10

b) Statthaftigkeit des Widerspruchs

Der Widerspruch ist statthaft, wenn er Sachurteilsvoraussetzung einer späteren verwaltungsgerichtlichen Klage ist (»Vorschaltverfahren«). Gemäß § 68 VwGO ist damit ein Wider- 11

---

3 Ist dem Widerspruchsbescheid eine solche Abhilfeprüfung nicht vorausgegangen, ist der Widerspruchsbescheid formell fehlerhaft und kann ggf. isoliert gem. § 79 II 2 VwGO aufgehoben werden.

4 Aufgrund der geringen Examensrelevanz wird auf eine vertiefte Darstellung verzichtet.

5 Sprachlich richtig ist es, statt von »Eröffnung des Verwaltungsrechtswegs« von einer »verwaltungsrechtlichen Streitigkeit« zu sprechen, da ein gerichtliches Verfahren noch nicht eröffnet ist.

spruchsverfahren statthaft gegen einen ergangenen oder abgelehnten VA. Ein vorbeugender Widerspruch ist hingegen nicht anerkannt. Unstatthaft ist ein Widerspruchsverfahren in den Fällen des § 68 I 2 VwGO.

12 Gemäß § 80 I NJG bedarf es in Niedersachsen vor Erhebung der Anfechtungsklage abweichend von § 68 I 1 VwGO keiner Nachprüfung in einem Vorverfahren. Dies gilt entsprechend für Verpflichtungsklagen (§ 80 IV NJG). Damit ist hier das Widerspruchsverfahren für den Regelfall abgeschafft worden.[6]

13 Ein Vorverfahren ist nach § 80 II (ggf. iVm Abs. 4) NJG allerdings gesetzlich unter anderem noch vorgesehen für folgende Bereiche:

- VA, denen berufsbezogene Prüfungsentscheidungen zugrunde liegen (§ 80 II 1 Nr. 1 NJG),
- VA, die von Schulen erlassen werden (§ 80 II 1 Nr. 2 NJG),
- sehr examensrelevant: VA, die nach den Vorschriften
  - des BauGB oder der NBauO (§ 80 II 1 Nr. 4a NJG),
  - des BImSchG (§ 80 II 1 Nr. 4b NJG),
  - des KrWG (§ 80 II 1 Nr. 4c NJG),
  - des BBodSchG und des NBodSchG (§ 80 II 1 Nr. 4d NJG),

  erlassen werden. Außerdem ist unter anderem im Bereich des Naturschutzes (§ 80 II 1 Nr. 4e NJG) und des NdsUIG (§ 80 II 1 Nr. 4j NJG) weiterhin ein Widerspruchsverfahren statthaft.

  Zudem können VAe, die nicht unter § 80 II 1 und 2 NJG fallen, in den von § 80 III 1 NJG genannten Materien von der Behörde mit einer Anordnung versehen werden, dass abweichend von § 80 I NJG ein Vorverfahren durchzuführen ist.

14 Grundsätzlich ist nach § 54 I BeamtStG in beamtenrechtlichen Verfahren auch außerhalb einer Anfechtungs- und Verpflichtungssituation ein Widerspruchsverfahren durchzuführen. Allerdings hat das Land in § 105 I 1 NBG abweichend hiervon bestimmt, dass es grundsätzlich keiner Nachprüfung in einem Vorverfahren mehr bedarf. Damit ist in Niedersachsen auch im Beamtenrecht das Widerspruchsverfahren weitgehend (zu den Ausnahmen s. § 105 I 2 NBG) abgeschafft.

c) Widerspruchsbefugnis (§§ 70 I 1, 42 II VwGO analog)

15 Hinsichtlich der Widerspruchsbefugnis analog § 42 II VwGO müssen Sie unterscheiden: Bei **gebundenen Entscheidungen** gelten keine Besonderheiten. Bei **Ermessensverwaltungsakten** müssen Sie die erweiterte Prüfungskompetenz der Widerspruchsbehörde beachten, die auch die Unzweckmäßigkeit der Entscheidung prüfen kann. Daher besteht die Widerspruchsbefugnis in diesen Fällen, wenn die Ermessensvorschrift auch dem Interesse des Widerspruchsführers zu dienen bestimmt ist.[7] In **Drittbeteiligungsfällen** richtet sich die Widerspruchsbefugnis nach der Schutznormtheorie.

d) Form des Widerspruchs (§ 70 I VwGO)

16 Nach § 70 I 1 VwGO ist der Widerspruch schriftlich, in elektronischer Form (§ 3a II VwVfG) oder zur Niederschrift grundsätzlich bei der Ausgangsbehörde einzulegen. Hinsichtlich der Anforderungen an die Schriftform wird auf den Abschnitt »Klageerwiderung« verwiesen. Auch hier wird häufig die fehlende eigenhändige Unterschrift problematisiert. Auch hier gilt: Die eigenhändige Unterschrift ist ausnahmsweise entbehrlich, wenn das Schriftstück auch ohne Unterschrift des Widerspruchsführers ein Vertrautsein mit den entscheidungserheblichen Tatsachen erkennen lässt.

17 Hat die Behörde einen Zugang für schriftformersetzende Dokumente eröffnet, genügt auch ein mit qualifizierter Unterschrift versehenes Widerspruchsschreiben, das in ein elektronisches Dokument im pdf-Format umgewandelt und als Anlage mittels einfacher Mail an die zuständige Behörde übermittelt wurde, dem Schriftformerfordernis des § 70 I 1 VwGO iVm § 3a II VwVfG.[8]

6 Kopp/Schenke/*W.-R. Schenke* VwGO § 68 Rn. 17a.
7 *Kintz* ÖffR Rn. 712.
8 BVerwG NVwZ 2017, 967.

e) Einhaltung der Widerspruchsfrist

Häufig sind in Klausuren Probleme der Widerspruchsfrist eingekleidet. Gemäß § 70 I VwGO ist der Widerspruch innerhalb eines Monats nach der Bekanntgabe des VA bei der Behörde zu erheben, die den VA erlassen hat (§ 70 I 1 VwGO). Allerdings wird die Frist auch durch Einlegung bei der Widerspruchsbehörde gewahrt (§ 70 I 2 VwGO). Ähnlich wie bei der Klagefristberechnung (§ 74 VwGO) müssen Sie auch hier folgende Prüfungsreihenfolge beachten: 18

Übersicht: Prüfungsreihenfolge zur Wahrung der Widerspruchsfrist

- Gilt für den Widerspruch eine Frist?
- Ist die Frist in Gang gesetzt worden?
- Welche Frist gilt?
- Kommt bei Verfristung eine Wiedereinsetzung in Betracht?

Die **Frist** nach § 70 I VwGO gilt für Anfechtungs- und Verpflichtungswidersprüche. Bei Leistungs- und Feststellungswiderspruchsverfahren im Beamtenrecht gilt die Regelung nicht, sodass dort (im Gegensatz zur Klagefrist, für die § 74 VwGO gilt) nur eine Verwirkung des Widerspruchs denkbar ist.[9] 19

Für die **Ingangsetzung der Frist** ist eine ordnungsgemäße Bekanntgabe des VA erforderlich. Die Bekanntgabe kann formlos erfolgen gem. § 41 VwVfG oder in Form der förmlichen Zustellung nach dem VwZG bzw. dem NVwZG iVm VwZG. Bei der formlosen Bekanntgabe ist die Fiktion des § 41 II VwVfG zu beachten, wonach der VA am dritten Tag nach Aufgabe zur Post als zugestellt gilt. Dieses gilt auch, wenn der VA tatsächlich früher zugegangen ist (häufiges Klausurproblem) und nach hM ebenso, wenn der dritte Tag ein Sonntag ist. Sollte die Behörde sich für die förmliche Zustellung entschlossen haben, gelten das VwZG oder das NVwZG iVm VwZG. 20

Die **Berechnung der Frist** erfolgt nach § 57 II VwGO iVm § 222 ZPO iVm §§ 187 ff. BGB. 21

Problem: Fehlende oder fehlerhafte Rechtsbehelfsbelehrung 22

Ist der Bescheid bekanntgegeben worden, läuft die Monatsfrist nur, wenn der Bescheid eine ordnungsgemäße Rechtsbehelfsbelehrung nach § 58 I VwGO enthält. Auch hier gilt: Ist die Belehrung im Aktenauszug abgedruckt, sollten Sie diese genau lesen. Andernfalls taucht in der Regel der Hinweis auf, die Rechtsbehelfsbelehrung sei ordnungsgemäß. Dann werden Sie häufig die Wiedereinsetzung in den vorigen Stand (§ 70 II iVm § 60 VwGO) prüfen müssen.

Die Rechtsbehelfsbelehrung ist fehlerhaft, wenn sie die in § 58 I VwGO benannten zwingenden Mindesterfordernisse nicht enthält oder geeignet ist, bei dem Betroffenen einen Irrtum über die formellen oder materiellen Voraussetzungen des möglichen Rechtsbehelfs hervorzurufen und dadurch die Rechtsbehelfseinlegung zu erschweren.[10] 23

War die Bekanntgabe des VA fehlerhaft oder fehlte diese überhaupt, läuft keine gesetzliche Frist. Denkbar ist dann unter anderem eine Verwirkung des Widerspruchsrechts aus dem Rechtsgedanken des § 242 BGB. 24

Beachten Sie in diesem Zusammenhang aber, dass eine Prüfung, ob das Recht zum Nachbarwiderspruch gegen eine einem Dritten erteilte Baugenehmigung verwirkt ist, erst dann vorzunehmen ist, wenn die Baugenehmigung nicht schon wegen der Versäumung der Widerspruchsfrist bestandskräftig geworden ist.[11] Das BVerwG hat in der vorgenannten Entscheidung wie folgt differenziert: Wenn dem Nachbarn die Baugenehmigung, durch die er sich beschwert fühlt, nicht bekanntgegeben worden, so läuft für ihn weder in unmittelbarer noch in analoger Anwendung der §§ 70, 58 II VwGO eine Widerspruchsfrist. Hat er jedoch gleichwohl sichere Kenntnis von der Baugenehmigung erlangt oder hätte er sie erlangen müssen, so kann ihm nach Treu und Glauben die Berufung darauf versagt sein, dass sie ihm nicht 25

9 *Pietzner/Ronellenfitsch* Assessorexamen ÖffR Rn. 1130.
10 BVerwG NVwZ-RR 2019, 885.
11 BVerwG NVwZ-RR 2019, 885.

amtlich mitgeteilt wurde. Dann läuft für ihn die Widerspruchsfrist nach § 70 iVm § 58 II VwGO so, als sei ihm die Baugenehmigung in dem Zeitpunkt bekannt gegeben, in dem er von ihr sichere Kenntnis erlangt hat oder hätte erlangen können. Zuverlässige Kenntnis hätte ein Nachbar erlangen können, wenn sich ihm das Vorliegen der Baugenehmigung aufdrängen musste – beispielsweise aufgrund eines sichtbaren Beginns der Bauausführung – und es ihm möglich und zumutbar war, sich hierüber – etwa durch Anfrage bei dem Bauherrn oder der Baugenehmigungsbehörde – Gewissheit zu verschaffen. Weiter heißt es in der höchstrichterlichen Entscheidung vom 9.5.2019: »*Daraus folgt: Ab dem Zeitpunkt, an dem der Nachbar davon ausgehen muss, dass der Bauherr eine Baugenehmigung erhalten hat, hat er sich regelmäßig innerhalb eines Jahres über die Genehmigungslage zu informieren. Tut er dies, so ist die Widerspruchsfrist gewahrt und wird erst dadurch versäumt, dass er nach Erhalt der Information, die ihm die sichere Kenntnis von der Baugenehmigung verschafft, nicht fristgerecht Widerspruch einlegt. Einen ›vorsorglichen‹ Widerspruch, dh einen Widerspruch ›auf Verdacht‹ oder ›ins Blaue hinein‹, … verlangt der Senat nicht.*« Diesen äußerst examensrelevanten Aspekt – Wahrung der Widerspruchsfrist – dürfen Sie nicht mit der Verwirkung »vermischen«.

26 Sollte die angegriffene Baugenehmigung nicht schon nach den vorgenannten Grundsätzen bestandskräftig geworden sein, ist (in einem zweiten Schritt) eine Verwirkung in den Blick zu nehmen. Die Verwirkung eines Rechts setzt außer der Untätigkeit des Berechtigten während eines längeren Zeitraums voraus, dass besondere Umstände hinzutreten, welche die verspätete Geltendmachung des Nachbarrechtsbehelfs als Verstoß gegen Treu und Glauben erscheinen lassen. Das ist insbesondere der Fall, wenn der Verpflichtete (der Bauherr) infolge eines bestimmten Verhaltens des Berechtigten darauf vertrauen durfte, dass dieser das Recht nach so langer Zeit nicht mehr geltend machen würde (Vertrauensgrundlage), der Verpflichtete ferner darauf vertraut hat, dass das Recht nicht mehr ausgeübt werde (Vertrauenstatbestand) und sich infolgedessen in seinen Vorkehrungen und Maßnahmen so eingerichtet hat, dass ihm durch die verspätete Durchsetzung des Rechts ein unzumutbarer Nachteil entstünde.[12] Hinsichtlich des oben angegebenen längeren Zeitraums hat das BVerwG festgestellt, dass eine Verwirkung (sowohl des verfahrensrechtlichen Widerspruchsrechts als auch des materiellen Abwehrrechts) je nach den besonderen Verhältnissen im Einzelfall auch schon vor Ablauf der Jahresfrist (§§ 70, 58 II VwGO) eintreten kann.[13]

27 Bei unverschuldeter Fristversäumnis ist eine **Wiedereinsetzung in den vorigen Stand** zu prüfen (§ 70 II iVm § 60 VwGO).

28 In vielen Klausuren werden Sie durch Hinweise im Aktenauszug auf das Problem der Sachentscheidungsbefugnis trotz Verfristung gelenkt. Tatsächlich ist die Widerspruchsbehörde auch grundsätzlich berechtigt, über einen verfristeten Widerspruch in der Sache zu entscheiden (Ausnahme: Drittwiderspruch). Allerdings liegen in solchen Klausuren häufig die Voraussetzungen für eine Wiedereinsetzung vor. Um in einem solchen Fall nicht am Lösungsvorschlag vorbeizuschreiben, müssen Sie die Voraussetzungen für die Wiedereinsetzung prüfen. Sind die Voraussetzungen der Wiedereinsetzung (§§ 70 II, 60 VwGO) gegeben, stellt sich das Problem der Sachentscheidungsbefugnis über einen verfristeten Widerspruch nicht.

Übersicht: Prüfungsaufbau zur Wiedereinsetzung in den vorigen Stand

1. **Versäumung einer gesetzlichen Frist** (hier: Widerspruchsfrist)
2. **Fehlendes Verschulden** nach allgemeinen Grundsätzen; (P) Zurechnung von Drittverschulden: Bei RA gem. § 173 VwGO iVm § 85 II ZPO zurechenbar; (P) Verschulden gegebenenfalls (–) unter Voraussetzungen des § 45 III VwVfG. Leidet VA unter fehlender Begründung oder ist entgegen § 28 VwVfG erforderliche Anhörung nicht erfolgt, ist Fristversäumnis nicht verschuldet und daher gegebenenfalls Wiedereinsetzung zu gewähren; (P) Kausalität (§ 45 III VwVfG): Ausreichend, wenn nicht ausgeschlossen, dass der Widerspruchsführer bei ordnungsgemäßer Anhörung bzw. Begründung den Widerspruch rechtzeitig eingelegt hätte.[14]

12 BVerwG NVwZ-RR 2019, 885.
13 BVerwG NVwZ-RR 2019, 885.
14 Kopp/Ramsauer/*Ramsauer* VwVfG § 45 Rn. 50.

3. Grds. **Antrag**; nach Maßgabe des § 60 II 4 VwGO Wiedereinsetzung gegebenenfalls von Amts wegen
4. **Antragsfrist:** zwei Wochen nach Wegfall des Hindernisses (§ 60 II 1 VwGO)
5. **Glaubhaftmachung der Wiedereinsetzungsgründe** (§ 60 II 2 VwGO)
6. **Nachholung der versäumten Rechtshandlung** (Widerspruchseinlegung) binnen zwei Wochen (§ 60 II 3 VwGO)

Die Gewährung der Wiedereinsetzung wird **nicht** in den Tenor des Bescheides aufgenommen; es reicht ein Hinweis in den Gründen zu »II.« Aber auch dort interessieren den Widerspruchsführer Details zur Wiedereinsetzung in der Regel nur wenig. Daher reicht es in der Regel aus, wenn Sie im praktischen Teil in den Gründen zu »II.« kurz feststellen, dass Wiedereinsetzung gewährt worden ist. Eine vertiefte Erörterung der §§ 70 II, 60 VwGO verlagern Sie dann in das Schreiben an die Ausgangsbehörde, insbesondere in dem klausurträchtigen Fall des fehlenden Verschuldens wegen Verletzung formeller Vorschriften. Zudem bietet sich die Darstellung der Voraussetzungen in einem ergänzenden Vermerk an.

3. Begründetheit des Widerspruchs

a) Begründetheit des Anfechtungswiderspruchs

Der Widerspruch ist begründet, soweit der VA rechtswidrig ist und den Widerspruchsführer in seinen Rechten verletzt (§§ 68 I, 113 I 1 VwGO analog). Ist der Behörde **Ermessen** eingeräumt, ist der Widerspruch außerdem begründet, wenn der VA unzweckmäßig ist und die Ermessensnorm zumindest auch den Interessen des Widerspruchsführers zu dienen bestimmt ist (Schutznormtheorie). Unzweckmäßig ist er dann, wenn er so, wie er ergangen ist, inhaltlich zwar rechtlich ergehen durfte, aber zur Erreichung des angestrebten Zwecks entweder nicht unerlässlich oder weniger geeignet ist als ein rechtmäßiger VA anderen Inhalts, der den Widerspruchsführer weniger belastet.[15] 29

aa) Formelle Rechtmäßigkeit des Erstbescheides

In der formellen Rechtmäßigkeit prüfen Sie Zuständigkeit – Verfahren – Form. Häufiges Klausurproblem ist die **Heilung von Verfahrensfehlern**, insbesondere die unterbliebene Anhörung nach § 28 I VwVfG: War die (unterbliebene) Anhörung erforderlich, weil kein Fall des § 28 II oder III VwVfG vorlag, kann der Mangel gem. § 45 I Nr. 3 VwVfG geheilt werden, wenn der Betroffene seine Einwendungen im Widerspruchsverfahren vorbringen kann und die Behörde das Vorbringen würdigt (hM).[16] Falls Sie auf eine solche Konstellation treffen, ist die unterbliebene Anhörung nachzuholen. 30

Hinweis: Beachten Sie im Fall der Heilung (§ 45 VwVfG) die Sanktionsfolge des § 80 I 2 VwVfG (Erstattung der notwendigen Aufwendungen durch die Behörde). Diese Regelung wird bei Unbeachtlichkeit gem. § 46 VwVfG analog angewandt (hM). In der Regel bietet sich in diesen Fällen ein Schreiben an die Ausgangsbehörde an, in dem auf die Verletzung der Formvorschriften hinzuweisen ist.

bb) Materielle Rechtmäßigkeit des Erstbescheides

Anschließend prüfen Sie die materielle Rechtmäßigkeit des Erstbescheides. 31

Problem: Maßgebender Zeitpunkt für die Beurteilung der Sach- und Rechtslage 32

Maßgeblicher Zeitpunkt für die Beurteilung der Sach- und Rechtslage ist grundsätzlich der Zeitpunkt der Entscheidung über den Widerspruch.[17] Hieraus folgt, dass Änderungen in tatsächlicher oder rechtlicher Hinsicht nach Erlass des Ausgangsbescheides grundsätzlich von der Widerspruchsbehörde zu berücksichtigen sind.

Bitte denken Sie an folgende **Ausnahme**: Bei Drittwidersprüchen im Baurecht kommt es grundsätzlich auf den Zeitpunkt der Baugenehmigung an, da der Bauherr durch die Geneh- 33

15 *Pietzner/Ronellenfitsch* Assessorexamen ÖffR Rn. 1187.
16 *Pietzner/Ronellenfitsch* Assessorexamen ÖffR Rn. 1188.
17 Kopp/Schenke/*W.-R. Schenke* VwGO § 68 Rn. 15.

migung eine von Art. 14 GG geschützte Rechtsposition erlangt. Bei Drittwidersprüchen im Immissionsschutzrecht gilt dies nicht, sodass der Zeitpunkt des Erlasses des Widerspruchsbescheides maßgebend ist. § 17 IV BImSchG schließt einen solchen Schutz des Genehmigungsinhabers aus.

34 Grundsätzlich hat die Widerspruchsbehörde innerhalb des durch den Widerspruch abgesteckten Rahmens eine umfassende Entscheidungskompetenz, dh, sie kann den Ausgangsbescheid bestätigen, diesen aufheben oder abändern.

35 **Problem:** Einschränkungen des Prüfungsrahmens der Widerspruchsbehörde

In folgenden Fällen ist der Prüfungsumfang allerdings eingeschränkt:

- Bei einem **Drittwiderspruch** ist nur die Verletzung solcher Normen zu prüfen, die dem Widerspruchsführer subjektiven Drittschutz vermitteln.
- Bei **prüfungsspezifischen Entscheidungen** besteht eine auf eine bloße Rechtmäßigkeitsprüfung reduzierte Überprüfungskompetenz. Die Widerspruchsbehörde kann wie ein VG nur untersuchen, ob bei der Prüfung die Grenzen des Beurteilungsspielraums eingehalten wurden.[18]
- Bei **untergesetzlichen Normen** (insbesondere Satzungen) besteht nach hM keine inzidente Verwerfungsbefugnis der Widerspruchsbehörde.

cc) Zweckmäßigkeit des Erstbescheides

36 Aufgrund der umfassenden Prüfungskompetenz der Widerspruchsbehörde treffen Sie – sofern beim Erlass des VA Ermessen auszuüben ist – eine eigene Ermessensentscheidung. Eine Prüfungsbeschränkung auf Ermessensfehler erfolgt folglich nicht, was Sie sprachlich zum Ausdruck bringen sollten, zB:

> Insoweit beschränkt sich der Prüfungsumfang der Widerspruchsbehörde nicht auf eine Kontrolle etwaiger ausgangsbehördlicher Rechtsfehler; vielmehr hat die Widerspruchsbehörde aufgrund der ihr gem. § 68 I 1 VwGO obliegenden umfassenden Überprüfungsbefugnis bezüglich der Rechtmäßigkeit und Zweckmäßigkeit des angefochtenen Verwaltungsakts eine eigene Ermessensentscheidung zu treffen …

b) Begründetheit des Verpflichtungswiderspruchs

37 Der Verpflichtungswiderspruch ist begründet, soweit die Ablehnung des beantragten VAs rechtswidrig ist und der Widerspruchsführer dadurch in seinen Rechten verletzt wird (§§ 68 I, 113 V VwGO analog).

38 Bei einem Verpflichtungswiderspruch, der sich auf einen im Ermessen der Behörde stehenden VA bezieht, gelten die oben genannten Ausführungen entsprechend.

4. Nebenentscheidungen

a) Anordnung sofortiger Vollziehung (§ 80 II 1 Nr. 4 VwGO)

39 Nach § 80 II 1 Nr. 4 VwGO ist auch die Widerspruchsbehörde zur Anordnung der sofortigen Vollziehung befugt (»Behörde, die … über den Widerspruch zu entscheiden hat«). In Akten aus dem Widerspruchsverfahren wird ausgangsbehördlich häufig die Anordnung versäumt, so dass Sie die Anordnung der sofortigen Vollziehung aussprechen müssen. Die Befugnis sollten Sie – sofern ein vorbereitendes Gutachten abzufassen ist – in der gebotenen Kürze erörtern.

40 Hat die Ausgangsbehörde die sofortige Vollziehung ordnungsgemäß angeordnet, dürfen Sie die Anordnung der sofortigen Vollziehung nicht – quasi zur Sicherheit – »wiederholen«. Eine Wiederholung, Bekräftigung oder ausdrückliche Aufrechterhaltung der Anordnung der sofortigen Vollziehung ist fehlerhaft.[19] Fehlt hingegen ausnahmsweise ein sofortiges Vollzugsinteresse, ist eine ausgangsbehördlich fehlerhaft angeordnete Anordnung der sofortigen Vollziehung aufzuheben.

18 *Pietzner/Ronellenfitsch* Assessorexamen ÖffR Rn. 1215.
19 *Fichte* Typische Fehler Rn. 51.

b) Aussetzung der sofortigen Vollziehung (§ 80 IV VwGO)

Sehr häufig ist in Aktenauszügen, in denen ein Widerspruch zu bescheiden ist, zugleich über eine Aussetzung der sofortigen Vollziehung gem. § 80 IV VwGO zu entscheiden. Spiegelbildlich zur Anordnung der sofortigen Vollziehung kann die Widerspruchsbehörde – gem. § 80a I Nr. 2 VwGO auch bei VA mit Doppelwirkung – eine nach § 80 II VwGO bestehende sofortige Vollziehbarkeit unter den Voraussetzungen des § 80 IV 1 VwGO aussetzen. 41

Ist ein Widerspruch erfolgreich, wird eine ausgangsbehördlich angeordnete Anordnung der sofortigen Vollziehung mit der Aufhebung des Ausgangsbescheides gegenstandslos. 42

Klausurhinweis: An einen Antrag nach § 80 IV VwGO sollten Sie auch in **Anwaltsklausuren** denken. Innerhalb der Zweckmäßigkeitserwägungen ist zu entscheiden, ob einem Antrag nach § 80 IV VwGO Vorrang gegenüber einem Antrag gem. § 80 V 1 VwGO einzuräumen ist.
Notwendig ist ein vorausgehender Antrag nach § 80 IV VwGO außerhalb des Anwendungsbereichs des § 80 II 1 Nr. 1 VwGO nicht (Arg.: Ausnahmevorschrift des § 80 VI 1 VwGO). Da ein Beschluss gem. § 80 V VwGO grundsätzlich nur nach § 80 VII VwGO geändert werden kann, ist der Antrag gem. § 80 V VwGO auch rechtsschutzintensiver.

Zu den Voraussetzungen eines Antrags gem. § 80 IV VwGO prägen Sie sich bitte folgende Übersicht ein: 43

Übersicht: Prüfung des behördlichen Aussetzungsantrags (§ 80 IV VwGO)

A. Zulässigkeit
- I. **Zuständigkeit**
  1. **Ausgangsbehörde**; auch nach erhobenem Widerspruch bis zum Eintritt der Bestandskraft des VA bzw. der Rechtskraft des Urteils (hM)
  2. **Widerspruchsbehörde**: jedenfalls nach Eintritt des Devolutiveffekts; nach hM auch bereits vor Erhebung des Widerspruchs; Zuständigkeit endet aber jedenfalls mit Erlass des Widerspruchsbescheides
- II. **Verfahren**: Antrag oder von Amts wegen
- III. **Statthaftigkeit** des Antrags
  1. nicht erledigter belastender VA; (P) Statthaftigkeit bei begünstigendem VA nur (+), soweit abtrennbare, belastende Nebenbestimmung
  2. fehlende aufschiebende Wirkung gem. § 80 II VwGO
- IV. **Antragsbefugnis** (analog § 42 II VwGO)
- V. **Rechtsschutzbedürfnis**; (P) Rechtsschutzbedürfnis (+) bereits vor Widerspruchs- bzw. Klageerhebung (hM); (P) Konkurrenz zwischen Verfahren nach § 80 IV und V VwGO: Nur bei § 80 II 1 Nr. 1 VwGO vorheriger Antrag nach § 80 IV VwGO; im Übrigen Wahlfreiheit; (P) Rechtsschutzbedürfnis (–), soweit VA bestandskräftig

B. Begründetheit: Abwägung privates Aussetzungsinteresse/öffentliches Vollzugsinteresse: Abwägungsmaßstab
- I. Fälle des **§ 80 II 1 Nr. 1 VwGO:** (+) bei ernstlichen Zweifeln an Rechtmäßigkeit des VA bzw. bei unbilliger Härte (§ 80 IV 3 VwGO)
- II. Fälle des **§ 80 II 1 Nr. 2 und 3 VwGO:** (+) bei ernstlichen Zweifeln an Rechtmäßigkeit des VA bzw. bei unbilliger Härte (§ 80 IV 3 VwGO analog)
- III. Fälle des **§ 80 II 1 Nr. 4 VwGO:** Grundsätze des § 80 V VwGO entsprechend, daher voraussichtlicher Erfolg des Rechtsbehelfs in der Hauptsache maßgebend:
  1. Voraussichtlicher Erfolg des Rechtsbehelfs wegen offensichtlicher Rechtswidrigkeit des VA: Überwiegen des Aussetzungsinteresses (+)
  2. Voraussichtlich Erfolglosigkeit des Rechtsbehelfs wegen offensichtlicher Rechtmäßigkeit des VA: grundsätzlich Vorrang der aufschiebenden Wirkung (§ 80 I VwGO), daher Anordnung der sofortigen Vollziehung nur bei besonderem Vollzugsinteresse

c) Entscheidungen zum Verwaltungszwang

44 Ist ausgangsbehördlich fehlerhaft ein Zwangsmittel angedroht worden, ist die Widerspruchsbehörde berechtigt, dieses aufzuheben. Die Widerspruchsbehörde ist unter den Voraussetzungen der *reformatio in peius* auch befugt, eine Zwangsmittelandrohung zu verschärfen (oder Zwangsmittel auszutauschen). Sind demgegenüber von der Ausgangsbehörde Vollstreckungsmaßnahmen nicht angedroht worden, ist die Widerspruchsbehörde mangels Zuständigkeit grundsätzlich nicht berechtigt, erstmalig solche Entscheidungen zu treffen (unzulässiger Selbsteintritt).[20] In diesem Fall läge keine Entscheidung *über den Widerspruch* vor, da die Entscheidungsbefugnis der Widerspruchsbehörde kraft Devolutiveffekts vom Umfang des Gegenstandes des Widerspruchsverfahrens abhängig ist. Ausnahmsweise darf eine (neue) Erstentscheidung von der Widerspruchsbehörde allerdings erlassen werden, wenn sie hierfür zuständig ist, also entweder – dies ist gerade für Niedersachsen wichtig – mit der Ausgangsbehörde identisch ist oder ein Selbsteintrittsrecht besitzt.[21]

d) Kostenentscheidung

45 Gemäß §§ 72, 73 III 3 VwGO ist eine Grundentscheidung über die Kosten zu treffen (Kostenlastentscheidung). Zu den Kosten gehören die **Verwaltungskosten** (Gebühren und Auslagen) der Widerspruchsbehörde und die zur zweckentsprechenden Rechtsverfolgung notwendigen **Aufwendungen der Beteiligten** einschließlich der Ausgangsbehörde im Widerspruchsverfahren. Diese richten sich nach § 80 VwVfG.

46 Die landesrechtlichen Regelungen sind hinsichtlich der **Verwaltungskosten** der Widerspruchsbehörde unterschiedlich ausgestaltet. In Niedersachsen ist – im Ansatz vergleichbar mit den Kostenregelungen im Verwaltungsverfahren – danach zu differenzieren, ob es sich (erstens) um einen Fall der Verwaltungstätigkeit insbesondere der Bundesbehörden (§ 2 I BGebG), (zweitens) um eine Entscheidung einer Landes- bzw. Kommunalbehörde im übertragenen Wirkungskreis oder schließlich (drittens) um eine Angelegenheit im eigenen Wirkungskreis (Selbstverwaltung) handelt (§ 1 I 1 NVwKostG).

- Bei der Verwaltung durch **Bundesbehörden** sowie der bundesunmittelbaren Körperschaften, Stiftungen und Anstalten des öffentlichen Rechts muss zunächst nach speziellen Gebührenverordnungen (vgl. §§ 2, 22 BGebG) gefragt werden. Sehen diese die Erhebung einer Widerspruchsgebühr vor, kommt eine Gebührenerhebung in Betracht. Handelt es sich hingegen um eine gebührenfreie Amtshandlung, kann nach § 12 BGebG nur Auslagenersatz beansprucht werden.
- Bei dem übertragenen Wirkungskreis durch **Landes- oder Kommunalbehörden** ist zwischen Landes- und Bundesrecht zu unterscheiden.
  - Auf **bundesrechtlicher Ebene** ist teilweise spezialgesetzlich eine *Gebühren*erhebung vorgesehen. Dies betrifft insbesondere § 6a StVG iVm GebO für Maßnahmen im Straßenverkehr sowie § 51 AufenthV (zB bei einem Widerspruch gegen eine Ausweisung [§ 51 I Nr. 4 AufenthV]).
  - Im Übrigen richtet sich die Gebührenpflicht danach, ob es sich um einen gebührenpflichtigen oder nicht gebührenpflichtigen Ausgangsbescheid gehandelt hat.
    - Ist der **Ausgangsbescheid gebührenpflichtig**, folgt die Kostenentscheidung aus §§ 1, 3, 5, 6, 12, 13 NVwKostG iVm Nr. 1.9.1.**1** der Anlage zu § 1 I AllGO iVm dem Gebührentatbestand aus der Anlage zu § 1 I AllGO, der den Gebührentatbestand für die angefochtene Entscheidung regelt.
    - Ist der **Ausgangsbescheid nicht gebührenpflichtig**, folgt die Kostenentscheidung aus § 3 NVwKostG iVm Nr. 1.9.1.**2** der Anlage zu § 1 I AllGO.

  Ein Ersatz der **Auslagen** ist nach § 13 NVwKostG stets zulässig.

---

20 VGH München NJW 1982, 460 (460 f.).

21 *Pietzner/Ronellenfitsch* Assessorexamen ÖffR Rn. 1233, 1259; hierbei ist jenseits des unproblematischen Falls eines gesetzlich angeordneten Selbsteintrittsrechts strittig, ob allein aus der Weisungsbefugnis der Fachaufsichtsbehörde ein Selbsteintrittsrecht abgeleitet werden kann; Kopp/Schenke/*W.-R. Schenke* VwGO § 68 Rn. 10b.

- Im **eigenen Wirkungskreis** der Kommunalbehörden kommt eine Gebühr nur auf Grundlage der §§ 2, 4 NKAG iVm einer Satzungsbestimmung in Betracht. Ein Auslagenersatz nach § 4 IV NKAG iVm § 13 NVwKostG ist stets möglich.

Hat der Widerspruch Erfolg, sind nach § 12 I 2 NVwKostG keine Verwaltungskosten für das Widerspruchsverfahren zu erheben. Bei einem teilweisen Erfolg sind die Kosten zu quoteln. 47

Hinsichtlich der Erstattung der **Aufwendungen der Beteiligten** (Widerspruchsführer, Ausgangsbehörde) gilt § 80 LVwVfG. Danach sind die Kosten grundsätzlich nach dem Erfolg des Widerspruchs zu verteilen. Zu den Besonderheiten (etwa nach § 80 I 2 VwVfG) s. unten. 48

5. Gegebenenfalls abschließender Vorschlag

Verlangt der Bearbeitervermerk einen zusammenfassenden Vorschlag, fassen Sie das Ergebnis des Gutachtens mit einem Abschlusssatz zusammen. Der Bearbeitervermerk kann auch verlangen, das Gutachten mit einem zusammenfassenden Vorschlag einzuleiten. 49

> Es wird vorgeschlagen, den Widerspruch vom … zurückzuweisen. Zudem soll die sofortige Vollziehung der Ziffer … des Bescheides vom … angeordnet werden.

II. Entwurf des Widerspruchsbescheides

Ist ein Gutachten oder ein vorangestellter Vermerk erforderlich, folgt diesem unter »2.« der Entwurf des Widerspruchsbescheides. Andernfalls beginnt der Entscheidungsentwurf in der Regel mit dem Widerspruchsbescheid. 50

Übersicht: Aufbau des Widerspruchsbescheides

- **Eingangsteil**
- **Entscheidungsformel**
  - Entscheidung zur Hauptsache
  - Nebenentscheidungen
    - Anordnung der sofortigen Vollziehung (§ 80 II 1 Nr. 4 VwGO)
    - Aussetzung der sofortigen Vollziehung (§ 80 IV VwGO)
    - Eventuelle Entscheidungen zum Verwaltungszwang
    - Kostenentscheidung
- **Begründung**

  »I.«

  Sachverhalt

  »II.«

  Begründung der Entscheidung

  Hauptsacheentscheidung
  - Zuständigkeit der Widerspruchsbehörde
  - Zulässigkeit des Widerspruchs
  - Begründetheit des Widerspruchs
    - Formelle Rechtmäßigkeit des Ausgangsbescheides
    - Materielle Rechtmäßigkeit des Ausgangsbescheides
    - Gegebenenfalls Zweckmäßigkeit

  Nebenentscheidungen
  - Anordnung der sofortigen Vollziehung (§ 80 II 1 Nr. 4 VwGO)
  - Aussetzung der sofortigen Vollziehung (§ 80 IV VwGO)
  - Eventuelle Entscheidungen zum Verwaltungszwang
  - Kostenentscheidung
- **Rechtsbehelfsbelehrung: Klage**
- **Grußformel**

1. Eingangsteil

51 In Niedersachsen entwerfen Sie den Widerspruchsbescheid als persönliches Schreiben. Der formale Grundaufbau entspricht dem eines Ausgangsbescheides.

E.

Name und Anschrift der
Widerspruchsbehörde

1. per Postzustellungsurkunde/gegen Empfangsbekenntnis

Adressat

Aktenzeichen Datum

Betreff: ...

Bezug: ...

Wörter »*Betreff*« und »*Bezug*« allerdings nicht niederschreiben!

Sehr geehrter Herr ...,

hiermit erlasse ich folgenden

Widerspruchsbescheid:

1. Entscheidung zur Hauptsache
2. Nebenentscheidungen
   - Anordnung der sofortigen Vollziehung (§ 80 II 1 Nr. 4 VwGO)
   - Aussetzung der sofortigen Vollziehung (§ 80 IV VwGO)
   - Eventuelle Entscheidungen zum Verwaltungszwang
   - Kostenentscheidung

52 Gemäß § 73 III VwGO ist der Widerspruchsbescheid zuzustellen. Die **Zustellungsart** (*»mit Postzustellungsurkunde« bzw. »gegen Empfangsbekenntnis«*) sollten Sie oberhalb des Adressfeldes angeben. Es folgt der **Adressat mit vollständiger Anschrift**. Dies ist in der Regel der Widerspruchsführer bzw. dessen Bevollmächtigter (in diesem Fall sollten Sie zugleich eine Übersendung einer Abschrift des Bescheides an jeden Beteiligten verfügen [§ 7 II BVwZG]).

53 Bei Drittwidersprüchen ist der Bescheid grundsätzlich dem Dritten sowie dem ursprünglichen Adressaten des angefochtenen VA zuzustellen. Anschließend geben Sie das **Aktenzeichen** sowie den **Ort** und das **Datum des Erlasses** an.[22] Wie der Erstbescheid enthält der Widerspruchsbescheid eine **Betreffzeile.** In der folgenden **Bezugszeile** geben Sie das Widerspruchsschreiben des Widerspruchsführers an. Schließlich beenden Sie den Eingangsteil mit der Anrede und dem Hinweis auf den erlassenen **»Widerspruchsbescheid«**[23].

2. Entscheidungsformel

a) Hauptsacheentscheidung

aa) Anfechtungswiderspruch

54 Falls – wie in Niedersachsen in der Regel der Fall – die Ausgangsbehörde mit der Widerspruchsbehörde identisch ist, wird im Briefstil bei Erfolglosigkeit tenoriert:

> Ihren Widerspruch vom ... gegen meinen Bescheid vom ... weise ich zurück.

55 Bei fehlender Identität von Ausgangs- und Widerspruchsbehörde:

> Ihren Widerspruch vom ... gegen den Bescheid des ... vom ... weise ich zurück.

56 Beim erfolgreichen Widerspruch wird der VA im Umfang seiner Rechtswidrigkeit aufgehoben. Keinesfalls dürfen Sie dem Widerspruch »stattgeben«.

22 *Kintz* ÖffR Rn. 669.

23 Der Widerspruchsbescheid wird – nach überwiegender Ansicht – als solcher überschrieben.

Auf Ihren Widerspruch vom ... hebe ich die Verfügung des ... vom ... auf.

Bei teilweisem Erfolg tenorieren Sie demnach etwa: 57

Auf Ihren Widerspruch vom ... hebe ich die Verfügung des ... vom ... insoweit auf, als ... Im Übrigen weise ich Ihren Widerspruch zurück.

Falls sich der VA vor der Entscheidung über den Widerspruch erledigt, wird das Wider- 58
spruchsverfahren eingestellt (Unzulässigkeit des Fortsetzungswiderspruchs [hM]). Erklärt der Widerspruchsführer das Verfahren für erledigt, ergeht ein deklaratorischer Einstellungsbeschluss.

Das Widerspruchsverfahren wird eingestellt.

Verwaltungskosten werden in Niedersachsen zwar für die Bearbeitung eines Rechtsbehelfs 59
erhoben, wenn dieser vor Beendigung des Rechtsbehelfsverfahrens zurückgenommen wird (Nr. 1.9.2 der Anlage zur AllGO); im Fall einer tatsächlich vorliegenden Erledigung sieht die AllGO allerdings einen Gebührentatbestand nicht vor. Gegebenenfalls müssen Sie aber prüfen, ob eine wörtlich erklärte Erledigung nicht als – gem. Nr. 1.9.2 der Anlage zur AllGO iVm § 11 III NVwKostG grundsätzlich gebührenpflichtige verdeckte Rücknahmeerklärung auszulegen ist.[24]

Wird das Widerspruchsverfahren trotz Erledigung nicht für erledigt erklärt, wird der hM fol- 60
gend (Unstatthaftigkeit des Fortsetzungsfeststellungswiderspruchs) der Widerspruch zurückgewiesen. Für die Begründung des Bescheides gilt: Der Anfechtungswiderspruch ist nach Erledigung unzulässig; ein Verpflichtungswiderspruch nach Erledigung unbegründet.

bb) Verpflichtungswiderspruch

Hat der Verpflichtungswiderspruch keinen Erfolg, tenorieren Sie wie oben: 61

Ihren Widerspruch vom ... gegen den Bescheid des ... vom ... weise ich zurück.

Beim vollen Erfolg des Widerspruchs wird der Ursprungsbescheid deklaratorisch aufgehoben 62
und die begehrte Sachentscheidung getroffen.

Unter Aufhebung des Bescheides des ... vom ... erteile ich Ihnen auf Ihren Antrag vom ... die ...

Bei teilweisem Erfolg: 63

Auf Ihren Widerspruch vom ... hebe ich den Bescheid des ... vom ... insoweit auf, als ... Ihrem Antrag auf ... wird insoweit entsprochen, als ... Im Übrigen weise ich Ihren Widerspruch zurück.

b) Nebenentscheidungen

aa) Entscheidung über die Anordnung (§ 80 II 1 Nr. 4 VwGO) und Aussetzung (§ 80 IV VwGO) der sofortigen Vollziehung

Hält die Widerspruchsbehörde die ausgangsbehördlich versäumte *Anordnung der sofortigen* 64
Vollziehung gem. § 80 II 1 Nr. 4 VwGO für geboten, formulieren Sie:

Die sofortige Vollziehung wird angeordnet.

Falls ein Antrag auf Aussetzung der sofortigen Vollziehung (§ 80 IV VwGO) gestellt wird, 65
tenorieren Sie je nach Erfolgs- bzw. Misserfolgsfall:

Die sofortige Vollziehung des Bescheides des ... vom ... wird ausgesetzt.

Der Antrag auf Aussetzung der sofortigen Vollziehung wird abgelehnt.

Hat der Anfechtungswiderspruch Erfolg und wurde ein Antrag gem. § 80 IV VwGO gestellt, 66
ist über diesen nicht mehr zu entscheiden, weil er gegenstandslos geworden ist. Dies kann deklaratorisch festgestellt werden:

Der Antrag auf Aussetzung der sofortigen Vollziehung ist damit gegenstandslos.

24 *Volkert* VerwEntsch 165.

bb) Entscheidungen zum Verwaltungszwang

67 Hat die Ausgangsbehörde ein Zwangsmittel angedroht, ist die Widerspruchs-behörde berechtigt, dieses aufzuheben, wenn die Voraussetzungen hierfür fehlen.

> Die Androhung der Ersatzvornahme hebe ich auf.

cc) Entscheidung über die Kosten

68 Gemäß §§ 72, 73 III 3 VwGO müssen Sie eine Grundentscheidung über die Kosten treffen (Kostenlastentscheidung). Zu den Kosten gehören die **Verwaltungskosten** (Gebühren und Auslagen der Widerspruchsbehörde) sowie die zur zweckentsprechenden Rechtsverfolgung **notwendigen Aufwendungen der Beteiligten** einschließlich der Ausgangsbehörde im Widerspruchsverfahren.

69 Soweit der Widerspruch erfolgreich ist, trägt die Kosten des Widerspruchsverfahrens der Rechtsträger, dessen Behörde den angefochtenen VA erlassen hat (§ 80 I 1 VwVfG). Kostenträger ist also nicht die Ausgangsbehörde als solche (zB »Oberbürgermeister der Stadt Delmenhorst«), sondern die hinter ihr stehende juristische Person des öffentlichen Rechts *(»Stadt Delmenhorst«)*. Dies wird häufig falsch gemacht.

70 Hinsichtlich der **Verwaltungskosten** der Widerspruchsbehörde ist zwischen (erstens) der Verwaltungstätigkeit der Bundesbehörden sowie bundesunmittelbaren Körperschaften, Anstalten und Stiftungen des öffentlichen Rechts (§ 2 I BGebG), (zweitens) dem übertragenen Wirkungskreis und (drittens) dem eigenen Wirkungskreis zu unterscheiden (§ 1 I 1 NVwKostG). Hinsichtlich der Erstattung der **Aufwendungen der Beteiligten** gilt § 80 VwVfG. Danach sind die Kosten grundsätzlich nach dem Erfolg des Widerspruchs zu verteilen:

71 Hat der Widerspruch Erfolg, trägt der Rechtsträger (also nicht die Behörde) die notwendigen Aufwendungen (§ 80 I 1 VwVfG).

> Die Kosten des Widerspruchsverfahrens hat [Rechtsträger der Ausgangsbehörde] zu tragen.

72 Hat der Widerspruch teilweise Erfolg, sind die Kosten zu teilen:

> Die Kosten des Widerspruchsverfahrens haben der Widerspruchsführer zu … und [Rechtsträger der Ausgangsbehörde] zu … zu tragen.

73 Hat der Widerspruch nur wegen der Heilung eines Verfahrensfehlers gem. § 45 VwVfG keinen Erfolg, muss der Rechtsträger der Ausgangsbehörde aus Sanktionsgründen die Kosten des Widerspruchsverfahrens tragen.

74 Bei erfolglosem Widerspruch trifft den Widerspruchsführer grundsätzlich die Kostenlast.

> Der Widerspruchsführer hat die Kosten des Widerspruchsverfahrens zu tragen.

75 Von Amts wegen müssen Sie über die Notwendigkeit der Zuziehung des Bevollmächtigten im Vorverfahren entscheiden. Insoweit kommt es (ähnlich wie bei § 162 II 2 VwGO) maßgebend darauf an, ob ein verständiger, nicht rechtskundiger Bürger mit vergleichbarem Bildungsstand sich eines Rechtsanwalts bedient hätte. Auch hier ist es klausurtaktisch ratsam, von einer Notwendigkeit der Zuziehung auszugehen. Hat der Widerspruch damit (zumindest teilweise) Erfolg, tenorieren Sie:

> Die Zuziehung eines Bevollmächtigten im Vorverfahren wird für notwendig erklärt.

3. Begründung

76 Die als solche zu überschreibende Begründung des Widerspruchsbescheides enthält eine Sachverhaltsdarstellung (»I.«) und eine rechtliche Begründung (»II.«).

a) Sachverhalt (»I.«)

77 Wie beim Ausgangsbescheid bauen Sie die Sachverhaltsdarstellung im Widerspruchsbescheid chronologisch auf. Wichtig ist eine Darstellung des wesentlichen Inhalts des Verwaltungsverfahrens einschließlich des verfahrensabschließenden Bescheides. Anschließend folgen die wesentlichen Daten zum Widerspruchsverfahren (Datum der Einlegung, wesentliche Gründe

etc.). Erfolgt ein eigenes Abhilfeverfahren, dürfen Sie die ausgangsbehördliche Nichtabhilfe nicht vergessen (»*Die ... hat dem Widerspruch nicht abgeholfen*«). Die Nichtabhilfe ist Sachentscheidungsvoraussetzung für die Widerspruchsbehörde.

b) Rechtliche Begründung (»II.«)

aa) Zuständigkeit der Widerspruchsbehörde

Zunächst sollten Sie vor der Zulässigkeitsprüfung und erkennbar getrennt von dieser die Zuständigkeit der Widerspruchsbehörde feststellen. 78

> Ihr Widerspruch, zu dessen Entscheidung ich gem. §§ 73 I 2 Nr. ... VwGO, ... iVm §§ ... berufen bin, ist zulässig, aber nicht begründet.

bb) Begründung der Hauptsacheentscheidung

Anschließend ist die Hauptsacheentscheidung im Urteilsstil zu begründen.[25] 79

cc) Begründung der Nebenentscheidungen

(1) Begründung der Anordnung (§ 80 II 1 Nr. 4 VwGO) bzw. Aussetzung (§ 80 IV VwGO) sofortiger Vollziehung

Ordnen Sie gem. § 80 II 1 Nr. 4 VwGO die sofortige Vollziehung an, bedarf dieser Annex zur Hauptregelung einer den Erfordernissen des § 80 III 1 VwGO entsprechenden Begründung.[26] Lehnen Sie einen eventuellen Aussetzungsantrag gem. § 80 IV VwGO ab, müssen Sie diese Entscheidung gleichfalls begründen. 80

(2) Begründung der Zwangsmittel

Zur Begründung der Zwangsmittel reicht in der Regel die Angabe der Vorschriften, etwa nach § 70 I NVwVG iVm §§ 64 I, § 65 I Nr. 2, 67, 70 NPOG (Androhung eines Zwangsgeldes) aus. 81

Treffen Sie eine eigene Zwangsmittelentscheidung, sollten Sie sich außerdem zum Auswahlermessen (weshalb wird welches Zwangsmittel bestimmt?) und zu der Begründung der Höhe des Zwangsgeldes (inhaltliches Auswahlermessen) äußern. 82

(3) Begründung der Kostenentscheidung

Schließlich begründen Sie die Entscheidung über die Kosten des Widerspruchsverfahrens einschließlich der Entscheidung über die Notwendigkeit der Zuziehung des Bevollmächtigten im Vorverfahren. Bezüglich der Kostenentscheidung reicht in der Regel die Angabe der maßgebenden Vorschriften aus. 83

Beim Vollzug von Bundes- oder Landesrecht durch Landes- oder Kommunalbehörden im übertragenen Wirkungskreis könnte dies etwa wie folgt formuliert werden, wenn es sich um einen **gebührenpflichtigen Ausgangsbescheid** gehandelt hat: 84

> Die Kostenlastentscheidung beruht auf § 73 III 3 VwGO iVm § 1 I 1 NdsVwVfG iVm § 80 VwVfG iVm §§ 1, 3, 5, 6, 12 und 13 NVwKostG iVm Nr. 110.6.1.1 und Nr. ... der Anlage zu § 1 I AllGO.

Für die Notwendigkeit der **Zuziehung eines Bevollmächtigten** im Vorverfahren nach § 80 II VwVfG gelten ähnliche Voraussetzungen wie bei § 162 II 2 VwGO. 85

> Die Zuziehung eines Bevollmächtigten für das Vorverfahren war gem. § 1 I 1 NVwVfG iVm § 80 II VwVfG für notwendig zu erklären. Vom Standpunkt eines verständigen, nicht rechtskundigen Widerspruchsführers war die Zuziehung im Vorverfahren erforderlich.

4. Rechtsbehelfsbelehrung

Der Widerspruchsbescheid muss eine Rechtsbehelfsbelehrung enthalten (§ 73 III 1 VwGO). Häufig lassen es die Bearbeitervermerke ausreichen, den Rechtsbehelf unter Angabe der maßgeblichen Vorschriften zu bezeichnen: 86

> Rechtsbehelfsbelehrung: Klage zum Verwaltungsgericht (Sitz) gem. §§ 73 III, 58 I, 74 VwGO.

25 Im Einzelnen hierzu → Kap. 1 Rn. 52 ff.
26 Im Einzelnen hierzu → Kap. 1 Rn. 58 f.

87 Falls Sie die Rechtsbehelfsbelehrung ausformulieren müssen, sollten Sie sich auf die Vorgaben des § 58 I VwGO beschränken. Über die Mindestangaben hinausgehende Belehrungen (zB zur Art der Einlegung) bergen Fehlerquellen.

88 Gegen eine Entscheidung nach § 80 IV VwGO ist ein Rechtsmittel nicht gegeben. Hierauf müssen Sie in der Rechtsbehelfsbelehrung jedoch nicht hinweisen.

III. Weitere Schreiben an Dritte

89 Innerhalb des Prüfungspunktes »Schreiben an Dritte« ist insbesondere an die Rückgabe des Vorgangs an die Ausgangsbehörde zu denken. Hier sind auch einzelfallübergreifende Hinweise (zB fehlerhafte Rechtsbehelfsbelehrung) aufzunehmen.

3. Schreiben an …

Bescheid vom …; Az.: …

Widerspruch des … vom …

Anliegend sende ich den mir vorgelegten Verwaltungsvorgang nach Erlass des Widerspruchsbescheides zurück. Der Widerspruchsbescheid ist dem Widerspruchsführer am … zugestellt worden.

Sollte der Widerspruchsführer Klage erheben, bitte ich nach Abschluss des Klageverfahrens über den Ausgang zu berichten.

Zugleich weise ich auf Folgendes hin:

Gemäß § 41 II VwVfG galt der am 24.4.2020 mit einfachem Brief zur Post gegebene Bescheid zwar am 27.4.2020 als zugegangen. Die Einlassung des Widerspruchsführers, er habe den Bescheid indes erst am 30.4.2020 erhalten, wurde durch Vorlage des Briefumschlags mit Poststempel vom 29.4.2020 erhärtet. Da ein früherer Zugang nicht nachzuweisen war, musste ich trotz Überschreitens der nach § 41 VwVfG bis zum 27.5.2020 laufenden Monatsfrist von einer rechtzeitigen Einlegung des Widerspruchs ausgehen. Es wird angeregt, künftig Bescheide nach den Vorschriften des VwZG förmlich zuzustellen.

…

Anlage: 2 Band Verwaltungsakten

Klausurhinweis: Zum Strukturverständnis und für die mündliche Prüfung sollten Sie bedenken, dass in Angelegenheiten des eigenen Wirkungskreises[27] als praktischer Teil kein Widerspruchsbescheid, sondern eine Beschlussvorlage für den Hauptausschuss zu entwerfen ist. Dieser entscheidet gem. § 76 IV 1 NKomVG grundsätzlich über Widersprüche in Angelegenheiten des eigenen Wirkungskreises. Die von § 80 II NJG erfassten Materien unterfallen jedoch nicht dem eigenen Wirkungskreis, sodass ein Widerspruch nach § 68 VwGO daher unstatthaft ist. § 73 I 2 Nr. 3 VwGO und § 76 IV NKomVG fallen daher weitgehend ins Leere.[28]

B. Entwurf eines Abhilfebescheides

90 **Examensrelevanz:** Ein Abhilfebescheid ist – insbesondere in Niedersachsen wegen der grundsätzlich bestehenden Identität von Ausgangs- und Widerspruchsbehörde – im Examen nur selten anzufertigen. Merken Sie sich daher nur folgende Grundzüge:

Ein Abhilfebescheid ergeht, wenn die mit der Widerspruchsbehörde nicht identische Ausgangsbehörde zur Auffassung gelangt, der Widerspruch sei erfolgreich. In diesem ist nach § 80 VwVfG auch über die Kosten zu entscheiden. Bei Identität von Ausgangs- und Wider-

27 ZB im Bereich gemeindlicher Pflichtaufgaben: Abwasserbeseitigung (§ 96 I NWG), Straßenreinigung (§ 52 I und II NStrG), Schulträgerschaft von Grundschulen (§ 102 I NSchG) einschl. Schulanlagenbau, -errichtung, -unterhaltung (§ 108 I 1 NSchG), Straßenbaulast von Gemeindestraßen (§ 48 NStrG), im Bereich freiwilliger Selbstverwaltungsaufgaben: Durchführung des öffentlichen Personennahverkehrs (§ 4 III 1 NNVG).

28 *Ipsen* NdsKommR Rn. 155.

spruchsbehörde entfällt das für den zweistufigen Instanzenzug zugeschnittene Nichtabhilfeverfahren. Bei einer solchen behördlichen Identität wird kein Abhilfebescheid, sondern ein stattgebender Widerspruchsbescheid erlassen, so dass ein vorgeschaltetes Nichtabhilfeverfahren überflüssig wäre.[29]

Problem: Entscheidung der Ausgangsbehörde bei Teilabhilfe 91

Hält die Ausgangsbehörde den Widerspruch für teilweise begründet, kann sie einen Teilabhilfebescheid erteilen oder den Sachverhalt insgesamt der Widerspruchsbehörde zur Entscheidung vorlegen. Der Abhilfebescheid entspricht in seinem Aufbau im Wesentlichen dem Widerspruchsbescheid, wobei die nach § 73 III VwGO erforderliche Zustellung entfällt.

E.

Name und Anschrift der Ausgangsbehörde | Ort, Datum

1.
Name und Anschrift des Empfängers

Betreff: ...
Bezug: ...

Wörter »Betreff« und »Bezug« allerdings nicht ausschreiben!

Sehr geehrter Herr ...

Abhilfebescheid

1. Meinen Bescheid vom ... hebe ich auf.
2. Die Kosten des Widerspruchsverfahrens trägt [wichtig: Der Rechtsträger]. Die Zuziehung eines Bevollmächtigten im Vorverfahren wird für notwendig erklärt.
3. Verwaltungskosten werden nicht erhoben.

Begründung:

I.

Sachverhalt

II.

Rechtliche Würdigung

Grußformel

29 BVerwG NVwZ 1985, 577 (579).

3. Kapitel. Aufgaben im verwaltungsgerichtlichen Verfahren

1 **Examensrelevanz:** In verwaltungsfachlichen Klausuren kann auch der Entwurf eines Schriftsatzes an ein Gericht zu entwerfen sein. Denkbar ist der Entwurf einer behördlichen Antragserwiderung im Rahmen eines vorläufigen Rechtsschutzgesuchs (insbesondere im Verfahren gem. § 80 V bzw. §§ 80a III, 80 V VwGO), daneben aber auch der Entwurf einer Klageerwiderung. Eine Erwiderung auf einen Antrag auf Berufungszulassung ist eher selten; Fragen des Berufungszulassungsverfahrens tauchen eher in Anwaltsklausuren auf.
Der formale Aufbau des Verwaltungsentwurfs, in den die Erwiderungschrift einzukleiden ist, orientiert sich an folgendem Grundmuster:

E.

Angabe der Behörde

1. Gegebenenfalls **vorbereitendes Gutachten** bzw. **»vorangestellter Vermerk«**
2. **Schreiben an das Verwaltungsgericht** (»Klage- bzw. Antragserwiderung«)
3. **Schreiben an sonstige Stellen** (zu beteiligende Dritte [insbesondere Fachämter und Bürger])
4. Gegebenenfalls **ergänzender Vermerk**
5. **Weitere Verfügungen**
6. **Schlussverfügungen**, zB
   - Maßnahmen zur internen Koordination, zB *»Dezernat 25 zur Mitzeichnung«*, *»Kenntnis ... vor Absendung«*
   - *»Wv. am ...«*
7. **Schlusszeichnung**

1. Unterkapitel: Entwurf einer Klageerwiderung

A. Aufbau des vorbereitenden Gutachtens

2 Für ein eventuell erforderliches Gutachten (in der Regel Ziffer *»1.«* des Entwurfs) gelten keine Besonderheiten. Den Schwerpunkt bildet die Zulässigkeit und Begründetheit des Rechtsbehelfs; voranstellen sollten Sie eine Rechtsbehelfsstation, um die verfahrensrechtliche Situation zu klären.

Übersicht: Aufbau des vorbereitenden Gutachtens bei behördlicher Klage- oder Antragserwiderung

- Gegebenenfalls **Rechtsbehelfsstation**
- **Zulässigkeit des eingelegten Rechtsbehelfs**
- **Begründetheit des eingelegten Rechtsbehelfs**
- Gegebenenfalls **Zweckmäßigkeitserwägungen**
- Gegebenenfalls **zusammenfassender Vorschlag**

I. Eröffnung des Verwaltungsrechtswegs

3 **Klausurhinweis:** Traditionell wird der Verwaltungsrechtsweg innerhalb der Zulässigkeit des Rechtsbehelfs erörtert. Dagegen spricht allerdings, dass es sich hierbei zwar um eine Sachentscheidungsvoraussetzung handelt, eine Klage aber bei Nichteröffnung des Verwaltungsrechtswegs nicht abgewiesen, sondern der Rechtsstreit von Amts wegen an das zuständige Gericht verwiesen wird (§ 173 VwGO iVm § 17a II GVG).[1] Nach unseren Informationen wird daher zunehmend bevorzugt, die Eröffnung des Verwaltungsrechtswegs und die sachliche und örtliche Zuständigkeit des Gerichts vor der Zulässigkeit des Rechtsbehelfs anzusprechen. Weniger angreifbar ist dies jedenfalls. Jenseits der Diskussion über den zwei- oder dreigliedrigen Klausuraufbau sollten Sie den Verwaltungsrechtsweg nur vertieft erörtern, wenn sich hier wirkliche Probleme stellen.

1 Kopp/Schenke/*Ruthig* VwGO § 40 Rn. 2.

1. Fälle aufdrängender Spezialzuweisung

Greift eine aufdrängende Spezialzuweisung ein, wird § 40 I 1 VwGO verdrängt und ist nicht mehr zu erörtern. 4

Merken Sie sich für beamtenrechtliche Klausuren insbesondere § 126 I BBG, dessen Anwendungsbereich Bundesbeamte erfasst; für Landesbeamte greift § 54 I BeamtStG. Der Begriff »aus dem Beamtenverhältnis« ist weit auszulegen, sodass die Spezialzuweisung schon Anwendung findet, wenn das Begehren auf eine beamtenrechtliche Rechtsgrundlage gestützt wird.[2] Erfasst sind damit auch Klagen eines Nichtbeamten auf Begründung eines Beamtenverhältnisses sowie Streitigkeiten vor- oder nachbeamtenrechtlicher Art. 5

Weitere klausurrelevante Sonderzuweisungen enthalten § 6 I UIG (Zugang zu Umweltinformationen auf Bundesebene), § 7 IWG (Verwendung von Informationen öffentlicher Stellen),[3] §§ 8 IV, 12 HandwO (Eintragung in die Handwerksrolle), § 112 III HandwO (Androhung und Festsetzung von Ordnungsgeld durch die Handwerkskammer) sowie § 54 BAföG. 6

2. Verwaltungsgerichtliche Generalklausel (§ 40 I 1 VwGO)

Bei fehlender aufdrängender Zuweisung richtet sich der Verwaltungsrechtsweg nach § 40 VwGO. Nach § 40 I 1 VwGO ist dieser für öffentlich-rechtliche Streitigkeiten nichtverfassungsrechtlicher Art eröffnet, die keiner abdrängenden Sonderzuweisung unterworfen sind. 7

Übersicht: Verwaltungsgerichtliche Generalklausel (§ 40 I 1 VwGO)

Öffentlich-rechtliche Streitigkeit

(Rechts-)Streitigkeit (+) bei Meinungsverschiedenheiten von Rechtsträgern; auch (+) bei Sonderstatusverhältnissen und bloßen Innenrechtsstreitigkeiten (hM)

Öffentlich-Rechtlichkeit (+), wenn für »wahres« Rechtsverhältnis öffentlich-rechtliche Norm streitentscheidend ist

- bei *Leistungsansprüchen* maßgebend, ob behaupteter Anspruch auf öffentlich-rechtliche Norm gestützt werden kann; (P) Gegebenenfalls Heranziehung der »Zwei-Stufen-Theorie«: Danach Abgrenzung zwischen erster (stets) öffentlich-rechtlicher Stufe (»Ob«) und zweiter öffentlich-rechtlicher oder privatrechtlicher Stufe (»Wie«).
- bei *Abwehr- und Unterlassungsansprüchen* maßgebend, ob abzuwehrende Handlung öffentlich-rechtlicher Natur ist.

  (P) Abgrenzung öffentlich-rechtliche/privatrechtliche Rechtsnorm

Nichtverfassungsrechtlicher Art

1. Eindeutige Zuordnung bei bestimmten Tätigkeitsbereichen:
   - Klassische Eingriffsverwaltung (insbesondere Polizei- und Abgabenrecht) stets öffentliches Recht
   - Rein fiskalische Verwaltung stets Privatrecht
   - (P) Leistungsverwaltung, da Formenwahlrecht
2. Indizien: Erhebung von »Gebühren« (dann öffentlich-rechtlich) oder »Entgelten« bzw. »Preisen« (dann privatrechtlich); Ausgestaltung durch »Ordnung« (dann öffentlich-rechtlich) oder »AGB« (dann privatrechtlich); im Übrigen Sachzusammenhangskriterium
3. Gegebenenfalls (zurückhaltend) Abgrenzungstheorien: Interessentheorie, Subordinationstheorie bzw. modifizierte Subjektstheorie
4. Zweifelsregel: Ausgestaltung öffentlich-rechtlich

Keine abdrängende Zuweisung an ein anderes Gericht

Grundsätzlich (+), wenn nicht in formeller und materieller Hinsicht Verfassungsrecht betroffen (sog. doppelte Verfassungsunmittelbarkeit), ausnahmsweise formelles Kriterium entbehrlich, soweit »streitiges Rechtsverhältnis« maßgeblich vom Verfassungsrecht geprägt; (P) Kommunalverfassungsstreit ist nichtverfassungsrechtlicher Art (kein Staatsverfassungsrecht)

---

2 Zu den Einzelheiten *Kaiser/Köster/Seegmüller,* Materielles Öffentliches Recht im Assessorexamen, Abschnitt Beamtenrecht.

3 Früherer § 5 IWG (Umnummerierung infolge des IWGÄndG vom 8.7.2015; BGBl. I 2015, 1162).

a) Vorliegen einer öffentlich-rechtlichen Streitigkeit

8 Erörterungsbedürftig kann vor allem das Merkmal der »öffentlich-rechtlichen Streitigkeit« sein. Eine **Streitigkeit** ist jede Meinungsverschiedenheit zwischen Rechtsträgern. Im Assessorexamen ist zu diesem Merkmal in der Regel kein Wort zu verlieren. Bisweilen wird aber in Akten, in denen der Rechtsschutz in Sonderstatusverhältnissen problematisiert wird, das Vorliegen einer »Streitigkeit« in Zweifel gezogen. Dann ist in der gebotenen Kürze festzustellen, dass heute anerkannt ist, dass ein Sonderstatusverhältnis ein Rechtsverhältnis darstellt und Entscheidungen in diesem Verhältnis als »Rechtsakt« auch eine »Streitigkeit« iSd § 40 I 1 VwGO darstellen.[4] Auch für Innenrechtsstreitigkeiten (zB Kommunalverfassungsstreit) steht der Rechtsweg nach zwischenzeitlich hM offen.

9 **Öffentlich-rechtlich** ist die Streitigkeit, wenn die streitentscheidenden Normen solche des öffentlichen Rechts sind. Maßgebend ist die »wahre« Natur des Rechtsverhältnisses, aus dem der streitige Anspruch oder die streitige Rechtsfolge hergeleitet wird.[5] Ausgangspunkt für die Abgrenzung zwischen öffentlichem Recht und Zivilrecht ist mithin der Streitgegenstand, also der geltend gemachte prozessuale Anspruch. Sind die für diesen maßgebenden Normen zivilrechtlicher Art, liegt eine bürgerliche Streitigkeit iSd § 13 GVG vor. Sind die entscheidenden Vorschriften hingegen öffentlich-rechtlicher Art, ist eine öffentlich-rechtliche Streitigkeit nach § 40 I 1 VwGO gegeben.

10 Bei *Leistungsansprüchen* ist maßgebend, ob der Kläger den geltend gemachten Anspruch auf Vorschriften stützen kann, die dem öffentlichen Recht zuzuordnen sind. Bei *Abwehr- und Unterlassungsansprüchen* kommt es darauf an, ob sich die abzuwehrende Maßnahme nach Vorschriften des öffentlichen Rechts oder nach solchen des Privatrechts richtet.

11 Trotz dieser Fallgruppenbildung ist noch nicht beantwortet, wann es sich um eine öffentlich-rechtliche und wann um eine privatrechtliche Rechtsnorm handelt. In zwei behördlichen Handlungsformen ist die Zuordnung unproblematisch:

- Bei Anfechtung von Maßnahmen im Bereich **klassischer Eingriffsverwaltung** (insbesondere Polizei- und Ordnungsrecht oder Abgabenrecht) ist ohne Weiteres von einer öffentlich-rechtlichen Streitigkeit auszugehen.[6] Im Assessorexamen ist in solchen Fällen das Vorliegen einer »öffentlich-rechtlichen Streitigkeit« nicht vertieft zu erörtern. In aller Regel wäre es überflüssig, mit den nachfolgenden Abgrenzungstheorien zu argumentieren.
- Umgekehrt ist die rein **fiskalische Verwaltung** stets privatrechtlich ausgestaltet. Eine rein fiskalische Verwaltung in diesem Sinne ist aber nur der Bereich, in dem die Verwaltung wie ein Privater und in privatrechtlichen Rechtsformen am Wirtschaftsverkehr teilnimmt, also etwa bei fiskalischen Hilfsgeschäften und der Verwaltung eigenen Vermögens. Auch die Teilnahme am Wirtschaftsleben gehört hierzu, solange das öffentliche Vermögen nicht als Verwaltungsvermögen zur unmittelbaren Verfolgung öffentlicher Zwecke eingesetzt wird.[7]

12 Eine Wahlfreiheit zwischen öffentlichem und privatem Recht steht der öffentlichen Hand hingegen bei der **Leistungsverwaltung** zu. Weil sich die Verwaltung dort Handlungs- und Organisationsformen des öffentlichen oder des privaten Rechts bedienen kann, bestehen im Einzelfall Schwierigkeiten, ob die streitbefangene Maßnahme auf öffentlich-rechtlicher oder privatrechtlicher Grundlage erfolgt. Die Rspr. greift zur Abgrenzung häufig auf Indizien zurück: Für eine öffentlich-rechtliche Ausgestaltung spricht etwa, dass sich die Verwaltung typischer hoheitlicher Organisations- und Handlungsformen bedient. Regelt die Verwaltung etwa mittels VA oder Satzung, kann von der Zuordnung zum öffentlichen Recht ausgegangen werden, während eine vertragliche Ausgestaltung für das Privatrecht spricht (sofern kein öffentlich-rechtlicher Vertrag iSd §§ 54 ff. VwVfG vorliegt). Wird eine Leistungsgewährung zudem durch Allgemeine Geschäftsbedingungen ausgestaltet, spricht dieses für eine privatrechtliche Ausgestaltung, während satzungsrechtliche Regelungen für das öffentliche Recht sprächen.

4 Eyermann/*Rennert* VwGO § 40 Rn. 10 mwN.
5 *Pietzner/Ronellenfitsch* Assessorexamen ÖffR Rn. 176.
6 Eyermann/*Rennert* VwGO § 40 Rn. 45.
7 Eyermann/*Rennert* VwGO § 40 Rn. 45.

Werden Leistungen als »Preis« oder »Entgelt« vergütet, spricht dieses für eine privatrechtliche Ausgestaltung, während die Heranziehung zu »Gebühren« für öffentliches Recht spricht.[8]

Im Übrigen greift die Rspr. – gerade dieses ist für die Lösung von Aktenauszügen wichtig – auf das Kriterium des **Sachzusammenhangs** zurück. Maßgebend ist danach, ob der streitige Sachverhalt in einem engen sachlichen Zusammenhang mit einer öffentlich-rechtlichen Verwaltungstätigkeit (zB der Daseinsvorsorge oder der öffentlich-rechtlichen Verkehrssicherungspflicht nach dem Landesstraßengesetz) steht. Dieses Merkmal spielt vor allem dann eine Rolle, wenn die in Rede stehende Handlung an sich neutral ist. 13

Jenseits dieser Indizien haben sich **Abgrenzungstheorien** entwickelt. Allerdings gilt: Bevor Sie die Abgrenzung zwischen öffentlichem und privatem Recht anhand dieser Theorien vornehmen, sollten Sie zuvor geklärt haben, dass die oben genannten Kriterien zu keinem eindeutigen Ergebnis geführt haben. Auch die Rspr. greift auf die Theorien (gegebenenfalls auch nebeneinander) vorwiegend zurück, um eine sachgerechte Zuordnung im Einzelfall begründen zu können.[9] Neben der Subordinationstheorie[10] und der Interessentheorie[11] wird heute wohl überwiegend auf die modifizierte Subjektstheorie (bzw. Sonderrechtstheorie) abgestellt. Danach ist eine Norm dem öffentlichen Recht zuzuordnen, wenn sie zwingend die Beteiligung eines Trägers hoheitlicher Gewalt vorsieht, der Berechtigte oder Verpflichtete der Rechtsnorm also ausschließlich ein Träger öffentlicher Gewalt ist. 14

Ausgehend von diesen Grundsätzen sollten Sie sich folgende Fallgruppen merken: 15

Problem: Rechtsnatur von Benutzungsansprüchen 16

Bei der Benutzung öffentlicher Einrichtungen (zB Kindergarten, Schwimmbad oder Klärwerk) müssen Sie gegebenenfalls auf die Zwei-Stufen-Theorie zurückgreifen, wenn über den Zulassungsanspruch zunächst öffentlich-rechtlich entschieden wird und die Ausgestaltung des Nutzungsverhältnisses auf der anschließenden zweiten Stufe privatrechtlich erfolgt. Die erste Stufe (»Ob«) ist stets öffentlich-rechtlich, die zweite Stufe kann (!) privatrechtlich ausgestaltet sein. Gerade in dieser Fallgruppe spielen die oben genannten Indizien eine Rolle: Wird etwa ein Nutzungsvertrag in Form eines Mietvertrages geschlossen oder verwendet die Behörde AGB, sprechen diese Indizien für eine zivilrechtlich ausgestaltete zweite Stufe.

Wird die Einrichtung in privater Rechtsform (zB als GmbH) betrieben, wandelt sich der Zulassungsanspruch in einen Einwirkungsanspruch gegenüber dem Hoheitsträger mit dem Inhalt um, der Hoheitsträger solle den gesellschaftsrechtlichen Einfluss auf das Privatrechtssubjekt geltend machen. An der öffentlich-rechtlichen Rechtsnatur des Anspruchs ändert dies aber nichts. 17

Klausurhinweis: Die Verfolgung von Benutzungsansprüchen wird häufig in **Anwaltsklausuren** problematisiert. Die Differenzierung zwischen dem *Zulassungs*anspruch gegen eine in öffentlich-rechtlicher Form betriebene Einrichtung und dem ebenfalls gegen den Hoheitsträger (in der Regel Gemeinde) gerichteten öffentlich-rechtlichen *Einwirkungs*anspruch auf den privaten Rechtsträger ist auch für die statthafte Klageart und den gegebenenfalls zu formulierenden Antrag wichtig:

- Der *Zulassungsanspruch* wird in der Regel mittels Verpflichtungsklage verfolgt, da der Betroffene den Erlass eines VA begehrt. Hier ist zu beantragen:

> Die Beklagte wird unter Aufhebung des Bescheides vom … **verpflichtet**, dem Kläger die Erlaubnis zur Nutzung der Stadthalle am … um … zur Durchführung der … zu erteilen.

8 Eyermann/*Rennert* VwGO § 40 Rn. 51.

9 Eyermann/*Rennert* VwGO § 40 Rn. 41.

10 Die Subordinationstheorie (bzw. Subjektstheorie) stellt darauf ab, ob ein Über-/Unterordnungsverhältnis den Streitgegenstand prägt. Ist dies der Fall, liegt öffentliches Recht vor; stehen die Beteiligten in einem Gleichordnungsverhältnis, handelt es sich um Privatrecht.

11 Bei der Qualifizierung von Verträgen und schlichtem Verwaltungshandeln wird vielfach auf die Interessentheorie zurückgegriffen. Danach sind diejenigen Rechtsnormen dem öffentlichen Recht zuzuordnen, die der Wahrung öffentlicher Interessen dienen.

- Für den gegen den Hoheitsträger gerichteten *Einwirkungsanspruch* auf Einwirkung auf den privaten Rechtsträger ist mangels VA-Qualität der gesellschaftsrechtlichen Einflussnahme in der Regel die Leistungsklage statthaft. Hier ist zu beantragen:

> Die Beklagte wird **verurteilt**, auf die Stadthallen-GmbH dergestalt **einzuwirken**, dass dem Kläger die Stadthalle am ... um ... zur Durchführung der ... bereitgestellt wird.

In dieser Fallgruppe ist zu beachten, dass auch zivilgerichtlicher Rechtsschutz gegen den privaten Betreiber selbst denkbar ist.[12] Ob zivilgerichtlich oder verwaltungsgerichtlich vorgegangen wird, ist insbesondere eine Zweckmäßigkeitserwägung.

18 **Problem:** Rechtsweg bei Zuwendungsansprüchen

Klausurrelevant ist auch der Rechtsweg bei der Gewährung von öffentlichen Zuwendungen (insbesondere Subventionen). Eine öffentlich-rechtliche Streitigkeit liegt vor, wenn die Anspruchsgrundlage öffentlich-rechtlicher Natur ist. Problematisch ist dies, wenn die Leistung in einem zweistufigen Verfahren bereitgestellt wird.

- Wird auf einer ersten Stufe über das »Ob« der Leistung eine eigene Entscheidung, etwa in Form eines Bewilligungsbescheides getroffen, ist eine diesbezügliche Streitigkeit öffentlich-rechtlicher Art (»Grundverhältnis«). Für ein auf die Bewilligung der Zuwendung gerichtetes Verpflichtungsbegehren ist daher der Verwaltungsrechtsweg eröffnet.
- Schließt sich dem Grundverhältnis als zweite Stufe bezüglich des »Wie« der Leistungserbringung ein Abwicklungsverhältnis an, kann dieses öffentlich-rechtlich, aber auch privatrechtlich ausgestaltet sein. Tauchen im Aktenauszug Hinweise auf typische privatrechtliche Handlungsformen auf (zB Darlehens-, Bürgschafts- oder Mietvertrag), läge insoweit eine zivilrechtliche Streitigkeit vor.

Merken Sie sich, dass die Zwei-Stufen-Theorie voraussetzt, dass es eine zweite Stufe gibt. Dies ist zB bei sog. **verlorenen Zuschüssen** nicht der Fall. Über diese wird zwar öffentlich-rechtlich entschieden, eine zweite Abwicklungsstufe existiert aber nicht. Dieses gilt auch bei der Abwicklung öffentlich-rechtlicher Verträge. Auch dort findet eine zweite Stufe nicht statt. Die Erfüllung des Vertrages ist lediglich Folge der einstufigen Regelung des öffentlich-rechtlichen Vertrages.

19 **Problem:** Rechtsweg bei Informationsansprüchen

Auch bei der Verfolgung von Informationsansprüchen richtet sich der Verwaltungsrechtsweg danach, ob die Anspruchsgrundlage dem öffentlichen Recht zuzuordnen ist.

Klausurhinweis: Examensrelevant sind Klausuren aus dem Bereich des **Informationsfreiheitsrechts.**[13] Während auf Landesebene in Niedersachsen[14] ein IFG bisher nicht existiert, ist auf Bundesebene mit Wirkung zum 1.1.2006 das IFG des Bundes in Kraft getreten. Der Zugang zu Umweltinformationen wird spezialgesetzlich durch das UIG geregelt. Diesen Vorschriften ist gemein, dass sie einen verfahrensunabhängigen und damit über § 29 VwVfG hinausgehenden Informationszugangsanspruch ermöglichen. Deshalb ist diese Rechtsmaterie bei den Justizprüfungsämtern nicht nur für verwaltungsgerichtliche Klausuren beliebt; eine große Rolle spielt sie zudem in Anwaltsklausuren. Zum **Rechtsweg** sollten Sie sich merken, dass § 6 I UIG eine aufdrängende Zuweisung an die VG enthält. Außerhalb des Anwendungsbereiches des UIG liegt aber ebenfalls eine öffentlich-rechtliche Streitigkeit iSd § 40 I 1 VwGO vor.

20 Bei der **Abwehr von Verwaltungshandeln** ist die Rechtsnatur der abzuwehrenden Handlung entscheidend. Ist diese öffentlich-rechtlicher Natur, etwa weil es sich um eine Aufgabe der Daseinsvorsorge handelt, ist auch der Abwehranspruch öffentlich-rechtlich.

12 BVerwG NVwZ 1991, 59 (59).
13 Vgl. hierzu: *Kaiser/Köster/Seegmüller* MatÖffR Kap. 17 Rn. 1 ff.
14 Vgl. hierzu LT-Drs. 18/3266.

Problem: Rechtsweg bei Hausverbot und Hausverweis 21

Ein traditionelles Problem ist die Abwehr eines (längerfristigen) Hausverbotes bzw. (einmaligen) Hausverweises. Während die ältere Rechtsprechung[15] darauf abgestellt hat, welchen Besuchszweck der Adressat des Hausverbotes verfolgt hat, wird in der neueren Rechtsprechung[16] überwiegend auf den Zweck des Hausverbotes selbst abgestellt. Dient das Verbot der Sicherstellung des öffentlich-rechtlichen Widmungszwecks, ist es öffentlich-rechtlicher Natur. In diesem Fall ist in der Regel der Verwaltungsrechtsweg nach § 40 I 1 VwGO eröffnet.

Problem: Rechtsweg bei Abwehransprüchen gegen öffentlich-rechtl. Immissionen 22

Bei der Verfolgung von Abwehr-, Beseitigungs- und Unterlassungsansprüchen gegen Immissionen wird ebenfalls daran angeknüpft, ob die Beeinträchtigung in einem Sachzusammenhang mit der öffentlich-rechtlichen Aufgabenwahrnehmung steht.[17] Wendet sich zB ein Kläger gegen Geruchsbelästigungen, die von einer gemeindlichen Kläranlage ausgehen, besteht ein Sachzusammenhang mit der öffentlichen Daseinsvorsorge. Dieses gilt jedenfalls, solange das Nutzungsverhältnis öffentlich-rechtlich (etwa durch Satzungen) ausgestaltet ist und Nutzungsentgelte zB in Form von Gebühren oder Beiträgen erhoben werden. Dann ist der Verwaltungsrechtsweg eröffnet. Der ordentliche Rechtsweg ist hingegen gegeben, wenn die Störungen nicht im Zusammenhang mit dem öffentlichen Zweck stehen (Störungen durch herabgefallenes Laub eines Baumes auf Behördengrundstück).[18]

Problem: Rechtsweg bei Abwehr von Äußerungen eines Hoheitsträgers 23

Ähnlichen Grundsätzen folgt die Rechtswegbestimmung bei der Abwehr von Äußerungen eines Hoheitsträgers. Öffentlich-rechtlich sind Abwehransprüche gegen Äußerungen, die ein Träger öffentlicher Gewalt bei der Erfüllung öffentlicher Aufgaben gegenüber einem außerhalb der Verwaltung stehenden Bürger macht und die auf vorhandene oder vermeintliche öffentlich-rechtliche Befugnisse gestützt werden.[19] Erfolgt die Äußerung hingegen nicht in amtlicher Eigenschaft, sondern nur bei Gelegenheit der öffentlich-rechtlichen Tätigkeit, ist der ordentliche Rechtsweg gem. § 13 GVG eröffnet.

> **Beispiel:** Abfällige Äußerung eines Behördenmitarbeiters über private Lebensumstände eines Bürgers.

Da die rein fiskalische Tätigkeit privatrechtlicher Art ist (s. oben), sind auch Äußerungen, die im Zusammenhang mit dieser ergehen, zivilrechtlicher Art. Im Examen wird die Äußerung in der Regel im Sachzusammenhang mit der öffentlich-rechtlichen Aufgabenerfüllung stehen und dem Verwaltungsrechtsweg unterworfen sein. Für einen Sachzusammenhang mit der öffentlichen Aufgabenwahrnehmung spricht etwa, dass eine Äußerung als »Presseerklärung« oder im Rahmen der behördlichen Öffentlichkeitsarbeit ergeht. 24

b) Nichtverfassungsrechtlichkeit des Streits

Die Nichtverfassungsrechtlichkeit ist nur ausnahmsweise zu erörtern. Nichtverfassungsrechtlich ist ein Streit grundsätzlich dann, wenn er nicht in doppelter Hinsicht verfassungsunmittelbar ist. Eine verfassungsrechtliche Streitigkeit liegt also nur vor, wenn erstens das Rechtsverhältnis staatsverfassungsrechtlicher Natur ist (materielles Kriterium) und zweitens Verfassungsrechtssubjekte beteiligt sind (formelles Kriterium). Auf das formelle Kriterium wird allerdings nach neuerer Auffassung verzichtet, wenn der eigentliche Kern des Streits materielles Verfassungsrecht ist.[20] 25

15 BVerwGE 35, 103 (106) = BeckRS 1970, 30432038.

16 ZB OVG Münster BeckRS 2017, 114361; VG Düsseldorf NWVBl. 2001, 69; zum Hausverbot zum Besuch eines »Jobcenters«: VG Berlin NVwZ-RR 2010, 783 (783); LSG Hamburg BeckRS 2012, 72375.

17 Etwa OLG Dresden NVwZ 2016, 96 (Eröffnung des Verwaltungsrechtswegs für Abwehrklagen, mit denen Emissionen durch den Gebrauch eines Nachbargrundstücks aufgrund der vorübergehenden Nutzung einer Turnhalle zur Erstunterbringung von Asylbewerbern abgewehrt werden sollen).

18 OVG Münster NWVBl. 2016, 173.

19 VG München BeckRS 2017, 143080.

20 Kopp/Schenke/*Ruthig* VwGO § 40 Rn. 32a.

26 Kurz anzusprechen ist das Merkmal beim **Kommunalverfassungsstreit.** Dieser ist nichtverfassungsrechtlicher Natur, da es sich nicht um eine staatsverfassungs-rechtliche Streitigkeit handelt.[21]

c) Abdrängende Sonderzuweisungen an andere Gerichte

27 Zuweisungen an **besondere Verwaltungsgerichte** sind weniger klausurrelevant. Nur so viel: Nach § 33 I Nr. 1 FGO sind **Finanzgerichte** etwa für Abgabenangelegenheiten (§ 33 II FGO) zuständig, soweit sie Bundesrecht (vgl. Art. 105, 106 GG) unterliegen und durch Bundes- oder Landesfinanzbehörden verwaltet werden. Damit greift die Zuweisung zB nicht ein bei Kommunalabgabenangelegenheiten und bei der Verfolgung von Informationsansprüchen (zB nach dem IFG). § 51 SGG enthält eine abdrängende Zuweisung an **Sozialgerichte.**

28 Kraft Verfassungsrechts ist der **ordentliche Rechtsweg** für Ansprüche auf Enteignungsentschädigung (**Art. 14 III 4 GG**) und für Amtshaftungsansprüche (**Art. 34 S. 3 GG**) gegeben.

29 Nach **§ 40 II 1 Alt. 1 VwGO** ist der ordentliche Rechtsweg gegeben bei vermögensrechtlichen Aufopferungsansprüchen für das gemeine Wohl. Diese Fallgruppe ist wenig examensrelevant. Zu Ansprüchen aus öffentlich-rechtlicher Verwahrung (**§ 40 II 1 Alt. 2 VwGO**) gehören alle Ansprüche des Bürgers aus einem Verwahrungsverhältnis (insbesondere nach Beschlagnahme oder Sicherstellung), also auch auf Aufwendungsersatz und Rückgabe.[22] Falls allerdings die Rückgabe als Folgenbeseitigungsanspruch geltend gemacht wird, ist für diesen der Verwaltungsrechtsweg eröffnet. Da eine Verwahrung die körperliche Übernahme in die Obhut des Verwahrers verlangt, liegt ein Fall des § 40 II 1 Alt. 2 VwGO bei einem bloßen Umsetzen eines Kfz auf einen anderen Parkplatz nicht vor (wohl hingegen das Abschleppen und anschließende Aufbewahren eines Kfz). Ob der Verwahrer die Obhut allerdings selbst oder durch einen Dritten (zB Abschleppunternehmer) ausübt, ist irrelevant.[23] Öffentlich-rechtlich ist die Verwahrung, wenn sie von einem Verwaltungsträger (einschließlich eines Verwaltungshelfers) oder einem insoweit Beliehenen begründet wird.

30 Nicht an die ordentlichen Gerichte abgedrängt werden Ansprüche der öffentlichen Hand gegen den Bürger (zB Aufwendungsersatz bzw. Lagerungskosten). Für Ansprüche der öffentlichen Hand gegen den Bürger ist der Verwaltungsrechtsweg eröffnet.

31 Schließlich verweist **§ 40 II 1 Alt. 3 VwGO** Schadensersatzansprüche aus der Verletzung öffentlich-rechtlicher Pflichten mit Ausnahme von Pflichtverletzungen aus einem öffentlich-rechtlichen Vertrag an die ordentlichen Gerichte.

32 **Problem:** Rechtsweg für vorvertragliche Ansprüche (c.i.c.)

Der Rechtsweg für Schadensersatzansprüche aus c.i.c. (§§ 311 II Nr. 1, 241 II, 280 I BGB) wird unterschiedlich beurteilt. Nach Auffassung des BGH,[24] der sich das BVerwG[25] angeschlossen hat, ist für Schadensersatzansprüche bei Anbahnung oder Abschluss öffentlich-rechtlicher Verträge der ordentliche Rechtsweg gegeben, wenn ein enger Sachzusammenhang mit Amtshaftungsansprüchen (zB wegen Verletzung einer Aufklärungs- und Beratungspflicht) besteht. Wird indessen der Schadensersatzanspruch aus c.i.c. neben Ansprüchen aus einem Vertrag geltend gemacht, ist aus Gründen des Sachzusammenhangs der Verwaltungsrechtsweg gegeben.[26]

Klausurhinweis: Wenn Sie einen Aktenauszug erhalten, in dem Ansprüche aus c.i.c. verfolgt werden, werden neben dem Schadensersatzanspruch aus §§ 311 II Nr. 1, 241 II, 280 I BGB in der Regel Erfüllungsansprüche aus dem öffentlich-rechtlichen Vertrag selbst zu prüfen sein. Daneben kommen bisweilen Ansprüche aus Zusicherung in Betracht. Wird neben diesen Ansprüchen ein Schadens-

21 Zu den Besonderheiten des Kommunalverfassungsstreits und der Darstellung der Entscheidungsgründe vgl. *Kaiser/Köster/Seegmüller* MatÖffR Kap. 11 Rn. 7 ff.

22 Kopp/Schenke/*Ruthig* VwGO § 40 Rn. 64 mwN (str.); OVG Lüneburg NVwZ-RR 2015, 760 (Ersatzanspruch wegen Verwertung beschlagnahmter Tiere ist vor den Zivilgerichten zu verfolgen).

23 Eyermann/*Rennert* VwGO § 40 Rn. 123 mwN.

24 BGH NJW 1986, 1109 (1110).

25 BVerwG NJW 2002, 2894 (2895).

26 BVerwG NJW 2002, 2894 (2895); *Diederichsen* JuS 2006, 60 (65).

ersatzanspruch aus c.i.c. geltend gemacht, ist damit der Verwaltungsrechtsweg eröffnet. Greifen diese Ansprüche allerdings nicht ein und kommt ein Schadensersatzanspruch aus Amtshaftung in Betracht, ist wegen Sachzusammenhangs auch für den Anspruch aus §§ 311 II Nr. 1, 241 II, 280 I, 282 BGB der ordentliche Rechtsweg gegeben. Wichtig ist daher, dass Sie im Gutachten klar herausarbeiten, neben welchen Ansprüchen der c.i.c.-Anspruch geltend gemacht wird.

Der Rechtsweg zu den ordentlichen Gerichten ist nach **§ 40 I 2 VwGO** ferner in öffentlich-rechtlichen Streitigkeiten auf dem Gebiet des Landesrechts eröffnet, soweit dieses nach Landesrecht vorgesehen ist. Hauptanwendungsfall sind Entschädigungsansprüche wegen der Inanspruchnahme als Nichtstörer (gegebenenfalls analog beim Verdachts- und Anscheinsstörer bzw. unbeteiligten Dritten). 33

Für Justizverwaltungsakte ist gem. **§ 23 I EGGVG** der Rechtsweg zu den ordentlichen Gerichten (**Strafgerichte**) eröffnet. Diese Vorschrift spielt häufig im Gefahrenabwehrrecht eine Rolle. Regelmäßig ist zunächst auf den Justizbehördenbegriff iSv § 23 I EGGVG einzugehen. Dieser ist funktionell (und nicht organisatorisch!) auszulegen, sodass auch die polizeiliche Tätigkeit erfasst wird, soweit die Polizeibeamten als Ermittlungspersonen der Staatsanwaltschaft (§ 152 GVG) im Rahmen der Strafverfolgung, also repressiv tätig werden. Eine Abdrängung gem. § 23 I EGGVG scheidet demgegenüber aus, wenn mit der polizeilichen Maßnahme präventive Zwecke verfolgt werden. Bei doppelfunktionalen Maßnahmen kommt es auf den objektiven Schwerpunkt des polizeilichen Handelns an. Verfolgt die Polizei schwerpunktmäßig präventive Zielsetzungen, greift die abdrängende Zuweisung nach § 23 I EGGVG nicht ein, sodass der Verwaltungsrechtsweg eröffnet ist. Im Zweifel ist aufgrund des Vorrangs der Gefahrenabwehr – und insbesondere auch aus klausurtaktischen Gründen – von einem präventiven Schwerpunkt des polizeilichen Handelns auszugehen. Neben der Reichweite des Justizbehördenbegriffs sollten Sie sich den weiten Maßnahmenbegriff des § 23 I EGGVG merken. Dieser erfasst im Gegensatz zu § 35 VwVfG auch schlichtes Verwaltungshandeln, insb. auch Realakte.[27] Dies ist zB bei der Durchführung einer nichtregelnden Videoüberwachung zu bedenken. 34

In Klausuren ist § 23 I EGGVG häufig anzusprechen, insbesondere dann, wenn eine doppelfunktionale Maßnahme vorliegt. Regelmäßig scheidet allerdings eine Abdrängung gem. § 23 I EGGVG aus, da der Maßnahmenschwerpunkt präventiver Zielrichtung ist. Denken Sie an § 23 I EGGVG immer dann, wenn neben einer polizeirechtlichen Norm auch eine Bestimmung der StPO vergleichbare Befugnisse enthält. Examensrelevant ist dies etwa bei der Sicherstellung von Sachen oder der Ingewahrsamnahme von Personen.[28]
Problematisch ist die Rechtswegfrage auch bei erkennungsdienstlichen Maßnahmen gem. § 81b StPO. § 81b Alt. 1 StPO ist eine strafverfahrensrechtliche Befugnis (»für die Zwecke der Durchführung des Strafverfahrens«). Demgegenüber stellt § 81b Alt. 2 StPO eine präventiv-polizeiliche Standardmaßnahme zur Strafverfolgungsvorsorge dar, die kraft Sachzusammenhangs in der StPO mitgeregelt wurde.[29] Trotz der Regelung in der StPO richtet sich die Zuständigkeit für polizeiliche Maßnahmen der Strafverfolgungsvorsorge nach dem Polizeirecht der Länder.[30] Für den Rechtsschutz gegen eine auf § 81b Alt. 2 StPO gestützte erkennungsdienstliche Maßnahme ist folglich der Verwaltungsrechtsweg eröffnet. Wendet sich der Betroffene nach Durchführung der erkennungsdienstlichen Maßnahme gegen die weitere Aufbewahrung des Materials, ist danach zu fragen, welchem Zweck die weitere Aufbewahrung dienen soll. Demnach ist für eine Klage, mit der die weitere Aufbewahrung von Datenmaterial verhindert werden soll, der Verwaltungsrechtsweg eröffnet, wenn die Polizei das Material für zukünftige präventive Polizeiaufgaben nutzen will. Nach der Rechtsprechung des OVG Lüneburg[31] kann auf der Grundlage des § 15 I 1 Nr. 2 NPOG eine erkennungsdienstliche Maßnahme nur zur Verhütung von Gefahren und nicht zur Vorsorge für eine etwaige spätere Strafverfolgung angeordnet werden. Letzteres kann lediglich nach § 81b Alt. 2 StPO geschehen.

27 Kopp/Schenke/*W.-R. Schenke* VwGO § 179 Rn. 4.
28 Zu den weiteren examensrelevanten Fällen: *Kaiser/Köster/Seegmüller* MatÖffR Kap. 5 Rn. 1 ff.
29 OVG Lüneburg BeckRS 2015, 44635.
30 BVerwG BeckRS 2006, 21480 = NJW 2006, 1225 (1126).
31 OVG Lüneburg BeckRS 2015, 44635.

35 Ordnungswidrigkeitenverfahren (§ 1 OWiG) sind gem. **§ 68 OWiG** ebenfalls den Strafgerichten zugewiesen. Damit können zB Bußgeldvorschriften in Gefahrabwehrverordnungen nicht im Wege einer verwaltungsgerichtlichen Normenkontrolle (§ 47 VwGO) überprüft werden. Dies gilt auch, wenn im Übrigen eine Normenkontrolle über den zugrunde liegenden Verbotstatbestand zulässig ist.[32]

II. Zuständigkeit des Verwaltungsgerichts

36 **Klausurhinweis:** Die Zuständigkeit des VG ist wie die Eröffnung des Verwaltungsrechtswegs keine Zulässigkeits-, sondern eine Sachentscheidungsvoraussetzung. Ist das VG sachlich und/oder örtlich unzuständig, wird der Rechtsstreit an das zuständige Gericht verwiesen (§ 83 S. 1 VwGO iVm § 17a II 1 GVG). In den von uns ausgewerteten Lösungsvorschlägen wurde dennoch häufig die sachliche und örtliche Zuständigkeit auch in verwaltungsfachlichen Aufgaben angesprochen. Es ist daher nicht falsch, in der Erwiderung hierzu einen Satz zu verlieren, wenn die Zuständigkeit zweifelhaft ist. Andernfalls sollten Sie zu dieser Frage schweigen.

Werden in einem Verfahren mehrere eigenständige Ansprüche verfolgt, muss für jeden Anspruch die sachliche und örtliche Zuständigkeit gesondert geprüft werden. Ist die Zuständigkeit für einzelne Ansprüche nicht gegeben, ist dieser Teil vom Gericht abzutrennen und an das zuständige Gericht zu verweisen (§ 83 S. 1 VwGO iVm § 17a II 1 GVG).[33] In der Klageerwiderung kann hierauf hingewiesen und das Einverständnis zu einer Verweisung erklärt werden.

In **Anwaltsklausuren** bietet es sich an, die Zuständigkeit als Zweckmäßigkeitserwägung anzusprechen.[34] Die Zweckmäßigkeitsstation dient nämlich als Bindeglied zwischen dem Gutachten und dem praktischen Teil unter anderem der Begründung, weshalb und »Wo« Klage erhoben wird. Der Charakter als Zweckmäßigkeitsüberlegung wird deutlich, wenn Sie betonen, dass durch die Anrufung des zuständigen Gerichts ein Kostenrisiko des Mandanten verhindert wird. Nach § 83 S. 1 VwGO, §§ 17a II, 17b II 2 GVG sind dem Kläger die durch die Verweisung entstehenden Mehrkosten auch dann aufzuerlegen, wenn er in der Hauptsache obsiegt. Eine Ausnahme macht die Rspr. dann, wenn die Rechtsbehelfsbelehrung unrichtig war (§ 155 IV VwGO).

37 Die **sachliche Zuständigkeit** regelt, welches Gericht erstinstanzlich zuständig ist. Gemäß § 45 VwGO liegt diese grundsätzlich beim VG. Die erstinstanzliche Zuständigkeit des OVG/VGH ist nur für Normenkontrollverfahren gegeben (§ 47 VwGO). § 48 VwGO (Zuständigkeit des OVG/VGH für bestimmte Anlagen) und § 50 VwGO (erstinstanzliche Zuständigkeit des BVerwG) haben keine Klausurrelevanz.

38 Die **örtliche Zuständigkeit** folgt zwingend aus § 52 VwGO. Gerichtsstandsvereinbarungen (§ 38 ZPO) sind im Verwaltungsprozess unwirksam.[35] Auch eine Zuständigkeitsbegründung durch rügeloses Einlassen (§ 39 S. 1 ZPO) kommt im Verwaltungsprozess nicht in Betracht. Die örtliche Zuständigkeit ist in folgender Reihenfolge zu prüfen:

- **§ 52 Nr. 1 VwGO:** Für Streitigkeiten, die sich auf unbewegliches Vermögen (vgl. § 864 ZPO) beziehen und für sonstige ortsgebundene Streitigkeiten ist nur das VG örtlich zuständig, in dessen Bezirk das Vermögen oder der Ort liegt. Dieser Gerichtsstand geht allen übrigen Gerichtsständen vor. »Ortsgebunden« ist das Recht bzw. Rechtsverhältnis, wenn es in einer besonderen Beziehung zu einem bestimmten Gebiet steht. Klausurrelevant ist der Gerichtsstand der »belegenen Sache« vor allem bei Klagen auf Erteilung einer Baugenehmigung (einschließlich Drittanfechtungsklagen gegen Genehmigungen), der Anfechtung von bauordnungsrechtlichen Verfügungen oder straßenrechtlichen Widmungen.
- **§ 52 Nr. 4 VwGO:** Für alle Beamtenklagen aufgrund des gegenwärtigen, früheren oder angestrebten Dienstverhältnisses ist das VG am dienstlichen Wohnsitz des Beamten maßgebend. Dies ist der Sitz der Stammdienststelle, der der Beamte angehört (vgl. § 15 I 1 BBesG). Der konkrete Tätigkeitsort ist demgegenüber nicht maßgebend, was etwa beim Rechtsschutz gegen Abordnungen von Bedeutung ist. Fehlt ein dienstlicher Wohnsitz, ist

32 Eyermann/*Rennert* VwGO § 40 Rn. 125 mwN.
33 Eyermann/*Kraft* VwGO § 52 Rn. 8.
34 Im Einzelnen → Kap. 5 Rn. 75.
35 Eyermann/*Kraft* VwGO § 52 Rn. 3.

der bürgerliche Wohnsitz (§§ 7 ff. BGB) maßgebend. § 52 Nr. 4 VwGO schließt die Gerichtsstände nach § 52 Nr. 2, 3 und 5 VwGO aus.
- **§ 52 Nr. 2 VwGO:** Bei Anfechtungs- und Verpflichtungsklagen einschließlich Fortsetzungsfeststellungsklagen (§ 113 I 4 VwGO)[36] gegen Bundesbehörden (!) ist grundsätzlich das VG zuständig, in dessen Bezirk die jeweilige Bundesbehörde etc. den Sitz hat.
- **§ 52 Nr. 3 S. 1 VwGO** (Klausurregelfall): Für Anfechtungs- und Verpflichtungsklagen gegen Behörden, die nicht unter Nr. 2 fallen, ist das Gericht zuständig, in dessen Bezirk der VA erlassen (also abgesandt bzw. mündlich erklärt; nicht bekanntgegeben) wurde. Ausnahmsweise ist gem. **§ 52 Nr. 3 S. 2 VwGO** der Wohnsitz des Beschwerten maßgebend, wenn sich der Zuständigkeitsbereich der Behörde auf mehrere Gerichtsbezirke erstreckt oder wenn der VA von einer »gemeinsamen« Länderbehörde erlassen wurde (zB Entscheidungen des Gemeinsamen Prüfungsamtes Nord).
- **§ 52 Nr. 5 VwGO:** Als Auffanggerichtsstand kommt es auf den Sitz bzw. Wohnsitz des Beklagten an.

Falls Sie in der Klageerwiderung Ausführungen zur Zuständigkeit für geboten erachten, halten Sie sich kurz: 39

> Das angerufene Verwaltungsgericht Oldenburg ist sachlich gem. § 45 VwGO und örtlich gem. § 52 Nr. 3 VwGO zuständig.

Problem: Perpetuatio fori im Verwaltungsprozess 40

Der Grundsatz der perpetuatio fori (§ 83 S. 1 VwGO iVm § 17 I 1 GVG) gilt auch im Verwaltungsprozess und ist bei der örtlichen Zuständigkeit des VG anzusprechen. Hiernach bleibt die gerichtliche Zuständigkeit, wenn sie einmal begründet worden ist, erhalten, wenn nach Klageerhebung Veränderungen eintreten, die das Gericht nunmehr unzuständig machen.[37]

III. Zulässigkeit der Klage

Klausurhinweis: Mit Ausführungen zur Zulässigkeit der Klage sollten Sie im Assessorexamen zurückhaltend sein. Grundsätzlich ist davon auszugehen, dass Ausführungen nur notwendig sind, wenn tatsächlich Probleme bestehen und/oder die Beteiligten über einzelne Zulässigkeitsvoraussetzungen streiten. Jedenfalls sollten Sie nicht – ohne Rücksicht auf die tatsächlich aufgeworfenen Fragen – alle Zulässigkeitsvoraussetzungen »sklavisch« abarbeiten. 41

1. Ordnungsgemäße Klageerhebung

Gemäß § 81 I VwGO ist die Klage beim VG schriftlich oder zur Niederschrift des Urkundsbeamten der Geschäftsstelle zu erheben. Die **»Schriftform«** ist gewahrt, wenn die Klageschrift von dem Kläger oder seinem Bevollmächtigten eigenhändig unterschrieben wurde, da andernfalls keine Gewähr dafür besteht, dass die Klage von dem Kläger stammt und sie tatsächlich mit dessen Willen an das Gericht gelangt ist und es sich nicht lediglich um einen Entwurf handelt.[38] 42

Das Erfordernis der Schriftform dient dem Nachweis der **Urheberschaft** und des **Verkehrswillens**. Bei der Lösung der folgenden Konstellationen sollten Sie regelmäßig von einer Prämisse ausgehen: Die Klage wird in der Regel nicht an der fehlenden Ordnungsmäßigkeit der Klageerhebung scheitern. Denkbar ist aber, dass bei einer subjektiven Klagehäufung (§ 64 VwGO) die Klage eines Streitgenossen unzulässig ist. In diesem Fall gelangen Sie (bezüglich der zulässigen Klage der übrigen Streitgenossen) dennoch zur Begründetheit der Klage.

Problem: Klageerhebung per Computer- und Funkfax 43

Auch ein Computerfax wahrt die Schriftform, wenn die eingescannte Unterschrift auf dem Dokument ersichtlich ist.[39] Entsprechendes gilt für ein Funkfax.[40]

36 Kopp/Schenke/*W.-R. Schenke* VwGO § 52 Rn. 8 (str.).
37 Kopp/Schenke/*Ruthig* VwGO § 40 Rn. 17.
38 Kopp/Schenke/*W.-R. Schenke* VwGO § 81 Rn. 5 mwN.
39 GmSOBG NJW 2000, 2340 (2341).

44 **Problem:** Klageerhebung ohne Unterschrift

Ist die Klageschrift nicht unterschrieben, wird das Fachamt, das dem Rechtsamt die Verwaltungsvorgänge vorlegen wird, ggf. vorbringen, es fehle an der erforderlichen Schriftform. Allerdings ist das Erfordernis der Schriftform nicht deckungsgleich mit dem Schriftformerfordernis nach § 126 I BGB. Direkt gilt diese Norm ohnehin nicht, weil es sich bei der Klageerhebung um eine Prozesshandlung und nicht um eine Willenserklärung handelt. Dass die Klage nicht unzulässig sein wird, wissen Sie aus klausurtaktischen Gründen. Der Grund liegt darin, dass es nach der Rspr. (auch wegen Art. 19 IV GG) ausreicht, wenn trotz der fehlenden Unterschrift die Urheberschaft und der Verkehrswille erkennbar sind.[41] Daher ist eine Originalunterschrift entbehrlich, wenn sich aus der Klageschrift und ihren Anlagen ohne Beweisaufnahme eindeutig ergibt, dass die Klage von dem Kläger stammt und mit seinem Willen an das Gericht gelangt ist.[42]

45 Der Mangel der Vollmacht bei Einreichung einer Klage kann außerdem durch Genehmigung rückwirkend geheilt werden, soweit noch nicht ein die Klage als unzulässig verwerfendes Prozessurteil vorliegt. Die Genehmigung kann auch in der Erteilung einer Prozessvollmacht liegen.[43]

46 An die reduzierten Formanforderungen sollten Sie denken, wenn Sie im Aktenauszug auf folgende Konstellationen stoßen:

- Die nicht unterzeichnete Klageschrift ist mit einem Briefumschlag übersandt worden, der nachweislich von dem Kläger beschrieben worden ist.
- Der Klage ist eine vom Kläger unterzeichnete Anlage beigefügt.
- Der nicht unterzeichneten Klage ist eine von dem Kläger unterzeichnete Vollmacht beigefügt worden. Insb. wenn die Vollmacht ein späteres Datum trägt als die letzte behördliche Entscheidung, können Sie davon ausgehen, dass eine Klageerhebung beabsichtigt ist.[44] Entsprechendes gilt, wenn in der nicht unterzeichneten Klageschrift das in der Regel nur dem Betroffenen bekannte Zustelldatum erwähnt wird.[45]

47 **Problem:** Elektronische Klageerhebung (§ 55a VwGO)

Eine elektronische Klageerhebung ist unter den Voraussetzungen des § 55a VwGO zulässig. Die für die Übermittlung und Bearbeitung geeigneten technischen Rahmenbedingungen sind in der am 1.1.2018 in Kraft getretenen Elektronischer-Rechtsverkehr-Verordnung – ERVV – geregelt. Nach § 2 I 1 ERVV ist das elektronische Dokument in druckbarer, kopierbarer und, soweit technisch möglich, durchsuchbarer Form im Dateiformat **PDF** zu übermitteln. Das elektronische Dokument muss nach § 55a III VwGO mit einer qualifizierten elektronischen Signatur der verantwortenden Person versehen sein oder von der verantwortenden Person signiert und auf einem sicheren Übermittlungsweg (vgl. hierzu § 55a IV VwGO – unter anderem De-Mail-Konto) eingereicht werden. Die Signatur soll die Authentizität und die Integrität des übermittelten elektronischen Dokuments sicherstellen und Gewähr dafür bieten, dass das anstelle eines Schriftstücks eingereichte Dokument von einem bestimmten Verfasser stammt und mit seinem Willen übermittelt worden ist.[46] In Niedersachsen ist die Einreichung elektronischer Schriftsätze nach Maßgabe der Nds. ERVVO-Justiz zulässig.[47]

48 Eine Klage hat einen notwendigen (§ 82 I 1 VwGO) und einen durch Sollvorschrift geforderten Inhalt. Zum notwendigen Inhalt gehören nach § 82 I 1 VwGO (»**muss**«) folgende Angaben:

40 Eyermann/*Geiger* VwGO § 81 Rn. 8
41 VGH Mannheim BeckRS 2018, 23542.
42 Eyermann/*Geiger* VwGO § 81 Rn. 3.
43 BVerwG BeckRS 2017, 101058.
44 OVG Münster NVwZ 2008, 344 (344).
45 VGH Mannheim BeckRS 2018, 23542.
46 VG Neustadt a.d. Weinstraße BeckRS 2019, 3825.
47 § 1 Nds. ERVVO-Justiz vom 21.10.2011 idF der VO vom 11.11.2015 (Nds. GVBl. 367) iVm der Anlage zur Nds. ERVVO-Justiz.

- Vollständiger Name des **Klägers** einschl. seiner ladungsfähigen Anschrift (§ 173 VwGO iVm § 130 Nr. 1 ZPO).[48] Eine Ausnahme kommt gegebenenfalls bei Obdachlosigkeit in Betracht.[49]
- Bezeichnung des **Beklagten**. Bei einer Anfechtungs- oder Verpflichtungs-klage reicht allerdings die Angabe der Behörde, die den VA erlassen oder abgelehnt hat, aus (§ 78 I Nr. 1 aE VwGO). Ist der Beklagte *versehentlich* falsch bezeichnet worden, wird das VG in Auslegung des Klageantrags das Rubrum gegebenenfalls von Amts wegen berichtigen.[50] Auf ein entsprechendes Berichtigungserfordernis können Sie in der Erwiderung hinweisen. Ist demgegenüber der Beklagte nicht nur versehentlich falsch bezeichnet worden, sondern die Klage gegen den falschen Beklagten gerichtet worden (zB statt der Ausgangsbehörde wird als Beklagter die nicht mit dieser identische Widerspruchsbehörde benannt), kann eine Umstellung auf den richtigen Beklagten nur im Wege einer Klageänderung nach § 91 VwGO erfolgen.[51] Achtung: Wird das Passivrubrum im Wege subjektiver Klageänderung nach Ablauf der Klagefrist (§ 74 VwGO) geändert, gilt die Klagefrist auch gegenüber dem neuen Beklagten als gewahrt.[52]
- Schließlich ist der **Gegenstand des Klagebegehrens** anzugeben. Hiermit ist jedoch nicht der Streitgegenstand in prozessualer Hinsicht gemeint ist. Es muss aus dem Schriftsatz oder den beigefügten Anlagen nur erkennbar sein, worum es dem Kläger geht.

Zudem **soll** in der Klageschrift ein bestimmter Antrag angekündigt werden (§ 82 I 2 VwGO). **49**
Schließlich sollen die zur Begründung dienenden Tatsachen und Beweismittel angegeben werden (§ 82 I 3 VwGO).

Da die Klage andernfalls unzulässig wäre, wird es an den Formerfordernissen des § 82 I 1 **50**
VwGO kaum fehlen. Zumindest werden die Mindestangaben nach einer ordnungsgemäßen gerichtlichen Aufforderung gem. § 82 II 1 VwGO im insoweit maßgebenden Zeitpunkt der gerichtlichen Entscheidung vervollständigt worden sein. Zudem kommt in entsprechender Anwendung des § 60 VwGO auch eine Wiedereinsetzung in den vorigen Stand in Betracht (§ 82 II 3 VwGO).

Beachten Sie für **Klausuren aus dem vorläufigen Rechtsschutz:** Häufig wird die Frage der ordnungsgemäßen Antragserhebung für einen Antrag gem. §§ 80 V, 80a III, § 123 I VwGO aufgeworfen: Zwar regelt § 81 I VwGO explizit nur die Klageerhebung; allerdings ist die Vorschrift analog im vorläufigen Rechtsschutz-verfahren anwendbar.[53] Eine Lockerung der Formerfordernisse wird dort allerdings anerkannt: Zur Gewährleistung effektiven Rechtsschutzes (Art. 19 IV GG) wird im vorläufigen Rechtsschutz bei besonderer Eilbedürftigkeit ausnahmsweise auch eine mündliche Antragserhebung anerkannt.[54]
§ 81 I VwGO gilt über die Klageerhebung hinaus auch für verfahrensbestimmende Schriftsätze, die Prozesshandlungen enthalten (zB Annahme eines schriftlichen Prozessvergleichs [§ 106 VwGO], Klagerücknahmen [§ 92 VwGO], Erledigungserklärungen [§ 161 II VwGO]). Analog gilt § 81 I VwGO für entsprechende Erklärungen des Beklagten bzw. des Beigeladenen.

2. Statthaftigkeit und Zulässigkeitsvoraussetzungen verwaltungsgerichtlicher Klagen

Die statthafte Klageart und deren besondere Zulässigkeitsvoraussetzungen werden Sie in der **51**
Klageerwiderung regelmäßig erörtern müssen.

48 Zum Erfordernis der Angabe einer ladungsfähigen Anschrift BayVGH BeckRS 2017, 138371.
49 BVerwG NJW 2012, 1527; Kopp/Schenke/*W.-R. Schenke* VwGO § 82 Rn. 4.
50 Kopp/Schenke/*W.-R. Schenke* VwGO § 78 Rn. 16 mwN.
51 Kopp/Schenke/*W.-R. Schenke* VwGO § 78 Rn. 16.
52 Kopp/Schenke/*W.-R. Schenke* VwGO § 91 Rn. 32.
53 Kopp/Schenke/*W.-R. Schenke* VwGO § 81 Rn. 1.
54 Kopp/Schenke/*W.-R. Schenke* VwGO § 80 Rn. 128 mwN.

a) Anfechtungsklage (§ 42 I Var. 1 VwGO)

52 **Übersicht: Zulässigkeit der Anfechtungsklage (§ 42 I Var. 1 VwGO)**

- **Statthaftigkeit der Klage:** Aufhebung eines nicht erledigten formellen oder materiellen VA (§ 42 I VwGO); (P) Erledigung des VA; (P) Isolierte Anfechtung von Nebenbestimmungen; (P) Isolierte Anfechtung des Widerspruchsbescheides
- **Klagebefugnis** (§ 42 II VwGO); (P) Drittanfechtung; (P) Klagebefugnis aus Verfahrensvorschriften; (P) Klagebefugnis aus Grundrechten; (P) Prozessstandschaft; (P) Verwirkung des Klagerechts
- **Ordnungsgemäßes Vorverfahren** (§ 68 I VwGO); (P) Unstatthaftigkeit des Vorverfahrens; (P) Entbehrlichkeit des Vorverfahrens
- **Klagefrist** (§ 74 I VwGO); (P) Wiedereinsetzung in den vorigen Stand (§ 60 VwGO)
- Sonstige **allgemeine Sachentscheidungsvoraussetzungen**

aa) Statthaftigkeit der Anfechtungsklage

53 Die Anfechtungsklage ist nach § 42 I VwGO statthaft, wenn die Aufhebung eines noch nicht erledigten (und mindestens formellen) VA begehrt wird (§ 113 I 1 VwGO).

54 Dies ist unproblematisch, wenn die angefochtene Maßnahme die materiellen Voraussetzungen des § 35 VwVfG erfüllt. Statthaft ist eine Anfechtungsklage aber auch gegen eine behördliche Erklärung, die formell als VA ergeht, ohne die materiellen Voraussetzungen des § 35 VwVfG zu erfüllen (sog. formeller VA).

55 In der Klausur wird an diesem Prüfungsstandort häufig eine Erörterung des VA-Begriffs erwartet. Zur Bestimmung der Rechtsnatur der behördlichen Erklärung stellen Sie zunächst auf den objektiven Sinngehalt der Erklärung ab. Maßgebend ist in entsprechender Anwendung der für die Auslegung von Willenserklärungen maßgebenden Grundsätze (§§ 133, 157 BGB) nicht der Wille der Behörde, sondern wie der Empfänger die Erklärung bei verständiger Würdigung der Umstände des Einzelfalles verstehen konnte.[55] Konnte der Kläger nach diesem Maßstab davon ausgehen, dass die Erklärung als hoheitlich regelnder VA ergeht, ist der Rechtsbehelf statthaft, der für einen materiellen VA statthaft ist.[56] Zugunsten eines VA sprechen etwa die Bezeichnung als »Bescheid«, die Beifügung einer »Rechtsbehelfsbelehrung«, aber auch Begriffe wie »Gebühren«. Nach der Rspr. ist eine Anfechtungsklage sogar statthaft, wenn erst die Widerspruchsbehörde die Erklärung als VA behandelt, zB indem sie einen Widerspruch mit Widerspruchsbescheid nicht als unzulässig zurückweist, sondern in der Sache entscheidet.[57] Dies soll daraus folgen, dass die behördliche Maßnahme erst durch den Widerspruchsbescheid die Gestalt eines VA erlangt hat (§ 79 I 1 VwGO).

56 Stellt die angefochtene Maßnahme keinen VA dar, sollten Sie in der Regel direkt mit der statthaften Klageart (in der Regel Leistungs- oder Feststellungsklage) beginnen und in diesem Rahmen die fehlenden Voraussetzungen des § 35 VwVfG darstellen.[58]

57 **Problem:** Formeller VA

Problematisch ist der Fall, indem sich eine Behörde zwar nicht auf eine öffentlich-rechtliche Grundlage zum hoheitlichen Handeln berufen kann, aber dennoch eindeutig mittels VA entschieden hat. In diesem Fall kommt es auf die materiellen Voraussetzungen des § 35 VwVfG

---

55 OVG Berlin-Brandenburg NVwZ-RR 2010, 908 (908): zur Abgrenzung von Zahlungsaufforderung und Leistungsbescheid: »Da ein VA angesichts der Regelungsfunktion, die ihm innewohnt, seinen Charakter als hoheitlich verbindliche Regelung eines Einzelfalles auf dem Gebiet des öffentlichen Rechts hinreichend klar erkennen lassen muss, ist maßgebend, nicht der innere, sondern der erklärte Wille. Es kommt mit anderen Worten darauf an, wie der Adressat (eine Erklärung) unter Berücksichtigung der äußeren Form, der Abfassung, der Begründung, der Beifügung einer Rechtsbehelfsbelehrung und aller sonstiger ihm bekannten oder erkennbaren Umstände nach Treu und Glauben bei objektiver Auslegung der Erklärung oder des Verhaltens der Behörde verstehen durfte oder musste, wobei Unklarheiten zu Lasten der Verwaltung gehen.«

56 *Kintz* ÖffR Rn. 184 mwN.

57 BVerwG NVwZ 1988, 51 (52).

58 »Die Klage ist als allgemeine Leistungsklage statthaft und auch im Übrigen zulässig. Der Kläger wendet sich gegen … Diese Maßnahme stellt keinen VA dar, da …«

nicht an. Daher ist eine Anfechtungsklage auch statthaft, wenn privatrechtliche Fragen einseitig durch VA geregelt werden. Dieses wird etwa bei einer Aufrechnungserklärung[59] oder der Geltendmachung eines Zurückbehaltungsrechts durch VA relevant. Entscheidet die Behörde in solchen Fällen durch VA, ist eine hiergegen gerichtete Anfechtungsklage auch begründet, da der VA allein wegen fehlender VA-Befugnis materiell rechtswidrig ist.

Problem: Erledigung des VA 58

Die Statthaftigkeit der Anfechtungsklage endet mit der Erledigung des angefochtenen VA. Erledigung tritt ein, wenn das Klagebegehren gegenstandslos wird. Im Anfechtungsprozess ist dieses der Fall, wenn der VA unwirksam wird und damit die beschwerende Regelung wegfällt.[60] § 43 II VwVfG nennt beispielhaft die Erledigung durch Rücknahme und Widerruf sowie durch Zeitablauf des VA. Examensrelevant sind zudem das Erlöschen von Erlaubnissen sowie der Wegfall des Regelungsobjektes.

Beispiele: Zerstörung eines Gebäudes, dessen Beseitigung verfügt wurde; Versterben eines Hundes, dem ein Maulkorb »auferlegt« wurde.

Zudem tritt beim höchstpersönlichen VA mit dem Tod des Betroffenen Erledigung ein; bei einem VA, der eine vertretbare Regelung enthält, wird der Rechtsstreit hingegen mit dem Rechtsnachfolger fortgeführt (§ 173 S. 1 VwGO, § 239 ZPO). 59

Der bloße Vollzug eines VA führt hingegen – wie auch § 113 I 2 VwGO zeigt – grundsätzlich nicht zur Erledigung, da der VA weiterhin den Rechtsgrund für den Vollzug bildet. Dieses müssen Sie gerade bei der Bearbeitung von Aktenauszügen aus dem Gefahrenabwehrrecht beachten. Dieses gilt jedenfalls, wenn der Vollzug noch rückgängig gemacht werden kann (zB durch Herausgabe einer sichergestellten Sache oder der Erstattung zuvor überwiesener Geldforderungen). 60

Im Zusammenhang mit der Erledigung sollten Sie an folgende Grundsätze denken:

- Nach Maßgabe des § 113 I 4 VwGO kann der Kläger von einer Anfechtungsklage zur Fortsetzungsfeststellungsklage (FFK) übergehen. Hierbei handelt es sich um eine stets zulässige Klageänderung gem. § 173 VwGO iVm § 264 Nr. 2 ZPO. Die Zulässigkeit der infolge der Klageänderung vorliegenden Fortsetzungsfeststellungsklage setzt unter anderem ein besonderes Feststellungsinteresse voraus, das in Klausuren (im Fall der Erledigung nach Klageerhebung) häufig in einem Präjudizinteresse bestehen kann.

Im Übrigen kann der Kläger den Rechtsstreit für erledigt erklären:

- **Schließen Sie sich als Beklagter in der Erwiderung der Erledigungserklärung an**, liegt eine übereinstimmende Erledigungserklärung vor. Dann hat das VG nur noch über die Kosten des Verfahrens nach billigem Ermessen zu entscheiden (§ 161 II VwGO). Erfasst die übereinstimmende Erledigungserklärung den gesamten Streitgegenstand, ergeht die gerichtliche Kostenentscheidung in Form eines Beschlusses. Wird das Verfahren nur teilweise übereinstimmend für erledigt erklärt, wird der Beschluss von dem VG in das Urteil »integriert«.[61]
  Gelangen Sie zu dem Ergebnis, dass die Klage in vollem Umfang Erfolg hat, müssen Sie – auch für die Frage, wie der »Entwurf« aufzubauen ist – klären, welche Maßnahmen zu ergreifen sind: Kostenrechtlich ist unter Umständen eine Erklärung zweckmäßig, die Kosten des Verfahrens zu übernehmen. Weil das VG dann keine Entscheidung über die Kosten treffen muss, kommt eine Reduzierung der Gerichtskosten gem. Ziff. 5111 der Anlage 1 zum GKG in Betracht.
  Für den Entwurf der Verwaltungsentscheidung folgt hieraus:
  - In einem (gegebenenfalls voranzustellenden, da die nachfolgenden Entscheidungen erklärenden) Vermerk stellen Sie die Sach- und Rechtslage dar. In diesem Vermerk kann auch erörtert werden, weshalb aus Kostengründen ein Grundanerkenntnis sinnvoll ist.
  - Gegenüber dem Kläger heben Sie den rechtswidrigen VA auf. Gleichzeitig erlassen Sie – bei einem Verpflichtungsbegehren – den begehrten VA.

59 VGH München NJW 1997, 3392 (3392).
60 Kopp/Schenke/*R. P. Schenke* VwGO § 42 Rn. 58 mwN.
61 Zur Darstellung in der gerichtlichen Entscheidungsform im Einzelnen *Kaiser/Köster/Seegmüller* ÖffR-Klausur Rn. 272.

- Dem VG teilen Sie die Aufhebung des angefochtenen VA mit und stimmen in diesem Schriftsatz bereits (vorsorglich) der aufgrund der Klaglosstellung von dem Kläger zu erwartenden Erledigungserklärung zu. Gibt der Kläger die Erklärung ab, liegt eine übereinstimmende Erledigungserklärung vor. Dann ist der Rechtsstreit in der Hauptsache erledigt. Da denkbar ist, dass der Kläger die Erledigungserklärung nicht abgeben wird, beantragen Sie hilfsweise Klageabweisung. Im Schriftsatz an das VG erklären Sie zugleich, dass Sie die Kosten des Verfahrens dem Grunde nach anerkennen (sog. Kostengrundanerkenntnis). Heben Sie den VA nur teilweise auf, beantragen Sie die Klageabweisung im Übrigen.

- **Widerspricht der Beklagte der Erledigung** (bleibt es also bei einer einseitigen Erledigungserklärung), liegt eine Klageänderung zugunsten einer Feststellungsklage vor (sog. Erledigungsstreit). Es kommt dann darauf an, ob Sie als Beklagter analog (!) § 113 I 4 VwGO ein berechtigtes Feststellungsinteresse geltend machen können.

61 **Gegenstand** der Anfechtungsklage ist grundsätzlich der ursprüngliche VA in der Gestalt, die er durch den Widerspruchsbescheid erlangt hat (§ 79 I Nr. 1 VwGO). Im Anfechtungsprozess werden also der VA und ein evtl. ergangener Widerspruchsbescheid als prozessuale Einheit betrachtet, auf die sich die Anfechtung und Aufhebung grundsätzlich nur insgesamt beziehen kann (sog. Einheitsgedanke). Modifiziert der Widerspruchsbescheid den Ausgangsbescheid, lautet der gerichtliche Tenor bei einer erfolgreichen Anfechtungsklage daher auch

Der Bescheid vom ... in der Gestalt des Widerspruchsbescheides vom ... wird aufgehoben.

62 Ist hingegen nach § 68 I 2 VwGO ein Vorverfahren nicht durchgeführt worden, bildet allein der Ausgangsbescheid den Gegenstand der Anfechtungsklage.

63 Häufig wird in Aktenauszügen die Frage problematisiert, ob die Anfechtung auf einzelne Teile begrenzt werden kann. Besonders examensrelevant sind die isolierte Anfechtung von Nebenbestimmungen und die isolierte Anfechtung eines Widerspruchsbescheides.

Die Möglichkeit einer isolierten Anfechtung von Nebenbestimmungen oder von Widerspruchsbescheiden ist auch in **Anwaltsklausuren** von Bedeutung. Das Begehren des Mandanten kann nämlich darauf gerichtet sein, zwar einzelne Teile einer behördlichen Entscheidung gerichtlich aufzuheben, den VA aber im Übrigen bestandskräftig werden zu lassen. Stellen Sie sich etwa eine positive Genehmigung mit einer belastenden Nebenbestimmung vor (zB Baugenehmigung mit der Auflage, einen Aufzug einzubauen). Insoweit ist die isolierte Aufhebung einer Nebenbestimmung bzw. eines Widerspruchsbescheides auch mit den anwaltlichen Zweckmäßigkeitserwägungen verwoben.[62] Dass das Begehren auf eine isolierte Anfechtung der Nebenbestimmungen gerichtet ist, sollten Sie bereits zu Beginn des Anwaltsgutachtens in der Auslegungsstation darstellen.

(1) Isolierte Anfechtung von Nebenbestimmungen

64 Der Kläger kann die Anfechtungsklage auf Teile des VA beschränken und daher die begehrte rechtsgestaltende Aufhebung inhaltlich begrenzen (vgl. § 113 I 1 VwGO »soweit«). Nach der neueren Rspr. ist eine isolierte Anfechtungsklage gegen eine Nebenbestimmung zulässig, wenn diese von der Hauptregelung logisch teilbar ist. Die früheren Ansichten, die entweder nach der Art der Nebenbestimmung fragten[63] oder darauf abstellten, ob es sich bei dem Haupt-VA um eine gebundene Entscheidung oder um eine Ermessensentscheidung handelt,[64] sollten Sie im zweiten Examen in der Regel nicht mehr vertiefen.

65 Im Rahmen der Statthaftigkeit der Anfechtungsklage ist zu erörtern, ob die angefochtenen Bestimmungen logisch von der Hauptregelung des VA teilbar sind (sog. prozessuale Teilbarkeit). Diese Teilbarkeit fehlt in folgenden Fällen:

- Bezieht sich die Regelung auf den Inhalt und den Umfang der erteilten Genehmigung, handelt es sich um eine **Inhaltsbestimmung**. Für diese ist kennzeichnend, dass sie nicht

62 Im Einzelnen hierzu → Kap. 5 Rn. 33.
63 BVerwGE 90, 42 (43) = NVwZ 1993, 366; OVG Lüneburg NVwZ 1992, 387 (388); OVG Münster BeckRS 2018, 7027.
64 Nachweise bei *Stelkens* NVwZ 1985, 469 (470).

»neben« die Hauptregelung tritt, sondern die Genehmigung selbst inhaltlich prägt.[65] Inhaltsbestimmungen bestimmen also, wie weit die Hauptregelung reicht. Der Rechtsschutz gegen Inhalts-bestimmungen erfolgt nach hM nicht über die Anfechtungsklage. Vielmehr ist in der Regel eine Verpflichtungsklage auf Erteilung der angestrebten (umfassenden) Genehmigung zulässig.

- Ebenfalls nach hM nicht isoliert anfechtbar sind **modifizierende Auflagen**, mit denen die erteilte Genehmigung mit einem von dem Antrag abweichenden Inhalt erteilt wurde.

> **Beispiel:** Genehmigung eines zweigeschossigen statt des beantragten viergeschossigen Gebäudes.[66]

Zulässig ist eine Verpflichtungsklage auf Erlass der nicht oder weniger eingeschränkten Genehmigung.

Die neuere Rspr. verändert die klassische Begründetheitsprüfung. Hier ist im Anschluss an die Prüfung der Rechtmäßigkeit der Nebenbestimmung zu untersuchen, ob der VA sinnvollerweise ohne die Nebenbestimmung Bestand haben kann (sog. **materiell-rechtliche Teilbarkeit**). Die Begründetheitsprüfung erfolgt daher zweistufig: Zunächst prüfen Sie die Rechtmäßigkeit der Nebenbestimmung. Dies richtet sich häufig nach spezialgesetzlichen Vorschriften (zB § 33a I 3 GewO, § 69a II GewO, § 12 BImSchG, § 9 WaffenG, § 12 AufenthG). Greift eine spezielle Vorschrift nicht ein, richtet sich die Rechtmäßigkeit der Nebenbestimmung nach § 36 VwVfG, der zwischen Nebenbestimmungen zu gebundenen VA (dann gilt § 36 I VwVfG [zB Nebenbestimmung zu Baugenehmigungen]) und Ermessens-VA unterscheidet (dann gilt § 36 II VwVfG [zB Subventionsbewilligungen, straßenrechtliche Sondernutzungserlaubnisse]). Schließlich muss die Nebenbestimmung nach § 36 III VwVfG dem Hauptzweck des VA dienen; es dürfen also nicht inhaltlich sachwidrige Gesichtspunkte durch eine Nebenbestimmung mit dem VA gekoppelt werden. 66

Ist die Nebenbestimmung hiernach rechtmäßig, ist die Anfechtungsklage nicht begründet. Ist die Nebenbestimmung ihrerseits hingegen rechtswidrig, prüfen Sie in einem zweiten Schritt die materielle Teilbarkeit von Nebenbestimmung und Hauptregelung. Merken Sie sich also, dass eine rechtswidrige Nebenbestimmung nicht ohne Weiteres zum Erfolg der isolierten Anfechtungsklage führt, sondern nur dann, wenn der »Rest-VA« sinnvoller- und rechtmäßigerweise bestehen bleiben kann (Art. 20 III GG). Diese Frage ist insbesondere bei Ermessens-VA problematisch, da teilweise eingewandt wird, der Behörde werde hierdurch ein von ihr nicht gewünschter Rest aufgedrängt. Dennoch geht die Rspr. auch bei Ermessens-VA grundsätzlich von einer materiellen Teilbarkeit aus. 67

Problem: Auslegung des Klagebegehrens zugunsten eines Verpflichtungsbegehrens (§ 88 VwGO) 68

Hat der Kläger nach seinem wörtlichen Antrag eine Anfechtungsklage erhoben, obwohl eine isolierte Anfechtung ausscheidet, da es sich um eine Inhaltsbestimmung oder modifizierende Auflage handelt, wird das VG das Begehren zugunsten einer Verpflichtungsklage umdeuten (§ 88 VwGO). In diesem Fall ist es ratsam, in der Erwiderung auf die erforderliche Umdeutung hinzuwirken. Bedenken Sie dies beim Schriftsatz ans VG. Dort können Sie diese Erwägungen innerhalb der Erörterung der statthaften Klageart platzieren.

(2) Isolierte Anfechtung des Widerspruchsbescheides

Auch nach weitgehender Abschaffung des Widerspruchsverfahrens infolge des Gesetzes zur Modernisierung der Verwaltung in Niedersachsen vom 5.11.2004 wird sich die Zulässigkeit einer isolierten Anfechtungsklage gegen einen Widerspruchsbescheid als Klausurproblem stellen. Dieses zumindest dann, wenn weiterhin für bestimmte Materien ein Widerspruchsverfahren vorgesehen ist, also insbesondere in den Fällen des § 80 II 1 NJG. 69

Abweichend von dem in § 79 I Nr. 1 VwGO verankerten Einheitsgedanken kann die Anfechtung auf den Widerspruchsbescheid beschränkt werden, dann würde der Klageantrag lauten: 70

65 *Kintz* ÖffR Rn. 204.
66 *Pietzner/Ronellenfitsch* Assessorexamen ÖffR Rn. 296 »so nicht, aber dafür so«.

Es wird beantragt, den Widerspruchsbescheid des ... vom ... aufzuheben.

71 Zur isolierten Anfechtung des Widerspruchsbescheides sollten Sie sich folgende Grundzüge merken:

- Beschwert der Widerspruchs- oder Abhilfebescheid erstmalig (etwa weil auf den Widerspruch eines Nachbarn hin eine zuvor erteilte Baugenehmigung aufgehoben oder beschränkt wird), ist unmittelbar Anfechtungsklage zu erheben (**§ 79 I Nr. 2 VwGO**). Diese führt im Erfolgsfall zur Aufhebung des Widerspruchsbescheides (§ 115 VwGO). Wichtig ist, dass in diesem Fall mit Aufhebung des Widerspruchsbescheides in der Sache abschließend entschieden ist; eine neue Entscheidung über den Widerspruch ist damit nicht erforderlich. Wird der Kläger in dreipoligen Verhältnissen durch eine Abhilfeentscheidung erstmalig beschwert, ist der Widerspruchsführer gem. § 65 II VwGO (nicht jedoch die Ausgangsbehörde, deren VA aufgehoben wurde!) notwendig beizuladen.
- Der Widerspruchsbescheid »kann« – im Gegensatz zu § 79 I Nr. 2 VwGO besteht also ein Wahlrecht – nach **§ 79 II 1 VwGO** auch isoliert angefochten werden, wenn und soweit er gegenüber dem ursprünglichen VA eine zusätzliche selbstständige Beschwer enthält. Der Unterschied zwischen § 79 I Nr. 2 VwGO und § 79 II 1 VwGO besteht darin, dass § 79 I Nr. 2 VwGO eine »erstmalige« Beschwer verlangt (der vom Widerspruchs- oder Abhilfebescheid Beschwerte war also durch den ursprünglichen Bescheid überhaupt nicht beschwert), während § 79 II 1 VwGO eine »zusätzliche selbstständige« Beschwer voraussetzt.
  Zum Klausurproblem der **reformatio in peius** (r.i.p.): Dieser Begriff beschreibt den Fall, in dem die Widerspruchsbehörde den angefochtenen VA im Rahmen eines Widerspruchsverfahrens über die angefochtene Regelung hinaus zu Lasten des Widerspruchsführers ändert. Gerichtlicher Rechtsschutz gegen die Verböserung kommt grundsätzlich in zwei Varianten in Betracht: Entweder durch eine »Einheitsklage« nach § 79 I Nr. 1 VwGO oder durch eine isolierte Anfechtung des Widerspruchsbescheides, da dieser im Fall der r.i.p. eine »zusätzliche selbstständige« Beschwer iSd § 79 II 1 VwGO enthält.

Hinweis für Anwaltsklausuren: Eine isolierte Anfechtung des Widerspruchsbescheides (§ 79 II 1 VwGO) sollten Sie insbesondere dann erwägen, wenn der Mandant zum Ausdruck bringt, dass er eine erneute Entscheidung der Widerspruchsbehörde anstrebt oder nur die Verböserung im Widerspruchsbescheid anfechten möchte.[67] Insbesondere wenn sich der Ausgangsbescheid als rechtmäßig erweist, dürfte es sinnvoll sein, die Anfechtung auf den Widerspruchsbescheid zu beschränken. Beachten Sie eventuelle Andeutungen im Protokoll des anwaltlichen Beratungsgesprächs: Legt das Prüfungsamt dem Mandanten etwa eine Erklärung in den Mund, wonach dieser bereit ist, die *»ursprüngliche Belastung des Erstbescheides hinzunehmen, wenn zumindest die schwerer wiegende Belastung des Widerspruchsbescheides aufgehoben wird«*, sollten Sie an die isolierte Anfechtungsmöglichkeit nach § 79 II VwGO denken.

Aufgrund des zweispurigen Rechtsschutzes sollten Sie sich folgende Grundsätze merken:

- Die isolierte Anfechtungsklage gegen die Verböserung im Widerspruchsbescheid (§ 79 II 1 VwGO) ist gegen die Widerspruchsbehörde (bzw. je nach Landesrecht deren Rechtsträger) zu richten.[68] Dieses ist unter anderem beim richtigen Beklagten zu beachten. In der Klageerwiderung ist gegebenenfalls vor der Erörterung der Zulässigkeit das Klagebegehren auszulegen (§ 88 VwGO). Wendet sich der Kläger nur gegen den Widerspruchsbescheid, sollten Sie kurz darlegen, dass nicht der Ausgangsbescheid in der (veränderten) Gestalt, die er durch den Widerspruchsbescheid erlangt hat, Klagegegenstand ist (wie es dem Grundsatz des § 79 I Nr. 1 VwGO entsprechen würde), sondern nur der Widerspruchsbescheid.
  Für die **Zulässigkeit** einer isolierten Anfechtung des Widerspruchsbescheides ist nach der Rspr. ein besonderes Rechtsschutzbedürfnis erforderlich, wenn der Kläger gem. § 79 II 2 VwGO als Verletzung einer Verfahrensvorschrift einen Verstoß gegen die Anhörungspflicht gem. § 71 VwGO geltend macht. Dieses besondere Rechtsschutzbedürf-

67 *Pietzner/Ronellenfitsch* Assessorexamen ÖffR Rn. 1222.
68 Kopp/Schenke/*W.-R. Schenke* VwGO § 79 Rn. 15.

nis besteht in der Regel nur, soweit es sich um einen ErmessensVA oder um einen solchen VA handelt, bei dem eine Beurteilungsermächtigung ausgeübt wird.
Im Rahmen der **Begründetheit** der isolierten Anfechtungsklage (§§ 113 I 1, 115 (!) VwGO) prüfen Sie die Rechtmäßigkeit des Widerspruchsbescheides. In diesem Rahmen erörtern Sie zunächst die Rechtmäßigkeit des Ausgangsbescheides. Ist diese zu verneinen, da der frühere Widerspruchsführer zu wenig belastet oder ihm zu viel gewährt wird, ist die Rechtmäßigkeit der r.i.p. zu erörtern. Diese ist gegebenenfalls – sinnvollerweise vor der eigentlichen formellen und materiellen Rechtmäßigkeitsprüfung – vom sog. **Selbsteintritt** abzugrenzen. Der Selbsteintritt beschreibt eine Situation, in dem die Widerspruchsbehörde den verfahrensrechtlichen Rahmen der Ausgangsbehörde verlässt und (nur) bei Gelegenheit des Widerspruchsverfahrens einen neuen VA erlässt. Für die r.i.p. ist hingegen typisch, dass die Widerspruchsbehörde den von der Ausgangsbehörde gesetzten Rahmen zulasten des Widerspruchsführers erweitert und eine schärfere Rechtsfolge anordnet. Eine solche Verböserung ist, soweit sie nicht spezialgesetzlich[69] ohnehin für zulässig erklärt wird, nach hM grundsätzlich zulässig, da es dem Wesen des Widerspruchsverfahrens (§§ 68 ff. VwGO) entspricht, den angefochtenen VA umfassend hinsichtlich seiner Recht- und Zweckmäßigkeit zu prüfen. Verwaltungs- und Widerspruchsverfahren stellen ohnehin eine Einheit dar, was sich auch daraus ergibt, dass der VA grundsätzlich im Widerspruchsbescheid seine endgültige Gestalt findet. Dass eine r.i.p. grundsätzlich zulässig ist, ergibt sich auch aus § 79 II 1 VwGO, dessen Anwendungsbereich andernfalls sehr eingeschränkt wäre. Soweit in der Klausur geltend gemacht wird, die Verböserung verstoße gegen Vertrauensschutz, ist dem entgegenzuhalten, dass der Berechtigte durch Einlegung des Widerspruchs selbst auf eine Stabilisierung seiner Rechtsposition verzichtet hat. Nur im Ausnahmefall, wenn die Verböserung zu rechtlich untragbaren Ergebnissen führt, scheidet sie aus.
Die für die **formelle Rechtmäßigkeit** erforderliche Zuständigkeit ist unproblematisch gegeben, wenn Ausgangs- und Widerspruchsbehörde identisch sind. Fehlt es an der Identität, ist die Widerspruchsbehörde nach hM zuständig, wenn sie auch Fachaufsichtsbehörde ist.[70] Beachten Sie, dass *W.-R. Schenke* eine engere Auffassung vertritt und eine Zuständigkeit der Widerspruchsbehörde nur im Fall eines Selbsteintrittsrechts bejaht.[71] Hinsichtlich des Verfahrens beachten Sie die Anhörungspflicht gem. § 71 VwGO. Ein Verstoß hiergegen kann nach wohl hM noch im gerichtlichen Verfahren geheilt werden.[72]
Materiell stellt sich die Frage der richtigen Ermächtigungsgrundlage. Dies ist nach hM die Vorschrift des materiellen Rechts, die auch für die Ausgangsbehörde einschlägig ist. Die §§ 68 ff. VwGO ermächtigen materiell ebenso wenig zum Erlass einer verbösernden Entscheidung wie § 79 II VwGO. Soweit sich der Kläger gegen die Verböserung mit der Begründung zur Wehr setzt, er habe auf die zuvor beschiedene Begünstigung vertraut, sollten Sie beachten, dass die r.i.p. keine teilweise Aufhebung iSd §§ 48 ff. VwVfG darstellt und diese Vorschriften nach überwiegender Meinung die materiellen Voraussetzungen für eine r.i.p. nicht regeln.
- Soll nicht nur der Widerspruchsbescheid angefochten, sondern die rechtliche Überprüfung auf den gesamten VA erstreckt werden, kommt eine normale Anfechtungsklage gem. § 79 I Nr. 1 VwGO (sog. Einheitsklage) in Betracht. Diese ist in der Darstellung noch einfacher. Hier prüfen Sie die Anfechtungsklage im klassischen Aufbau und führen im Anschluss an die Prüfung der Rechtmäßigkeit des VA aus, dass es der Widerspruchsbehörde nicht verwehrt war, den VA zum Nachteil des Klägers zu verbösern. Es folgen dann die obigen Ausführungen zur Zuständigkeit für die Verböserung, die Prüfung der Anhörung gem. § 71 VwGO usw.[73]

- Schließlich kann der Widerspruchsbescheid nach **§ 79 II 2 VwGO** isoliert angefochten werden, wenn die zusätzliche Beschwer gegenüber dem Ausgangsbescheid in der Verlet-

69 Diese spezialgesetzlichen Ermächtigungen finden Sie in eher entlegenen Normen, sodass Sie grds. davon ausgehen können, dass diese im Aktenauszug erwähnt werden.
70 BVerwG NVwZ-RR 1997, 26 (26).
71 Kopp/Schenke/*W.-R. Schenke* VwGO § 68 Rn. 10b.
72 Kopp/Schenke/*W.-R. Schenke* VwGO § 71 Rn. 7.
73 *Meister* JA 2002, 567 (571).

zung einer wesentlichen Verfahrensvorschrift liegt. In diesem Fall setzt die isolierte Anfechtung zusätzlich voraus, dass der Widerspruchsbescheid auf der Verletzung der Verfahrensvorschrift beruht. Diese Kausalität kann nach der Rspr. in der Regel nur bei Ermessensentscheidungen und bei Entscheidungen mit Beurteilungsspielräumen angenommen werden. Bei gebundenen Entscheidungen scheidet diese Kausalität regelmäßig aus.[74]

bb) Klagebefugnis (§ 42 II VwGO)

72 Nach § 42 II VwGO ist eine Anfechtungsklage nur zulässig, wenn der Kläger geltend macht, durch den VA in seinen Rechten verletzt zu sein. Grundsätzlich verlangt die Klagebefugnis eine mögliche Verletzung **eigener Rechte**.

73 **Problem:** Ausnahmen vom Erfordernis der Klagebefugnis nach § 42 II VwGO

Wenngleich die Geltendmachung von Interessen der Allgemeinheit grundsätzlich unzulässig ist, deutet bereits der Wortlaut von § 42 II aA VwGO eine Ausnahme an (»*Soweit gesetzlich nichts anderes bestimmt ist, ...*«). Eine solche Ausnahme bildet etwa die Verbandsklage. An eine solche müssen Sie bei der Bearbeitung von Aktenauszügen aus dem Umweltrecht denken. Eine Verbandsklage vermittelt anerkannten Vereinigungen die Befugnis, gegen bestimmte Maßnahmen Rechtsbehelfe einzulegen, ohne die Verletzung eigener Mitwirkungsrechte oder eigener materieller Rechtspositionen geltend machen zu müssen. Examensrelevant sind zwei Fälle:

- Bundesrechtlich ist in § 64 BNatSchG die naturschutzrechtliche Verbandsklage geregelt, wobei die Länder nach Maßgabe des § 64 III BNatSchG Rechtsbehelfe von anerkannten Naturschutzverbänden weitergehend regeln dürfen. Die Voraussetzungen für ein Klagerecht sind in dem – in der Regel vertieft zu erörternden – § 64 I BNatSchG (iVm § 63 I Nr. 2–4, II Nr. 4a–7 BNatSchG) geregelt. Falls Sie eine Verbandsklage zu prüfen haben, kann auch die in § 64 I Nr. 3, II BNatSchG iVm § 2 III Umweltrechtsbehelfsgesetz (UmwRG) geregelte Präklusionsnorm relevant werden.
- Zudem sieht § 2 UmwRG eine Umweltverbandsklage vor.[75] Hiernach muss die Vereinigung zwar keine Verletzung eigener Rechten geltend machen; dennoch muss die angefochtene Maßnahme Rechtsvorschriften verletzen, die dem Umweltschutz dienen, Rechte Einzelner begründen und für die Entscheidung von Bedeutung sein können.[76]

Dass eine echte Verbandsklage zu prüfen ist, ist im Assessorexamen eher selten. Von höherer Relevanz sind baurechtliche Fälle, in denen ein Umweltverein eine Drittanfechtungsklage (§ 42 I VwGO) gegen eine Baugenehmigung erhebt. Da dem Umweltverein im Baurecht kein Verbandsklagerecht zusteht, wird sich der nach § 61 Nr. 1 VwGO beteiligtenfähige Verein zur Begründung der Klagebefugnis unter Umständen auf das Eigentum an einem zuvor tatsächlich erworbenen Nachbargrundstück berufen. Der Klagegegner wird einwenden, der Erwerb des Eigentums habe nur dazu gedient, die Klagebefugnis zu erlangen und den Einwand der unzulässigen Rechtsausübung erheben oder auf § 138 BGB verweisen. Nach der Rspr. wird allerdings das die Klagebefugnis tragende Fundament des Eigentums nicht dadurch gemindert, dass weniger ökonomische Interessen, als vielmehr Ziele des Umweltschutzes verfolgt werden. Eine Ausnahme wird aber anerkannt, wenn der Erwerber des Grundstücks keinerlei eigene Nutzungsmöglichkeit besitzt und damit die Eigentümerstellung lediglich vorgeschoben wird, um Abwehrrechte zu verfolgen. (Nur) wenn der materielle Gehalt also lediglich eine Scheinposition bildet, etwa weil Nießbrauchsrechte umfassend dem Veräußerer vorbehalten bleiben, verneint das BVerwG die Klagebefugnis.[77]

74 Das möglicherweise verletzte Recht muss den Kläger **subjektiv-rechtlich schützen**. In zweipoligen Anfechtungssituationen ist dieses in der Regel unproblematisch und deshalb nicht zu erörtern. Der Adressat eines belastenden VA ist allein wegen der möglichen Verletzung der allgemeinen Handlungsfreiheit (Art. 2 I GG) klagebefugt. Vertiefte Ausführungen zur Klagebefugnis sind jedoch in der Regel bei einer Drittanfechtung erforderlich. Hier müssen Sie prüfen, ob subjektive eigene Rechte oder zumindest rechtlich geschützte Interessen des Klägers

74 BVerwG BeckRS 1999, 30041968 = NVwZ 1999, 641 (641).
75 BGBl. I 2816 in Kraft getreten am 1.1.2007.
76 *Ziekow* NVwZ 2007, 259.
77 BVerwG NVwZ 2001, 427 (429); 2001, 567 (568)

verletzt sein könnten, da ein allgemeiner Gesetzesvollziehungsanspruch bzw. ein allgemeiner Anspruch auf eine ermessensfehlerfreie Entscheidung wegen § 113 I 1 VwGO nicht anerkannt wird. In Drittanfechtungskonstellationen ist ein die Klagebefugnis vermittelndes subjektives Abwehrrecht in folgendem Schema zu prüfen:

- Zunächst können **öffentlich-rechtliche Sonderbeziehungen** (insbesondere. aufgrund eines öffentlich-rechtlichen Vertrages, VA oder aufgrund einer zuvor erteilten wirksamen Zusicherung) eine Klagebefugnis begründen.
- Liegt eine solche Sonderbeziehung nicht vor, können **einfachgesetzliche Vorschriften** die Klagebefugnis stützen.

  Inwieweit eine Norm über einen eventuellen positiven Rechtsreflex hinausgehend auch gerade dazu bestimmt ist, Individualschutz zu vermitteln, beurteilt sich nach der sog. **Schutznormtheorie**. Maßgebend ist, ob die Rechtsnorm den qualifizierten Schutz privater Interessen bezweckt, was durch Auslegung zu ermitteln ist. Hierbei ist der objektive Gehalt der Norm anhand der klassischen Methoden auszulegen.[78] Folglich greifen Sie zunächst auf die grammatische Auslegung zurück. Erfasst die Norm dem Wortlaut nach ausdrücklich einen zu schützenden abgrenzbaren Personenkreis (etwa die »Nachbarschaft« im Rahmen der Betreiberschutzpflicht nach § 5 I Nr. 1 BImSchG; während die Vorsorgepflichten [§ 5 I Nr. 2 bis 4 BImSchG] diese nicht ausdrücklich in Bezug nehmen) ist ein bezweckter Drittschutz gegeben. Bleibt die grammatische Auslegung unfruchtbar, kommt es auf den Schutzzweck der Regelung an. Soll dieser über das öffentliche Interesse hinaus subjektive Rechte vermitteln, ist die Klagebefugnis gegeben.[79] Insbesondere im Bau- und Wirtschaftsverwaltungsrecht ist hierauf vertieft einzugehen.

  Problem: Klagebefugnis aus Verfahrensnormen

  Bisweilen wird in Akten problematisiert, inwieweit Verfahrensbestimmungen als subjektive Rechtsposition eine Klagebefugnis stützen können. Hierzu merken Sie sich: Grundsätzlich begründen verfahrensrechtliche Bestimmungen keine Klagebefugnis, da sie lediglich ein ordnungsgemäßes Verfahren sicherstellen, aber grundsätzlich keine darüberhinausgehende subjektive Rechtsposition zugunsten des Einzelnen vermitteln sollen. Eine Klagebefugnis besteht bei der Verletzung von Verfahrensrechten nur, wenn zumindest auch die materielle Rechtsstellung des Betroffenen beeinträchtigt sein kann.[80] So stellt etwa § 36 BauGB ein absolutes Verfahrensrecht dar. Wird eine Genehmigung ohne das erforderliche Einvernehmen erteilt,[81] kann die Gemeinde diese allein deshalb (erfolgreich) anfechten.[82]

  Im Immissionsschutzrecht kann ein Nachbar die Untersagung einer nach dem BImSchG genehmigungsbedürftigen Anlage nicht allein deshalb beanspruchen, weil die erforderliche Genehmigung nicht eingeholt worden ist. Einen so weitreichenden Drittschutz vermittelt § 20 II BImSchG nicht. Die bisher im Immissionsschutzrecht umstrittene Frage, ob eine Klagebefugnis allein darauf gestützt werden kann, dass eine Genehmigung im unrichtigen Verfahren erteilt worden ist (vereinfachtes Verfahren [zB gem. § 19 BImSchG] statt förmliches Verfahren unter Öffentlichkeitsbeteiligung [zB gem. § 10 BImSchG]) ist durch § 4 I, III UmwRG dahingehend beantwortet worden, dass nur bei unterbliebener Umweltverträglichkeits- und UVP-Vorprüfung eine Klagebefugnis besteht, im Übrigen aber Verfahrensfehler keine Klagebefugnis vermitteln.
- Ausnahmsweise kann sich ein Betroffener darauf berufen, dass in den Schutzbereich eines ihn schützenden **Grundrechts** eingegriffen wird. Bei dieser Fallgruppe müssen Sie aller-

78 Kopp/Schenke/*R. P. Schenke* VwGO § 42 Rn. 83.

79 Nach Rspr. des BVerwG (NVwZ 2009, 1231 [1231]) ist der Eigentümer eines geschützten Kulturdenkmals befugt, eine denkmalrechtliche Genehmigung eines benachbarten Vorhabens anzufechten, wenn das Vorhaben die Denkmalwürdigkeit seines Anwesens möglicherweise erheblich beeinträchtigt. Eine andere Auslegung berücksichtige nicht ausreichend die eigentumsgestaltende Wirkung der Unterschutzstellung eines Kulturdenkmals nach Art. 14 I 2 GG (insbes. die dauerhafte, grds. auf eigene Kosten zu erfüllende Erhaltungspflicht des Eigentümers); hierzu auch *Schübel-Pfister* JuS 2010, 406 (407).

80 *Appel/Singer* JuS 2007, 913 (917).

81 Bzw. ein verweigertes Einvernehmen wirksam ersetzt worden ist oder ein Einvernehmen als erteilt gilt (§ 36 II 2 BauGB).

82 *Appel/Singer* JuS 2007, 913 (917).

dings wegen des Anwendungsvorrangs einfachen Rechts zurückhaltend sein. Die Frage, ob Grundrechte eine Klagebefugnis stützen, stellt sich im Examen etwa in Konkurrentenklagen, wenn der angefochtene VA einen Konkurrenten begünstigt und dadurch die Rechtsstellung des klagenden Unternehmers verschlechtert. Anknüpfungs-punkte für die Klagebefugnis sind hierbei insbesondere die aus Art. 2 I GG abgeleitete Wettbewerbsfreiheit, die Berufsfreiheit (Art. 12 I GG) sowie das Eigentumsgrundrecht (Art. 14 GG).[83] Im Grundsatz gilt: Die Zulassung eines Konkurrenten ist wegen der Wettbewerbsneutralität grundsätzlich nicht mit einem Eingriff in Art. 2 I GG bzw. Art. 12 I GG sowie Art. 14 GG verbunden. Aber selbst wenn aufgrund einer staatlichen Begünstigung zugunsten eines Konkurrenten ein mittelbarer Grundrechtseingriff vorliegt, scheitert die Klagebefugnis regelmäßig daran, dass ein von der Rspr. verlangter unerträglich schwerwiegender Eingriff, etwa in Form eines Auszehrungs- oder Verdrängungswettbewerbs, noch nicht vorliegt.
Im Baurecht ist entgegen früher zum Teil vertretener Auffassung auch bei schweren und unerträglichen Beeinträchtigungen des Klägers nicht auf Art. 14 GG zurückzugreifen, sondern wegen des Anwendungsvorrangs einfachen Rechts die Frage des Drittschutzes unter Auslegung der einfach-gesetzlichen Bestimmungen zu beantworten.

75 **Problem:** Materielle Präklusion

Zur Beschleunigung von Genehmigungsverfahren werden zunehmend Vorschriften erlassen, die Einwendungen nach Ablauf einer Frist für das weitere Verfahren (einschließlich des Klageverfahrens) materiell ausschließen (sog. materielle Präklusion). Klausurrelevant sind etwa § 73 IV 3 VwVfG (Planfeststellungsverfahren) und § 10 III 5 BImSchG (Präklusion im förmlichen Genehmigungsverfahren nach dem BImSchG).[84] Nicht abschließend beantwortet ist, ob eine materielle Präklusion zur Unzulässigkeit der Klage wegen fehlender Klagebefugnis oder zur Unbegründetheit der Klage führt. Das BVerwG hat betont, dass es für die Zulässigkeit der Klage bereits ausreicht, wenn der Kläger die Rechtmäßigkeit des Einwendungsausschlusses bezweifelt und die Anfechtungsklage auf die Behauptung einer subjektiven Rechtsverletzung durch die ergangene (Planfeststellungs-) Entscheidung gestützt wird.[85] Insofern gilt auch hier: Nur wenn eine Verletzung der geltend gemachten Rechte des Klägers aufgrund einer materiellen Präklusion offensichtlich ausgeschlossen ist, gelangt man zur Unzulässigkeit der Anfechtungsklage. Andernfalls erörtern Sie – etwa weil die Reichweite der materiellen Präklusion im Aktenauszug problematisiert wird – diesen Gesichtspunkt innerhalb der Begründetheit der Klage.

76 **Problem:** Verwirkung des Klagerechts

Insbesondere in Nachbarklagen wird häufig vorgetragen, das Klagerecht sei verwirkt oder die »Klage verstoße gegen Treu und Glauben«. Generell setzt jede Verwirkung nach hM zwei Merkmale voraus:

- Zunächst muss seit der Möglichkeit der Geltendmachung eines Rechts ein längerer Zeitraum verstrichen sein (sog. **Zeitmoment**),
- außerdem müssen besondere Umstände vorliegen, die eine verspätete Geltendmachung als Verstoß gegen Treu und Glauben erscheinen lassen (sog. **Umstandsmoment**). Letzteres ist etwa anzunehmen,
  - wenn der Verpflichtete infolge eines bestimmten Verhaltens des Berechtigten darauf vertrauen durfte, dass dieser das Recht nach so langer Zeit nicht mehr geltend machen werde (»Vertrauensgrundlage«),
  - der Verpflichtete außerdem tatsächlich darauf vertraut hat, dass das Recht nicht mehr ausgeübt wird (»Vertrauenstatbestand«) und
  - der Verpflichtete sich schließlich in seinen Vorkehrungen und Maßnahmen so eingerichtet hat, dass ihm durch die verspätete Durchsetzung des Rechts ein unzumutbarer Nachteil entstehen würde.

77 In diesem Rahmen werden die »prozessuale Verwirkung« und die Verwirkung des materiellen Rechts (»materielle Verwirkung«) unterschieden:

83 Im Einzelnen hierzu Kopp/Schenke/*R. P. Schenke* VwGO § 42 Rn. 142.
84 Hierzu *Kaiser/Köster/Seegmüller* MatÖffR Kap. 9 Rn. 6.
85 BVerwG NJW 1984, 1250 (1251).

- Eine zur Unzulässigkeit der Klage führende **prozessuale Verwirkung**, also der Verlust des Rechts, einen Rechtsbehelf gegen einen einlegen zu können, ist systematisch entweder als Verwirkung der Klagebefugnis oder beim Rechtsschutzbedürfnis zu erörtern.[86] Mit der Annahme einer Verwirkung soll eine unredliche, Treu und Glauben (§ 242 BGB) zuwider laufende Verzögerung der Klageerhebung verhindert werden. Stellt man entsprechend hohe Anforderungen an eine Verwirkung, liegt keine Verletzung des Art. 19 IV GG vor. In der Praxis und in Klausuren sind von dieser Konstellation insbesondere die Fälle im Baurecht betroffen, in denen einem Kläger die dem Dritten (oftmals dem beigeladenen Bauherrn) erteilte Genehmigung nicht ordnungsgemäß bekanntgegeben worden ist. In derartigen Fällen unterscheidet das BVerwG jetzt zwischen »Verfristung«, einem »Verlust des Widerspruchs- bzw. Klagerechts« und »Verwirkung«: Fehlt es an einer amtlichen Bekanntgabe, läuft für den Nachbarn weder in unmittelbarer noch in analoger Anwendung des § 70 bzw. der §§ 74 I, 58 II VwGO eine Widerspruchs- bzw. Klagefrist. Hat der Kläger dennoch sichere Kenntnis von der Genehmigung oder hätte er sie – was häufiger der Fall sein wird – erlangen müssen, kann ihm nach Treu und Glauben die Berufung darauf versagt sein, dass ihm die Genehmigung nicht amtlich mitgeteilt wurde. Dann läuft für ihn eine Frist nach § 58 II VwGO so, als sei ihm die Genehmigung in dem Zeitpunkt amtlich bekannt gegeben worden, in dem er von ihr sichere Kenntnis erlangt hat oder hätte erlangen müssen. Dieser »Verlust des Widerspruchs- bzw. Klagerechts« setzt außer der Untätigkeit des Nachbarn kein weiteres besonderes Umstandsmoment aufseiten des Bauherrn voraus. Die Verwirkung eines Rechts setzt demgegenüber außer der Untätigkeit des Berechtigten während eines längeren Zeitraums voraus, dass besondere Umstände hinzutreten, welche die verspätete Geltendmachung als Verstoß gegen Treu und Glauben erscheinen lassen. Das ist insbesondere der Fall, wenn der Verpflichtete infolge eines bestimmten Verhaltens des Berechtigten darauf vertrauen durfte, dass dieser das Recht nach so langer Zeit nicht mehr geltend machen würde (»Vertrauensgrundlage«) und der Verpflichtete ferner darauf vertraut hat, dass das Recht nicht mehr ausgeübt werde (»Vertrauenstatbestand«).[87]
- Von der prozessualen Verwirkung ist die Verwirkung des materiellen Rechts (**materielle Verwirkung**) zu unterscheiden. Diese führt im Gegensatz zur prozessualen Verwirkung zum Wegfall des Anspruchs als solchem. Auch die materielle Verwirkung spielt vorwiegend im Baurecht eine Rolle, wo aufgrund der besonderen Anforderungen des nachbarschaftlichen Gemeinschaftsverhältnisses jeder Nachbar gehalten ist, auf die berechtigten Interessen des Nachbarn Rücksicht zu nehmen. Hiermit kann es unvereinbar sein, wenn ein Berechtigter in Kenntnis der ihn beeinträchtigenden Baumaßnahmen widerspruchslos hinnimmt, dass der Bauherr weitere Investitionen tätigt. Aus dem nachbarlichen Gemeinschaftsverhältnis folgt nämlich auch eine Verpflichtung zur aktiven Geltendmachung der eigenen Rechte, wenn erkennbar ist, dass dem Bauherrn andernfalls ein wirtschaftlicher Schaden droht.[88] In solchen Fällen können ursprünglich vorhandene materiell-rechtliche Abwehrrechte untergehen.[89]

cc) Ordnungsgemäßes Vorverfahren (§ 68 I VwGO)

Einer Anfechtungsklage fehlt eine Sachurteilsvoraussetzung, wenn kein Vorverfahren durch- 78
geführt worden ist (§ 68 I 1 VwGO; »Vorschaltverfahren«). Dann ist die Klage nach hM als unzulässig abzuweisen.[90] Notwendig ist, dass das Vorverfahren ordnungsgemäß (unter Einhaltung der Voraussetzungen der §§ 68 ff. VwGO) und erfolglos durchgeführt wurde.[91] Ist ein Vorverfahren aus Gründen nicht ordnungsgemäß durchgeführt worden, die dem späteren Kläger nicht zuzurechnen sind, hat dies keine Auswirkungen auf die Zulässigkeit der Klage.

86 Das BVerwG nimmt eine Verwirkung der Klagebefugnis an, vgl. NVwZ 2001, 206 (206).
87 BVerwG NVwZ 2019, 245.
88 OVG Münster JA 2020, 958.
89 BVerwG NVwZ 1988, 730 (731).
90 Kopp/Schenke/*W.-R. Schenke* VwGO Vorb. § 68 Rn. 6.
91 Kopp/Schenke/*W.-R. Schenke* VwGO Vorb. § 68 Rn. 7.

Beispiel: Entscheidung über den Widerspruch durch unzuständige Behörde oder unter Nichtdurchführung eines erforderlichen Abhilfeverfahrens.[92]

(1) Unstatthaftigkeit des Vorverfahrens

79 In den Fällen des § 68 I 2 VwGO ist ein Vorverfahren nicht durchzuführen, sodass der Kläger unmittelbar gegen den Ausgangsbescheid Klage erheben muss.

- Gemäß § 68 I 2 Hs. 1 VwGO ist ein Vorverfahren unstatthaft, wenn eine Ausnahme bundes- oder landesgesetzlich vorgesehen ist.
  - Bundesgesetzlich ist das Vorverfahren im Asylrecht gem. § 11 AsylG ausgeschlossen. Klausurrelevant ist daneben der Ausschluss des Vorverfahrens im förmlichen Verwaltungs- (§ 70 VwVfG) sowie im Planfeststellungsverfahren (§ 74 I 2 VwVfG).
  - Landesgesetzlich folgt aus § 80 I, IV NJG ein weitgehender Ausschluss des Widerspruchsverfahrens (»Regelausschluss«). Ein Vorverfahren ist damit grundsätzlich nicht mehr statthaft, sondern nur noch in den in § 80 II NJG genannten Materien bzw. »optional« nach § 80 III NJG durchzuführen.
- Nach § 68 I 2 Nr. 1 VwGO ist ein Vorverfahren nicht durchzuführen, wenn der VA von einer obersten Bundes- oder Landesbehörde erlassen worden ist. Dies gilt nicht, wenn spezialgesetzliche Rückausnahmen ein Vorverfahren ausdrücklich vorsehen (zB in § 126 II 2 BBG (Bundesbeamte), § 54 II 2 BeamtStG (für Landesbeamte iVm § 105 I 1 NBG, es sei denn, es liegt ein Fall des § 105 I 2 NBG vor).
- Nach § 68 I 2 Nr. 2 VwGO entfällt das Vorverfahren, wenn ein Abhilfe- oder Widerspruchsbescheid (insbesondere beim VA mit Drittwirkung) erstmalig beschwert. Über den Wortlaut hinaus gilt dies auch, wenn der Kläger durch den Widerspruchsbescheid zusätzlich beschwert wurde (vgl. auch § 79 II VwGO).[93]

Hinweis: § 68 I 2 Nr. 2 VwGO ist sehr klausurrelevant. Erhält beispielweise G eine Erlaubnis zum Betrieb einer Gaststätte, die auf einen Nachbarwiderspruch aufgehoben wird, kann und muss G ohne vorheriges Widerspruchsverfahren unmittelbar Klage erheben. Auch in dieser Konstellation wird deutlich, dass Sie gerade bei Anwaltsklausuren an die Fälle eines unstatthaften Widerspruchsverfahrens denken müssen; nach Abschluss des unzulässigen Widerspruchsverfahrens dürfte die Klagefrist gem. § 74 VwGO verstrichen sein.

80 **Problem:** Erledigung der Hauptsache vor Ablauf der Widerspruchsfrist

Erledigt sich der VA vor Ablauf der Widerspruchsfrist und erhebt der Kläger infolge dessen eine Fortsetzungsfeststellungsklage analog § 113 I 4 VwGO, setzt diese nach hM kein Vorverfahren voraus, da die Rspr. ein Fortsetzungsfeststellungswiderspruchsverfahren nicht anerkennt.[94] Gesetzlich sei in § 44 V VwVfG lediglich eine Befugnis zur behördlichen Feststellung der Nichtigkeit, nicht aber zur Feststellung der Rechtswidrigkeit oder Unzweckmäßigkeit vorgesehen.[95] Gerade diese Fallgruppe taucht sehr häufig in Aktenauszügen auf.

81 Unstatthaft ist der Widerspruch ferner gegen einen Widerspruchsbescheid oder auch nur die darin getroffene Kostenentscheidung.[96]

(2) Entbehrlichkeit des Vorverfahrens

82 Vom unstatthaften Vorverfahren sind die Fälle des entbehrlichen Vorverfahrens zu unterscheiden. Hier steht es dem Kläger offen, ob er zunächst ein Vorverfahren durchführt oder direkt den gerichtlichen Weg beschreitet.[97] Eine unmittelbar erhobene Klage ist aber zulässig. Die Entbehrlichkeit des Vorverfahrens kann gesetzlich normiert (zB im Fall der Untätigkeitsklage gem. § 75 VwGO) oder – vor allem klausurrelevant – als richterrechtliche Ausnahme anerkannt sein.

---

92 Kopp/Schenke/*W.-R. Schenke* VwGO Vorb. § 68 Rn. 8.
93 Kopp/Schenke/*W.-R. Schenke* VwGO § 68 Rn. 20.
94 AA Kopp/Schenke/*W.-R. Schenke* VwGO § 68 Rn. 34, da im Vorverfahren auch die Zweckmäßigkeit geprüft und Entlastung zugunsten der Verwaltungsgerichte ermöglicht werde.
95 Eyermann/*Rennert* VwGO § 68 Rn. 4.
96 BVerwG NVwZ-RR 2014, 869.
97 *Schübel-Pfister* JuS 2011, 420 (421).

Hinweis: Innerhalb der ungeschriebenen Ausnahmen ist vieles streitig. In der Literatur[98] werden die nachfolgenden, von der Rspr. entwickelten Fallgruppen zum Teil heftig kritisiert. In problematischen Fällen sollten Sie bei Ihrer Argumentation stets die anerkannten Zwecke des Widerspruchsverfahrens im Blick haben und aufgreifen: Zunächst soll das Widerspruchsverfahren im öffentlichen Interesse eine Selbstkontrolle der Verwaltung durch die Widerspruchsbehörde ermöglichen. Daneben dient es dem Individualrechtsschutz, indem es eine gegenüber der gerichtlichen Kontrolle vorgelagerte und gegebenenfalls erweiterte (Zweckmäßigkeitsprüfung bei Ermessensentscheidungen) ermöglicht. Durch die Filterfunktion kann das Widerspruchsverfahren schließlich zur Entlastung der Gerichte beitragen.[99]

Problem: Rügelose Einlassung durch den Beklagten 83

Nach der Rspr. ist eine Klage zulässig, obwohl ein nach § 68 I VwGO grundsätzlich erforderliches Vorverfahren nicht zuvor erfolglos durchgeführt wurde, wenn sich der auch für die Widerspruchsentscheidung zuständige Beklagte auf die Klage (mindestens hilfsweise) sachlich eingelassen und die Klageabweisung beantragt hat.[100] Nach Auffassung des BVerwG wird die sofortige Klage als Widerspruch und der Klageabweisungsantrag als unbegründet als Widerspruchsbescheid fingiert.

In baurechtlichen Drittanfechtungsklagen ist eine Rückausnahme anerkannt: Wenn der ange- 84
fochtene VA einen Dritten (Bauherrn) begünstigt und dieser eine von Art. 14 GG geschützte Rechtsposition erlangt hat, ist bei nicht durchgeführtem Vorverfahren die Klage als unzulässig abzuweisen.

Problem: Widerspruchsbehörde entscheidet über unzulässigen Widerspruch 85

Zulässigkeitsvoraussetzung ist ein »ordnungsgemäß« durchgeführtes Vorverfahren. Dennoch ist nach der Rspr. eine Anfechtungsklage zulässig, wenn die Widerspruchsbehörde über einen unzulässigen Widerspruch sachlich entschieden hat. Dies wird damit begründet, dass die Durchführung des Widerspruchsverfahrens für die Behörde als »Herrin des Vorverfahrens« dispositiv sei. Diese Ausnahme gilt wiederum nicht im Fall der Drittanfechtung.

Problem: Überprüfung der Recht- und Zweckmäßigkeit ist schon auf andere Weise erreicht 86
worden oder nicht mehr möglich

Daneben geht die Rspr. davon aus, dass ein Widerspruchsverfahren entbehrlich ist, wenn dessen Zweck bereits auf andere Weise erreicht worden ist oder gar nicht mehr erreicht werden kann. Dieses bejaht die Rspr. unter anderem, wenn die Widerspruchsbehörde bereits vor Widerspruchserhebung ihre ablehnende Auffassung eindeutig zum Ausdruck gebracht hat.[101] Die Durchführung eines Widerspruchsverfahrens ist auch entbehrlich, wenn von mehreren notwendigen Streitgenossen (§ 64 VwGO iVm § 62 ZPO) bereits einer erfolglos ein Vorverfahren durchgeführt hat. Hierdurch hat die Behörde ihre Auffassung deutlich gemacht, weshalb die Durchführung eines Vorverfahrens bloße Förmelei wäre.

Zudem geht die Rspr. von einer Entbehrlichkeit aus, wenn der angefochtene VA durch einen 87
anderen ersetzt oder abgeändert wird und der neue VA im Wesentlichen die gleichen Sach- und Rechtsfragen behandelt.[102]

Schließlich ist aus prozessökonomischen Gründen ein Vorverfahren entbehrlich, wenn eine 88
gesetzlich zulässige Klageänderung (§ 173 S. 1 VwGO iVm § 264 ZPO) vorliegt oder wenn erst im Klageverfahren ein Vollzugsfolgenbeseitigungsanspruch (§ 113 I 2, 3 VwGO) geltend gemacht wird, der auf den Erlass eines VA gerichtet ist.[103]

98 Kopp/Schenke/*W.-R. Schenke* VwGO § 68 Rn. 22 ff.
99 *Schübel-Pfister* JuS 2011, 420 (421).
100 BVerwG NVwZ-RR 2000, 172 (173); aA Kopp/Schenke/*W.-R. Schenke* VwGO § 68 Rn. 28.
101 BVerwGE 38, 299 (301); aA Kopp/Schenke/*W.-R. Schenke* VwGO § 68 Rn. 32.
102 Kopp/Schenke/*W.-R. Schenke* § 68 Rn. 23.
103 Hierzu und zu weiteren Fällen Kopp/Schenke/*W.-R. Schenke* VwGO § 68 Rn. 23a.

dd) Klagefrist (§ 74 I VwGO)

89 In Aktenauszügen tauchen im Zusammenhang mit der Klagefrist häufig Stolpersteine auf. Technisch gehen Sie nach folgendem Prüfungsschema vor:

Übersicht: Prüfungsschema zur Einhaltung der Klagefrist gem. § 74 I VwGO

- **Feststellung des Zustellungs- bzw. Bekanntgabezeitpunktes:** Ein Monat …
  - … nach Zustellung des Widerspruchsbescheides (§ 74 I 1 VwGO) bzw.
  - … nach Bekanntgabe des Ausgangsbescheides (§ 74 I 2 VwGO), wenn nach § 68 VwGO ein Widerspruchsbescheid nicht erforderlich ist.
- **Berechnung der Frist** (§ 57 II VwGO iVm § 222 I ZPO); (P) Klagefrist bei unterbliebener oder fehlerhafter Rechtsbehelfsbelehrung ein Jahr ab Bekanntgabe bzw. Zustellung (§ 58 II 1 VwGO); (P) »Klagefrist« bei fehlender Bekanntgabe im Ergebnis (+), wenn Kläger von dem VA Kenntnis hatte oder hätte haben können.
- Gegebenenfalls **Wiedereinsetzung in den vorigen Stand** (§ 60 VwGO)

(1) Feststellung des Zustellungs- bzw. Bekanntgabezeitpunktes

90 Da die Klagefrist nach § 74 I 1 VwGO grundsätzlich an die Zustellung des Widerspruchsbescheides anknüpft, ist zunächst der Zustellungszeitpunkt zu ermitteln. Ist nach § 68 VwGO (insbesondere iVm § 80 I und IV NJG) ein Vorverfahren nicht statthaft, muss die Klage binnen eines Monats nach Bekanntgabe des Ausgangsbescheides erhoben werden (§ 74 I 2 VwGO). Da die Feststellung des Zustellungs- bzw. Bekanntgabezeitpunktes oft einen Klausurschwerpunkt bildet, müssen Sie die nachfolgenden Grundsätze beherrschen.

91 Ist dem Klageverfahren ein **Widerspruchsverfahren vorausgegangen**, ist die Klage binnen eines Monats nach Zustellung des Widerspruchsbescheides zu erheben (§ 74 I 1 VwGO). In diesem Fall richtet sich die Zustellung wegen § 73 III 2 VwGO zwingend nach dem VwZG. Nach der in § 2 I VwZG enthaltenen Legaldefinition ist die Zustellung die Bekanntgabe eines schriftlichen oder elektronischen Dokuments in der durch das VwZG bestimmten Form. Wichtig ist, dass die Zustellung als Rechtsgeschäft einen behördlichen Zustellungswillen verlangt. Dieser ist gegeben, wenn die Behörde die Übermittlung des Dokuments an den Empfänger beabsichtigt. Innerhalb des VwZG sind die § 9 und § 10 VwZG weniger examensrelevant. Wichtig ist vor allem die Zustellung durch den Postdienstleister (§§ 3, 4 VwZG) und durch die Behörde selbst (§ 5 VwZG). Wird mehrfach zugestellt, kommt es für die Fristberechnung auf die erste Zustellung an.[104]

92 Der **Postdienstleister** kann mittels Postzustellungsurkunde (§ 3 VwZG) oder mittels Einschreibens (§ 4 VwZG) zustellen.

93 Die – im zweiten Examen und in der Praxis besonders bedeutsame – Zustellung per **Postzustellungsurkunde** (PZU) wird entsprechend §§ 177–182 ZPO (§ 3 II 1 VwZG) ausgeführt. Falls Sie diese Regelungen noch nicht gelesen haben sollten, sollten Sie dieses vor dem Examen nachholen, um zumindest ein Gespür für die Vorschriften zu bekommen. Im Rahmen der Klausurbearbeitung sollten Sie gegebenenfalls im *Thomas/Putzo* nachschlagen. Wird (durch einen gem. § 33 PostG beliehenen Postdienstleister) mit PZU zugestellt, bestätigt die Zustellungsurkunde als öffentliche Urkunde (§ 182 I 2 iVm § 418 I ZPO) die Aushändigung des Schriftstücks bzw. bei einer Ersatzzustellung das Einlegen in den Briefkasten oder die Niederlegung, sofern die Urkunde die Mindestinhalte nach § 182 II ZPO enthält. Gegen die Beweiskraft der öffentlichen Urkunde ist nur der Beweis der Unrichtigkeit durch substantiierten Gegenbeweis (§ 418 II ZPO) möglich.[105]

- Wird der Empfänger in der Wohnung nicht angetroffen, ist gem. § 178 I ZPO eine Ersatzzustellung an Familienangehörige, erwachsene Mitbewohner und Angestellte zulässig. Der Wohnungsbegriff iSd § 178 I ZPO ist unabhängig vom »Wohnsitz«; maßgebend ist die Räumlichkeit, in der der Empfänger zur Zeit der Zustellung tatsächlich wohnt, also in der

104 OVG Berlin-Brandenburg NVwZ-RR 2017, 350.

105 Nach OVG Magdeburg NVwZ-RR 2013, 85 (87) kommt dies etwa in Betracht, wenn auf dem Umschlag der Zustellungszeitpunkt von dem Zusteller berichtigt wurde, nicht aber auf der PZU selbst.

er freiwillig hauptsächlich lebt und in die er regelmäßig wiederkehrt (insbesondere schläft und seinen Haushält führt).[106] Sehr klausurrelevant: Für die Ersatzzustellung an »erwachsene« Familienangehörige gem. § 178 I Nr. 1 ZPO ist die Volljährigkeit nicht zwingend notwendig. Erwachsen ist nämlich, wer nach seinem Alter und seiner geistigen Entwicklung in der Lage ist, den Zweck einer Zustellung und die Verpflichtung, die Sendung dem Adressaten auszuhändigen, zu erkennen.[107]

- Falls die Annahme des Schriftstücks vom Adressaten oder einer nach § 178 I Nr. 1 oder 2 ZPO genannten Person unberechtigt verweigert wird, ist dieses Schriftstück in der Wohnung oder in dem Geschäftsraum zurückzulassen (§ 179 S. 1 ZPO). Nach § 179 S. 3 ZPO gilt das Schriftstück mit der Annahmeverweigerung als zugestellt. Ob und zu welchem Zeitpunkt der Zustellungsadressat Kenntnis erhält, ist nicht von Bedeutung.
- Nach § 180 ZPO (der praxisrelevantesten Form der Ersatzzustellung) ist eine Ersatzzustellung durch Einlegen in den Briefkasten erst möglich, wenn eine Ersatzzustellung in der Wohnung oder den Geschäftsräumen nicht ausführbar ist. Mit der Einlegung in den Briefkasten gilt das Schriftstück als zugestellt (§ 180 S. 2 ZPO).
- Gemäß § 181 ZPO kann eine Ersatzzustellung durch Niederlegung bei einer von der Post dafür bestimmten Stelle am Ort der Zustellung oder am Ort des Amtsgerichts, in dessen Bezirk der Ort der Zustellung liegt, erfolgen. Wichtig ist, dass § 3 II 2 VwZG über § 181 I 2 ZPO insoweit hinausgeht, als die Zustellung unter bestimmten Voraussetzungen auch bei der den Zustellungsauftrag erteilenden Behörde erfolgen kann.

Die Zustellung per **Einschreiben** ist in § 4 VwZG normiert. Hier ist zwischen dem Einschreiben mit Rückschein und dem Übergabe-Einschreiben zu unterscheiden (§ 4 I VwZG): 94

- Bei der Zustellung per Einschreiben mit Rückschein beweist der ordnungsgemäße Rückschein die Zustellung (§ 4 II 1 VwZG).
- Bei dem Übergabe-Einschreiben gilt der VA am dritten Tag nach der Aufgabe bei der Post als zugestellt, es sei denn, dass er nicht oder zu einem späteren (nicht aber nachweislich früheren!) Zeitpunkt zugegangen ist (§ 4 II 2 VwZG). Wegen der Fiktionswirkung verlängert sich der Zeitraum nicht, wenn der dritte Tag ein Sonntag oder gesetzlicher Feiertag sein sollte.[108]

Wird der Zugang vom Empfänger substantiiert bestritten (indem schlüssig ein abweichender Geschehensablauf vorgetragen wird), hat die Behörde den Zugang nachzuweisen (§ 4 II 3 VwZG). Dies kann durch den Rückschein als Privaturkunde (§ 416 ZPO), beim Übergabe-Einschreiben durch eine Empfangsbestätigung bzw. durch ein Zeugnis des Postbediensteten erfolgen. 95

Merke: Die Zustellung per Einwurf-Einschreiben ist nicht formgerecht.[109] Falls Sie im Examen einen solchen Fall antreffen, müssen Sie an die Heilung der Zustellung gem. § 8 VwZG denken.

Neben der Post kann die **Behörde** gegen Empfangsbekenntnis selbst zustellen (§ 5 VwZG). 96

- Für die Zustellung durch Mitarbeiter der Behörde gegen EB (§ 5 I VwZG) gelten die §§ 178–181 ZPO modifiziert (§ 5 II VwZG).
- Examensrelevant ist die Zustellung »auf andere Weise« bei Rechtsanwälten, Behörden, Notaren, Steuerberatern gem. § 5 IV VwZG. In der Praxis erfolgt dieses in der Regel durch einfachen Brief gegen EB. Bitte merken Sie sich, dass es für die Zustellung darauf ankommt, zu welchem Zeitpunkt der nach § 5 IV BVwZG Empfangsberechtigte das Schriftstück mit dem Willen entgegennimmt, es als zugestellt gelten zu lassen und dies durch seine Unterschrift auf dem EB dokumentiert.[110] Damit ist der Eingang in die Räumlichkeiten der Kanzlei nicht bedeutsam. Dieses Problem wird häufig in Klausuren eingebaut. Dann finden Sie im Aktenauszug ein von einem nicht empfangsberechtigten Mitarbeiter unterzeichnetes EB und einen Hinweis auf den späteren Erhalt durch den Empfangsberechtigten (der zB erst

106 Thomas/Putzo/*Hüßtege* ZPO § 178 Rn. 7.
107 Thomas/Putzo/*Hüßtege* ZPO § 178 Rn. 11.
108 OVG Koblenz BeckRS 2014, 58278.
109 BVerwG NJW 2001, 458 (458).
110 OVG Lüneburg NJW 2005, 3802 (3802).

später aus dem Urlaub zurückgekehrt ist). Nach hM reicht die Entgegennahme durch einen Büroangestellten nicht aus.[111] Falls der empfangsberechtigte Anwalt das Schriftstück nachweislich erst später zur Kenntnis nimmt und daher der Zustellungsmangel nach § 8 VwZG geheilt wird, bedarf es der vielfach im Aktenauszug (hilfsweise) beantragten Wiedereinsetzung in den vorigen Stand (§ 60 VwGO) nicht.
Nach § 5 IV aE VwZG kann »auch elektronisch« gegen EB zugestellt werden. Dieser Begriff geht weiter als die Zustellung mittels »elektronischem Dokument« nach § 5 V VwZG. Hiervon umfasst ist etwa die Übermittlung von Faxmitteilungen oder Computerfaxen mit eingescannter Unterschrift.

- Neu ist die Zustellung als elektronisches Dokument (§ 5 V VwZG). Diese neuere Zustellungsart ist in der jüngeren Prüfungspraxis mehrfach problematisiert worden. Die Zustellung verlangt hier die ausdrückliche oder konkludente Zugangseröffnung durch den Empfänger. Falls der Bürger seine E-Mail-Adresse im Briefkopf angibt, stellt dies in der Regel noch keine Widmung dar. Etwas anderes gilt nur dann, wenn der Bürger ausdrücklich die E-Mail-Adresse zur Empfangsadresse erklärt. Wegen der Authentifizierungs- und Beweisfunktion der Zustellung muss das zuzustellende Dokument nach § 5 V 3 VwZG mit einer qualifizierten elektronischen Signatur nach dem SigG versehen sein, sofern es nicht bereits nach § 3a II VwVfG eine elektronische Signatur erhalten hat.

97 Ist nach § 68 VwGO ein **Widerspruchsbescheid nicht erforderlich**, ist die Klage gem. § 74 I 2 VwGO binnen eines Monats nach Bekanntgabe des VA zu erheben. Die Bekanntgabe ist weniger förmlich als die Zustellung und richtet sich nach § 41 VwVfG. Bekannt gegeben ist der VA, sobald er mit behördlichem Bekanntgabewillen in den Machtbereich des Adressaten bzw. Betroffenen (§ 41 I 1 VwVfG) gelangt ist und daher nach der Verkehrsanschauung unter gewöhnlichen Umständen mit der Kenntnisnahme zu rechnen ist.

98 Die streitige Frage, ob im Fall einer Bevollmächtigung wegen § 14 III VwVfG die Bekanntgabe zwingend einem zum Verfahren bestellten Bevollmächtigten gegenüber erfolgen muss, hat der Gesetzgeber zugunsten der Verwaltungspraktikabilität wie folgt entschieden: § 41 I 2 VwVfG eröffnet der Behörde grundsätzlich ein Ermessen, ob sie bei einer Bevollmächtigung den Bescheid dem Adressaten selbst oder dem Bevollmächtigten gegenüber bekannt gibt (anders § 7 I 2 VwZG, der stets Zustellung an den Bevollmächtigten verlangt, wenn dieser Vollmacht vorgelegt hat). Hieraus folgt zugleich, dass die Bekanntgabe an den Betroffenen jedenfalls die Wirksamkeit und den Beginn der Rechtsmittelfristen auslöst.[112]

99 Im Übrigen enthalten § 41 II–IV VwVfG Bestimmungen über den Zeitpunkt der Bekanntgabe (§ 41 II VwVfG) bzw. über die Zulässigkeit und die Form der öffentlichen Bekanntgabe (§ 41 III, IV VwVfG).

- Bei der Übermittlung durch die Post gilt der VA grundsätzlich am dritten Tag nach der Aufgabe zur Post als bekannt gegeben (§ 41 II 1 VwVfG). Vielfach stellt sich in Klausuren das Problem, ob und unter welchen Voraussetzungen diese Vermutung entkräftet werden kann. Die Drei-Tages-Fiktion gilt nach § 41 II 3 Hs. 1 VwVfG nämlich nicht, wenn der VA nicht oder zu einem späteren Zeitpunkt zugegangen ist. Wie bei § 4 II 2 VwZG gilt diese Drei-Tages-Fiktion auch bei einem nachweislich früheren Zugang. Im Zweifel hat die Behörde den Zugang und den Zeitpunkt des Zugangs nachzuweisen. Die denkbaren Fallgruppen in den Aktenauszügen sind sehr vielfältig. Bitte merken Sie sich folgende Grundsätze:
  - Trägt der Betroffene vor, er habe den Bescheid überhaupt nicht erhalten, so dass ernsthafte Zweifel am Zugang des VA begründet sind, muss die Behörde wegen § 41 II 3 Hs. 2 VwVfG den Zugang nachweisen. In diesem Fall sind an das Bestreiten nicht zu hohe Anforderungen zu stellen. Beim Nichtzugang handelt es sich schließlich um eine »negative Tatsache«, deren Umstände außerhalb der Einflusssphäre des Bestreitenden liegen und die von ihm deshalb nicht weiter substantiiert oder gar nachgewiesen werden können. Das schlichte Bestreiten eines Zugangs reicht allerdings nicht aus, um die Vermu-

111 OVG Hamburg NJW 1999, 965 (966).
112 BVerwG NVwZ 1998, 1292 (1293).

tung des § 41 II 1 VwVfG zu entkräften, da ansonsten die Zugangsvermutung ihren Sinn verlieren würde.[113] Allerdings kann sich die Behauptung des Nichtzugangs nach den besonderen Umständen des Einzelfalles als reine Schutzbehauptung erweisen mit der Konsequenz, dass der Zugang eines Schriftstücks im Wege des Indizienbeweises als bewirkt anzusehen ist.[114]

- Ist nicht der Zugang an sich, sondern der Zeitpunkt streitig, reicht demgegenüber ein einfaches Bestreiten in aller Regel nicht aus. Dies gilt jedenfalls dann, wenn sich in den Verwaltungsvorgängen ein ordnungsgemäßer Absendevermerk befindet (das bloße Bescheiddatum in der Aktenausfertigung reicht als Absendevermerk aber nicht). In dieser Fallgruppe muss der Betroffene also die Drei-Tages-Fiktion durch Darlegung eines atypischen Geschehensablaufs derart qualifiziert bestreiten, dass zumindest Zweifel am Zugang begründet werden.[115] Legt also der Betroffene (zB durch Nachweise über einen verzögerten Postlauf) plausibel dar, dass ihm der Bescheid erst zu einem späteren Zeitpunkt zugegangen ist, liegt ein solcher Zweifelsfall vor, in dem die Behörde die Beweislast trifft.[116] Kann die Behörde einen aktenkundigen Absendevermerk nicht präsentieren, hätte sie den ihr obliegenden Nachweis nicht erbracht.

- Bei der elektronischen Übermittlung gilt der VA grundsätzlich am dritten Tag nach Absendung als bekannt gegeben (§ 41 II 2 VwVfG). Da es für die Anwendung dieser Vorschrift darauf ankommt, ob das Dokument elektronisch übermittelt wird und nicht darauf, ob es sich um ein elektronisches Dokument handelt, erfasst diese Regelung auch die elektronische Übermittlung eines schriftlichen VA mittels Funkfax, Computerfax oder Telefax.[117] Allerdings kommt auch diese Bekanntgabeform nur in Betracht, wenn der Empfänger für die elektronische Übermittlung einen Zugang eröffnet hat (§ 3a I VwVfG). Während dies bei einem Bürger nur angenommen werden kann, wenn er dieses gegenüber der Behörde kundgetan hat (zB durch ausdrückliche Erklärung)[118], kann von einer entsprechenden Zugangseröffnung durch die Behörde ausgegangen werden, wenn diese den Zugang auf der Homepage oder dem Briefkopf eröffnet.[119]
- Nach § 41 III VwVfG kann eine öffentliche Bekanntgabe erfolgen, die in der Praxis insbesondere bei Allgemeinverfügungen von Bedeutung ist (§ 41 III 2 VwVfG). Diese Form der Bekanntgabe wird nach § 41 IV 1 VwVfG dadurch bewirkt, dass der verfügende Teil ortsüblich bekannt gemacht wird. In diesem Fall gilt die Allgemeinverfügung grundsätzlich zwei Wochen nach der ortsüblichen Bekanntmachung als bekannt gegeben (§ 41 IV 3 VwVfG). Von der in § 41 III VwVfG normierten öffentlichen Bekanntmachung müssen Sie eine Ausnahme beachten: Die Bekanntgabe von Verkehrsschildern erfolgt durch Aufstellen des Verkehrsschildes (§§ 39 I, 45 IV StVO). Diese Vorschriften verdrängen als Spezialregelung § 41 III VwVfG.[120] Sind Verkehrszeichen so aufgestellt oder angebracht, dass sie ein durchschnittlicher Kraftfahrer bei der Einhaltung der nach § 1 StVO erforderlichen Sorgfalt schon mit »raschem und beiläufigem Blick« erfassen kann (Sichtbarkeitsgrundsatz), äußern sie ihre Rechtswirkung gegenüber jedem von der Regelung betroffenen Verkehrsteilnehmer, gleichgültig, ob er das Verkehrszeichen tatsächlich wahrnimmt oder nicht.[121]

(2) Berechnung der Klagefrist

Die Berechnung der Klagefrist erfolgt nach § 57 II VwGO iVm § 222 I ZPO, §§ 188 II, 187 I 100
BGB (hM). Wird der Bescheid mehreren Personen zugestellt, läuft die Klagefrist für jeden gesondert.[122]

113 OVG Münster BeckRS 2015, 40059; OVG Bautzen BeckRS 2015, 55327.
114 VGH Mannheim BeckRS 2016, 127707.
115 Kopp/Ramsauer/*Tegethoff* VwVfG § 41 Rn. 42a und 42b.
116 Kopp/Ramsauer/*Tegethoff* VwVfG § 41 Rn. 42a und 42b.
117 Kopp/Ramsauer/*Tegethoff* VwVfG § 41 Rn. 41.
118 OVG Münster NVwZ-RR 2015, 172.
119 Bundesbehörden sind seit dem 1.7.2014 verpflichtet, einen Zugang elektronischer Dokumente zu ermöglichen (§ 2 I des Gesetzes zur Förderung der elektronischen Verwaltung sowie zur Änderung weiterer Vorschriften [EGovG], BGBl. I 2749).
120 BVerwG NJW 2008, 2867; *Beaucamp* JA 2009, 612 (612 f.).
121 Stelkens/Bonk/Sachs/*Stelkens* VwVfG § 35 Rn. 332 ff.
122 *Pietzner/Ronellenfitsch* Assessorexamen ÖffR Rn. 552.

- Die Frist beginnt nach § 57 II VwGO iVm § 222 I ZPO iVm § 187 BGB mit der Bekanntgabe bzw. Zustellung des Bescheides. Dieser Tag wird als »Ereignistag« jedoch bei der Berechnung nicht mitgerechnet (§ 187 I BGB). Beachten Sie sprachlich, dass trotz dieses »Nichtmitrechnens« die Frist aber bereits mit dem Tag der Bekanntgabe bzw. der Zustellung beginnt.[123]
- Das Fristende folgt aus § 57 II VwGO iVm § 222 I ZPO iVm § 188 II BGB. Vielfach fällt in Aktenauszügen das Fristende auf einen Samstag, Sonntag oder einen gesetzlichen Feiertag. In diesem Fall endet die Frist erst mit Ablauf des nächsten Werktages (§ 57 II VwGO iVm § 222 II ZPO).

101 **Problem:** Klagefrist bei unterbliebener oder unrichtiger Rechtsbehelfsbelehrung

Bei einer unterbliebenen oder nicht ordnungsgemäßen Rechtsbehelfsbelehrung beträgt die Klagefrist ein Jahr (§ 58 II 1 VwGO). Eine **unterbliebene Rechtsbehelfsbelehrung** (§ 58 II 1 Alt. 1 VwGO) ist kaum examensrelevant, da dieser Mangel dem VA ohne Weiteres zu entnehmen ist. Bedeutsamer ist die **unrichtige Belehrung** (§ 58 II 1 Alt. 2 VwGO). Diese ist entweder unvollständig oder enthält einen *falschen* bzw. *irreführenden* Zusatz.[124] Hierzu müssen Sie einen Abgleich mit einer »richtigen« Rechtsbehelfsbelehrung (§ 58 I VwGO) vornehmen.

- **Unvollständig** ist die Belehrung, wenn ein nach § 58 I VwGO notwendiger Mindestbestandteil fehlt. Zwingend erforderlich ist der Verweis auf den Adressaten; die Angabe seiner konkreten Postanschrift ist nicht erforderlich[125] und auch nicht über den Beginn der einzuhaltenden Frist.[126] Das BVerwG hat jüngst nochmals bekräftigt, dass eine Belehrung über die Form des einzulegenden Rechtsbehelfs nicht zu den zwingenden Aufgaben nach § 58 I VwGO gehört. Enthält eine Belehrung keine Angaben über die möglichen Formen der Klageerhebung – etwa weil ein Hinweis auf § 55a VwGO fehlt –, ist dies unschädlich.[127]
- Einen **falschen** Zusatz enthält die Belehrung, wenn sie Voraussetzungen erhebt, die § 58 I VwGO tatsächlich nicht erfordert.
- Einen **irreführenden** Zusatz enthält die Belehrung, wenn sie geeignet ist, beim Betroffenen einen Irrtum über die Voraussetzungen des möglichen Rechtsbehelfs hervorzurufen und dadurch die Rechtsbehelfseinlegung erschwert.[128] Dies ist etwa der Fall, wenn Soll-Bestandteile einer Klage (§ 82 I 2, 3 VwGO) zu zwingenden Voraussetzungen erklärt werden. Irreführend ist damit der Hinweis, dass die Klage eine Begründung enthalten »muss«.[129] Sind Ausgangs- und Widerspruchsbehörde identisch, ist die Belehrung eines Widerspruchsbescheides aber nicht unrichtig, wenn sie nur darüber belehrt, dass gegen *»diesen Bescheid«* (den Widerspruchsbescheid!) Klage erhoben werden kann. Der Hinweis in der Belehrung, wonach die Klage *»schriftlich oder zur Niederschrift beim Verwaltungsgericht«* (statt »zur Niederschrift des Urkundsbeamten der Geschäftsstelle [UdG] beim Verwaltungsgericht«) erhoben werden kann, führt ebenfalls nicht zur Unrichtigkeit.[130]
  Häufiger Problemfall: *»Die Klage ist schriftlich zu erheben.«:* Es fehlt der Hinweis auf die Möglichkeit der Klageerhebung zur Niederschrift (§ 81 I 2 VwGO). Zwar muss die Rechtsbehelfsbelehrung nicht über die Form der Einlegung belehren, da diese Information kein notwendiger Bestandteil iSd § 58 I VwGO ist. Wird aber ein solcher (nicht falscher) Hinweis aufgenommen, muss die Belehrung vollständig sein. Tut sie dies nicht, ist sie zwar nicht unvollständig, aber irreführend.[131] Ein vergleichbares Problem wirft die Einführung des elektronischen Rechtsverkehrs gem. § 55a VwGO auf. Informiert eine Rechtsbehelfsbelehrung auch über die Form des einzulegenden Rechtsbehelfs, verlangt ein größerer Teil

123 *Proppe* JA 2001, 997.
124 Eyermann/*Schmidt* VwGO § 58 Rn. 17.
125 OVG Bautzen BeckRS 2015, 45534; OVG Münster NVwZ-RR 2016, 210 (zur gerichtlichen Rechtsmittelbelehrung).
126 VGH Mannheim BeckRS 2018, 1071.
127 BVerwG BeckRS 2020, 27485; so auch OVG Münster BeckRS 2020, 30136.
128 Kopp/Schenke/*W.-R. Schenke* VwGO § 58 Rn. 12 mwN.
129 Kopp/Schenke/*W.-R. Schenke* VwGO § 58 Rn. 12 mwN.
130 OVG Bautzen BeckRS 2017, 120858.
131 Kopp/Schenke/*W.-R. Schenke* VwGO § 58 Rn. 12 mwN.

der Rspr. auch einen Hinweis auf die Möglichkeit der elektronischen Klageerhebung gem. § 55a VwGO.[132] Für diese Sichtweise spricht § 70 I VwGO in seiner ab dem 1.1.2018 geltenden Fassung, der die elektronische Einlegung als gleichwertig anerkennt. Beachten Sie aber, dass das OVG Lüneburg eine abweichende Rechtsauffassung vertritt.[133] Danach ist die durch die Einfügung des § 55a VwGO rechtlich ermöglichte elektronische Übermittlung der Klage keine dritte, neben die Schriftform oder die Erhebung zur Niederschrift beim Urkundsbeamten der Geschäftsstelle tretende eigenständige Form der Klageerhebung. Es soll sich vielmehr lediglich um eine weitere Übermittlungsmöglichkeit eines schriftlichen Dokuments handeln. Es ist daher nicht erforderlich, in der Rechtsbehelfsbelehrung auch auf die durch § 55a VwGO eingeräumte Möglichkeit der elektronischen Übermittlung der Klageschrift an das Gericht hinzuweisen. Ein Hinweis in der Rechtsbehelfsbelehrung, dass die Klage »schriftlich oder zur Niederschrift« erhoben werden kann, führt danach zu keinem Belehrungsmangel.
Ein weiteres Problem war in den vergangenen Jahren, ob die Formulierung, die Klage müsse *»in deutscher Sprache abgefasst«* sein, irreführend ist, weil sie beim Adressaten des Bescheides den Eindruck erweckt, die Klage müsse schriftlich erhoben werden und könne nicht auch zur Niederschrift des UdG erhoben werden. Das BVerwG hat inzwischen geklärt, dass die genannte Formulierung nicht irreführend ist.[134]

Problem: »Klagefrist« bei unterbliebener Bekanntgabe des VA 102

Ist der VA dem Kläger nicht bekannt gegeben worden, können Sie an sich auch auf § 58 II VwGO nicht zurückgreifen, da diese Vorschrift jedenfalls auch die Bekanntgabe des VA voraussetzt, wenngleich ohne oder mit fehlerhafter Rechtsbehelfsbelehrung. In einem solchen Fall kommt dann insbesondere eine prozessuale Verwirkung des Rechtsbehelfs entsprechend dem Rechtsgedanken des § 242 BGB in Betracht.

Diese Problematik taucht insbesondere bei **Nachbarklagen** auf. Hier ist typisch, dass dem Betroffenen die dem Beigeladenen erteilte Genehmigung nicht bekannt gegeben worden ist. Gleichwohl wird der Nachbar nach der Rechtsprechung des BVerwG so gestellt, als ob ihm die Baugenehmigung amtlich bekannt gegeben worden ist, wenn er hiervon Kenntnis hatte oder eine solche hätte erlangen können.[135]
Ist dem Drittanfechtungskläger der VA aber als Kopie bekanntgegeben worden, wirkt die Belehrung auch ihm gegenüber, wenn er die Belehrung nach dem objektiven Empfängerhorizont auf sich beziehen kann.[136] Gilt keine Frist, stellt sich die Frage der Verwirkung.

(3) Wiedereinsetzung in den vorigen Stand (§ 60 VwGO)

Erst wenn die Klagefrist versäumt wurde, ist gegebenenfalls eine Wiedereinsetzung in den vorigen Stand gem. § 60 VwGO zu prüfen. 103

Manchmal wird trotz nicht ordnungsgemäßer Rechtsbehelfsbelehrung hilfsweise eine Wiedereinsetzung beantragt. Ist die Belehrung nicht ordnungsgemäß, beträgt die Klagefrist gem. § 58 II 1 VwGO grundsätzlich ein Jahr seit der Zustellung des Bescheides. Wird die Klage – wie regelmäßig in Klausuren – innerhalb dieser Frist erhoben, liegt eine Fristversäumnis nicht vor. Dann bedarf es keiner Wiedereinsetzung gem. § 60 VwGO. Diese Fälle erkennen Sie häufig daran, dass eine Rechtsbehelfsbelehrung im Klausurtext abgedruckt ist. 104

Eine Wiedereinsetzung kommt folglich in der Regel erst in Betracht, wenn die Klage bei Vorliegen einer ordnungsgemäßen Rechtsbehelfsbelehrung erst nach Ablauf eines Monats nach Zustellung des Widerspruchsbescheides (bzw. Bekanntgabe des Ausgangsbescheides) erhoben worden ist. Dann finden Sie häufig den Hinweis »Rechtsbehelfsbelehrung ordnungsgemäß« entweder im Anschluss an den VA oder einen entsprechenden Hinweis im Bearbeitervermerk. In einem solchen Fall sind die Voraussetzungen des § 60 VwGO zu prüfen: 105

132 VG Berlin BeckRS 2016, 54547.
133 OVG Lüneburg BeckRS 2019, 23229.
134 BVerwG NVwZ 2019, 167.
135 BVerwG NJW 2019, 383.
136 OVG Münster BeckRS 2018, 20797.

Übersicht: Voraussetzungen der Wiedereinsetzung in den vorigen Stand (§ 60 VwGO)

- **Versäumung einer gesetzlichen Frist:** (+) bei gesetzlichen Fristen (unter anderem § 74 VwGO); direkte oder analoge Anwendbarkeit des § 60 VwGO (–) bei behördlichen oder gerichtlichen Fristen; daher (–) im Fall des § 87b III VwGO; (–) bei Ausschluss- und Präklusionsfristen (zB Jahresfrist des § 60 III VwGO)
- **Unverschuldete Säumnis** (+), wenn Betroffener die Sorgfalt walten lässt, die für gewissenhaften, seine Rechte und Pflichten sachgerecht wahrnehmenden Beteiligten geboten und zumutbar ist; (P) Zurechnung des Verschuldens eines Bevollmächtigten gem. § 173 S. 1 VwGO iVm § 85 II ZPO; aber keine Zurechnung von Verschulden unselbstständiger Hilfspersonen (Büroangestellte), es sei denn, den Bevollmächtigten trifft insoweit eigenes Organisationsverschulden (zB anwaltliches Auswahlverschulden)
- Grundsätzlich **Antrag** auf Wiedereinsetzung (§ 60 I VwGO), wobei ausreicht, wenn sich Begehren aus Vorbringen ergibt; (P) Antrag gegebenenfalls nach § 60 II 4 VwGO entbehrlich, wenn versäumte Rechtshandlung fristgerecht nachgeholt wird und sonstige Voraussetzungen der Abs. 1 und 2 offenkundig erfüllt sind
- **Fristgerechter Antrag** binnen zwei Wochen nach Wegfall des Hindernisses (§ 60 II 1 VwGO)
- **Glaubhaftmachung der Wiedereinsetzungsgründe** (§ 60 II 2 VwGO, § 173 S. 1 VwGO iVm § 294 ZPO)
- Fristgerechte **Nachholung der versäumten Rechtshandlung** (§ 60 II 3 VwGO)

Hinweis: Die Wiedereinsetzung darf erst geprüft werden, wenn zuvor die Fristversäumnis festgestellt wurde. Denken Sie auch an die Kostenregelung des § 155 III VwGO für evtl. wiedereinsetzungsantragsbedingte Mehrkosten.

106 Dass im Fall der versäumten Klagefrist gem. § 74 I VwGO eine gesetzliche **Frist versäumt** worden ist, bedarf keiner weitergehenden Erörterung.

107 Schwerpunkt der Prüfung ist häufig die Frage, ob die **Frist unverschuldet** versäumt wurde. Dieses ist der Fall, wenn der Beteiligte die Sorgfalt hat walten lassen, die für einen gewissenhaften, seine Rechte und Pflichten sachgerecht wahrnehmenden Beteiligten geboten und zumutbar war.[137] Vielfach ist hiervon ohne Weiteres auszugehen, wenn zB Nachweise für eine schwere Erkrankung, eine plötzliche Übelkeit kurz vor Fristablauf[138] oder einen stationären Krankenhausaufenthalt des Beteiligten enthalten sind. Auch eine Fristversäumnis aufgrund eines Urlaubsaufenthalts ist grundsätzlich unverschuldet, es sei denn, der Betroffene musste aufgrund besonderer Umstände mit dem Zugang des Dokuments rechnen. So sind etwa bei einer längeren urlaubsbedingten Abwesenheit (in der Regel über sechs Wochen) besondere Vorkehrungen zu treffen, damit eine Kenntniserlangung sichergestellt werden kann.[139]

108 Eine unverschuldete Säumnis liegt demgegenüber nicht vor, wenn von einem eigenen Verschulden (gegen sich selbst) auszugehen ist. Dieses ist zB der Fall, wenn die Post so spät aufgegeben wird, dass nur unter außergewöhnlich günstigen Umständen damit gerechnet werden kann, dass das Schriftstück fristgerecht zugeht.[140] Grundsätzlich (anders etwa bei einem bekannten Poststreik) darf der Betroffene aber davon ausgehen, dass die an einem Werktag aufgegebenen Postsendungen (im Inland) am folgenden Werktag tatsächlich beim Empfänger eingehen. Zu verneinen ist eine unverschuldete Säumnis auch bei einem zurechenbaren Organisationsverschulden von Bevollmächtigten (§ 173 S. 1 VwGO iVm § 85 II ZPO). Nicht zurechenbar ist allerdings ein Fehlverhalten des ordnungsgemäß ausgewählten und überwachten Hilfspersonals, es sei denn, den Bevollmächtigten trifft ein eigenes Auswahlverschulden. Fin-

137 Kopp/Schenke/*W.-R. Schenke* VwGO § 60 Rn. 9.

138 BVerwG NVwZ-RR 2015, 392.

139 Kopp/Schenke/*W.-R. Schenke* VwGO § 60 Rn. 10 mwN.

140 Vgl. auch OVG Lüneburg BeckRS 2017, 118476: Da es nicht unüblich ist, dass die Geschäftszeiten von Behörden und Gerichten an Freitagen bereits in der Mittagszeit enden, darf sich ein Rechtsschutzsuchender, der einen zur Wahrung seiner gesetzlichen Frist bestimmten Schriftsatz als Einschreiben versendet, nicht darauf verlassen, dass das Einschreiben ggf. noch am Freitagnachmittag oder Freitagabend von einem Gerichtsbediensteten entgegengenommen wird.

den Sie indessen einen Hinweis im Aktenauszug, dass das Büropersonal immer verlässlich gearbeitet hat, werden Sie dieses Auswahlverschulden in der Regel nicht annehmen können. Dann bleibt es bei einer unverschuldeten Fristversäumnis.[141]

Examensrelevant ist auch der Fall eines ordnungsgemäß gestellten, aber von dem Gericht erst nach Ablauf der Frist beschiedenen Prozesskostenhilfeantrags. Die Rspr. erkennt das bestehende Kostenrisiko grundsätzlich als Hinderungsgrund an.[142] 109

Grundsätzlich ist ein **Antrag auf Wiedereinsetzung** erforderlich (§ 60 I VwGO). Hierfür reicht es aus, wenn das Wiedereinsetzungsbegehren erkennbar zum Ausdruck gebracht wird. Allerdings ist die Gewährung einer Wiedereinsetzung von Amts wegen möglich, wenn die versäumte Rechtshandlung innerhalb der Antragsfrist nachgeholt wird und die übrigen Voraussetzungen des § 60 I und II VwGO offenkundig (§ 291 ZPO) vorliegen. 110

Der Antrag hat nur Erfolg, wenn die Gründe für die Wiedereinsetzung **glaubhaft** gemacht werden (§ 60 II 2 VwGO, § 173 S. 1 VwGO iVm § 294 ZPO). Dies erfolgt zB durch eidesstattliche Versicherungen des Klägers bzw. des Bevollmächtigten oder durch Übersendung von Auszügen aus den sog. Postausgangsbüchern. 111

Zudem muss die versäumte Rechtshandlung grundsätzlich innerhalb von zwei Wochen **nachgeholt** worden sein (§ 60 II 3 VwGO), mit anderen Worten: Die Klage muss innerhalb von zwei Wochen erhoben worden sein. 112

Problem: Glaubhaftmachung der Gründe nach Ablauf von zwei Wochen 113

In Klausuren und der gerichtlichen Praxis werden die Gründe für die Wiedereinsetzung häufig erst nach Ablauf der Zweiwochenfrist glaubhaft gemacht. Da § 60 II 3 VwGO jedoch nur für die versäumte Rechtshandlung (also die Klageerhebung selbst), nicht aber für die Glaubhaftmachung gilt, bleibt der Wiedereinsetzungsantrag zulässig.

b) Verpflichtungsklage (§ 42 I Var. 2 VwGO)

Übersicht: Zulässigkeit der Verpflichtungsklage (§ 42 I Var. 2 VwGO) 114

- **Statthaftigkeit der Verpflichtungsklage** (§ 42 I Var. 2 VwGO); (P) Abgrenzung zur Anfechtungsklage; (P) Abgrenzung zur Leistungsklage (Notwendigkeit eines der Auszahlung vorausgehenden »Gewährungs-VA«); (P) Abgrenzung zur Feststellungsklage: Verpflichtungsklage (+), soweit Begehren auf Erlass eines feststellenden VA gerichtet.
- **Klagebefugnis** (§ 42 II VwGO)
- **Vorverfahren** (§ 68 II iVm § 68 I VwGO); (P) Ausnahmen; insbesondere Entbehrlichkeit bei Untätigkeitsklage (§ 75 VwGO); (Regel-)Ausnahmen gem. § 80 I und IV NJG
- **Klagefrist** (§ 74 II iVm § 74 I VwGO)

aa) Statthaftigkeit der Verpflichtungsklage

Die Verpflichtungsklage ist statthaft, wenn der Kläger den Erlass eines VA begehrt (§ 42 I Var. 2 VwGO). Auch hier braucht der Kläger nicht Adressat des begehrten VA zu sein. Denkbar ist auch der Erlass eines drittbegünstigenden VA (zB Erteilung eines Aufenthaltstitels an Ehegatten) oder eines drittbelastenden VA (zB Verpflichtungsantrag auf Erlass einer Bauordnungsverfügung). 115

141 Vgl. etwa BVerwG NJW 2015, 1976 (ein als Einzelanwalt tätiger Rechtsanwalt, der vor dem Verlassen seiner Kanzlei seiner einzigen Bürokraft die mündliche Weisung erteilt, einen Schriftsatz zur Wahrung der Rechtsmittelbegründungsfrist im Laufe des Nachmittags per Fax an das zuständige Gericht abzusenden, muss keine organisatorischen Vorkehrungen dagegen treffen, dass die Anweisung deshalb nicht ausgeführt wird, weil seine Bürokraft nach der Nachricht von einem Unfall ihrer Tochter überstürzt die Kanzlei verlässt, ohne den Auftrag auszuführen); OVG Berlin-Brandenburg NVwZ-RR 2016, 403 (403 f.) (aus einer wiederholt verzögert erfolgten Rücksendung gerichtlicher Empfangsbekenntnisse durch das Büropersonal kann nicht ohne Weiteres geschlossen werden, dass der Rechtsanwalt hinsichtlich der Absendung fristgebundener Schriftsätze Nachlässigkeiten und Fehlern seiner Mitarbeiter gleichgültig steht).

142 Kopp/Schenke/*W.-R. Schenke* VwGO § 60 Rn. 15 mwN.

116 **Problem:** Abgrenzung der Verpflichtungsklage zu anderen Klagearten

In einigen Fällen ist ausgehend von dem Klagebegehren (§ 88 VwGO) eine Abgrenzung der Verpflichtungsklage zu anderen Klagearten vorzunehmen. Für die Abgrenzung zur **Anfechtungsklage** gelten folgende Grundsätze:

- Eine isolierte Anfechtung von **Nebenbestimmungen** ist nach der Rspr. bei prozessualer Teilbarkeit vom Rest-VA zulässig. Bei einer bloßen Inhaltsbestimmung oder modifizierenden Auflage fehlt es an der prozessualen Teilbarkeit, so dass eine Verpflichtungsklage zulässig ist.
- Im **baurechtlichen Nachbarschutz** kann der belastete Nachbar eine Drittanfechtungsklage erheben. Dies gilt bei einer im vereinfachten Genehmigungsverfahren erteilten Genehmigung nur dann, wenn sich der Kläger gegen die Feststellungen wendet, die von der (vereinfachten) Genehmigung umfasst sind. Gegen die nicht getroffenen Feststellungen scheidet eine Anfechtungsklage aus (hinsichtlich der nicht geregelten Punkte geht eine Anfechtung ins Leere); insoweit ist die Erhebung einer Verpflichtungsklage auf bauaufsichtliches Einschreiten zu erheben.
- Häufig wendet sich ein Kläger gegen eine aus seiner Sicht **unzureichende Begünstigung** (Anfechtung von Prüfungsnoten; Anfechtung der Festsetzung zu geringer Besoldungsdienstzeiten). In diesen Fällen ist eine Teilverpflichtung bezogen auf den nichtgewährten Teil der angestrebten Regelung statthaft.[143] Ein zusätzlicher ausdrücklicher Aufhebungsantrag ist nach hM entbehrlich, da der Anspruch auf die Begünstigung die (Teil-)Aufhebung des entgegenstehenden VA voraussetzt. Eine deklaratorische Aufhebung erfolgt im Verpflichtungstenor ohnehin.
- Stellt der Kläger wörtlich nur einen Anfechtungsantrag, begehrt er tatsächlich aber mehr als die bloße Aufhebung des Ausgangs- und Widerspruchsbescheides (zB Behörde lehnt beantragte Baugenehmigung ab; Widerspruchsverfahren ebenfalls ohne Erfolg; Kläger beantragt wörtlich *»Die Aufhebung des Bescheides vom … in der Gestalt des Widerspruchsbescheides vom …«* und macht zur Begründung geltend, ihm stehe die Genehmigung zu), ist ebenfalls eine Abgrenzung zur Anfechtungsklage vorzunehmen. Der bloßen Anfechtungsklage fehlt das Rechtsschutzbedürfnis, da nur die Verpflichtungsklage die Verpflichtung des Beklagten zum Erlass der Baugenehmigung sicherstellen kann. Die Verpflichtungsklage ist daher im Vergleich zur Anfechtungsklage rechtsschutzintensiver. Statthaft ist also die Verpflichtungsklage.
- Wendet sich der Kläger gegen einen belastenden VA, wird bisweilen wörtlich beantragt, die Behörde *»zu verpflichten, den Bescheid aufzuheben«*. Im Ergebnis ist häufig eine Anfechtungsklage statthaft, weil die Verpflichtungsklage weniger effektiv und dieser Klage das Rechtsschutzbedürfnis abzusprechen ist. Durch die Anfechtungsklage würde der VA unmittelbar durch das Gericht kassiert, eine Verpflichtungsklage müsste vollstreckt werden (vgl. auch § 172 S. 1 VwGO).
- Schwierigkeiten bereitet die Abgrenzung in **Konkurrentenstreitigkeiten:**[144]
  - Bei einer *negativen Konkurrentenklage* (sog. Konkurrentenabwehrklage), in der sich der Kläger allein gegen die Begünstigung eines Konkurrenten wendet, ist die Anfechtungsklage statthaft.
  - Bei einer *positiven Konkurrentenklage*, (sog. Konkurrentengleichstellungsklage), bei der der Kläger lediglich eine eigene Begünstigung erreichen will, ohne den Konkurrenten zu verdrängen, ist die Verpflichtungsklage statthaft.
  - Will der Kläger anstelle des Konkurrenten begünstigt werden (sog. *Konkurrentenverdrängungsklage*) muss er eine auf die eigene Begünstigung gerichtete Verpflichtungsklage und eine Drittanfechtungsklage gegen die Begünstigung des/der Konkurrenten erheben. Steht der Kläger in Konkurrenz zu vielen anderen (begünstigten) Mitbewerbern, wäre allerdings die Erfolglosigkeit vieler Klagen vorprogrammiert. Der Kläger hätte ein erhebliches Kostenrisiko (Unzumutbarkeit aus *quantitativen Gründen*). Aus diesem Grund wird in der neueren Rspr. eine bloße Verpflichtungsklage auf Neubescheidung

143 Kopp/Schenke/*R. P. Schenke* VwGO § 42 Rn. 28.
144 Kopp/Schenke/*R. P. Schenke* VwGO § 42 Rn. 45 ff.

befürwortet. In diesem Fall müsste die Behörde zuvor anderen Konkurrenten erteilte Genehmigungen gegebenenfalls nach §§ 48 ff. VwVfG aufheben. Eine Unzumutbarkeit aus *qualitativen Gründen* kommt in Betracht, wenn die kommunale Veranstalterin die tatsächlichen Grundlagen der Auswahlentscheidung nicht hinreichend in den Akten dokumentiert hat und dem unterlegenen Bewerber die Gründe für die Bevorzugung der Mitbewerber nicht im Bescheid mitgeteilt hat.[145]

Abgrenzungsschwierigkeiten zur **Leistungsklage** ergeben sich vor allem dann, wenn ein 117
Geldleistungsanspruch (Wohngeld, Subventionen) verfolgt wird. Sofern nicht die bloße Auszahlung eines bestimmten Betrages begehrt wird, sondern zumindest auch – wie materiell regelmäßig erforderlich – eine behördliche Entscheidung über den Anspruch getroffen werden soll, muss eine Verpflichtungsklage erhoben werden. Diese ist auf die Verpflichtung der Behörde zum Erlass des Leistungsgewährungsbescheides zu richten. Ein solcher »vorgeschalteter Gewährungsakt« ist in der Regel bei Ermessensentscheidungen erforderlich. Sofern der (in der Regel anwaltlich nicht vertretene) Kläger einen bloßen Leistungsantrag stellt, ist der Antrag zugunsten der Verpflichtungsklage auszulegen (§ 88 VwGO), wobei auf die Einhaltung der besonderen Sachentscheidungsvoraussetzungen der Verpflichtungsklage (Vorverfahren gem. §§ 68 ff. VwGO und Klagefrist gem. § 74 II VwGO) zu achten ist.

Im Verhältnis zur **Feststellungsklage** ist wichtig, dass eine Verpflichtungsklage zu erheben ist, 118
wenn der Kläger den Erlass eines feststellenden VA begehrt (vgl. auch § 43 II VwGO). Der Antrag könnte formuliert werden:

> ... das Bundesamt für Migration und Flüchtlinge unter Aufhebung des Bescheides ... zu verpflichten, festzustellen, dass die Voraussetzungen des § 60 II bis VII AufenthG vorliegen.

bb) Klagebefugnis (§ 42 II VwGO)

Während die Klagebefugnis bei der Anfechtungsklage in der Regel nur in dreipoligen Streit- 119
verhältnissen problematisch ist, ist sie bei der Verpflichtungsklage regelmäßig zu erörtern. Der Kläger muss geltend machen können, einen Anspruch auf den begehrten VA zu haben. Als Anspruchsgrundlagen kommen insbesondere in Betracht:

- **öffentlich-rechtliche Sonderbeziehungen** (etwa aufgrund eines VA [zB wirksamer Vorbescheid gem. § 73 I 1 NBauO], aufgrund öffentlich-rechtlichen Vertrages [zB vertraglicher Anspruch auf Erteilung einer Genehmigung] oder Verpflichtungsanspruch aus wirksamer Zusicherung),[146]
- **einfachgesetzliche Bestimmungen**, soweit diese nach der Schutznormtheorie Anspruchsqualität zugunsten des Klägers entfalten und insbesondere nicht lediglich einen positiven Rechtsreflex auslösen,
- ausnahmsweise **Grundrechte**, wenn diese über den Abwehrgehalt auch einen Teilhabe-, Leistungs- oder Schutzanspruch vermitteln. Denkbar ist etwa ein Leistungsanspruch aufgrund Art. 3 I GG iVm Verwaltungsvorschriften iVm dem Grundsatz der Selbstbindung der Verwaltung.

cc) Ordnungsgemäßes Vorverfahren (§ 68 II, I VwGO)

Gemäß § 68 II VwGO erfordert die Verpflichtungsklage ein ordnungsgemäß durchgeführtes 120
Vorverfahren. Neben den innerhalb der Anfechtungsklage bereits erörterten Ausnahmen sollten Sie insbesondere an die gesetzlich angeordnete Entbehrlichkeit bei der Untätigkeitsklage gem. § 75 VwGO denken.

Problem: Untätigkeitsklage 121

Gemäß § 75 VwGO kann unmittelbar Klage erhoben werden, wenn über einen Widerspruch oder einen Antrag auf Vornahme eines VA ohne zureichenden Grund nicht in angemessener Frist sachlich entschieden ist. Hierfür ist grundsätzlich die Einhaltung der Sperrfrist (§ 75 S. 2 VwGO) von drei Monaten erforderlich, die allerdings nach Lage des Falles verkürzt (zB An-

145 BayVGH NVwZ-RR 2016, 39 (41).
146 Zu den Voraussetzungen im Einzelnen: *Kaiser/Köster/Seegmüller* MatÖffR Kap. 1 Rn. 29.

trag auf Gewährung dringend notwendiger Leistungen) oder verlängert (zB Erforderlichkeit umfangreicher Ermittlungen bei immissionsschutzrechtlicher Genehmigung) werden kann.

Beachten Sie für **Anwaltsklausuren**, dass die Zulässigkeit der Untätigkeitsklage voraussetzt, dass die Sperrfrist im Zeitpunkt der mündlichen Verhandlung abgelaufen sein muss. Finden Sie im Aktenauszug die Konstellation, in der im Zeitpunkt der anwaltlichen Beratung die Sperrfrist noch nicht abgelaufen ist, der Mandant allerdings deutlich macht, er sei dringend auf den VA angewiesen, müssen Sie bedenken, dass nach hM die Untätigkeitsklage »in die Zulässigkeit hineinwachsen« kann.[147] Diese verfrühte Klage ist allerdings mit einem Kostenrisiko verbunden. Ergeht nämlich nach einer Aussetzung nach § 75 S. 3 VwGO (Tenor: »*Das Verfahren wird bis zum ... ausgesetzt*«) innerhalb der gerichtlich gesetzten Frist eine für den Kläger positive Entscheidung, erledigt sich das Klageverfahren. Im Rahmen der nach § 161 II VwGO zu treffenden Kostenentscheidung dürfte dann der Kläger die Kosten des Verfahrens zu tragen haben, da die Klage verfrüht erhoben worden ist. Trifft die Behörde nach einer Aussetzung innerhalb der gerichtlich gesetzten Aussetzungsfrist eine negative Entscheidung, müssen Sie unterscheiden:[148]

- Der Kläger kann den Rechtsstreit für erledigt erklären (Kostenfolge: § 161 II VwGO).
- Der Kläger kann einen zurückweisenden Widerspruchsbescheid in das (Verpflichtungs-)Klageverfahren einführen.
- Der Kläger muss einen negativen Ausgangsbescheid zunächst mit dem Widerspruch anfechten (§§ 68 ff. VwGO), weil durch die fristgemäße Bescheidung die Vergünstigung des § 75 S. 1 VwGO entfällt. Das gerichtliche Verfahren wird dann gem. § 94 S. 1 VwGO ausgesetzt, eine Abweisung der Untätigkeitsklage als »unzulässig« erfolgt nach hM nicht.

Ergeht die angestrebte Entscheidung erst nach Aussetzung und nach Ablauf der gerichtlich gesetzten Frist, ist ein Widerspruchsverfahren auch dann entbehrlich, wenn die Entscheidung für den Kläger negativ erfolgt. Dieser Bescheid kann nach der Rspr. ohne Weiteres in das Verfahren einbezogen werden, wenn der Streitgegenstand der Untätigkeitsklage und der Regelungsgegenstand des später ergangenen Bescheides kongruent sind.[149]

dd) Klagefrist (§ 74 II, I VwGO)

122 Bezüglich der Klagefrist (§ 74 II, I VwGO) gelten gegenüber der Anfechtungsklage keine Besonderheiten.

c) Allgemeine Leistungsklage

123 **Übersicht: Zulässigkeit der allgemeinen Leistungsklage**

- **Statthaftigkeit**; (P) nicht gesetzlich geregelt, aber allgemein anerkannt, wenn Begehren auf Leistung gerichtet ist, die nicht im Erlass eines VA besteht; (P) Statthaftigkeit der Leistungsklage auf Unterlassung künftiger VA (+)
- **Klagebefugnis** analog § 42 II VwGO (hM)
- Grundsätzlich **kein Vorverfahren**; (P) im Beamtenrecht grundsätzlich Vorverfahren erforderlich, außer bei landesrechtlicher Rückausnahme gem. § 105 I 1 NBG; Erforderlichkeit eines Vorverfahrens nur in den von § 105 I 2 NBG genannten Fällen
- Grundsätzlich **keine Klagefrist**; (P) Im Beamtenrecht gilt § 74 I 1 VwGO
- Sonstige **allgemeine Sachentscheidungsvoraussetzungen**; insbesondere **allg. Rechtsschutzbedürfnis**; (P) vorheriger behördlicher Leistungsantrag erforderlich?; (P) Rechtsschutzbedürfnis bei bestehender VA-Befugnis der Behörde (–), außer bei angekündigten Rechtsmitteln gegen Leistungsbegehren; (P) qualifiziertes Rechtsschutzbedürfnis bei vorbeugender Leistungsklage (+), wenn Verweis auf repressiven Rechtsschutz unzumutbar

aa) Statthaftigkeit der allgemeinen Leistungsklage

124 Die allgemeine Leistungsklage ist die statthafte Klageart, wenn das Klagebegehren auf eine hinreichend bestimmte Leistung in Form eines Tuns, Duldens oder Unterlassens gerichtet ist,

147 *Kintz* ÖffR Rn. 269.
148 *Kintz* ÖffR Rn. 269.
149 Eyermann/*Rennert* VwGO § 75 Rn. 18, 19.

das nicht in dem Erlass eines VA besteht, sondern in der Regel auf ein schlichtes Verwaltungshandeln oder ein sonstiges rechtserhebliches Verhalten gerichtet ist.[150] Die wichtigsten Fallgruppen sind:

- **Leistungsklage** gerichtet auf die Vornahme einer nichtregelnden Maßnahme (auch Geldzahlung). Beachte: Ist vor der begehrten Maßnahme ein regelnder Gewährungs-VA erforderlich, ist die Verpflichtungsklage statthaft (gegebenenfalls Auslegung des Klagebegehrens notwendig!).
- **Unterlassungsklage** (»negative Leistungsklage«) gerichtet auf die Unterlassung
  - der Wiederholung einer bereits vorgenommenen behördlichen Handlung (typische Unterlassungsklage) oder
  - einer künftigen erstmaligen behördlichen Handlung (vorbeugende Unterlassungsklage). Als solche kommt ausnahmsweise auch ein zukünftiger konkret drohender VA in Betracht (insbesondere beim Konkurrentenstreit um zu verhindern, dass irreparable »Fakten geschaffen« werden).

bb) Klagebefugnis analog § 42 II VwGO

Zur Vermeidung einer Popularklage ist nach einhelliger Meinung analog § 42 II VwGO die Klagebefugnis notwendig. Dieses ist bestenfalls kurz festzustellen; mehr als ein Satz hierzu schadet. In der Abfassung der Klageerwiderung dürfte diese Sachentscheidungsvoraussetzung in der Regel keiner Erörterung bedürfen. 125

cc) Vorverfahren (§ 68 VwGO)

Ein Vorverfahren ist grundsätzlich nicht erforderlich. Nur ausnahmsweise ist im Beamtenrecht gem. § 54 II 1 BeamtStG (§ 105 I 2 NBG) bzw. § 126 II BBG ein nicht der Frist des § 70 VwGO unterworfenes[151] Vorverfahren durchzuführen. 126

Beachten Sie, dass zwar ein Vorverfahren grundsätzlich nicht durchzuführen ist, in Aktenauszügen allerdings vielfach vom Beklagten eingewandt wird, der Kläger hätte vor Inanspruchnahme gerichtlichen Rechtsschutzes mit der Behörde Kontakt aufnehmen müssen. Dieser Gesichtspunkt ist im Rahmen des Rechtsschutzbedürfnisses zu erörtern. 127

dd) Klagefrist (§ 74 VwGO)

Grundsätzlich ist eine Klagefrist nicht einzuhalten. Eine Ausnahme gilt im Beamtenrecht. Nach § 54 II 1 BeamtStG bzw. § 126 II 1 BBG ist »vor allen Klagen« ein Vorverfahren durchzuführen. Damit gilt für die beamtenrechtliche Leistungsklage die Klagefrist des § 74 I 1 VwGO. 128

ee) Allgemeines Rechtsschutzbedürfnis

Das Rechtsschutzbedürfnis wird bei Leistungsklagen häufig problematisiert. 129

Problem: Vorheriger erfolgsloser Leistungsantrag gegenüber Behörde 130

Wenngleich nach hM ein ausdrücklicher Leistungsantrag gegenüber der Behörde grundsätzlich entbehrlich ist[152], fehlt der Klage das Rechtsschutzbedürfnis, wenn der Kläger zur Erreichung seines Rechtsschutzzieles einen einfacheren, schnelleren oder billigeren Weg hätte nutzen können. Bringt die Behörde jedoch – wie in Aktenauszügen häufig der Fall – vorprozessual klar zum Ausdruck, dem Leistungsbegehren nicht zu folgen, wäre ein ausdrücklicher Leistungsantrag gegenüber der Behörde bloße Förmelei. Dann lässt sich das Rechtsschutzbedürfnis in der Regel bejahen.

150 Nach dem BVerwG ist die allgemeine Leistungsklage nicht statthaft, sofern begehrt wird, einen Normgeber mittels Normerlassklage zu verpflichten, einen Sachverhalt normativ (insbes. durch Rechtsverordnung oder Satzung) zu regeln oder eine unvollständige Norm zu ergänzen (Unterfall der Normerlassklage). In diesem Fall entspreche die Feststellungsklage »eher« dem im Gewaltenteilungsgrundsatz begründeten Gedanken, dass die auf die Entscheidungsfreiheit der rechtssetzenden Organe gerichtlich nur in dem für den Rechtsschutz des Bürgers unumgänglichen Umfang einzuwirken sei; vgl. Eyermann/*Happ* VwGO § 42 Rn. 62.

151 Eyermann/*Happ* VwGO § 42 Rn. 68 unter Hinweis auf BVerwGE 49, 351 (354) = NJW 1976, 1281.

152 Eyermann/*Happ* VwGO § 42 Rn. 68 mwN.

131 **Problem:** Rechtsschutzbedürfnis für Behörde, wenn Anfechtung wahrscheinlich

Grundsätzlich besteht für eine Behörde (!) kein Rechtsschutzbedürfnis für eine Leistungsklage, wenn sie die Möglichkeit hat, mittels VA die Leistung festzustellen. Ausnahmsweise besteht das Rechtsschutzbedürfnis aber, wenn der potenzielle Adressat von vornherein deutlich macht, dem Zahlungsgebot nicht zu folgen und ankündigt, den VA anzufechten. Im Beamtenrecht hat die Behörde aufgrund des Über-/Unterordnungsverhältnisses ohnehin ein Wahlrecht, ob sie mittels Leistungsklage oder per VA gewährte Leistungen von dem Beamten zurückverlangt (hM).

132 **Problem:** Qualifiziertes Rechtsschutzbedürfnis bei vorbeugender Unterlassungsklage

Bei der vorbeugenden Unterlassungsklage, mit der der Kläger die Unterlassung eines zukünftigen Verhaltens (einschließlich des Erlasses eines VA) begehrt, verlangt die Rspr. ein qualifiziertes Rechtsschutzbedürfnis, da die VwGO grundsätzlich vom repressiven Rechtsschutz ausgeht. Das qualifizierte Rechtsschutzbedürfnis besteht in den Fällen einer vorbeugenden Leistungsklage gegen Realakte analog § 1004 I 2 BGB, wenn eine Erstbegehungs- oder Wiederholungsgefahr vorliegt. Bei vorbeugenden Unterlassungsklagen gegen VA ist das qualifizierte Rechtsschutzbedürfnis gegeben, wenn ein weiteres Abwarten mit Blick auf Art. 19 IV GG unzumutbar ist. Anzunehmen ist dieses, wenn durch das Abwarten eines repressiven Rechtsschutzes (Anfechtungsrechtsbehelfe sowie vorläufiger Rechtsschutz nach §§ 80, 80a VwGO) irreparable Schäden verursacht werden oder der Verlust eines Rechts droht.[153]

d) Feststellungsklage

133 **Übersicht: Zulässigkeit der Feststellungsklage**

- **Statthafte Klageart** (§ 43 VwGO); (P) Begriff des Rechtsverhältnisses; (P) Konkretheit des Rechtsverhältnisses; (P) künftige Rechtsverhältnisse; (P) zurückliegende Rechtsverhältnisse; Abgrenzung zur Fortsetzungsfeststellungsklage (§ 113 I 4 VwGO analog)
- Wahrung der **Subsidiarität der Feststellungsklage** gegenüber Gestaltungs- und Leistungsklage (§ 43 II VwGO); (P) Subsidiaritätsausnahmen
- **Feststellungsinteresse**
- **Klagebefugnis** (§ 42 II VwGO analog); (P) beim Innenrechtsstreit (zB Kommunalverfassungsstreit) nicht aus Grundrechten, sondern aus wehrfähiger Innenrechtsposition
- Grundsätzlich **kein Vorverfahren**; (P) Beamtenrecht; grundsätzlich keine **Klagefrist**; (P) Beamtenrecht

aa) Statthaftigkeit der Feststellungsklage

134 Zum **Rechtsverhältnis** iSd § 43 VwGO gehören die sich aus einem konkreten Sachverhalt aufgrund einer öffentlich-rechtlichen Rechtsnorm ergebenden rechtlichen Beziehungen einer Person zu einer anderen Person oder zu einer Sache.[154] In Aktenauszügen ist dies häufig der Streit über das Bestehen eines Statusverhältnisses (zB im Beamtenrecht). Examensrelevant ist daneben der Streit über das Bestehen einer (fehlenden) Genehmigungspflicht im Baurecht oder einer Erlaubnispflicht im Wirtschaftsverwaltungsrecht. Hier müssen Sie an folgende Kombination denken: Falls der Kläger/Mandant der Auffassung ist, es bestehe keine Erlaubnispflicht, muss mit der Klage in erster Linie die Feststellung verfolgt werden, die Gewerbeausübung sei genehmigungsfrei. Daneben wird gegebenenfalls hilfsweise für den Fall, dass eine Erlaubnispflicht doch besteht, die Verpflichtung der Behörde zur Erteilung der Erlaubnis beantragt.

135 **Problem:** Hinreichende Konkretheit des Rechtsverhältnisses

Zu erörtern ist vielfach, ob das Rechtsverhältnis auch »hinreichend konkret« ist. Nur dann kann es Gegenstand der Feststellungsklage sein. Dieses Merkmal dient in erster Linie dazu, die Feststellungsklage von der unzulässigen Klärung bloß abstrakter Rechtsfragen abzugren-

153 Eyermann/*Happ* VwGO § 42 Rn. 66 f.
154 Kopp/Schenke/*W.-R. Schenke* VwGO § 43 Rn. 11.

zen.[155] So ist zB eine Feststellungsklage mit dem bloßen Ziel, die Wirksamkeit einer Rechtsnorm zu überprüfen, unzulässig. Wenn allerdings der Kläger (trotz sprachlicher Unschärfe des wörtlichen Antrags) nicht lediglich die Wirksamkeit der Norm überprüfen lassen möchte, sondern zum Ausdruck bringt, dass die Anwendung dieser Bestimmung klärungsbedürftig sein soll, können Sie im Rahmen einer sachdienlichen Auslegung des Klagebegehrens (§ 88 VwGO) eine hinreichende Konkretheit des Rechtsverhältnisses bejahen.

An dieser Stelle kann im Aktenauszug problematisiert werden, inwieweit eine dahingehende Überprüfung die Normenkontrolle nach § 47 VwGO unterlaufe. Ein hierauf gerichteter Einwand läuft vielfach ins Leere: Nach der Rspr. besteht die Gefahr zur Umgehung des § 47 VwGO nur, wenn allein die Klärung einer abstrakten Rechtsfrage erreicht werden soll. Wenn allerdings – wie voraussichtlich in Ihrem Aktenauszug – die Anwendung einer Rechtsnorm auf einen bestimmten Sachverhalt streitig ist, stellt die Rechtmäßigkeit der Norm nur eine streitentscheidende Vorfrage dar. 136

Die bedeutsamsten **Fallgruppen** der Feststellungsklage sind: 137

- Klage auf Feststellung des Bestehens (**positive Feststellungsklage**) oder Nichtbestehens (**negative Feststellungsklage**) eines Rechtsverhältnisses

  Problem: Erledigungsstreit als Feststellungsklage

  Erklärt der Kläger den Rechtsstreit in der Hauptsache für erledigt und widerspricht der Beklagte dieser Erledigungserklärung, liegt ein sog. Erledigungsstreit vor. In diesem Fall wird die ursprüngliche Klage in eine Feststellungsklage geändert. Die ohne Weiteres zulässige Klageänderung ist den Voraussetzungen des § 91 VwGO nicht unterworfen (hRspr). Hierbei bildet der ursprüngliche Rechtsstreit das für die Feststellungsklage erforderliche Rechtsverhältnis.
- **Vorbeugende Feststellungsklage** gerichtet auf die Feststellung des Bestehens/Nichtbestehens eines zukünftigen Rechtsverhältnisses
- Feststellungsklage gerichtet auf die Feststellung eines **vergangenen Rechtsverhältnisses.**

  Problem: Abgrenzung zur Fortsetzungsfeststellungsklage (§ 113 I 4 VwGO)

  Gerade die Abgrenzung zur Fortsetzungsfeststellungsklage (insbesondere bei vorprozessualer Erledigung analog § 113 I 4 VwGO) wird häufig problematisiert. Der wesentliche Unterschied beider Klagen besteht darin, dass die Fortsetzungsfeststellungsklage auf die Feststellung der Rechtswidrigkeit eines VA gerichtet ist (»Verwaltungsaktbezogenheit der Fortsetzungsfeststellungsklage«). Das BVerwG hat in einer Entscheidung aus dem Jahr 1999[156] bei vorprozessualer Erledigung zwar angedeutet, dass die Statthaftigkeit der Feststellungsklage (§ 43 I VwGO) nahe liegt, später allerdings die Analogie des § 113 I 4 VwGO ausdrücklich bestätigt.[157]
- Als **Nichtigkeitsfeststellungsklage** gerichtet auf die Feststellung der Nichtigkeit eines VA, § 43 I Var. 3 VwGO. Da ein nichtiger VA unwirksam und damit die Anfechtungsklage ungeeignet ist, kann gem. § 43 I Var. 3 VwGO eine Nichtigkeitsfeststellungsklage erhoben werden.

Denkbar, insbesondere für **Anwaltsklausuren**, ist der Fall, dass der Kläger bereits einen Nichtigkeitsfeststellungsantrag gestellt und sich anschließend in die anwaltliche Beratung begeben hat. Falls sich dann ergibt, dass der VA nicht nichtig, sondern bloß rechtswidrig ist, muss die Klage zur Vermeidung einer Abweisung auf eine Anfechtungsklage umgestellt werden. Hierbei ist allerdings zu beachten, dass die besonderen Sachurteilsvoraussetzungen der Anfechtungsklage (Vorverfahren, Klagefrist) nicht umgangen werden dürfen.

155 »Die Feststellungsklage ist keine allgemeine Auskunftsklage über die Rechtslage«; vgl. Eyermann/*Happ* VwGO § 43 Rn. 21.
156 BVerwG NVwZ 2000, 63 (64).
157 BVerwG NVwZ 2009, 588 (589).

- Als **Zwischenfeststellungsklage,** gerichtet auf die Feststellung des Bestehens/Nichtbestehens eines für die Hauptsache relevanten Rechtsverhältnisses (§ 173 S. 1 VwGO iVm § 256 II ZPO). Die praktische Bedeutung im Verwaltungsprozess ist gering.[158]
- Bislang hat die **Normerlassklage** im Assessorexamen keine größere Rolle gespielt. Dies kann sich angesichts der Tendenz zur Deregulierung künftig unter Umständen ändern. Daher sei zur Vollständigkeit darauf hingewiesen, dass nach dem BVerwG für das Begehren auf Erlass oder Ergänzung[159] einer Norm der Verwaltung eine Feststellungsklage statthaft ist (zB Verpflichtung zum Erlass einer Satzungsregelung zur Gewährung von Aufwandsentschädigung). Andere Gerichte gehen teilweise von einer Leistungsklage aus.[160] Das BVerwG hält jedoch die Feststellungsklage für geeigneter, weil durch diese der auf der Gewaltenteilung beruhende Gedanke, auf die Entscheidungsfreiheit des Normgebers gerichtlich nur in dem für den Rechtsschutz des Bürgers (Art. 19 IV GG) unumgänglichen Umfang einzuwirken, besonders geschützt werden kann.[161] Weil die Feststellungsklage »besonders angemessen« ist, ist sie auch nicht gegenüber der Leistungsklage subsidiär. Oftmals steht der Begründetheit der Normerlass- oder Normergänzungsklage aber der weite Gestaltungsspielraum des Normgebers entgegen.

bb) Subsidiarität der Feststellungsklage

138 Die Feststellungsklage ist gegenüber Anfechtungs-, Verpflichtungs- und Leistungsklagen subsidiär (§ 43 II 1 VwGO). Hierdurch sollen eine Umgehung der besonderen Sachurteilsvoraussetzungen dieser Klagen und eine doppelte Inanspruchnahme der Gerichte verhindert werden.[162] Drohen diese Gefahren nicht, ist die Feststellungsklage zulässig. Bitte merken Sie sich folgende Konstellationen:

- Ausdrücklich bestimmt § 43 II 2 VwGO eine Ausnahme von der Subsidiarität im Fall einer Anfechtungsklage gegen einen nichtigen VA.
- Bei juristischen Personen des öffentlichen Rechts besteht keine Gefahr, dass diese ein Feststellungsurteil nicht vollziehen werden. Daher greift die Subsidiarität der Feststellungsklage in diesen Fällen nach der Rspr. nicht.[163] Ist die Feststellungsklage rechtsschutzintensiver, gilt die Subsidiaritätsklausel ebenfalls nicht.
- Nach hM greift die Subsidiaritätsklausel auch bei vorbeugenden Unterlassungsklagen nicht, weil hier die Gefahr einer doppelten Inanspruchnahme gerichtlichen Rechtsschutzes nicht besteht.[164]

cc) Feststellungsinteresse

139 Als weitere besondere Sachurteilsvoraussetzung ist ein Feststellungsinteresse erforderlich (§ 43 I VwGO). Dieses geht über die Klagebefugnis hinaus und erfasst jedes schutzwürdige rechtliche, wirtschaftliche, persönliche oder ideelle Interesse. Es fehlt, wenn eine klagende Behörde die Möglichkeit hat, das streitige Rechtsverhältnis durch einen VA zu klären, weil dann ein einfacheres Mittel zur Klärung der Rechtsfrage zur Verfügung steht, sofern nicht damit zu rechnen ist, dass dieser VA angefochten wird.

---

158 Eyermann/*Happ* VwGO § 43 Rn. 6.

159 Sog. Normergänzungsklage als Unterfall der Normerlassklage.

160 VGH Mannheim NVwZ-RR 2000, 701 (701): »Die Klägerin kann ihr Begehren mit dem ... Leistungsantrag verfolgen ... Dass die Klage auf den Erlass einer Rechtsnorm gerichtet ist, steht ihrer Zulässigkeit nicht von vornherein entgegen. Individualansprüche auf Erlass von Rechtsnormen sind zwar nur ausnahmsweise denkbar, weil der Erlass von Rechtsnormen dem Wohl der Allgemeinheit, nicht aber der Erfüllung von Individualansprüchen dient, müssen aber, wo sie bestehen, gerichtlich auch durchsetzbar sein. Als Klageform kommt dafür neben der allgemeinen Feststellungsklage auch die allgemeine Leistungsklage in Betracht, sofern sich das Begehren in einem Leistungsanspruch artikulieren lässt. Dem steht nicht etwa der Grundsatz der Gewaltenteilung entgegen, da die gerichtliche Verurteilung zur Erfüllung eines begründeten Leistungsbegehrens, auch wenn ein solcher Anspruch gegenüber der normsetzenden Stelle besteht, von ihr jedoch verweigert wird, nicht gegen diesen Grundsatz verstoßen kann.«

161 BVerwG NVwZ 1990, 162 (163); OVG Münster NVwZ-RR 1995, 105 (105).

162 Kopp/Schenke/*W.-R. Schenke* VwGO § 43 Rn. 26.

163 BVerwGE 51, 69 (75) = NJW 1976, 1648, zitiert nach Eyermann/*Happ* VwGO § 43 Rn. 43; aA Kopp/Schenke/*W.-R. Schenke* VwGO § 43 Rn. 28.

164 OVG Hamburg NVwZ 1995, 1135 (1136) mwN.

Problem: Qualifiziertes Feststellungsinteresse bei vorbeugender Feststellungsklage 140

Bei einer vorbeugenden Feststellungsklage muss ein qualifiziertes Feststellungsinteresse bestehen. Ähnlich wie beim qualifizierten Rechtsschutzbedürfnis, das bei einer vorbeugenden Unterlassungsklage verlangt wird, besteht das qualifizierte Feststellungsinteresse, wenn dem Kläger schwere irreparable Schäden drohen und daher die Inanspruchnahme nachträglichen Rechtsschutzes unzumutbar ist (Art. 19 IV GG).

dd) Klagebefugnis analog § 42 II VwGO

Auch für die Feststellungsklage wird analog § 42 II VwGO eine Klagebefugnis gefordert. In 141
der Klausur wird dieses in der Regel nur beim Innenrechtsstreit relevant.

Problem: Klagebefugnis im Innenrechtsstreit 142

Der im Rahmen der Klagebefugnis übliche Rückgriff auf eine mögliche Grundrechtsverletzung ist bei Organstreitigkeiten (insbesondere im Kommunalverfassungsstreit[165]) nicht möglich, da keine personengebundenen Individualrechte im Außenverhältnis verfolgt werden.[166] Ausgehend von dem Zweck dieser Innenrechtsstreitigkeiten, organschaftliche Rechte zu sichern und zu schützen, kann die Klagebefugnis nur auf sog. wehrfähige Innenrechtspositionen gestützt werden. Hierzu gehören Rechtspositionen, die gerade dazu dienen, dem jeweiligen Organ oder Organteil bestimmte Funktionen zur eigenständigen Wahrnehmung zu verleihen.[167]

ee) Vorverfahren und Klagefrist

Die Durchführung eines Vorverfahrens (§§ 68 ff. VwGO) und die Einhaltung einer Klagefrist 143
(§ 74 VwGO) sind bei der Feststellungsklage grundsätzlich nicht erforderlich. Nur ausnahmsweise ist im Beamtenrecht gem. § 54 II 1 BeamtStG bzw. § 126 II BBG (bzw. § 105 I 2 NBG) auch bei Feststellungsklagen ein Vorverfahren erforderlich.

e) Fortsetzungsfeststellungsklage

Übersicht: Zulässigkeit der Fortsetzungsfeststellungsklage 144

- **Statthaftigkeit der Fortsetzungsfeststellungsklage**; (P) Erledigung; (P) Klageänderung zugunsten Fortsetzungsfeststellungsklage bei Erledigung ohne Weiteres gem. § 173 VwGO iVm § 264 Nr. 2 ZPO zulässig; (P) Fallgruppen der analogen Anwendung; (P) Abgrenzung insbesondere zur Feststellungsklage
- **Klagebefugnis (§ 42 II VwGO)**
- **Erforderlichkeit des Vorverfahrens**; (P) Notwendigkeit eines Fortsetzungsfeststellungswiderspruchsverfahrens bei Erledigung nach Klageerhebung nach hM (–)
- **Klagefrist**; (P) Nach hM keine Klagefrist, sondern nur prozessuale Verwirkung bei Erledigung nach Klageerhebung
- **Besonderes Feststellungsinteresse**; (P) Rehabilitationsinteresse; (P) Wiederholungsgefahr; (P) Präjudizinteresse nur bei nachprozessualer Erledigung

aa) Statthaftigkeit der Fortsetzungsfeststellungsklage

Statthaft ist die Fortsetzungsfeststellungsklage nach dem Wortlaut des § 113 I 4 VwGO, wenn 145
sich ein angefochtener VA nach Klageerhebung erledigt. In den Entscheidungsgründen müssen Sie in der Regel folgende Punkte erörtern:

- Es muss sich um einen erledigten Rechtsakt mit VA-Qualität handeln.
- Welche Fortsetzungsfeststellungsklage ist konkret statthaft (§ 113 I 4 VwGO direkt oder analog? Ist eine Analogie bei vorprozessualer Erledigung wegen der gesetzlich geregelten Feststellungsklage [§ 43 I VwGO] überhaupt zulässig?)

Häufig ist zu erörtern, ob die streitige Maßnahme überhaupt ein VA (§ 35 VwVfG) darstellt. 146
An dieser Stelle grenzen Sie die Fortsetzungsfeststellungsklage von der Feststellungsklage

165 Im Einzelnen *Kaiser/Köster/Seegmüller* MatÖffR Kap. 11 Rn. 8.
166 *Erlenkämper* NVwZ 1998, 354 (363).
167 OVG Bautzen NVwZ 1997, 802 (Ls.); *Erlenkämper* NVwZ 1998, 354 (363).

(§ 43 I VwGO) ab, mit der die Rechtmäßigkeit schlicht-hoheitlichen Handelns überprüft wird (Verwaltungsaktbezogenheit der Fortsetzungsfeststellungsklage).

Viele (moderne) polizeiliche Maßnahmen sind nichtregelnder Natur und stellen keinen VA dar. Begehrt der Kläger etwa die Feststellung der Rechtswidrigkeit einer sog. **Gefährderansprache** oder eines **Gefährderanschreibens**, scheidet eine Fortsetzungsfeststellungsklage aus, sofern die Maßnahme aus objektiver Empfängersicht mangels Regelungswirkung keine VA-Qualität besitzt.[168] Statthaft ist in diesen Fällen die Feststellungsklage (§ 43 I VwGO).

147 Liegt hingegen ein VA vor, ist sodann zu erörtern, ob sich dieser »erledigt« hat. Hierfür benennt § 113 I 4 VwGO beispielhaft die »Zurücknahme des VA«. Daneben kommt eine Erledigung »auf andere Weise« in Betracht. Von einer Erledigung ist auszugehen, wenn von ihm keine Wirkungen mehr ausgehen und daher dessen Aufhebung sinnlos wäre. Diese kann eintreten durch Wegfall der Beschwer (zB – vgl. § 43 II VwVfG – wegen Aufhebung des VA, durch Zeitablauf oder durch Wegfall des Regelungsobjekts). Durch Vollzug oder Erfüllung erledigt sich der VA in der Regel nicht, wenn eine Rückabwicklung möglich und sinnvoll ist, weil der VA in einem solchen Fall als Rechtsgrund für weitere Maßnahmen fortwirkt. Dies müssen Sie sich für polizeirechtliche Klausuren merken, da häufig die Beklagten darauf verweisen, es sei zB durch Sicherstellung einer Sache Erledigung eingetreten, tatsächlich bleibt aber die Anfechtungsklage (gegebenenfalls mit Annexantrag gem. § 113 I 2 und 3 VwGO) statthaft.

148 **Problem:** Änderung der Anfechtungs- bzw. Verpflichtungsklage zugunsten der Fortsetzungsfeststellungsklage

Wird im Klageverfahren eine ursprünglich erhobene Anfechtungs- oder Verpflichtungsklage zugunsten einer Fortsetzungsfeststellungsklage umgestellt, kommt es nach hM nicht auf die Voraussetzungen des § 91 VwGO an. Erfolgt die Umstellung im Hinblick auf eine während des Rechtsstreits eintretende Erledigung, liegt – bei fehlender Änderung des Klagegrundes – eine stets zulässige Klageänderung gem. § 173 S. 1 VwGO iVm § 264 Nr. 2 ZPO vor.[169]

149 Dieser unproblematische Übergang zugunsten einer Fortsetzungsfeststellungsklage kommt bei einer erledigten Verpflichtungsklage nach der Rspr. allerdings nur in Betracht, wenn der Streitgegenstand des neuen Feststellungsbegehrens mit dem des ursprünglichen Verpflichtungsbegehrens identisch ist. Dies ist der Fall, wenn der Kläger nunmehr die Feststellung begehrt, dass er im Zeitpunkt des erledigenden Ereignisses gegen die Beklagte einen Anspruch auf Erlass des VA hatte.[170] Bezieht sich hingegen der jetzige Feststellungsantrag auf einen anderen Zeitpunkt als der ursprüngliche Verpflichtungsantrag (geht der Fortsetzungsfeststellungsantrag mit anderen Worten über den ursprünglichen Streitgegenstand hinaus), liegt eine an den Voraussetzungen des § 91 VwGO zu messende Klageänderung vor.[171] Wird – bei einem solchen Auseinanderfallen der maßgebenden Zeitpunkte – die Klage zugunsten einer Feststellungsklage (§ 43 I VwGO) geändert, sind neben den Voraussetzungen des § 91 VwGO auch die üblichen Sachentscheidungsvoraussetzungen der Feststellungsklage zu prüfen.

150 § 113 I 4 VwGO erfasst in direkter Anwendung nur den Fall der Erledigung einer Anfechtungsklage nach Klageerhebung (vgl. Wortlaut und systematische Stellung im 10. Abschnitt der VwGO, der mit »Urteile und andere Entscheidungen« amtlich überschrieben ist und daher eine Erledigung im Klageverfahren voraussetzt). Neben diesem unmittelbaren Anwendungsbereich ist die Fortsetzungsfeststellungsklage in folgenden **Fallgruppen** statthaft:

---

168 Im Einzelnen *Kaiser/Köster/Seegmüller* MatÖffR Kap. 5 Rn. 2; beschränkt sich die Ansprache aber nicht auf warnende Hinweise, sondern werden auch Ge- oder Verbote ausgesprochen, handelt es sich um einen mit der Anfechtungsklage anfechtbaren VA; OVG Magdeburg NVwZ-RR 2012, 344.

169 Eyermann/*Rennert* VwGO § 91 Rn. 18.

170 BVerwG JuS 2016, 189; zur FFK in der Situation der Verpflichtungsklage vgl. auch *Decker* JA 2016, 241.

171 BVerwG NJW 2007, 2790 (2791); OVG Münster BeckRS 2010, 49630.

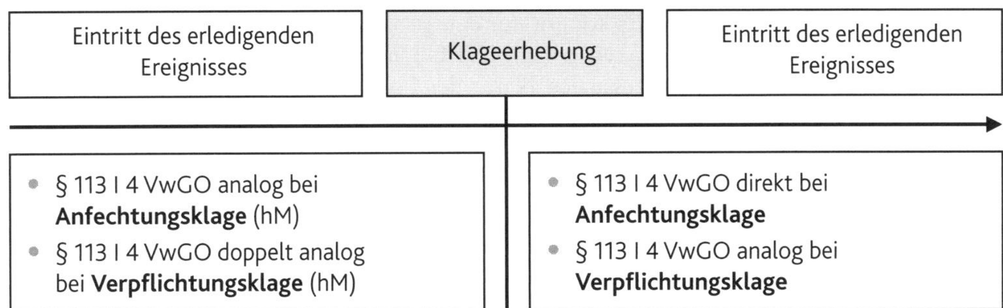

Ob eine Fortsetzungsfeststellungsklage bei vorprozessualer Erledigung statthaft oder in diesem Fall vielmehr auf die Feststellungsklage gem. § 43 I VwGO zurückzugreifen ist, ist im Assessorexamen nicht in der Breite zu diskutieren wie im Studium. Hier sollten Sie keinen Klausurschwerpunkt bilden, da die Rspr. überwiegend (zum Teil auch ohne umfassende Diskussion) von der Statthaftigkeit der Fortsetzungsfeststellungsklage ausgeht.[172] Hierfür spricht insbesondere, dass die bloße Rechtswidrigkeit eines VA noch kein feststellungsfähiges Rechtsverhältnis begründet.[173] § 43 I Var. 3 VwGO sieht zudem nur die Feststellung der Nichtigkeit vor. Schließlich ist der Zeitpunkt der Erledigung häufig dem Zufall überlassen. Die richtige Klageart von dieser Zufälligkeit abhängig zu machen, erscheint wenig sinnvoll. 151

bb) Klagebefugnis

Der Kläger muss vor Eintritt der Erledigung (!) gem. § 42 II VwGO klagebefugt gewesen sein. 152

cc) Ordnungsgemäßes Vorverfahren

Weil mit der Fortsetzungsfeststellungsklage ein Anfechtungs- oder Verpflichtungsprozess fortgesetzt wird, müssen dessen Zulässigkeitsvoraussetzungen bis zur Erledigung vorgelegen haben. 153

Ein Klausurklassiker ist das Erfordernis eines Vorverfahrens gem. §§ 68 ff. VwGO. Insoweit gilt: 154

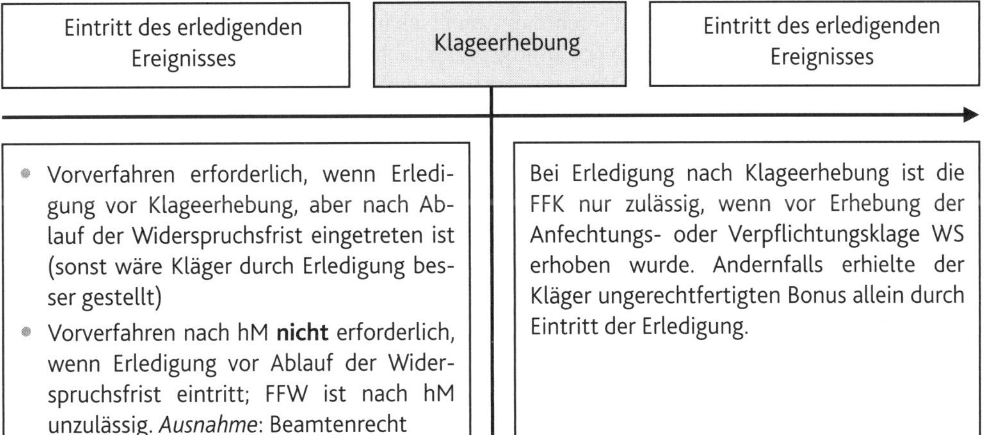

dd) Klagefrist

Ausgehend von den oben genannten Überlegungen müssen Sie auch die Frage beantworten, ob eine Klagefrist einzuhalten ist. 155

- Bei vorprozessualer Erledigung geht das BVerwG davon aus, dass die Fortsetzungsfeststellungsklage nicht fristgebunden ist. Auch eine analoge Anwendung des § 74 VwGO bzw.

172 Zuletzt BVerwG NVwZ 2009, 588 (589).
173 *Ogorek* JA 2002, 345 (346).

§ 58 II VwGO scheidet aus.[174] Es kommt nur eine prozessuale Verwirkung des Klagerechts entsprechend dem Rechtsgedanken des § 242 BGB in Betracht. Die Anwendbarkeit des § 74 VwGO wird mit der prozessualen Natur der Fortsetzungsfeststellungsklage begründet, die eine besondere Art der nicht fristgebundenen Feststellungsklage ist. Außerdem kann ein erledigter VA seine Regelungswirkung nicht mehr entfalten. Die der Herbeiführung der Bestandskraft eines regelnden VA dienenden Klagefristen können Rechtssicherheit daher nicht mehr herstellen.

- Erledigt sich der VA nach Erhebung der Klage, ist die Fortsetzungsfeststellungsklage nur zulässig, wenn die ursprüngliche Klage fristgerecht erhoben wurde.

ee) Fortsetzungsfeststellungsinteresse

156 Auf das bei jeder Fortsetzungsfeststellungsklage erforderliche besondere Feststellungsinteresse müssen Sie stets eingehen. Nach der Rspr. haben sich vier Fallgruppen herausgebildet:

157 (1) Ein **Rehabilitationsinteresse** besteht, wenn der erledigte VA diskriminierende Wirkung für den Kläger entfaltet, die nur durch eine gerichtliche Entscheidung der Rechtswidrigkeit ausgeglichen werden kann. Die behördliche Maßnahme muss geeignet sein, das Ansehen in der Öffentlichkeit oder im sozialen Umfeld im Sinne einer Stigmatisierung herabzusetzen.[175] Diese Stigmatisierung muss noch in der Gegenwart andauern.[176] Ein ideelles Feststellungsinteresse besteht auch bei einer schwerwiegenden Grundrechtsverletzung.

158 (2) Eine **Wiederholungsgefahr** besteht, wenn eine hinreichend konkrete Gefahr vorliegt, dass die Behörde unter im Wesentlichen unveränderten tatsächlichen und rechtlichen Verhältnissen erneut einen vergleichbaren VA erlassen wird.

159 Bitte merken Sie sich, dass die Wiederholungsgefahr nur besteht, wenn aufgrund konkreter Anhaltspunkte mit dem Erlass eines VA vergleichbaren Inhalts zu rechnen ist. Daran kann es zB fehlen, wenn einem Gewerbetreibenden gem. § 35 I GewO die Vertretung einer konkret bestimmten juristischen Person untersagt wird, diese allerdings bereits im Klageverfahren mit konstitutiver Wirkung aus dem Handelsregister gelöscht worden und damit nicht mehr existent ist.[177] Eine Wiederholungsgefahr kann dann nur bestehen, wenn konkrete Anhaltspunkte dafür vorliegen, dass der Kläger bei einer vergleichbaren juristischen Person Vertretungsbefugnisse erhält.

160 Eine Wiederholungsgefahr besteht auch dann nicht mehr, wenn die Behörde verbindlich erklärt, künftig an der umstrittenen Verwaltungspraxis nicht mehr festhalten zu wollen.[178] Diese Erklärung finden Sie in Examensklausuren häufig in der Sitzungsniederschrift. In diesem Fall sollten Sie klären, ob die Fortsetzungsfeststellungsklage zumindest auf das Präjudizinteresse gestützt werden kann.

161 (3) **Präjudizinteresse**: Die beabsichtigte Geltendmachung von Schadensersatz- oder Entschädigungsansprüchen im ordentlichen Rechtsweg[179] kann aufgrund der Rechtskraftwirkung einer gerichtlichen Entscheidung (§ 121 VwGO) ein Fortsetzungsfeststellungsinteresse begründen. Dies gilt nach hM jedoch nur bei Erledigung nach Klageerhebung, da der Kläger andernfalls nicht »um die Früchte des Prozesses« gebracht wird. In Aktenauszügen finden Sie solche Absichtserklärungen häufig im Protokoll zur mündlichen Verhandlung, nachdem der behördliche Sitzungsvertreter erklärt hat, an der umstrittenen Verwaltungspraxis nicht mehr festhalten zu wollen und die Wiederholungsgefahr damit entfällt. Dann kann in der Regel nur noch das Präjudizinteresse das Fortsetzungsfeststellungsinteresse stützen.

174 BVerwG NVwZ 2000, 63 (64).

175 ZB BVerwG NVwZ 2013, 1481 (1482) (Vorwurf schuldhaft kriminellen Verhaltens); zum (abgelehnten) Rehabilitationsinteresse im Falle der Anordnung eines medizinisch-psychologischen Gutachtens zur Wiedererteilung der Fahrerlaubnis s. BVerwG NVwZ 2013, 1550.

176 OVG Münster BeckRS 2019, 24953.

177 VG Arnsberg BeckRS 2003, 22046.

178 BVerfG NVwZ-RR 2011, 405: Die behördliche Einsicht in einer Klageerwiderung, die angegriffene Maßnahme sei »nicht frei von Rechtsfehlern«, reicht aber nicht zur verlässlichen Annahme, dass in einer vergleichbaren Situation nicht erneut eine Verfügung gleichen Inhalts erlassen wird.

179 OVG Saarlouis BeckRS 2015, 54647 (kein Feststellungsinteresse, wenn die Schadensersatzklage vor dem VG erhoben werden soll).

Um die Klage nicht an der Zulässigkeit scheitern zu lassen, sollten Sie die Anforderungen an das Feststellungsinteresse nicht zu hoch hängen. Nach der Rspr. ist ein Fortsetzungsfeststellungsinteresse wegen »offensichtlicher Erfolglosigkeit« des Ersatzanspruchs nur zu verneinen, wenn ohne Weiteres erkennbar ist, dass der behauptete Anspruch unter keinem rechtlichen Gesichtspunkt besteht. Die Voraussetzungen dieser Negativevidenz werden in der Regel nicht erfüllt sein, insbesondere müssen Sie daran denken, dass in einem Haftungsprozess gegebenenfalls auch Ansprüche außerhalb von § 839 BGB, Art. 34 GG zu prüfen sind. Die offensichtliche Aussichtslosigkeit eines Amtshaftungsprozesses wird aber grundsätzlich angenommen, wenn es offensichtlich am Verschulden des Amtswalters fehlt, was der Fall sein kann, wenn ein Kollegialgericht ein Verhalten gebilligt hat (sog. Kollegialgerichtsregel). Auch diese Konstellation kann in Aktenauszügen auftauchen. Beachten Sie dann aber, dass diese Regel unanwendbar ist, wenn besondere Umstände dafür sprechen, dass der handelnde Beamte eine weitergehende Kenntnis als das Kollegialgericht hatte. Diese Rückausnahme kann greifen, wenn das Kollegialgericht von einem falschen Sachverhalt ausgegangen ist.[180] 162

(4) Die Rechtsprechung nimmt wegen Art. 19 IV GG ein Fortsetzungsfeststellungsinteresse auch dann an, wenn sich die angegriffene Maßnahme **typischerweise** so **kurzfristig erledigt**, dass sie ohne Annahme eines Fortsetzungsfeststellungsinteresses regelmäßig keiner Überprüfung in einem gerichtlichen Verfahren zugänglich ist.[181] 163

3. Sonstige allgemeine Sachentscheidungsvoraussetzungen

Schließlich können noch einige allgemeine Sachentscheidungsvoraussetzungen anzusprechen sein. Sie sollten diese allerdings nur erörtern, wenn im Aktenauszug tatsächlich Probleme aufgeworfen werden. 164

a) Beteiligungs- und Prozessfähigkeit

Beteiligungsfähig, also fähig, Subjekt eines Prozessrechtsverhältnisses zu sein, sind zunächst natürliche und juristische Personen des öffentlichen und des Privatrechts (**§ 61 Nr. 1 VwGO**). Politische Parteien (§ 2 ParteiG) können gleichfalls unter ihrem Namen klagen und verklagt werden (§ 3 S. 1 ParteiG). Dies gilt – vorbehaltlich anderer satzungsrechtlicher Bestimmungen – auch für die Gebietsverbände der »jeweils höchsten Stufe« (§ 3 S. 2 ParteiG). § 61 Nr. 1 VwGO greift damit regelmäßig nicht ein für Ortsverbände politischer Parteien, die gegebenenfalls nach § 61 Nr. 2 VwGO beteiligtenfähig sein können.[182] 165

Gemäß **§ 61 Nr. 2 VwGO** sind zudem Vereinigungen beteiligtenfähig, soweit diesen im konkreten Streitgegenstand ein Recht zustehen kann. Examensrelevant sind neben der BGB-Gesellschaft vor allem kollegial organisierte Teile der Vertretung im Kommunalverfassungsstreit. Da es für eine »Vereinigung« eine hinreichende organisatorische Verfestigung geben muss, fehlt dieses Merkmal bei Bürgerinitiativen bisweilen. Dann ist anstelle der Bürgerinitiative als solche jedes Mitglied gem. § 61 Nr. 1 Var. 1 VwGO beteiligtenfähig. Die Prozessfähigkeit ergibt sich dann aus § 62 I Nr. 1 VwGO. 166

Je nach Landesrecht können schließlich Behörden selbst Subjekt eines Verwaltungsprozess sein (**§ 61 Nr. 3 VwGO**). Hiervon hat Niedersachsen für landesunmittelbare Behörden, also nicht für Kommunalbehörden Gebrauch gemacht.[183] 167

Prozessfähig sind alle nach bürgerlichem Recht Geschäftsfähigen (§ 62 I Nr. 1 VwGO) und gem. § 62 I Nr. 2 VwGO beschränkt Geschäftsfähigen, die nach Vorschriften des bürgerlichen oder öffentlichen Rechts für den Gegenstand des Verfahrens als geschäftsfähig anerkannt werden. Dies kann im Ausnahmefall in Klausuren aus dem Schulrecht relevant werden. Prozessunfähige natürliche oder juristische Personen, Vereinigungen sowie Behörden werden in der Regel durch gesetzliche Vertreter vertreten (§ 62 III VwGO). 168

180 BVerwG NVwZ 1991, 270 (271).

181 OVG Münster NVwZ 2018, 1497 (FFI bei der Aufforderung durch die Bundespolizei, sich durch das Vorzeigen des Personalausweises auszuweisen).

182 VG München BeckRS 2008, 37165.

183 § 79 I NJG.

b) Postulationsfähigkeit

169 Vor dem VG ist grundsätzlich jeder Prozessfähige auch postulationsfähig, also fähig, Anträge zu stellen. Ein Anwaltszwang besteht nur vor dem OVG und dem BVerwG. Nach § 67 II 2 Nr. 1 VwGO sind auch Beschäftigte eines Beteiligten oder eines mit ihm verbundenen Unternehmens vertretungsbefugt.

170 Anders als im Zivilprozess bedarf es im Verwaltungsprozess grundsätzlich gem. § 67 VI VwGO der Vorlage der Originalvollmacht. Regelmäßig wird in der Klausur aber von dem Abdruck abgesehen.

c) Keine entgegenstehende Rechtskraft

171 Ist bereits zwischen denselben Beteiligten über denselben Streitgegenstand durch Urteil rechtskräftig entschieden worden ist, ist § 121 VwGO zu beachten (materielle Rechtskraft). Die Rspr. geht teilweise davon aus, dass in diesem Fall das rechtskräftige Urteil ohne sachliche Prüfung der anschließenden Klage zugrunde zu legen ist.[184] Teilweise wird aber auch bereits eine Unzulässigkeit der Klage angenommen.[185] Regelmäßig läuft allerdings der auf die entgegenstehende Rechtskraft gerichtete Einwand (des Beklagten) ins Leere. Dieses wird daran liegen, dass der neue Rechtsstreit außerhalb der Grenzen des rechtskräftig entschiedenen Gegenstandes liegt.

- In **persönlicher Hinsicht** beschränkt sich die Rechtskraft auf die Beteiligten iSd § 63 VwGO, also neben dem Kläger und Beklagten auch auf den Beigeladenen und die Rechtsnachfolger.[186] Damit muss sich etwa ein Bauantragsteller, der an einem Verwaltungsrechtsstreit, den der Nachbar mit einem anderen Bauantragsteller geführt hat, nicht beteiligt war und auch nicht Rechtsnachfolger eines Beteiligten ist, nicht entgegenhalten lassen, dass in einem Vorprozess eine Baugenehmigung für ein sachlich identisches Vorhaben rechtskräftig aufgehoben worden ist.[187]
- **Gegenständlich** entfaltet die Vorentscheidung eine materielle Rechtskraftwirkung nur für den Streitgegenstand. Dieser wird wie im Zivilprozess durch den Antrag und den zugrundeliegenden Sachverhalt bestimmt (zweigliedriger Streitgegenstandsbegriff).[188]

172 Bei einer wesentlichen Änderung der Sach- und Rechtslage steht die Rechtskraft der früheren Entscheidung der neuen Klage nicht entgegen, weil der neue Rechtsstreit dann über einen anderen Streitgegenstand geführt wird.[189]

d) Keine anderweitige Rechtshängigkeit

173 Ist wegen desselben Streitgegenstandes und denselben Beteiligten bei einem anderen allgemeinen oder besonderen VG oder ordentlichen Gericht bereits eine Klage anhängig, ist eine weitere Klage gem. § 173 S. 1 VwGO iVm § 17 I 2 GVG unzulässig. Da dies im Examen nicht zu erwarten ist, wird ein möglicher Einwand des Beklagten, die Klage sei wegen anderweitiger Rechtshängigkeit unzulässig, ins Leere laufen. Dies wird voraussichtlich daran liegen, dass der andere Rechtsstreit einen abweichenden Streitgegenstand zum Inhalt hatte. Gegebenenfalls müssen Sie diese Abweichung herausarbeiten.

IV. Begründetheit der Klage

174 **Hinweis:** Die Auseinandersetzung mit der – in der klägerseits bejahten – Begründetheit der Klage bildet in der Regel den Klausurschwerpunkt und stellt den Abschnitt dar, mit dem Sie sicherstellen können, eine gute Note zu erreichen. Zudem wird Sie eine noch so überzeugende Zulässigkeitsprüfung kaum in die oberen Punkteränge führen, wenn die Begründetheitsprüfung schwach ist.

184 BVerwG NVwZ 2002, 853 (853).
185 Eyermann/*Rennert* VwGO § 121 Rn. 9 mwN (Prozesshindernis der res iudicata).
186 Rechtsnachfolger ist, wer kraft Rechtsgeschäfts, staatlichen Hoheitsakts oder Gesetzes als Gesamt- oder Einzelrechtsnachfolger in das Recht des Vorgängers eintritt; Eyermann/*Rennert* VwGO § 121 Rn. 43.
187 BVerwG NVwZ 2010, 779 (779).
188 Eyermann/*Rennert* VwGO § 121 Rn. 23.
189 Kopp/Schenke/*W.-R. Schenke* VwGO § 121 Rn. 28.

1. Begründetheit der Anfechtungsklage

Die Anfechtungsklage ist begründet, soweit[190] der angefochtene VA rechtswidrig ist und den Kläger in seinen Rechten verletzt (§ 113 I 1 VwGO). 175

Übersicht: Prüfungsschema der Begründetheit der Anfechtungsklage

Begründetheit (+), soweit VA rechtswidrig ist (I.) und den Kläger in seinen Rechten verletzt (II.); § 113 I 1 VwGO

I. **Rechtswidrigkeit des VA** (»..., soweit der VA rechtswidrig ist«)
- Benennung der Ermächtigungsgrundlage; (P) Rechtmäßigkeitskontrolle bei einfachgesetzlichen und untergesetzlichen Normen; (P) Verfassungskonforme Auslegung der Norm; (P) Umdeutung eines VA
- Formelle Rechtmäßigkeit des VA
  - **Zuständigkeit:** örtliche, sachliche und instanzielle Zuständigkeit
  - **Verfahren:** (P) Anhörung; (P) Mitwirkung anderer Stellen; (P) Anforderungen besonderer Verfahrensformen, zB im förmlichen Verwaltungsverfahren (§§ 63 ff. VwVfG) oder Planfeststellungsverfahren (§§ 72 ff. VwVfG)
  - **Form:** Grundsätzlich Formfreiheit des Verfahrens (§ 10 VwVfG); (P) Ausnahmsweise Schriftform; (P) Formelle Begründung; (P) Abgrenzung der formellen Begründung zur materiell richtigen Begründung
  - Gegebenenfalls **Heilung** gem. § 45 VwVfG; gegebenenfalls **Unbeachtlichkeit** von Form- und Verfahrensfehlern (§ 46 VwVfG)
- **Materielle Rechtmäßigkeit** des VA
  - **Allgemeine Rechtmäßigkeitserfordernisse**; (P) Hinreichende Bestimmtheit des VA
  - Vorliegen der **tatbestandlichen Voraussetzungen** im **maßgebenden Zeitpunkt**; (P) Maßgebender Zeitpunkt richtet sich nach materiellem Recht: bei Anfechtungsklage danach in der Regel Zeitpunkt der letzten behördlichen Entscheidung maßgebend; (P) Ausnahmen: insbesondere Dauer-VA, gegebenenfalls Rückausnahmen: insbesondere § 35 VI GewO; (P) Prüfung unbestimmter Rechtsbegriffe; (P) Gerichtliche Kontrolldichte bei Beurteilungsspielräumen; (P) Beweislast im Verwaltungsprozess
  - **Rechtsfolge** der Ermächtigungsgrundlage
    - **Ermessensentscheidung**
      Hier gerichtliche Kontrollbefugnis gem. § 114 S. 1 VwGO auf Ermessensfehler beschränkt (Arg. Gewaltenteilung); Wahrung der Ermessensgrenzen
      - Ermessensüberschreitung
      - Ermessensunterschreitung
      - Ermessensfehlgebrauch

      (P) Nachschieben von Ermessenserwägungen (prozessual gem. § 114 S. 2 VwGO zulässig)
    - **Gebundene Entscheidung:** Rechtsfolge ergibt sich zwingend aus dem Gesetz; (P) verfassungskonforme Auslegung

II. **Rechtsverletzung des Klägers** (»... und den Kläger in seinen Rechten verletzt, ...«)
Zumindest Verletzung des Art. 2 I GG (+), wenn VA rechtswidrig; (P) Drittanfechtung

a) Benennung der Ermächtigungsgrundlage

Einleitend ist die tragende Ermächtigungsgrundlage zu nennen und genau zu zitieren, zB: 176

> Die Beschränkung findet ihre Grundlage in § 8 I NVersG. Danach ...

Problem: Wirksamkeitskontrolle bei einfachgesetzlichen Normen 177

Vereinzelt wird vom Kläger geltend gemacht, die Ermächtigungsgrundlage sei (zB wegen der Verletzung höherrangigen Rechts) verfassungswidrig und könne deshalb nicht zur Anwendung gelangen. Dieser Einwand taucht etwa in Rechtsschutzkonstellationen auf, in denen die

190 Formulieren Sie nicht: »Die Anfechtungsklage ist begründet, ›wenn‹ ...«. Diese Formulierung ist unsauber, weil sie erstens nicht dem Wortlaut des Gesetzes entspricht und zweitens nicht die wichtige Konstellation der Teilanfechtung, etwa bei isolierten Anfechtungsklagen gegen Nebenbestimmungen, erfasst.

angefochtene Verfügung auf eine neuere Ermächtigungsgrundlage (aus dem Gefahrenabwehrrecht) gestützt wird.

178 Klausurtaktisch ist folgende Überlegung wichtig: Falls der angefochtene VA auf einer *einfachgesetzlichen* Grundlage beruht und das VG von der Verfassungswidrigkeit der Ermächtigungsgrundlage überzeugt wäre, müsste das Verfahren in entsprechender Anwendung des § 94 VwGO[191] ausgesetzt und eine Entscheidung des BVerfG gem. Art. 100 I GG eingeholt werden (Verwerfungsmonopol des BVerfG). Dies wird nicht der vom Prüfungsamt vorgesehene Lösungsweg sein. Daher werden Sie in der Regel darlegen müssen, dass und aus welchen Gründen die den VA tragende gesetzliche Ermächtigung verfassungsrechtlich nicht zu beanstanden ist.

Hinweis: Im Rahmen der Rechtmäßigkeitskontrolle sollten Sie im Assessorexamen grundsätzlich nur die Aspekte vertieft erörtern, über die die Beteiligten tatsächlich diskutieren. In der Regel spielen formelle Wirksamkeitsvoraussetzungen (zB Gesetzgebungskompetenz, ordnungsgemäßes Verfahren) eine untergeordnete Rolle. Klausurrelevanter ist die vom Kläger bezweifelte materiellrechtliche Vereinbarkeit der Rechtsgrundlage mit höherrangigen Normen (zB die Verletzung von Grundrechten und sonstigem höherrangigen Recht). Bei förmlichen Landesgesetzen tritt die Prüfung der Vereinbarkeit mit Bundesrecht (Art. 31 GG) hinzu.

179 **Problem:** Wirksamkeitskontrolle bei untergesetzlichen Normen

In einigen Aktenauszügen wird die Wirksamkeit *untergesetzlicher* Normen problematisiert. Insoweit gilt das Verwerfungsmonopol des BVerfG nicht, sodass Sie den vorstehenden Lösungsansatz auf diesen Fall nicht übertragen dürfen. Bei der Wirksamkeitskontrolle untergesetzlicher Vorschriften ist zwischen Rechtsverordnungen, Satzungen und Verwaltungsvorschriften zu unterscheiden. Anders als bei einfachgesetzlichen Grundlagen sollten Sie – sofern der VA auf eine untergesetzliche Norm gestützt wird – die Wirksamkeit in der Klageerwiderung stets ansprechen. Ist von der Wirksamkeit der Norm ohne Weiteres auszugehen und wird dieser Gesichtspunkt vom Kläger im Aktenauszug nicht problematisiert, reicht in der Regel ein kurzer Hinweis. Generell sollten Sie den Bearbeitervermerk auch diesbezüglich genau lesen, da häufig die Rechtmäßigkeit der Grundlage (gegebenenfalls auch nur teilweise, etwa bezüglich der formellen Rechtmäßigkeit) positiv festgestellt wird (Beispiel: »*Es ist davon auszugehen, dass die Baumschutzsatzung der Gemeinde Wedemark [formell] wirksam ist*«). Ist hingegen die Wirksamkeit der untergesetzlichen Norm problematisch, da eine Verletzung höherrangigen Rechts (einschließlich einfachgesetzlicher Normen) in Betracht kommt, müssen Sie die Wirksamkeit der Norm vertieft erörtern.

- Wird die Verfügung auf eine **Rechtsverordnung** gestützt, sollten Sie die Wirksamkeit entweder kurz feststellen oder – sofern der Aktenauszug hierzu Anlass bietet – vertieft erörtern. Gedanklich müssen Sie hier zweigestuft vorgehen. Zunächst ist festzustellen, ob die Ermächtigungsgrundlage zum Erlass der Rechtsverordnung formell und materiell verfassungskonform ist. Bejahen Sie dies (was der Regelfall sein wird), müssen Sie anschließend die Rechtmäßigkeit der Rechtsverordnung selbst erörtern. Formell sind hierzu die Zuständigkeit des Verordnungsgebers und ein ordnungsgemäßes Erlassverfahren erforderlich. Materiell müssen die Voraussetzungen der (gesetzlichen) Ermächtigungsnorm erfüllt sein. Außerdem darf die Verordnung nicht gegen sonstiges höherrangiges Recht (Gemeinschaftsrecht, Grundrechte, sonstiges Verfassungsrecht, einfach-gesetzliche Normen) verstoßen.
  Ist die verordnungsrechtliche Ermächtigungsgrundlage rechtmäßig, prüfen Sie dann ihre tatbestandlichen Voraussetzungen und die ordnungsgemäße Rechtsfolgensetzung weiter.
- Findet der VA seine Grundlage in einer **Satzung** (zB Baumschutz- oder Friedhofssatzung), sollten Sie ebenfalls zunächst den Blick in den Bearbeitervermerk richten, da dort gegebenenfalls einzelne Wirksamkeitsvoraussetzungen positiv festgestellt werden. Ist dieses nicht der Fall, kann klärungsbedürftig sein, ob tatsächlich eine Satzung oder eine Verwaltungsvorschrift erlassen worden ist. Ein dahingehendes Abgrenzungsproblem stellt sich deshalb,

191 In »entsprechender Anwendung«, weil die Vorlage erst nach der Aussetzung und durch das Gericht, nicht durch die Beteiligten anhängig gemacht wird.

weil beide Rechtsquellen von Selbstverwaltungskörperschaften erlassen werden können (zB Erlass von Benutzungsordnungen für öffentliche Einrichtungen durch eine Gemeinde). Maßgebliches Abgrenzungskriterium ist, ob der Normgeber insbesondere durch ein formelles Rechtsetzungsverfahren eine Außenverbindlichkeit schaffen will (dann Satzung) oder der Regelung nur eine interne, ermessenslenkende Funktion zukommen soll (dann Verwaltungsvorschrift). Anschließend prüfen Sie die formellen und materiellen Voraussetzungen der Satzung im Einzelnen. Hinsichtlich der formellen Rechtmäßigkeitserfordernisse müssen Sie bedenken, dass Form- und Verfahrensfehler gegebenenfalls geheilt werden oder unbeachtlich sein können (etwa gem. §§ 214, 215 BauGB).
- **Verwaltungsvorschriften** (zB Richtlinien, Weisungen, Erlasse [zB im Aufenthaltsrecht], technische Anleitungen) sind prüfungstechnisch in der Regel nicht »vorgeschaltet« zu erörtern. Vielmehr spielen sie bei der Auslegung eines bestimmten Merkmals innerhalb der materiellen Rechtmäßigkeit eine Rolle und sind gegebenenfalls dort zu überprüfen.

b) Formelle Rechtmäßigkeit des VA

Fragen der formellen Rechtmäßigkeit eines VA werden von den Prüfungsämtern im Assessorexamen erfahrungsgemäß weniger häufig problematisiert als im Referendarexamen. Folgende Fragestellungen tauchen jedoch regelmäßig auf: 180

aa) Zuständigkeit

Gegebenenfalls ist nach dem Bearbeitervermerk von der Zuständigkeit der handelnden Behörde auszugehen oder ein Auszug der maßgebenden Zuständigkeitsregelungen abgedruckt, anhand derer die *sachliche* (Verbands- und Organzuständigkeit) und *örtliche* Zuständigkeit (in welchem räumlichen Bereich ist ein sachlicher Verwaltungsträger zuständig? diese Frage richtet sich nach § 3 VwVfG oder einer Spezialregelung) zu prüfen ist. 181

Die *instanzielle* Zuständigkeit regelt, welche behördliche Instanz innerhalb einer mehrstufigen Behördenhierarchie zuständig ist. Grundsätzlich ist diese Frage zugunsten der unteren Behördeninstanz zu entscheiden. Nur ausnahmsweise ist die vorgesetzte Behörde instanziell zuständig, wenn sie über ein gesetzlich zugelassenes Selbsteintrittsrecht verfügt. 182

In einigen Rechtsgebieten ist die Zuständigkeit hingegen regelmäßig vertieft zu behandeln: In **gefahrenabwehrrechtlichen Klausuren** wird regelmäßig die Zuständigkeit in sachlicher, örtlicher und instanzieller Hinsicht problematisiert. Häufig ist in gefahrenabwehrrechtlichen Klausuren die sachliche Zuständigkeit vor dem Hintergrund der sog. Subsidiaritätsklausel zu erörtern, wenn eine Gefahr für private Rechtsgüter abgewehrt werden soll. Zudem kann an dieser Stelle das Problem des »störenden Hoheitsträgers« relevant werden. Vielfach ist die örtliche Zuständigkeit der Gefahrenabwehrbehörde zu klären.[192] Zudem sind in **kommunalrechtlichen Aufgabenstellungen** in der Regel Ausführungen zur Zuständigkeit (insbesondere zur Verbands- und Organkompetenz sowie zur örtlichen Zuständigkeit) erforderlich.

bb) Ordnungsgemäßes Verfahren

Übersicht: Ordnungsgemäßes Verfahren 183

- Beachtung der **Verfahrensrechte der Beteiligten**; insbesondere ordnungsgemäße Anhörung vor Erlass eines belastenden VA (§ 28 VwVfG), (P) Nach hRspr. nur, wenn bisherige Rechtsposition nachteilig verändert wird, nicht bei erstmaliger Ablehnung einer beantragten Begünstigung
- Wahrung der **Mitwirkungsrechte Dritter**
- Grundsätzlich **Nichtförmlichkeit des Verwaltungsverfahrens** (§ 10 VwVfG); besondere Anforderungen bei bestimmten Verfahren, insbesondere im förmlichen Verwaltungsverfahren (§§ 63 ff. VwVfG) und Planfeststellungsverfahren (§§ 72 ff. VwVfG)

Examensrelevant ist vor allem ein Verstoß gegen die **Anhörungspflicht gem. § 28 VwVfG.** 184
Gemäß § 28 I VwVfG ist eine Anhörung vor Erlass eines VA erforderlich, der in die Rechte eines Beteiligten eingreift. Dieses ist ohne Weiteres der Fall, wenn ein VA erlassen werden soll, der eine bestehende Rechtsposition schmälert. Nach hM besteht eine Anhörungspflicht

192 Im Einzelnen: *Kaiser/Köster/Seegmüller* MatÖffR Kap. 5 Rn. 16.

nicht, wenn ein begünstigender VA erstmals abgelehnt wird. In diesem Fall liegt ein »Eingriff in die Rechte« iSv § 28 VwVfG nicht vor. Diese Frage wurde bereits in Aktenauszügen thematisiert.

185 In den eng auszulegenden (!) Ausnahmefällen des § 28 II VwVfG kann nach Ermessen von einer Anhörung abgesehen werden.[193]

- Klausurrelevant ist insbesondere die Entbehrlichkeit der Anhörung bei »Gefahr im Verzug« iSd **§ 28 II Nr. 1 Alt. 1 VwVfG.** Diese Sachlage liegt aber nur vor, wenn festgestellt werden kann, dass aus Ex-ante-Sicht sogar kürzeste Anhörungsfristen mit hoher Wahrscheinlichkeit zur Folge haben würden, dass die durch den VA zu treffende Regelung zu spät käme.[194]
- Von Bedeutung ist auch **§ 28 II Nr. 4 Alt. 1 VwVfG,** wonach eine Anhörung entbehrlich ist, wenn eine Allgemeinverfügung erlassen werden soll.
- Examensrelevant ist auch **§ 28 II Nr. 5 VwVfG,** wonach bei Maßnahmen »in der Verwaltungsvollstreckung« eine Anhörung unterbleiben kann. Der Begriff der Vollstreckungsmaßnahme erfasst neben Vollstreckungsakten nach dem VwVG und dem NPOG bzw. NVwVG auch bereichsspezifische Vollstreckungsakte (zB Abschiebung nach AufenthG).[195] Entbehrlich ist eine Anhörung auch vor einer unmittelbaren Ausführung.[196] Merken Sie sich aber, dass der Erlass eines Kostenbescheides nach einer Vollstreckungsmaßnahme nicht unter § 28 II Nr. 5 VwVfG fällt. Es handelt sich nicht um eine Maßnahme »in« der Verwaltungsvollstreckung; das Erstattungsverfahren erfolgt vielmehr nach Abschluss der Vollstreckung.

186 Im Übrigen sind Besonderheiten nur zu beachten, wenn durch Rechtsvorschrift ein **förmliches Verwaltungsverfahren** (§§ 63 ff. VwVfG) angeordnet wird (§ 63 I VwVfG) oder die Vorschriften über das **Planfeststellungsverfahren** (§§ 72 ff. VwVfG) Anwendung finden. Falls dies nicht der Fall ist, gilt der Grundsatz der Nichtförmlichkeit des Verfahrens (§ 10 VwVfG).

cc) Ordnungsgemäße Form

187 Im Rahmen der ordnungsgemäßen Form des VA stellen sich nur selten Probleme eines gegebenenfalls spezialgesetzlich vorgeschriebenen **Schriftform**gebots.

188 Bedeutsamer ist die Frage, ob der VA eine hinreichende **Begründung** enthält. § 39 I VwVfG verlangt für schriftliche und elektronische sowie entsprechend bestätigte VA eine formelle Begründung, die erkennen lässt, welche Erwägungen die Behörde zu dessen Erlass veranlasst haben. Daher sind nur formelhafte oder den Gesetzeswortlaut wiederholende Erklärungen oder die bloße Wiedergabe des Sachverhalts nicht ausreichend.[197] Beachten Sie, dass ein auf eine unzureichende Begründung zielender Einwand des Klägers jedoch ins Leere geht, wenn zumindest erkennbar wird, welche subjektiven Erwägungen die behördliche Entscheidung getragen haben. Nach unseren Erfahrungen fehlt es dem streitbefangenen Bescheid eher selten an der formellen Begründung. Falls tatsächlich ein Begründungsmangel vorliegt, müssen Sie an die Heilung gem. § 45 I Nr. 2, II VwVfG denken.

189 Ob die Begründung des VA auch materiell trägt, ist für die formelle Rechtmäßigkeit irrelevant, sondern bezieht sich auf dessen materielle Rechtmäßigkeit.

> **Merke:** In der Klausur macht der Kläger häufig Begründungsdefizite geltend. Insoweit müssen Sie zwischen dem formellen Begründungserfordernis nach § 39 VwVfG und der materiell zutreffenden Begründung unterscheiden.

193 Da es sich um eine Ermessensentscheidung handelt (str.), ist in verwaltungsbehördlichen Aufgabenstellungen daran zu denken, dass das Absehen von der Anhörung besonders begründet wird (§ 39 I 3 VwVfG direkt oder – weil es sich nur um eine verfahrenslenkende Regelung handelt – analog); vgl. etwa Kopp/Ramsauer/*Ramsauer* VwVfG § 28 Rn. 44.

194 Kopp/Ramsauer/*Ramsauer* VwVfG § 28 Rn. 52.

195 Kopp/Ramsauer/*Ramsauer* VwVfG § 28 Rn. 71.

196 Kopp/Ramsauer/*Ramsauer* VwVfG § 28 Rn. 72 (str.).

197 Kopp/Ramsauer/*Ramsauer* VwVfG § 39 Rn. 18.

- Als Problem der **formellen Rechtmäßigkeit** des VA erfordert das Gebot der formellen Begründung (§ 39 VwVfG) eine einzelfallbezogene Darstellung der Erwägungen, die die Behörde zum Erlass des VA veranlasst haben. Wird dieses Gebot verletzt, ist der VA formell rechtswidrig und kann gegebenenfalls nach § 45 I Nr. 2, II VwVfG geheilt werden. Ein solcher Fehler kann auch nach § 46 VwVfG unbeachtlich sein.
- Als Problem der **materiellen Rechtmäßigkeit** des VA ist zu untersuchen, ob dessen Gründe auch in objektiv-rechtlicher Hinsicht tragen. Ist dieses im Zeitpunkt der Bekanntgabe nicht der Fall, stellt sich in der Klausur vielfach das Folgeproblem, ob Gründe nachgeschoben werden können. Dieses ist auch bei Ermessensentscheidungen grundsätzlich zulässig, wie die prozessrechtliche Bestimmung des § 114 S. 2 VwGO zeigt. In diesem Rahmen ist gegebenenfalls klärungsbedürftig, ob es sich um ein zulässiges Nachschieben (»ergänzen«) oder um ein unzulässiges Auswechseln oder erstmaliges Darlegen der Ermessenserwägungen handelt.[198] Eine Heilung (§ 45 I Nr. 2, II VwVfG) bzw. Unbeachtlichkeit (§ 46 VwVfG) kommt insoweit jedenfalls nicht in Betracht, da es sich nicht um die »erforderliche Begründung« handelt. Zwischen der formellen Begründung eines VA und den materiellen Gründen müssen Sie also auch terminologisch trennen.

dd) Rechtsfolgen von formellen Fehlern

Erfüllt der VA die oben genannten formellen Anforderungen nicht, müssen Sie anschließend die Heilung (§ 45 VwVfG) und gegebenenfalls die Unbeachtlichkeit des Verfahrensfehlers (§ 46 VwVfG) prüfen. Besteht Heilungsbedarf, ist diese »Heilbehandlung« in der Klageerwiderung durchzuführen. Eine eventuelle Unbeachtlichkeit bedarf ebenfalls der Darlegung im Erwiderungsschriftsatz. 190

§ 45 VwVfG sieht die **Heilung formeller Fehler** vor. Examensrelevant sind insbesondere § 45 I Nr. 2 und 3 VwVfG. 191

Übersicht: Heilung von formellen Fehlern gem. § 45 VwVfG

- Vorliegen eines **Verfahrens- oder Formfehlers**
  - Erforderlichkeit der Anhörung (§ 28 I VwVfG) bzw. Begründung (§ 39 I VwVfG)
  - Keine Entbehrlichkeit (§ 28 II, III VwVfG) bzw. Begründung (§ 39 II VwVfG)
- **Keine Nichtigkeit** gem. § 44 VwVfG
- **Heilbarkeit des Fehlers** gem. §§ 45 I Nr. 1–5 VwVfG
- **Ordnungsgemäßer »Heilungsakt«**
- **Rechtzeitigkeit** der Heilung (§ 45 II VwVfG)

Rechtsfolge:

↓

- **Formelle Rechtswidrigkeit des VA wird ex tunc beseitigt** (hM)
- Gegebenenfalls **Fiktion der unverschuldeten Versäumnis der Rechtsbehelfsfrist** in den Fällen des § 45 I Nr. 2 und 3 VwVfG (§ 45 III VwVfG)

Der sachliche Anwendungsbereich des § 45 VwVfG erfasst einen VA, der unter einem **Verfahrens- oder Formfehler** leidet. 192

Dieser darf nicht nach § 44 VwVfG zur **Nichtigkeit** führen, was Sie in den Entscheidungsgründen zumindest kurz darzulegen haben. § 44 VwVfG prüfen Sie in einem Dreischritt: 193

- Ist nach § 44 II VwVfG ohne Weiteres von der Nichtigkeit auszugehen, weil ein absoluter Nichtigkeitsgrund vorliegt? Wenn (–):
- Liegt ein Grund iSd § 44 III VwVfG vor, der allein gerade nicht die Nichtigkeit begründet? Wenn (–):
- Folgt eine Nichtigkeit aus der Generalklausel des § 44 I VwVfG? Dies setzt zweierlei voraus:
  - Der Fehler muss besonders schwerwiegend sein, also gegen Verfassungsprinzipien und/ oder wesentliche Wertvorstellungen der Rechtsordnung verstoßen,

198 *Happ/Allesch/Geiger/Metschke* ÖffVerw-Station 43 mwN.

- zudem muss der Fehler offensichtlich, dem VA also »auf die Stirn geschrieben sein«. Dieses ist der Fall, wenn sich der Fehler einem verständigen Beobachter offensichtlich aufdrängt.[199]

194 Ist der VA nicht nach § 44 VwVfG unwirksam, kann er geheilt werden, wenn ein Fall des **§ 45 I VwVfG** gegeben ist. Ist der formelle Fehler hiernach kompensierbar, setzt die Heilung aber voraus, dass ein **ordnungsgemäßer Heilungsakt** nach § 45 I Nr. 1 bis 5 VwVfG vorliegt. Examensrelevant sind insbesondere die Heilung durch nachträgliche Angabe einer zunächst fehlenden formellen Begründung (§ 45 I Nr. 2 VwVfG) sowie die Heilung einer fehlerhaft unterbliebenen Anhörung nach § 45 I Nr. 3 VwVfG.

- **Problem:** Nachholung der erforderlichen Begründung (§ 45 I Nr. 2 VwVfG)
  Gemäß § 45 I Nr. 2 VwVfG kann eine zunächst fehlende formelle Begründung nachgeholt werden. Zulässig ist auch die nachträgliche Präzisierung einer zunächst unvollständigen Begründung. Nicht von § 45 I Nr. 2 VwVfG erfasst wird aber das Auswechseln oder Ändern einer Begründung, wenn dadurch der VA in seinem Wesen verändert oder im Ergebnis auf eine vollständig andere Rechtsgrundlage gestützt wird.

- **Problem:** Nachholung der erforderlichen Anhörung (§ 45 I Nr. 3 VwVfG)
  Nach § 45 I Nr. 3 VwVfG kann ferner ein Anhörungsmangel geheilt werden, wenn die Anhörung nachträglich ordnungsgemäß durchgeführt und ihre Funktion für den behördlichen Entscheidungsprozess uneingeschränkt erreicht wird.[200] Nach der Rspr. kommt der Durchführung eines Widerspruchsverfahrens nach § 45 I Nr. 3 VwVfG heilende Wirkung zu, wenn dem Betroffenen ausreichende Gelegenheit zur Stellungnahme eingeräumt wird, sich schriftlich oder mündlich zu äußern und die Behörde ein etwaiges Vorbringen des Widerspruchsführers zur Kenntnis nimmt und bei der Entscheidung berücksichtigt.[201] Für die Heilung im gerichtlichen Verfahren ist streitig, ob hierfür eine Erklärung im gerichtlichen Verfahren ausreicht[202] oder ein parallel zum gerichtlichen Verfahren geführtes eigenständiges behördliches Verfahren erforderlich ist.[203]

195 Schließlich muss die **Heilung rechtzeitig** erfolgen. Nach § 45 II VwVfG ist die Heilung bis zum Abschluss der letzten Tatsacheninstanz möglich.

> Der angefochtene Verwaltungsakt ist in formeller Hinsicht nicht zu beanstanden. Dem steht nicht entgegen, dass dem Kläger vor Erlass der ihn belastenden Ordnungsverfügung vom … nicht Gelegenheit gegeben worden ist, sich zu den entscheidungserheblichen Tatsachen zu äußern, obwohl dieses nach § 28 I VwVfG erforderlich war. Auch die Voraussetzungen des § 28 II VwVfG, wonach im Wege einer Ermessensentscheidung von einer Anhörung abgesehen werden kann, lagen nicht vor …
>
> Dieser Verfahrensfehler ist jedoch gem. § 45 I Nr. 3 VwVfG mit anfänglicher Wirkung geheilt worden. Hiernach ist die Verletzung von Verfahrens- oder Formvorschriften, die – wie im vorliegenden Fall – keine Nichtigkeit iSd § 44 VwVfG bewirkt, unbeachtlich, wenn die erforderliche Anhörung eines Beteiligten nachgeholt wird. Nach ständiger Rspr. reicht es hiernach aus, wenn eine Anhörung im Widerspruchsverfahren durchgeführt wird, sofern dem Betroffenen ausreichende Gelegenheit zur mündlichen oder schriftlichen Stellungnahme eingeräumt wird und die Behörde ein etwaiges Vorbringen des Widerspruchsführers zur Kenntnis nimmt und bei der Entscheidung berücksichtigt. Nach diesen Maßstäben ist von einer Heilung des Verfahrensfehlers auszugehen, da …
>
> Die Heilung erfolgte auch rechtzeitig, da gem. § 45 II VwVfG die Heilung bis zum Abschluss der letzten Tatsacheninstanz eines verwaltungsgerichtlichen Verfahrens möglich ist.

199 Etwa OVG Münster NVwZ-RR 2012, 953, 954 (teilweise Aufhebung einer Baugenehmigung für ein mehrgeschossiges Hotelgebäude, die dazu führt, dass das Hotel ohne einen Treppenraum im Erdgeschoss und ohne einen ersten Rettungsweg genehmigt bliebe); Kopp/Ramsauer/*Ramsauer* VwVfG § 44 Rn. 12.

200 BVerwG NVwZ 2011, 115; VGH Kassel BeckRS 2015, 47466.

201 BVerwG NJW 2012, 2823; BSG NJW 2011, 1996: Die Nachholung der fehlenden Anhörung während des gerichtlichen Verfahrens setzt voraus, dass die beklagte Behörde dem Kläger in angemessener Weise Gelegenheit zur Äußerung einräumt und danach zu erkennen gibt, ob sie nach Prüfung dieser Tatsachen am bisher erlassenen VA festhält.

202 So etwa OVG Münster Beschl. v. 11.2.2014 – 15 9/14; OVG Münster BeckRS 2012, 51656; BeckRS 2010, 55839.

203 So BVerwG NJW 2012, 2823.

Ist der formelle Fehler nicht gem. § 45 VwVfG geheilt worden, ist anschließend die **Unbeachtlichkeit von Verfahrensfehlern** zu erörtern. Nach § 46 VwVfG besteht trotz Form- und/oder Verfahrensfehlers kein Aufhebungsanspruch (dh der VA bleibt fehlerhaft; nur der Aufhebungsanspruch entfällt)[204], wenn offensichtlich ist, dass die Verletzung die Entscheidung in der Sache nicht beeinflusst hat. Bei dieser Kausalitätsprüfung müssen Sie unterscheiden: 196

- Bei **gebundenen Entscheidungen** besteht ein Aufhebungsanspruch trotz des formellen Fehlers nicht, wenn sich die Entscheidung in der Sache als richtig darstellt.[205] Wegen der Gesetzesbindung ist die Entscheidung rechtlich alternativlos.
- Bei **Ermessensentscheidungen** ist einzelfallbezogen zu prüfen, ob der Verfahrensmangel konkret kausal für das Ergebnis war. Für die Alternativlosigkeit der Entscheidung ist die Behörde beweispflichtig.

c) Materielle Rechtmäßigkeit des VA

Die materielle Rechtmäßigkeit des VA ist in folgender Reihenfolge zu erörtern: 197

aa) Einhaltung allgemeiner Rechtmäßigkeitserfordernisse

Jenseits der tatbestandlichen Voraussetzungen der jeweiligen Ermächtigungsgrundlage erfordert die materielle Rechtmäßigkeit die Einhaltung allgemeiner Rechtmäßigkeitserfordernisse. 198

Problem: Hinreichende Bestimmtheit (§ 37 I VwVfG) 199

Das häufig problematisierte Gebot hinreichender Bestimmtheit (§ 37 I VwVfG) verlangt, dass der Inhalt der getroffenen Regelung für den Adressaten zumindest mittels Auslegung unter Einbeziehung der Begründung des VA sowie durch Bezugnahme auf Anlagen zum Bescheid vollständig, klar und unzweideutig erkennbar sein muss, dass für diesen ersichtlich ist, »welche Behörde was« von ihm verlangt. Damit reicht das Bestimmtheitsgebot in mehrere Richtungen:

- Wichtig ist die Bestimmtheit des VA hinsichtlich der betroffenen **Adressaten**. Grundsätzlich müssen die Adressaten eines Bescheides so genau angegeben werden, dass eine Verwechselung mit anderen Personen ausgeschlossen ist.[206] Problematisch kann die personale Bestimmtheit zB bei Personenmehrheiten sein.[207] Zudem wird die Bestimmtheit bezüglich des Adressaten in Aktenauszügen insbesondere dann in Zweifel gezogen, wenn Gegenstand der Anfechtungsklage eine Allgemeinverfügung ist. Hier reicht eine Bezeichnung der Betroffenen nach generellen Merkmalen aus, wenn sich aus diesen ohne Zweifel ergibt, wer gemeint ist.[208]
- Klausurrelevant ist zudem die **inhaltliche Bestimmtheit**, also die Erkennbarkeit, was von dem Adressaten verlangt wird. Der Entscheidungsinhalt muss nach Art und Umfang aus sich heraus verständlich sein und den Adressaten in die Lage versetzen, zu erkennen, was genau von ihm gefordert wird bzw. was in der ihn betreffenden Sache geregelt oder verbindlich festgestellt wird.[209]

Merke: In Aktenauszügen müssen Sie an das Bestimmtheitsgebot nach § 37 I VwVfG etwa denken, wenn der Tenor des VA (in der Klausur ist dieses in der Regel eine gefahrenabwehrrechtliche Ordnungsverfügung) sehr weit formuliert ist. Dann wird häufig zur Präzisierung des Regelungsbefehls dem Bescheid eine Anlage beigefügt (zB polizeirechtliches Aufenthaltsverbot mit anliegendem Stadtplan). Diese Bezugnahmen reichen grundsätzlich aus, um das Gebot inhaltlicher Bestimmtheit gem. § 37 I VwVfG zu bejahen. Klausurtaktisch gilt: Wenngleich das Bestimmtheitsgebot in Aktenauszügen häufig aufgeworfen wird, schlägt dieser Einwand im Ergebnis häufig nicht durch. Durch die Auslegung des VA unter Einbeziehung der Begründung oder evtl. Anlagen zum Bescheid werden in der Regel die Mindestanforderungen erfüllt.

---

204 Kopp/Ramsauer/*Ramsauer* VwVfG § 46 Rn. 33.
205 Kopp/Ramsauer/*Ramsauer* VwVfG § 46 Rn. 33 ff.
206 Kopp/Ramsauer/*Ramsauer* VwVfG § 37 Rn. 9.
207 Hierzu Kopp/Ramsauer/*Ramsauer* VwVfG § 37 Rn. 10 ff.
208 Kopp/Ramsauer/*Ramsauer* VwVfG § 37 Rn. 9.
209 Kopp/Ramsauer/*Ramsauer* VwVfG § 37 Rn. 12.

Bitte beachten Sie schließlich, dass die Einordnung des Bestimmtheitsgebots nach § 37 I VwVfG als materielles Rechtmäßigkeitserfordernis die Heilung eines Bestimmtheitsdefizits in direkter Anwendung des § 45 VwVfG bzw. einer Unbeachtlichkeit nach § 46 VwVfG ausschließt.[210] Es ist allenfalls denkbar, dass die Rechtswidrigkeit durch nachträgliche Klarstellungen rückwirkend geheilt wird, wobei diese grundsätzlich in derselben Form erfolgen müssen, wie sie auch für den VA selbst gelten.[211]

bb) Tatbestandliche Voraussetzungen im maßgeblichen Zeitpunkt

200 Bevor Sie die tatbestandlichen Voraussetzungen der Ermächtigungsgrundlage detailliert prüfen, müssen Sie beantworten, auf welchen maßgebenden Zeitpunkt abzustellen ist. Für die rechtliche Beurteilung des Falles wird diese Frage relevant, wenn zwischen Verwaltungsverfahren und Beginn der mündlichen Verhandlung Änderungen der Sach- oder Rechtslage eintreten.

201 Ob ein VA iSd § 113 I 1 VwGO rechtswidrig ist und den Kläger in seinen Rechten verletzt, beurteilt sich nach dem Streitgegenstand und dem materiellen Recht. Letzterem sind nämlich nicht nur die tatbestandlichen Voraussetzungen einer Ermächtigungsgrundlage zu entnehmen; vielmehr beantwortet das materielle Recht (also das Verwaltungsverfahrensrecht und das materielle Fachrecht) auch, zu welchem Zeitpunkt die Voraussetzungen einer Norm erfüllt sein müssen.[212]

(1) Maßgebender Zeitpunkt im Fall der Anfechtungsklage

202 Bei der Anfechtungsklage kommt es zur Beurteilung der Rechtmäßigkeit regelmäßig grundsätzlich auf den Zeitpunkt der letzten (widerspruchs-) behördlichen Entscheidung an.[213] Spätere Änderungen der Sach- und Rechtslage sind daher grundsätzlich nicht zu berücksichtigen. Hiervon sind allerdings Ausnahmen denkbar:

- Bei einem VA, dessen Regelungswirkung sich von vornherein auf einen **bestimmten Zeitraum** bezieht, kommt es grundsätzlich darauf an, ob in diesem Zeitraum die materiellen Voraussetzungen erfüllt waren. Diese Fallgruppe ist aber vorwiegend für Verpflichtungsklagen von Bedeutung (zB Ansprüche auf zeitabschnittsweise gewährte Leistungen).
- Bei einem rückwirkenden Inkrafttreten von Vorschriften und (besonders examensrelevant:) bei VA mit **Dauerwirkung** ist grundsätzlich auf den Zeitpunkt der letzten gerichtlichen Entscheidung (nicht: letzte mündliche Verhandlung, weil die Obergerichte in aller Regel ohne mündliche Verhandlung entscheiden; vgl. etwa § 130a VwGO) abzustellen. Letzterer muss nämlich für die gesamte Dauer seiner Geltung rechtmäßig sein. Ein Dauer-VA liegt vor, wenn er ein andauerndes Rechtsverhältnis (zB Besoldungsansprüche) begründet oder – was relevanter ist – zwar einmal ergeht, aber eine Rechtswirkung besitzt, die längere Zeit anhält (zB Fahrtenbuchauflage, Verkehrszeichen, Nutzungsuntersagung, dauerhaftes Betretungsverbot[214]). Das jeweilige materielle Fachrecht verlangt aber Rückausnahmen:
  - Bei der Anfechtung einer Untersagungsverfügung nach § 35 I GewO bleiben nach der letzten behördlichen Entscheidung eintretende tatsächliche Änderungen außer Betracht.[215] Dies gilt auch, wenn – wie in Niedersachsen – landesrechtlich das Vorverfahren unstatthaft ist. Dies folgt aus § 35 VI GewO (»Wiedergestattungsverfahren«). Im Aktenauszug wird diese Frage relevant, wenn der Gewerbetreibende nach Erlass der Untersagungsverfügung durch redliches Verhalten den Unzuverlässigkeitsvorwurf zu erschüttern versucht (zB durch Zahlung von Sozialversicherungsbeiträgen). Aufgrund der vorne genannten Erwägungen bleibt dieser Versuch in der Regel ohne Erfolg.[216]

210 Stelkens/Bonk/Sachs/*Stelkens* VwVfG § 37 Rn. 40.
211 Kopp/Ramsauer/*Ramsauer* VwVfG § 37 Rn. 17b.
212 Vgl. hierzu allgemein *Pietzner/Ronellenfitsch* Assessorexamen ÖffR Rn. 694.
213 BVerwG NVwZ 2006, 1175 (1176).
214 Hierzu VGH Mannheim BeckRS 2012, 59495.
215 Vgl. etwa BVerwG BeckRS 2015, 48135 (nach Abschluss des Verwaltungsverfahrens eröffnetes Insolvenzverfahren bewirkt keine Rechtswidrigkeit einer Gewerbeuntersagung wegen einer auf ungeordneten Vermögensverhältnissen beruhenden Unzuverlässigkeit des Gewerbetreibenden); OVG Münster BeckRS 2016, 44170.
216 Im Einzelnen hierzu *Kaiser/Köster/Seegmüller* MatÖffR Kap. 10 Rn. 4.

- Früher (!) wurde auch bei der Anfechtung einer Ausweisung nach dem AufenthG (Dauer-VA wegen Wiedereinreiseverbots gem. § 11 AufenthG) angenommen, dass nach Erlass einer Ausweisungsverfügung eintretende Änderungen der Sach- und Rechtslage (ähnlich wie bei § 35 VI GewO) nicht zu berücksichtigen sind. Diese Auffassung hat das BVerwG aufgrund des zwischenzeitlichen Inkrafttretens des Richtlinienumsetzungsgesetzes[217] aufgegeben. Daher sind nunmehr bei Anfechtung einer Ausweisung neue Tatsachen bis zum Zeitpunkt der letzten gerichtlichen Entscheidung zu beachten. Damit gelten auch bei der Anfechtung einer Ausweisungsverfügung nunmehr die üblichen Grundsätze bei Dauer-VA.

- Der Ausgangspunkt, dass das materielle Recht den maßgebenden Zeitpunkt bestimmt, wird auch bei **VA mit Doppelwirkung** (zB im baurechtlichen Nachbarstreit) sichtbar. Wird durch VA eine Rechtsposition vermittelt, kann diese – auch im Fall der Drittanfechtung – dem Begünstigten grundsätzlich nicht wieder geschmälert werden. Daher kommt es auf den Zeitpunkt der Bekanntgabe der Genehmigung an.[218] Sogar im Widerspruchsverfahren eintretende Rechtsänderungen bleiben außer Betracht. Umgekehrt werden Änderungen zugunsten des durch den VA Begünstigten berücksichtigt.

(2) Prüfung der tatbestandlichen Voraussetzungen

Besteht Klarheit über den »maßgebenden Zeitpunkt«, prüfen Sie anschließend die tatbestandlichen Voraussetzungen der Ermächtigungsgrundlage. 203

Problem: Anwendung und Auslegung unbestimmter Rechtsbegriffe 204

Bei bestimmten gesetzlichen Merkmalen bereitet die Tatbestandsprüfung keine Schwierigkeiten. Problematisch kann die Auslegung unbestimmter Rechtsbegriffe (zB waffen- oder gewerberechtliche »Unzuverlässigkeit«, »öffentliches Wohl« oder »Gefahr«) sein. Diese gehören zur Tatbestandsseite einer Norm und sind nach heute hM gerichtlich sowohl in tatsächlicher als auch in rechtlicher Hinsicht grundsätzlich in vollem Umfang überprüfbar (Arg.: Grundsatz des Vorbehalts des Gesetzes, Rechtsweggarantie [Art. 19 IV GG], Gewaltenteilung [Art. 20 II 2 GG]). Nur ausnahmsweise – wenn der Behörde eine Letztentscheidungskompetenz eingeräumt wird – besteht bei Vorliegen eines behördlichen Beurteilungsspielraums eine nur eingeschränkte gerichtliche Kontrolldichte.

Merke: In der Klausur ist es notwendig, den unbestimmten Rechtsbegriff zunächst zu definieren. Falls Ihnen der Begriff unbekannt ist, erwartet das Prüfungsamt von Ihnen, dass Sie die Beherrschung juristischen Handwerkszeugs unter Beweis stellen und die Norm nach grammatischen, systematischen und teleologischen Auslegungsgrundsätzen auslegen. Ansatzpunkte für die entstehungsgeschichtliche Auslegung werden Sie kaum haben. In solchen Klausuren müssen Sie sich für diese »Arbeit an der Norm« Zeit nehmen, da diese juristische Arbeit regelmäßig Schwerpunkt der Klausur ist. Schwächere Klausuren zeichnen sich dadurch aus, dass sich die Bearbeiter gerade vor dieser juristisch anspruchsvollen Aufgabe »drücken« und hier keinen Klausurschwerpunkt setzen.

Problem: Beschränkte Kontrolldichte bei Beurteilungsspielräumen 205

Ausnahmsweise steht Behörden bei der Anwendung unbestimmter Rechtsbegriffe ein gerichtlich eingeschränkt überprüfbarer Beurteilungsspielraum zu. Examensrelevant sind vor allem folgende Fälle, denen gemein ist, dass es sich vorwiegend um wertende Entscheidungen handelt, die vom Gericht (in zeitlichem Abstand) nicht oder nur eingeschränkt nachholbar sind:

- **Prüfungs- und prüfungsähnliche Entscheidungen**, wobei ausgehend von Art. 12 I GG bei berufsbezogenen Prüfungen Besonderheiten gelten. Hier erkennt das BVerfG einen Beurteilungsspielraum nur hinsichtlich der prüfungsspezifischen Wertungen an (zB welche Relevanz hat eine bestimmte Frage in der Prüfungsarbeit). Im Übrigen besteht hinsichtlich der fachlichen Beurteilung der Lösung eine volle Überprüfbarkeit (gegebenenfalls durch Einholung von Sachverständigengutachten).[219]

217 BGBl. I 1970.
218 Beachten Sie, dass dieser Grundsatz auf immissionsschutzrechtliche Nachbarklagen nicht übertragen werden kann (VGH Mannheim NVwZ-RR 2015, 18 [19]).
219 *Happ/Allesch/Geiger/Metschke* ÖffVerw-Station 9.

- **Beamtenrechtliche Beurteilungen** (zB Bewertung der »Eignung« im Vorfeld einer beamtenrechtlichen Beförderungsentscheidung). Hier können Sie auf Koppelungsvorschriften stoßen, die sich dadurch auszeichnen, dass sie auf Tatbestandsseite einen unbestimmten Rechtsbegriff enthalten (der gegebenenfalls nur beschränkt überprüfbar ist, soweit ein Beurteilungsspielraum besteht) und als Rechtsfolge Ermessen vorsehen (zB *»bei besonderer Eignung kann …«*). Prüfungstechnisch müssen Sie darauf achten, beide Ebenen zu trennen. Diese Trennung muss auch sprachlich sichtbar werden. Allerdings geht die Rspr. im Einzelfall und ausnahmsweise davon aus, dass der unbestimmte Rechtsbegriff in die Ermessensprüfung einbezogen und quasi als Ermessensdirektive bei der Ermessensüberprüfung mitberücksichtigt wird. In diesem Fall wird also die Ermessensentscheidung durch den unbestimmten Rechtsbegriff überlagert. Diese Ausnahme (die regelmäßig auf ein intendiertes Ermessen zusteuert) ist aber allenfalls anzunehmen, wenn eine Trennung zwischen Tatbestand und denkbaren Ermessenserwägungen wegen der Eigenart der Materie nicht gewollt ist. Im Examen sollten Sie aus prüfungstechnischen Gründen eine Koppelungsvorschrift in der Regel nicht annehmen und stattdessen sauber zwischen Tatbestand und Ermessen trennen.
- **Entscheidungen wertender Art**, die gesetzlich Sachverständigen oder einem pluralistisch besetzten Gremium (in der Regel mit besonderer Sachkunde oder Legitimation) anvertraut sind.
- Bei **Prognoseentscheidungen** erkennt die Rspr. einen Beurteilungsspielraum gleichfalls an. Diese Fallgruppe wird zB bei der (Dritt-)Anfechtung einer Entscheidung im PBefG relevant. Hier räumt die Rspr. der Behörde einen Beurteilungsspielraum bei der Beurteilung der Frage ein, ob durch die Zulassung weiterer Bewerber die Funktionsfähigkeit des örtlichen Taxengewerbes gefährdet wird.[220] In einer neueren Entscheidung zum IFG hat das BVerwG der informationspflichtigen Stelle zudem einen Beurteilungsspielraum bei der Frage eingeräumt, was nachteilige Auswirkungen auf internationale Beziehungen iSd § 3 Nr. 1 lit. a IFG sind.[221]
- Auch hinsichtlich der Frage, ob ein Beamter **charakterlich geeignet** ist, steht dem Dienstherrn ein Beurteilungsspielraum zu. So offenbaren nach der Rechtsprechung etwa sexualbezogene Beleidigungen eines im Probebeamtenverhältnisses tätigen Lehrers gegenüber Jugendlichen schwere charakterliche Mängel, die dessen sofortige Entlassung rechtfertigen.[222] Von der Rechtsprechung ist auch anerkannt, dass Tätowierungen als eine Form des Körperschmucks, trotz ihrer Zunahme in der Gesamtbevölkerung, Aussagekraft in Bezug auf die Persönlichkeit, insbesondere die innere Einstellung ihres Trägers haben können und je nach gewähltem Motiv einen Mangel der charakterlichen Eignung erkennen lassen können.[223]

206 Besteht hiernach ein Beurteilungsspielraum, ist die gerichtliche Kontrolldichte auf die Frage begrenzt, ob Verfahrensvorschriften verletzt, allgemein anerkannte Bewertungsmaßstäbe missachtet worden sind, die Entscheidung auf einem unzutreffenden oder unvollständig ermittelten Sachverhalt beruht, willkürliche, sachfremde Erwägungen herangezogen worden sind und die Grundsätze der Chancengleichheit verletzt worden sind.

(3) Prüfung des Rechtsfolgenrahmens

207 Sind die tatbestandlichen Voraussetzungen der Norm erfüllt, müssen Sie schließlich klären, dass die in dem VA gesetzte Rechtsfolge fehlerfrei ist.

208 Handelt es sich bei der anzuwendenden Vorschrift um eine **gebundene Norm**, ist die in dieser vorgesehene Rechtsfolge zwingend.

209 In vielen Examensklausuren macht der Kläger in der Klageschrift Ermessensfehler geltend. Dann ist der angefochtene VA auf **Ermessensfehler** hin zu überprüfen. Da Prüfer oftmals eine

220 Hierzu auch *Kaiser/Köster/Seegmüller* MatÖffR Kap. 10 Rn. 19.
221 BVerwG NVwZ 2010, 321 (321) = JuS 2010, 843 (844).
222 VGH Kassel BeckRS 2020, 19408.
223 OVG Münster Beschl. v. 12.5.2020 – 6 B 212/20 (verneint zu einer »Löwenkopftätowierung«).

methodisch unsaubere Ermessensprüfung bemängeln, sollten Sie sich stets an folgendem Prüfungsgerüst orientieren:[224]

Übersicht: Prüfung des ordnungsgemäßen Rechtsfolgenrahmens bei Ermessensentscheidungen (§§ 113 I 1, 114 S. 1 VwGO)

- Darstellung des Gesamtergebnisses
- Feststellung, dass der Behörde Ermessen zusteht
- Darstellung des Zwecks der Ermessensermächtigung
- Einschränkung des Ermessensrahmens, insbesondere durch Grundrechte, Grundsatz der Verhältnismäßigkeit, Gleichbehandlung (Art. 3 GG)
- Vorliegen eines Ermessensfehlers
  - Ermessensüberschreitung
  - Ermessensunterschreitung
  - Ermessensfehlgebrauch
- Rechtsfolge:
  - Grundsätzlich Aufhebung des VA (§ 114 S. 1 VwGO);
  - (P) Einem zulässigen Nachschieben (nicht erstmaligen Betätigen!) von Ermessenserwägungen stehen prozessual keine Hindernisse entgegen (§ 114 S. 2 VwGO), sofern Ergänzung nach materiellem Recht (einschl. Verwaltungsverfahrensrecht) zulässig ist.

> Die Klage ist jedoch nicht begründet. Der angefochtene VA vom ... ist rechtmäßig und verletzt den Kläger nicht in seinen Rechten (§§ 113 I 1, 114 S. 1 VwGO).
> Die formellen und materiellen Voraussetzungen für ein behördliches Einschreiten sind gegeben. [Es folgt die Prüfung der tatbestandlichen Voraussetzungen der Ermächtigungsgrundlage.]
> Auch ist die in der angefochtenen Verfügung gesetzte Rechtsfolge nicht zu beanstanden, da ich nicht ermessensfehlerhaft entschieden habe. Bei § ... handelt es sich um eine Vorschrift, die einen behördlichen Ermessensspielraum eröffnet. In einem solchen Fall ist schon aufgrund des Grundsatzes der Gewaltenteilung die gerichtliche Kontrolle auf die Prüfung beschränkt, ob der angefochtene unter einem Ermessensfehler leidet (§ 114 S. 1 VwGO). Ein solcher ist nicht ersichtlich. Insbesondere habe ich den mir zustehenden Ermessensspielraum nicht überschritten/unterschritten/fehlerhaft genutzt.
> Ich habe mich bei der Ausübung des mir zustehenden Ermessens im Rahmen des Zwecks der gesetzlichen Ermächtigung bewegt. Der Zweck des § ... besteht darin, ...
> Auch wurde zutreffend berücksichtigt, dass der Ermessensrahmen durch höherrangige Grundsätze, insbesondere den Grundsatz der Verhältnismäßigkeit begrenzt ist.
> Unter Berücksichtigung dieser Grundsätze ist entgegen der Auffassung des Klägers ein Ermessensfehler, insbesondere eine Ermessensüberschreitung nicht gegeben, da ...

Nach einer Darstellung des Gesamtergebnisses der Ermessensprüfung stellen Sie kurz fest, dass der Behörde überhaupt ein **Ermessensspielraum** zusteht. Dass Sie Ermessensvorschriften an Begriffen wie »kann«, »darf«, »ist berechtigt« usw. erkennen können, wissen Sie. Vereinzelt deutet der Begriff »kann« allerdings keinen Ermessensspielraum an, sondern begründet eine Zuständigkeit (sog. Kann-Kompetenz). Bei Koppelungsvorschriften (unbestimmter Rechtsbegriff, eventuell mit Beurteilungsspielraum auf Tatbestandsseite und Ermessen auf Rechtsfolgenseite) müssen Sie darauf achten, beide Ebenen zu trennen. 210

Um feststellen zu können, ob die Behörde ihr Ermessen »entsprechend dem Zweck der Ermächtigung ausgeübt hat« (§ 40 VwVfG) müssen Sie den **Zweck der Ermessensermächtigung** herausfinden und (!) darstellen. Diesen Abschnitt dürfen Sie auch in der Klageerwiderung nicht vernachlässigen. Die Prüfung, ob die Behörde bei ihrer Entscheidung beispielsweise sachwidrige Überlegungen angestellt hat, können Sie ohne diese Darstellung nicht vornehmen. 211

224 *Proppe* JA 1997, 418 ff.

212 Anschließend fragen Sie danach, wie dieser einfachgesetzlich bestimmte **Ermessensrahmen** durch allgemeine Rechtsgrundsätze und höherrangige Normen eingeschränkt ist: Wesentlich für die Bestimmung des Ermessensrahmens sind die Grundrechte, die Wahrung des Grundsatzes der Verhältnismäßigkeit und die Beachtung des allgemeinen Gleichheitsgrundsatzes (Art. 3 I GG).

213 Erst jetzt (!) subsumieren Sie, dass die Behörde die (zuvor ermittelten) »gesetzlichen Grenzen des Ermessens« (§ 40 aE VwVfG) eingehalten hat. An dieser Stelle erörtern Sie also das Vorliegen von **Ermessensfehlern:**

- Bei der **Ermessensunterschreitung** (bzw. Ermessensnichtgebrauch) nutzt die Behörde einen ihr gesetzlich eingeräumten Ermessensspielraum nicht aus. Dieses könnte daran liegen, dass die Behörde
  - überhaupt nicht erkennt, dass ihr ein Ermessensspielraum zusteht.
  - Eine Ermessensunterschreitung liegt ferner vor, wenn die Behörde den (im Grunde erkannten) Spielraum nicht ausschöpft. Denkbar wäre dies, wenn die Behörde irrtümlich der Auffassung ist, an bestimmte Verwaltungsrichtlinien gebunden zu sein. Allerdings liegt eine Unterschreitung in der Regel nicht vor, wenn sich die Behörde zur Begründung der Ermessensentscheidung auf eine zur gleichmäßigen Ermessensausübung erlassene Richtlinie stützt. Die Behörde trifft nicht schon deshalb eine gebundene Entscheidung. Vielmehr kann das Ermessen bereits beim Erlass der Richtlinie für bestimmte, von der Richtlinie erfasste Fallgruppen ausgeübt worden sein.[225] Hierauf sollten Sie in der Klageerwiderung gegebenenfalls hinweisen.
- Beim **Ermessensfehlgebrauch** macht die Behörde in einer dem Zweck der Ermächtigung nicht entsprechenden Weise Gebrauch. Wichtige Fallgruppen sind zB:
  - Die Behörde legt bei der Ermessensentscheidung sachfremde Erwägungen zugrunde. Der (anschauliche) Fall, in dem sich eine Behörde von politischen Erwägungen leiten lässt, ist wenig prüfungsrelevant. Praktisch bedeutsamer sind eher Fragen wie: Inwieweit darf bei der Entscheidung über eine straßenrechtliche Sondernutzungserlaubnis auf Umweltgesichtspunkte Rücksicht genommen werden oder sind dies unzulässige straßenrechtsfremde Belange? Darf bei einer Entscheidung über die Zulassung zu einer öffentlichen Einrichtung (Stadthalle) auf gefahrenabwehrrechtliche Aspekte abgestellt werden?
  - Die Behörde geht bei der Ermessensausübung von einem unzutreffenden oder unvollständig ermittelten Sachverhalt aus (sog. Tatsachenfehler),
  - Die Behörde verletzt den Grundsatz der Gleichbehandlung (Art. 3 I GG). Hier spielt etwa der Grundsatz der (gegebenenfalls antizipierten) Selbstbindung der Verwaltung eine Rolle. An dieser Stelle kann erörterungsbedürftig sein, welche Auswirkungen Ermessensrichtlinien entfalten (Achtung: Es geht nicht um normkonkretisierende Verwaltungsvorschriften!).[226] Hier sollten Sie grundsätzlich zweistufig vorgehen: Die erste Frage ist, ob die Ermessensrichtlinie im konkreten Einzelfall ordnungsgemäß angewandt wurde. Hierbei ist sprachlich darauf zu achten, dass das Gericht die Richtlinie nicht wie ein Gesetz anwendet; vielmehr ist der Anknüpfungspunkt Art. 3 I GG iVm der durch die Richtlinie erzeugten Selbstbindung der Verwaltung. Verstößt die Entscheidung hiergegen, ohne dass ein begründeter Ausnahmefall vorliegt, liegt regelmäßig ein Ermessensfehlgebrauch vor. Hiervon losgelöst kann sich die Frage stellen, ob eine (grundsätzlich richtlinienkonforme) Entscheidung deshalb fehlerhaft ist, weil die Richtlinie ihrerseits nicht fehlerfrei (insbesondere verhältnismäßig) ist. Dann ist gegebenenfalls eine Ausnahmeentscheidung geboten, etwa wenn sich die Unverhältnismäßigkeit aufgrund der Besonderheiten des Einzelfalls ergibt. Orientiert sich eine (negative) Ermessensentscheidung an einer fehlerfreien Richtlinie, ist schließlich zu klären, ob ein Sonderfall vorliegt, der eine abweichende Entscheidung erfordert. Ein solcher Ausnahmefall ist anzunehmen, wenn der vom Gericht zu überprüfende Fall wesentlich von den in der Richtlinie geregelten typischen Fällen abweicht.

---

225 *Proppe* JA 1997, 418 (421).

226 Diese Erwägungen spielen insbes. auch bei Verpflichtungsklagen eine Rolle.

- Bei der **Ermessensüberschreitung** wählt die Behörde eine unzulässige Rechtsfolge. Diese Überschreitung der gesetzlichen Grenzen kann folgen aus:
  - Der Ermessensnorm selbst, wenn diese den behördlichen Ermessensspielraum schon einschränkt,
  - aus anderen (höherrangigen) Normen (Grundrechte),
  - aus übrigem Verfassungsrecht, insbesondere Rechtsstaatsprinzip und dem hieraus folgenden Grundsatz der Verhältnismäßigkeit (zur Prüfung → Rn. 215), innerhalb dessen eine Grundrechtsprüfung erfolgen kann.

  Rechtsfolgen, die Freiheitsgrundrechte verletzen, sind damit typischerweise ein Fall der Ermessensüberschreitung. Gleichheits-grundrechte (insbesondere Art. 3 I GG) sind demgegenüber in der Regel als Erscheinungsform des Ermessensfehlgebrauchs zu prüfen, wenn eine Ungleichbehandlung aus sachfremden Erwägungen erfolgt sind (zB wenn beim Auswahlermessen im Rahmen des § 70 III GewO sachwidrig auf das Bestehen einer Ehe mit einem Standplatzinhaber abgestellt wird).[227]

Problem: Prüfung der Verhältnismäßigkeit in der Klausur 214

Vielfach ist in der Klausur die Einhaltung des Verhältnismäßigkeitsgrundsatzes zu prüfen. Dass dieser den Ermessensrahmen einschränkt, wurde bereits dargestellt.

> Die Klage ist jedoch nicht begründet. Der angefochtene Verwaltungsakt vom … ist rechtmäßig und verletzt den Kläger nicht in seinen Rechten (§§ 113 I 1, 114 S. 1 VwGO).
>
> Die formellen und materiellen Voraussetzungen für ein behördliches Einschreiten sind gegeben. [Es folgt die Prüfung der tatbestandlichen Voraussetzungen der Ermächtigungsgrundlage.]
>
> Die angefochtene Entscheidung leidet auch nicht unter einem Ermessensfehler. Der Beklagte hat den ihm zugewiesenen gesetzlichen Ermessensrahmen nicht überschritten. Eine solche Ermessensüberschreitung liegt insbesondere nicht in einem etwaigen Verstoß gegen den Grundsatz der Verhältnismäßigkeit, der als Ausprägung des Rechtsstaatsprinzips (Art. 20 III GG) den behördlichen Ermessensspielraum von Verfassungs wegen begrenzt …

Der Grundsatz der Verhältnismäßigkeit verlangt, dass staatliche Maßnahmen (das Mittel) geeignet, erforderlich und im Hinblick auf den konkret verfolgten Zweck angemessen sein müssen. Prüfungstechnisch können Sie wie folgt vorgehen: 215

Übersicht: Argumentationsreihenfolge zur Verhältnismäßigkeit

- Welcher **Zweck** wird verfolgt?
- Definieren Sie genau das konkret ergriffene staatliche **Mittel.**
- Ist dieses konkrete Mittel **geeignet**, den Zweck zu erreichen?
- Ist diese Maßnahme **erforderlich**, um den Zweck zu erreichen?
- Steht die gewählte Maßnahme auch in einem **angemessenen Verhältnis** zu dem gewünschten Erfolg?

Zunächst benennen Sie den staatlich verfolgten **Zweck** so konkret wie möglich. Den Fall der Verfolgung eines an sich schon verfassungswidrigen Ziels werden Sie im Examen kaum antreffen. Bitte beachten Sie, dass sich die Verwaltung (im Gegensatz zum Gesetzgeber, der insoweit eine sog. Zwecksetzungskompetenz hat!) nur im Rahmen der gesetzlich bestimmten Zwecke bewegen darf. Der Zweck der gesetzlichen Vorschrift lässt sich vielfach aus den einleitenden Normen des Gesetzes entnehmen. 216

Anschließend benennen Sie das von der Behörde ausgewählte **Mittel**, ebenfalls so konkret wie möglich. Dieses ist sinnvoll, um (auch dem Prüfer!) deutlich zu machen, auf welcher Bewertungsgrundlage die anschließende Verhältnismäßigkeitsabwägung erfolgt. Daher vereinfacht diese Klarstellung auch Ihnen eine saubere Argumentation. 217

Bei der **Geeignetheit** ist maßgebend, ob das zuvor genannte Mittel überhaupt in der Lage ist, den angestrebten und legitimen staatlichen Zweck zu fördern. Dies ist nur dann nicht der Fall, 218

227 BVerwG NVwZ 1984, 585 (586).

wenn das Mittel schlechthin ungeeignet ist, die Erreichung dieses Ziels zu fördern. In der Klausur scheitert die Verhältnismäßigkeitsprüfung in den allerseltensten Fällen bereits an der Geeignetheit.

219 Im Rahmen der **Erforderlichkeit** untersuchen Sie, ob ein milderes Mittel zur Verfügung steht, welches in der Lage ist, den staatlich verfolgten Zweck in der gleichen Effektivität (!) zu erreichen. Häufig verneinen Klausurbearbeiter unzutreffend die Verhältnismäßigkeit mit der fehlenden Erforderlichkeit (auch deshalb, weil in den Aktenauszügen ein dahingehender Vortrag des Klägers angedeutet wird). Bitte merken Sie sich, dass die Erforderlichkeit nur dann zu verneinen ist, wenn dieses weniger belastende Mittel gleich effektiv ist. Dies ist meistens nicht der Fall.

220 Auf der Ebene der **Angemessenheit** (Verhältnismäßigkeit im engeren Sinne) sind die gegenläufigen Interessen der Beteiligten angemessen zu würdigen. Hier müssen Sie den Aktenauszug voll ausschöpfen. In diesem werden viele Nachteile für den Adressaten angedeutet sein. Diese müssen Sie sammeln und mit dem staatlich bezweckten Vorteil abwägen. Hierbei müssen Sie vor allem auf die Schwere, die Dringlichkeit, die Wertigkeit der gegenläufigen Interessen und Fragen der Zumutbarkeit abstellen. Dies sollte aber nicht auf eine volle Grundrechtsprüfung (Schutzbereich – Eingriff – Rechtfertigung) hinauslaufen. Es reicht, wenn Sie die Beeinträchtigungen des Schutzbereichs aufzeigen und die widerstreitenden Interessen abwägen.[228]

221 **Problem:** Intendiertes Ermessen

In bestimmten Konstellationen hat der Gesetzgeber selbst eine Vorentscheidung getroffen, in welche Richtung das Ermessen regelmäßig auszuüben ist. Handelt es sich um eine Konstellation »intendierten Ermessens« und liegt kein Ausnahmefall vor, kann (und muss) die Behörde der Intention des Gesetzgebers folgen. Dementsprechend bedarf es auch keiner weitergehenden Ermessenserwägungen. Ein (in der Regel vom Kläger geltend gemachter) Ermessensnichtgebrauch liegt dann nicht vor. Schließlich gibt das Gesetz selbst die Richtung der Ermessensentscheidung vor. Versteht sich aber das Ergebnis von selbst, so bedarf es keiner besonderen Begründung für die Ermessensentscheidung (§ 39 I 3 VwVfG). Nur wenn der Behörde außergewöhnliche Umstände des Falles bekannt geworden oder erkennbar sind, die eine andere Entscheidung möglich erscheinen lassen, liegt ein fehlerhafter Nichtgebrauch des Ermessens vor, wenn diese Umstände von der Behörde nicht in die Entscheidung eingestellt worden sind.[229] Es kommt also – was auch aus anwaltlicher Perspektive wichtig ist – darauf an, ob eine atypische Sachlage vorliegt. Dies ist dann der Fall, wenn der zu beurteilende Sachverhalt in signifikanter Weise von dem gesetzlich geregelten Sachverhalt abweicht.

Hinweis: Sie sollten in der Klausur eine Norm nicht vorschnell als intendierte Ermessensermächtigung einordnen, da hierdurch der behördliche Entscheidungsspielraum wesentlich eingeschränkt wird.[230]

> Die Klage ist jedoch nicht begründet. Der angefochtene Verwaltungsakt vom … ist rechtmäßig und verletzt den Kläger nicht in seinen Rechten (§§ 113 I 1, 114 S. 1 VwGO).
>
> Die formellen und materiellen Voraussetzungen für ein behördliches Einschreiten sind gegeben. (Es folgt die Prüfung der Voraussetzungen der Ermächtigungsgrundlage).
>
> Die in dem angefochtenen Verwaltungsakt getroffene Rechtsfolge ist gleichfalls nicht zu beanstanden. Der angefochtene Bescheid leidet nicht an einem Ermessensfehler. Insb. ist ein Ermessensnichtgebrauch nicht ersichtlich. § 15 II 1 GewO sieht nach seinem Wortlaut zwar vor, dass bei Erfüllung der tatbestandlichen Voraussetzungen behördliche Maßnahmen getroffen werden können; allerdings geht die hM in der Rspr., der sich die Kammer nach eigener Prüfung anschließt, davon aus, dass es sich bei dieser Vorschrift um eine Norm »intendierten Ermessens« handelt.[231] In

228 *Proppe* JA 1997, 418 (421).
229 Eyermann/*Rennert* VwGO § 114 Rn. 15, 19.
230 Kopp/Ramsauer/*Ramsauer* VwVfG § 40 Rn. 35.
231 S. auch OVG Lüneburg BeckRS 2014, 47429.

> Fällen intendierten Ermessens bedarf es im Regelfall keiner besonderen Darstellungen der Ermessenserwägungen, denn diese folgen unmittelbar aus der gesetzlich vorgesehenen Anordnung. Dementsprechend reicht zur Begründung der Entscheidung regelmäßig ein Hinweis auf die einschlägigen rechtlichen Bestimmungen. Nur ausnahmsweise bedarf es weitergehender Ermessenserwägungen, wenn der Behörde außergewöhnliche Umstände des Falles bekannt geworden oder erkennbar sind, die eine andere Entscheidung möglich erscheinen lassen. Eine dahingehende atypische Sachlage, die ein Absehen von der Regelrechtsfolge gebieten könnte, ist indessen nicht erkennbar ...

Problem: Nachschieben von Ermessenserwägungen (§ 114 S. 2 VwGO) 222

Liegt ein Ermessensfehler vor, wird das vom Kläger angerufene Gericht den VA grundsätzlich aufzuheben haben. Allerdings lässt der Gesetzgeber ein Nachschieben von Ermessenserwägungen im Laufe des gerichtlichen Verfahrens zu. § 114 S. 2 VwGO ermöglicht es der Verwaltungsbehörde, ihre Ermessenserwägungen auch noch im verwaltungsgerichtlichen Verfahren zu ergänzen (!). Diese Vorschrift bestimmt, dass prozessual ein Nachschieben von Ermessenserwägungen zulässig ist. Materiell ist erforderlich, dass die nachgeschobenen Erwägungen bereits bei Erlass des VA vorgelegen haben (andernfalls liegt eine Änderung der Sach- und Rechtslage vor) und ihn nicht in seinem Wesen verändern. Zudem dürfen die nachgeschobenen Gründe keine Nachteile in der Rechtsverteidigung auslösen.[232]

Sollte das Prüfungsamt dem Kläger den Einwand in den Mund legen, dass ein »uneingeschränktes und folgenloses« Nachschieben von Ermessenserwägungen spätestens nach teilweisem Wegfall des Widerspruchsverfahrens mit rechtsstaatlichen Grundsätzen unvereinbar sei, können Sie in der Klageerwiderung diesem Vorbringen die Rspr. des BVerwG entgegenhalten: § 114 S. 2 VwGO ermögliche kein »uneingeschränktes« Nachschieben, insbesondere keine vollständige Nachholung oder Auswechslung, sondern nur die Ergänzung einer zumindest ansatzweise bereits vorhandenen Ermessensentscheidung. Die Abschaffung des Widerspruchsverfahrens durch den Landesgesetzgeber (etwa nach § 80 I und IV NJG) ändere hieran nichts. Außerdem sei es möglich, nach einem zulässigen Nachschieben von Ermessenserwägungen und einer darauf häufig folgenden Kostenentscheidung nach § 161 II VwGO Verschuldenserwägungen zu berücksichtigen (§ 155 IV VwGO), sodass gegebenenfalls die beklagte Behörde kostenpflichtig ist.[233]

> Ob bereits der dem Kläger bekanntgegebene Verwaltungsakt hinreichende Ermessenserwägungen zum Ausdruck bringt, kann offen bleiben. Ergänzend zu diesen Erwägungen stütze ich meine Entscheidung nämlich auf folgende Gesichtspunkte: ...
>
> Das Nachschieben dieser Erwägungen ist prozessual gem. § 114 S. 2 VwGO zulässig. Hiernach kann die Verwaltungsbehörde ihre Ermessenserwägungen im gerichtlichen Verfahren ergänzen. Diese Vorschrift bestimmt, dass ein Nachschieben von Ermessenserwägungen im Laufe eines verwaltungsgerichtlichen Verfahrens prozessual zulässig ist, sofern im einschlägigen materiellen Recht und Verwaltungsverfahrensrecht hierfür eine Rechtsgrundlage eröffnet ist. Nach ständiger Rechtsprechung setzt die Ergänzung von Ermessenserwägungen hiernach voraus, dass die nachgeschobenen Gründe schon bei Erlass des Verwaltungsaktes vorgelegen haben, ihre Heranziehung keine Wesensänderung des angefochtenen Verwaltungsaktes bewirkt und der Betroffene nicht in seiner Rechtsverteidigung beeinträchtigt wird. Diese Voraussetzungen sind gegeben ...

Bitte merken Sie sich dies vor allem, wenn Sie die Klausursituation **»behördliche Klageerwiderung«** (verwaltungsfachliche Aufgabenstellung) vorfinden. In einem solchen Fall wird der Aktenauszug einen VA enthalten, in dem die Ermessenserwägungen unzureichend sind. Dann sind Ermessenserwägungen gem. § 114 S. 2 VwGO nachzuschieben. Wichtig ist, dass Sie in der Klageerwiderung zur Zulässigkeit der Ergänzung (kein vollständiges Auswechseln; nur Ergänzung, nicht erstmalige Ausübung des Ermessens) Stellung nehmen und die materiellen Voraussetzungen für das Nachschieben darlegen.

232 BVerwG NVwZ 1999, 425 (428).
233 BVerwG NVwZ-RR 2010, 550 (550 f.).

Für die **Anwaltsklausur** sollten Sie sich merken: Bei einer zulässigen Ergänzung der Ermessenserwägungen wird der Klage die Erfolgsaussicht genommen. In diesem Fall müssen Sie die Abgabe einer Erledigungserklärung in Erwägung ziehen. Wird dieser nicht widersprochen, ist gem. § 161 II VwGO über die Kosten des Verfahrens nach Billigkeit zu entscheiden.

223 Ist der VA nach alledem rechtmäßig, ist die Klage nicht begründet und wird vom VG abzuweisen sein. Der Antrag in dem zu fertigenden Schriftsatz an das Gericht lautet dann, »*die Klage abzuweisen.*«

224 **Problem:** VA mit Drittwirkung

Problematisch ist das Vorliegen einer Rechtsverletzung des Klägers bei einem VA mit Drittwirkung. Auch hier reicht allein die objektive Rechtswidrigkeit des VA für die Begründetheit der Anfechtungsklage nicht aus. Vielmehr muss gerade auch eine Verletzung der subjektiven Rechte des Dritten gegeben sein (es besteht nur ein Anspruch auf Wahrung subjektiver Rechte, aber kein allgemeiner Gesetzesvollziehungsanspruch). Da es allerdings wenig sinnvoll ist, zunächst den gesamten VA hinsichtlich dessen Rechtmäßigkeit zu überprüfen und anschließend in einem zweiten Schritt nach der subjektiven Rechtsverletzung zu fragen, sollten Sie den Aufbau der Entscheidungsgründe insgesamt verändern. Es entspricht gängiger Praxis, in der Klageerwiderung (nichts anderes gilt für die Klageschrift!) nur danach zu fragen, ob der Kläger einen Anspruch auf Aufhebung des VA hat. Dieser Aufhebungsanspruch kann sich nur aus der Verletzung drittschützender Normen ergeben. Soweit sich der Kläger auf nicht drittschützende Vorschriften beruft, sollten Sie darlegen, dass die Verletzung derartiger Normen unentschieden bleiben kann. In einem Vermerk sollten Sie dann die rechtliche Beurteilung vornehmen.

2. Begründetheit der Verpflichtungsklage

225 § 113 V VwGO unterscheidet zwischen einem Verpflichtungsurteil (§ 113 V 1 VwGO) und einem Bescheidungsurteil (§ 113 V 2 VwGO).

226 Die Verpflichtungsklage nach § 113 V 1 VwGO ist begründet, soweit der Kläger einen Anspruch auf den begehrten VA hat und die Sache spruchreif ist. Sind die Voraussetzungen für einen »Vornahmetenor« nicht gegeben, kommt nach § 113 V 2 VwGO nur ein »Bescheidungstenor« in Betracht.

a) Benennung der Anspruchsgrundlage

227 Zunächst nennen und zitieren Sie die maßgebende Anspruchsgrundlage.

b) Formelle Voraussetzungen der Anspruchsgrundlage

228 Formell setzt eine Verpflichtungsklage regelmäßig einen ordnungsgemäßen Antrag voraus. Hierzu wird in der Klageerwiderung nur in den seltensten Fällen Stellung zu nehmen sein.

c) Materielle Voraussetzungen der Anspruchsgrundlage

229 Anschließend sind die materiellen Voraussetzungen der Anspruchsgrundlage im maßgebenden Zeitpunkt zu erörtern.

aa) Maßgebender Zeitpunkt im Fall der Verpflichtungsklage

230 Auch bei der Verpflichtungsklage ist zunächst zu klären, welcher Zeitpunkt bei der Subsumtion der Anspruchsgrundlage maßgebend ist.

231 § 113 V VwGO bestimmt, dass einer Verpflichtungsklage nur stattgegeben werden darf, wenn der Kläger im Zeitpunkt der gerichtlichen Entscheidung (nach Maßgabe des jeweiligen materiellen Rechts) einen Anspruch auf den mit der Klage begehrten VA hat. Bei der Verpflichtungsklage ist daher oftmals auf die Sach- und Rechtslage im Zeitpunkt der letzten gerichtlichen Entscheidung abzustellen.[234] Dieser Grundsatz gilt nach hM – ebenfalls nach näherer Maßgabe des materiellen Rechts – auch bei Ermessensentscheidungen (vgl. auch § 114 S. 2 VwGO) oder bei behördlichen Beurteilungsspielräumen. Beachten Sie bei der sprachlichen

234 Kopp/Schenke/*W.-R. Schenke*/*R. P. Schenke* VwGO § 113 Rn. 217 mwN.

Abfassung der Entscheidungsgründe, dass Sie stets betonen, dass sich der maßgebende Zeitpunkt nach dem zugrunde liegenden materiellen Recht beurteilt.

Ausnahmsweise wird der »maßgebende Zeitpunkt« vorverlagert. Merken Sie sich folgende examensrelevante Fallgruppen: 232

- Bei der Prüfung von **Leistungsansprüchen** (Sozialleistungsansprüche, Beihilfeansprüche, Subventionsansprüche), die für bestimmte Zeitabschnitte gewährt werden, kommt es darauf an, ob die Voraussetzungen während des betreffenden Zeitabschnitts erfüllt waren.
- Bei **Prüfungsentscheidungen** und prüfungsähnlichen Entscheidungen kommt es ebenfalls auf die tatsächliche Lage im Zeitpunkt der behördlichen Entscheidung an.

bb) Prüfung der materiellen Anspruchsvoraussetzungen

Nachdem Sie den maßgebenden Zeitpunkt geklärt haben, subsumieren Sie, ob die Voraussetzungen der Anspruchsgrundlage erfüllt sind. Hierbei stellen sich zwei Fragen, die Sie – im Sinne einer groben Orientierung – folgenden Gesichtspunkten zuordnen können: 233

Bei der zunächst zu beantwortenden **Genehmigungsbedürftigkeit** stellt sich die Frage, ob überhaupt eine Genehmigung, Bewilligung oder Erlaubnis erforderlich ist. Es geht mit anderen Worten darum, ob der Erlass eines VA wie er begehrt wird, gesetzlich vorgesehen ist. Fehlt es hieran, ist ein Ablehnungsbescheid (sofern er nicht ausschließlich damit begründet wird, dass eine Genehmigungspflicht nicht besteht) als rechtswidrig aufzuheben und die Klage im Übrigen abzuweisen.[235] 234

Die anschließend zu erörternde **Genehmigungsfähigkeit** beurteilt sich danach, ob die tatbestandlichen Voraussetzungen der Anspruchsgrundlage (öffentlich-rechtliche Sonderbeziehungen [zB Anspruch aufgrund erteilter Zusicherung oder aus einem öffentlich-rechtlichen Vertrag], aus anspruchsvermittelnden einfachgesetzlichen Vorschriften oder ausnahmsweise aus Grundrechten) erfüllt sind. Hier liegt in der Regel der Schwerpunkt der Begründetheitsprüfung. Prüfungstechnisch ist dies unproblematisch, wenn der Gesetzgeber die Norm ausdrücklich als Anspruchsgrundlage konstruiert hat (zB § 6 I BImSchG). Schwierigkeiten bereitet die Prüfung der materiellen Anspruchsvoraussetzungen, wenn der Gesetzgeber keine ausdrückliche Anspruchsgrundlage normiert hat, sondern gesetzlich nur Versagungsgründe bestimmt sind. Diese Konstruktion finden Sie zB im Wirtschaftsverwaltungsrecht. Dort ergibt sich unter Umständen aus Art. 12 I GG, § 1 GewO (Gewerbefreiheit) ein Anspruch auf Erteilung einer Erlaubnis, wenn normierte Versagungsgründe nicht vorliegen. 235

cc) Rechtsfolge

Liegen bei einer **gebundenen Entscheidung** die tatbestandlichen Voraussetzungen vor, hat das VG die Behörde zum Erlass des beantragten VA zu verpflichten (§ 113 V 1 VwGO). Im Examen werden Sie häufig eine **Ermessensentscheidung** zu überprüfen haben. Dann käme für das Gericht sowohl ein Vornahmetenor (§ 113 V 1 VwGO) als auch ein Bescheidungstenor (§ 113 V 2 VwGO) in Betracht. Um beide Fälle auseinander zu halten, sollten Sie prüfungstechnisch zunächst erörtern, ob die Entscheidung frei von Ermessensfehlern ist (§ 114 S. 1 VwGO). Ist dies der Fall, hat die Behörde den Anspruch des Klägers auf eine fehlerfreie Ermessensausübung erfüllt. Die Verpflichtungsklage ist aus diesem Grund vollumfänglich abzuweisen. In der Klageerwiderung ist daher zu beantragen, 236

> … die Klage abzuweisen.

Ist die behördliche Entscheidung hingegen ermessensfehlerhaft, ist zu klären, ob ein Nachschieben von Ermessenserwägungen in Betracht kommt. Prozessual ist dieses gem. § 114 S. 2 VwGO zulässig. Zu den materiellen Voraussetzungen → Rn. 222. 237

3. Begründetheit der allgemeinen Leistungsklage

Die allgemeine Leistungsklage ist begründet, wenn in dem grds. maßgebenden Zeitpunkt der letzten mündlichen Verhandlung der geltend gemachte Handlungs- oder Unterlassungsanspruch tatsächlich besteht. Es müssen also die Voraussetzungen der Anspruchsgrundlage 238

235 Kopp/Schenke/*W.-R. Schenke*/*R. P. Schenke* VwGO § 113 Rn. 181.

erfüllt sein. In der Begründetheit der Klage müssen Sie insbesondere an folgende Anspruchsgrundlagen denken:

- Allgemeiner Abwehr- und Unterlassungsanspruch
- Vorbeugender Unterlassungsanspruch
- Allgemeiner Folgenbeseitigungs- und Vollzugsfolgenbeseitigungsanspruch
- Öffentlich-rechtlicher Erstattungsanspruch
- Öffentlich-rechtliche Sonderverbindung
- Öffentlich-rechtliche Geschäftsführung ohne Auftrag

4. Begründetheit der allgemeinen Feststellungsklage

239 Begründet ist die Klage, wenn das behauptete Rechtsverhältnis besteht oder im Fall der negativen Feststellungsklage nicht besteht. Maßgebend ist grundsätzlich der Zeitpunkt, für den die Feststellung begehrt wird. Die Nichtigkeitsfeststellungsklage ist begründet, wenn der VA gem. § 44 VwVfG nichtig und nicht bloß rechtswidrig ist und der Kläger in seinen Rechten verletzt wird.

5. Begründetheit der Fortsetzungsfeststellungsklage

240 Im Rahmen der Begründetheitsprüfung einer Fortsetzungsfeststellungsklage müssen Sie zwischen der fortgesetzten Anfechtungs- und der fortgesetzten Verpflichtungsklage unterscheiden.

241 Die **fortgesetzte Anfechtungsklage** ist begründet, soweit der erledigte VA rechtswidrig gewesen ist und den Kläger in seinen Rechten verletzt hat. Achten Sie bei der Begründetheitsprüfung stets darauf, diese an den Zeitpunkt der Erledigung zu knüpfen. Maßgebender Zeitpunkt für die Beurteilung der Sach- und Rechtslage ist derjenige, der auch bei der Prüfung der Anfechtungsklage maßgeblich wäre, wenn das Gericht im Zeitpunkt der Erledigung entschieden hätte. Ist der Zeitpunkt der letzten mündlichen Verhandlung maßgebend, kommt es ausnahmsweise auf den Zeitpunkt der Erledigung an.[236]

> Die Klage ist nicht begründet. Die Ordnungsverfügung vom ... ist nicht rechtswidrig gewesen und verletzte den Kläger nicht in seinen Rechten (§ 113 I 4 iVm § 113 I 1 VwGO). Grundlage für die angefochtene Verfügung war ... Danach ...

242 Die **fortgesetzte Verpflichtungsklage** ist begründet, soweit die Ablehnung des begehrten VA vor Eintritt der Erledigung rechtswidrig gewesen ist und den Kläger in seinen Rechten verletzt hat. Sind nach dem Ergebnis Ihrer Begutachtung diese Voraussetzungen nicht erfüllt, formulieren Sie in der Klageerwiderung:

> Die Klage ist nicht begründet. Die Ablehnung des Antrags des Klägers vom ... ist nicht rechtswidrig gewesen und verletzte ihn nicht in seinen Rechten (§ 113 V iVm § 113 I 4 VwGO analog).

243 Sie erinnern sich: Die Feststellung, dass der Kläger vor Eintritt der Erledigung einen Anspruch auf einen bestimmten VA gehabt hat, erfolgt nur in den Fällen einer Reduzierung des behördlichen Entscheidungsspielraums auf Null.

B. Praktischer Teil: Schriftsatz an das Gericht

244 Unter Verfügungsziffer »2.« folgt die Klage- bzw. Antragserwiderungsschrift. Diese leiten Sie wie folgt ein:

> 2. Verwaltungsgericht ... [mit vollständiger Anschrift]

245 Weil Behörden ihre Schriftsätze an das Gericht nicht förmlich zustellen, sollten Sie keine Zustellung mit PZU oder gegen Empfangsbekenntnis verfügen.

246 Einleitend ist das **Kurzrubrum** anzugeben. Dieses besteht aus den Beteiligten des gerichtlichen Verfahrens. Zudem ergibt sich aus der gerichtlichen Verfügung (die Sie zur Klageerwiderung auffordert) in der Regel auch das unmittelbar im Anschluss an die Beteiligten anzugebende gerichtliche Aktenzeichen.

236 *Kintz* ÖffR Rn. 379.

In der Verwaltungsrechtssache Müller ./. Stadt Oldenburg

Az. ...

Anschließend formulieren Sie den **Sachantrag** in der »Ich-Form«. Bei einem Antrag auf Abweisung der Klage lautet der Antrag schlicht: 247

... beantrage ich,

die Klage abzuweisen.

Problem: Erledigungskonstellation 248

Eine besondere Variante ist die Situation, in der ein Antragsteller bzw. der Kläger das Verfahren durch Abgabe einer Erledigungserklärung beendet. Dann stellt sich für die Behörde die Frage, ob sie sich dieser Erledigungserklärung anschließt, sodass gem. § 161 II VwGO nur noch über die Kosten zu entscheiden ist. Da das Gericht dann nach billigem Ermessen über die Kosten zu entscheiden hat, müssen Sie in dem Schriftsatz den Sach- und Streitstand würdigen und darlegen, dass der Antrag in der Sache ohne Erfolg geblieben wäre. Anschließend prüfen Sie die Zulässigkeit und Begründetheit des Antrags. Sie formulieren dann:

... schließe ich mich der Erledigungserklärung an und beantrage,

dem Antragsteller/Kläger die Kosten des Verfahrens aufzuerlegen.

Einen Antrag bezüglich der Kosten brauchen Sie außerhalb des Verfahrens nach § 161 II VwGO nicht zu stellen, da das Gericht hierüber von Amts wegen zu entscheiden hat (§ 161 I VwGO). Etwas anderes gilt im Fall der Erledigungserklärung eines Beteiligten: Dann wird der Kostenantrag zum »Hauptantrag«, weil nur noch über die Kosten zu entscheiden ist.[237] 249

Die anschließende **Begründung** sollten Sie als solche überschreiben und in die üblichen Abschnitte *»I.«* (Sachverhalt) und *»II.«* (rechtliche Würdigung) gliedern. Bei der Abfassung des Sachverhalts können Sie sich an der Darstellung beim Widerspruchsbescheid orientieren. Enthält die Klage- bzw. Antragsschrift bereits eine Darstellung des Sachverhalts, ist eine nochmalige Darstellung entbehrlich. Dann sollten Sie sich darauf beschränken, gegebenenfalls unzutreffende Darstellungen zu korrigieren. Wird ausdrücklich eine Darstellung des Sachverhalts verlangt, die dem § 117 III VwGO entspricht, können Sie sich an der Darstellung des Tatbestands orientieren. Hinsichtlich des Gebrauchs des Tempus gilt: Antrag, Bescheiderteilung, Widerspruch und Widerspruchsbescheid sind im Imperfekt darzustellen; ab Klageerhebung handelt es sich um eine im Perfekt darzustellende Prozessgeschichte.[238] Die rechtliche Würdigung erfolgt im Präsens. 250

Aus der gerichtlichen Verfügung ergibt sich in der Regel auch die Auflage, die Verwaltungsvorgänge im Original zu übersenden. Diese Aufforderung greifen Sie zum Abschluss des Gliederungsabschnitts *»II.«* auf. Dasselbe gilt für die in der Regel vorzufindende Auflage, mehrere Abschriften (zwei Abschriften bei einem zweipoligen Streitverhältnis; drei Abschriften bei dreipoligen Streitverhältnis [einschließlich eines Beigeladenen]) zu übersenden. 251

Die Verwaltungsvorgänge im Original sowie ... Abschriften dieses Schriftsatzes sind beigefügt.

Sofern in der gerichtlichen Verfügung um Stellungnahme zu einer eventuellen Übertragung des Rechtsstreits auf den Einzelrichter (§ 6 I VwGO) gebeten wird, greifen Sie diesen Gesichtspunkt ebenfalls auf: 252

Gegen eine Übertragung des Rechtsstreits auf den Einzelrichter bestehen keine Bedenken.

Ähnlich dem Vorlagebericht wird der Schriftsatz an das Gericht mit *»i.A.«* und ohne Grußformel abgeschlossen. 253

237 *Fichte* Typische Fehler Rn. 296.
238 *Fichte* Typische Fehler Rn. 249.

C. Schreiben an sonstige Stellen

254 Bei Bedarf sind unter der nächsten Gliederungsziffer Schreiben an sonstige Stellen abfassen. Dies betrifft insbesondere Hinweise an Fachämter, die den angefochtenen VA erlassen haben (zB zu fehlerhaften Rechtsbehelfsbelehrungen):

> Anliegende Kopie meiner Klageerwiderung übersende ich mit der Bitte um Kenntnisnahme.
>
> Das Klageverfahren gibt Anlass, auf Folgendes hinzuweisen.
>
> ...

D. Eventuell ergänzender Vermerk

255 Anschließend können – insbesondere wenn ein vorbereitendes Gutachten nicht verlangt wird – in einem ergänzenden Vermerk Erwägungen niedergelegt werden, die andernorts (vor allem in dem Erwiderungsschreiben selbst) deplatziert wirken.

E. Schlussverfügungen

256 Anschließend sind die notwendigen Schlussverfügungen aufzunehmen.

> 5. WV 6 Wochen (evtl. Eingänge VG?)

F. Schlusszeichnungen

257 Der Entwurf wird – wie alle anderen Verwaltungsentwürfe auch – von dem Sachbearbeiter mit dessen Paraphe unterschrieben.

2. Unterkapitel: Der Entwurf einer Antragserwiderung im vorläufigen Rechtsschutzverfahren

A. Entwurf des vorbereitenden Gutachtens

I. Antrag gem. § 80 V 1 Var. 1 VwGO

258 Zur Abfassung einer Antragserwiderung müssen Sie folgende Sachentscheidungsvoraussetzungen für einen Antrag gem. § 80 V 1 Var. 1 VwGO beherrschen.

Übersicht: Zulässigkeit des Antrags gem. § 80 V 1 Var. 1 VwGO (Anordnung der aufschiebenden Wirkung)

- Gegebenenfalls – sofern problematisch – **Verwaltungsrechtsweg** nach Spezialzuweisung oder gem. § 40 I 1 VwGO
- Gegebenenfalls **Zuständigkeit des VG** (§ 80 V 1 VwGO): Gericht der Hauptsache
- Gegebenenfalls **ordnungsgemäßer Antrag** (§§ 81, 82 VwGO analog); (P) Telefonische Antragstellung wegen Art. 19 IV GG ausnahmsweise zulässig
- **Statthaftigkeit des Antrags** (P) Auslegung des Rechtsschutzziels (§§ 122 I, 88 VwGO); (P) Abgrenzung zum Rechtsschutz gem. § 123 I VwGO (vgl. § 123 V VwGO)
  - Vorliegen eines nicht erledigten belastenden VA
  - Hauptsacherechtsbehelf (Widerspruch oder Anfechtungsklage) erhoben?
  - Hauptsacherechtsbehelf entfaltet keine aufschiebende Wirkung:
    - **§ 80 II 1 Nr. 1 VwGO** öffentliche Abgaben (Steuern, Gebühren, Beiträge) und Kosten; (P) Nur solche, die der Finanzierung der öffentlichen Haushalte dienen (restriktiv auszulegen!); (P) Kosten der Ersatzvornahme fallen nicht unter Nr. 1 (hM)
    - **§ 80 II 1 Nr. 2 VwGO** bei unaufschiebbaren Anordnungen von Polizeivollzugsbeamten; (P) Bei regelnden (!) Verkehrsschildern gilt § 80 II 1 Nr. 2 VwGO analog (»Funktionsgleichheit«)

- **§ 80 II 1 Nr. 3 VwGO:** Insbesondere § 212a I BauGB; § 84 I Nr. 1 AufenthG; § 126 IV BBG; § 54 IV BeamtStG, § 105 II NBG; § 45 V WaffG; § 46 IV 3 WaffG; § 14 PassG; § 30 PAuswG; im Vollstreckungsrecht bei Androhung und Festsetzung von Zwangsmitteln gem. § 70 I NVwVG iVm § 64 IV 1 NPOG, bei der Vollstreckung von Leistungsbescheiden und Geldforderungen gem. § 66 NVwVG
- **§ 80 II 2 VwGO** (»vollstreckungsrechtlicher Lückenfüller«)

- **Antragsbefugnis analog § 42 II VwGO** (P) In der Regel nur in Dreieckskonstellationen (§§ 80a III, 80 V VwGO) zu erörtern
- **Grundsätzlich keine Frist**; Ausnahme: insbesondere § 58a IV 2 AufenthG
- **Allgemeines Rechtsschutzbedürfnis**
  - (P) Hauptsacherechtsbehelf nicht offensichtlich unzulässig,
  - (P) Vorheriger behördlicher Antrag (§ 80 IV VwGO) erforderlich? Gemäß § 80 VI 1 VwGO nur im Fall des § 80 II 1 Nr. 1 VwGO, im Übrigen nach hM entbehrlich.

1. Eröffnung des Verwaltungsrechtswegs (§ 40 I VwGO)

Nur ausnahmsweise ist der Verwaltungsrechtsweg gem. § 40 VwGO zu erörtern.[239] Nach hM 259 sind die §§ 17 ff. GVG auch im Eilverfahren anwendbar.[240]

2. Zuständigkeit des Gerichts

Gemäß § 80 V 1 VwGO ist das sachlich und örtlich zuständige Gericht der Hauptsache auch 260 für das vorläufige Rechtsschutzgesuch zuständig. In der Antragserwiderung brauchen Sie hierauf in der Regel nicht vertieft einzugehen.

3. Zulässigkeit des Antrags

Anschließend erörtern Sie die Zulässigkeitsvoraussetzungen des Antrags auf Anordnung der 261 aufschiebenden Wirkung gem. § 80 V 1 Var. 1 VwGO:

a) Ordnungsgemäße Antragstellung (§§ 81, 82 VwGO analog)

Zur ordnungsgemäßen Antragstellung gelten die §§ 81, 82 VwGO analog.[241] Ausnahmsweise 262 reicht entgegen § 81 I 1 VwGO zur Gewährleistung effektiven Rechtsschutzes (Art. 19 IV GG) eine telefonische Antragstellung aus.[242]

b) Statthaftigkeit des Antrags

Im Rahmen des stets zu erörternden Statthaftigkeit des Antrags stellen sich folgende Fragen: 263

Problem: Auslegung des Rechtsschutzgesuchs (§§ 122 I, 88 VwGO) 264

Häufig legt das Prüfungsamt dem Antragsteller einen Antrag in den Mund, der auf § 123 VwGO oder einen Antrag auf *Wiederherstellung* der aufschiebenden Wirkung (§ 80 V 1 Var. 2 VwGO) hindeutet. Dann ist das Rechtsschutzgesuch dem Begehren des Antragstellers folgend gegebenenfalls zugunsten eines Antrags nach § 80 V 1 Var. 1 VwGO auszulegen.[243] Langatmige Ausführungen sollten Sie an dieser Stelle aber vermeiden; es reicht in der Antragserwiderung (zumal die Auslegung des Antrags dem Gericht obliegt!) in aller Regel folgender kurzer Hinweis:

> Der Antrag, für den gem. § 40 I 1 VwGO der Verwaltungsrechtsweg eröffnet ist, ist zulässig. Der Antragsgegner weist vorsorglich darauf hin, dass der Antrag dem Begehren des Antragstellers folgend (§§ 122 I, 88 VwGO) dahingehend auszulegen zu dürfte, dass hinsichtlich der Ziffer ... nicht etwa – wie wörtlich beantragt – die Wiederherstellung der aufschiebenden Wirkung, sondern gem. § 80 V 1 Var. 1 VwGO deren Anordnung begehrt wird. Hinsichtlich der mit Ziffer ... der Verfügung geregelten Androhung der Ersatzvornahme entfällt die aufschiebende Wirkung nämlich gem. § 80 II 1 Nr. 3 VwGO iVm § 70 I NVwVG, § 64 IV 1 NPOG, sodass gerichtlicherseits der Suspensiveffekt nicht wiedergestellt, sondern nur angeordnet werden kann ...

239 Hierzu → Rn. 3.
240 BVerwG Beschl. v. 15.11.2000 – 3 B 10.00; Eyermann/*Rennert* VwGO § 41 Rn. 3, GVG §§ 17–17b Rn. 2; aA Kopp/Schenke/*Ruthig* VwGO Anh § 41 Rn. 2a.
241 Kopp/Schenke/*W.-R. Schenke* VwGO § 81 Rn. 1.
242 Kopp/Schenke/*W.-R. Schenke* VwGO § 81 Rn. 10 aE.
243 Die Auslegung des Rechtsschutzgesuchs wird auch häufig bei § 80 V 1 Var. 2 VwGO und § 123 VwGO relevant. Dort gelten die vorstehenden Ausführungen entsprechend.

265 **Problem:** Abgrenzung zum Antrag gem. § 123 VwGO

Innerhalb der Statthaftigkeit ist zudem eine Abgrenzung zu § 123 VwGO vorzunehmen (vgl. § 123 V VwGO). § 80 V VwGO ist der statthafte Rechtsbehelf, wenn die aufschiebende Wirkung eines Anfechtungsrechtsbehelfs begehrt wird. Damit prüfen Sie zweistufig: Erstens fragen Sie, ob der Antragsteller einen Anfechtungsrechtsbehelf eingelegt hat. Zweitens klären Sie, ob dieser aufschiebende Wirkung entfaltet.

266 Da die aufschiebende Wirkung eines Anfechtungsrechtsbehelfs angeordnet werden soll, wird ein solcher regelmäßig auch eingelegt worden sein. Zu dieser Feststellung bedarf es in der Regel nur eines Satzes. Beachten Sie aber, dass der Eilantrag gem. § 80 V 2 VwGO schon vor Erhebung der Anfechtungsklage zulässig ist.[244]

267 Anschließender Prüfungsschwerpunkt ist die Frage, ob dem eingelegten Hauptsacherechtsbehelf gem. § 80 I VwGO aufschiebende Wirkung zukommt. Ist dies der Fall, bedarf es der begehrten Anordnung der aufschiebenden Wirkung gem. § 80 V 1 Var. 1 VwGO nicht. Daher ist der Antrag nur statthaft, wenn einer der Fälle des § 80 II 1 Nr. 1–3, S. 2 VwGO vorliegt, was in Klausuren in der Regel umfassend zu erörtern ist.

268 Zur Sicherstellung der finanziellen Funktionsfähigkeit der öffentlichen Hand entfällt die aufschiebende Wirkung gem. **§ 80 II 1 Nr. 1 VwGO** bei der Anforderung von öffentlichen Abgaben und Kosten. Hierdurch soll verhindert werden, dass die Erhebung von Anfechtungsrechtsbehelfen die Leistungsfähigkeit der öffentlichen Haushalte finanziell gefährdet. Insoweit stellen sich zwei Fragen: Erstens: Wann liegen »Abgaben« bzw. »Kosten« vor? Zweitens: Wann werden diese »angefordert«?

- Öffentliche **Abgaben** sind Steuern, Gebühren und Beiträge, die bei Erfüllung eines normativ bestimmten Tatbestandes fällig werden und zur Deckung des Finanzbedarfs eines Hoheitsträgers zur Wahrnehmung seiner öffentlichen Aufgaben erhoben werden.[245]
  - **Steuern** sind (soweit gem. § 40 I VwGO der Verwaltungsrechtsweg eröffnet ist und nicht die abdrängende Zuweisung gem. § 33 FGO eingreift!) Geldleistungen, die nicht eine Gegenleistung für eine besondere Leistung der öffentlichen Hand darstellen und die von einem öffentlich-rechtlichen Gemeinwesen zur Finanzierung allen Personen auferlegt werden, bei denen der jeweilige steuerrechtliche Tatbestand eingreift.[246] Klausurrelevant sind im Wesentlichen die örtlichen Verbrauchs- und Aufwandssteuern (zB Gewerbe-, Jagd-, Hunde- oder Zweitwohnungssteuer).[247]
  - **Gebühren** sind öffentlich-rechtliche Geldleistungen, die wegen individuell zurechenbarer öffentlicher Leistungen einem Gebührenschuldner auf gesetzlicher Grundlage auferlegt werden und die dazu dienen, die entstandenen Kosten ganz oder teilweise zu decken.[248] Dieses sind insb. Verwaltungs- und Benutzungsgebühren, etwa für die Inanspruchnahme einer Stadthalle.
  - **Beiträge** sind Abgaben, die zur Deckung oder Verringerung der Kosten einer öffentlichen Einrichtung *ohne Rücksicht auf deren tatsächliche Inanspruchnahme* von demjenigen erhoben werden, dem die Einrichtung besondere Vorteile (die anderen Personen nicht zufließen) bringt.[249] Hierzu gehören zB Ausbau- und Erschließungs- oder Wasserversorgungsbeiträge.[250]
- **Kosten** sind Gebühren und Auslagen, die in einem Verwaltungsverfahren nach festgelegten Sätzen oder leicht erkennbaren Merkmalen auferlegt werden.[251] Nicht dazu gehören Kosten einer Ersatzvornahme.[252] Ebenso wenig handelt es sich bei einer Sicherheitsleis-

244 BayVGH Beschl. v. 26.6.1984 – 11 Cs 83 C.1105.
245 Kopp/Schenke/*W.-R. Schenke* VwGO § 80 Rn. 57; BVerwG NVwZ-RR 2016, 394.
246 Eyermann/*Hoppe* VwGO § 80 Rn. 25.
247 Eyermann/*Hoppe* VwGO § 80 Rn. 27.
248 Eyermann/*Hoppe* VwGO § 80 Rn. 29.
249 Eyermann/*Hoppe* VwGO § 80 Rn. 28.
250 Eyermann/*Hoppe* VwGO § 80 Rn. 31.
251 Kopp/Schenke/*W.-R. Schenke* VwGO § 80 Rn. 62.
252 VGH Mannheim NVwZ-RR 2007, 296 (296); OVG Lüneburg BeckRS 2013, 47313.

tung für eine Abschiebung gem. § 66 V AufenthG um öffentliche Kosten in diesem Sinne.[253]

Gerade diese Fallgruppe spielt in **Aktenvorträgen** eine große Rolle. Typisch ist die Konstellation, in der eine Behörde davon ausgeht, dass die aufschiebende Wirkung kraft Gesetzes ausgeschlossen ist und deshalb vollziehen möchte. Der Adressat eines Kostenbescheides geht demgegenüber (zu Recht) davon aus, dass die aufschiebende Wirkung nicht kraft Gesetzes entfällt und wendet sich mit einem Antrag analog § 80 V VwGO auf Feststellung der aufschiebenden Wirkung an das VG. Dieses wird (lediglich) prüfen, ob der Antragsteller einen nicht offensichtlich unzulässigen Anfechtungsrechtsbehelf eingelegt hat, ob dieser aufschiebende Wirkung entfaltet und ob Vollzug droht (sog. faktischer Vollzug).[254]

»**Angefordert**« werden Kosten, wenn die Zahlungspflicht des Betroffenen begründet wird. Diese Anforderung kann entweder durch einen selbstständigen Kostenbescheid oder – was ebenso häufig erfolgt[255] – unselbstständig in dem das Verwaltungsverfahren abschließenden Sachbescheid *(»Ihnen wird ... gewährt. Zugleich werden Kosten für ... in Höhe von 500 EUR erhoben«)* erfolgen. Dann bezieht sich die sofortige Vollziehung nur auf den von § 80 II 1 Nr. 1 VwGO umfassten Anteil.[256] 269

Gemäß **§ 80 II 1 Nr. 2 VwGO** haben Rechtsbehelfe gegen unaufschiebbare Anordnungen und Maßnahmen von Polizei*vollzugs*beamten keine aufschiebende Wirkung. Dass diese Vorschrift wegen der »Funktionsgleichheit« analog auf regelnde Verkehrsschilder Anwendung findet, werden Sie wissen. Dies ist insbesondere für die Lösung von Abschleppfällen wichtig.[257] Nicht unter § 80 II 1 Nr. 2 VwGO fallen ordnungsbehördliche Maßnahmen oder polizeiliche Maßnahmen außerhalb des Vollzugsdienstes, sodass hiergegen gerichtete Rechtsbehelfe aufschiebende Wirkung entfalten.[258] 270

Die aufschiebende Wirkung entfällt gem. **§ 80 II 1 Nr. 3 VwGO** schließlich, wenn dies gesetzlich vorgesehen ist. Die examensrelevanten **bundesrechtlichen Bestimmungen** sind: 271

- § 212a I BauGB, wonach für Rechtsbehelfe Dritter (wozu auch eine Gemeinde gehört, die sich gegen eine Genehmigung wendet) gegen bauaufsichtliche Zulassungen die aufschiebende Wirkung entfällt. Ob ein »Vorbescheid« hiervon erfasst ist, wird unterschiedlich beurteilt. Überwiegend wird davon ausgegangen, dass auch der feststellende Vorbescheid eine Zulassung iSd § 212a I BauGB enthält. Demnach bewirkt ein Anfechtungsrechtsbehelf gegen einen Vorbescheid keine aufschiebende Wirkung.[259] Dem wird zum Teil entgegengehalten, dass durch den Vorbescheid ein Vorhaben gerade noch nicht zugelassen, sondern nur über einzelne Vorfragen entschieden werde.[260]
- § 54 IV BeamtStG bzw. § 126 IV BBG in beamtenrechtlichen Streitigkeiten, wonach Rechtsmittel gegen Versetzungen oder Abordnungen keine aufschiebende Wirkung entfalten. Entsprechendes gilt in Niedersachsen (§ 105 II NBG).
- § 84 I Nr. 1 AufenthG, wonach Rechtsbehelfen gegen die Ablehnung eines Aufenthaltstitels keine aufschiebende Wirkung zukommt.
- § 45 V WaffG, wonach Anfechtungsrechtsbehelfe gegen Maßnahmen nach § 45 I und II WaffG (Aufhebung der Erlaubnis) keine aufschiebende Wirkung haben, sofern die Erlaubnis wegen Fehlens der Voraussetzungen des § 4 I Nr. 2 WaffG aufgehoben wird. Zudem sind waffenrechtliche Sicherstellungsmaßnahmen nach § 46 IV 3 WaffG sofort vollziehbar.

253 VGH Mannheim Beschl. v. 25.2.2002 – 11 S 2443/01. Die Anordnung der Sicherheitsleistung ist auch keine Maßnahme in der Verwaltungsvollstreckung, sodass die aufschiebende Wirkung nicht gem. § 80 II 2 VwGO iVm den Bestimmungen der AGVwGO/Justizgesetzen der Länder entfällt. Die Anordnung der Sicherheitsleistung dient nicht der Durchsetzung der vollziehbaren Ausreisepflicht, sondern der Geltendmachung der Abschiebungskosten gegenüber dem Ausreisepflichtigen.
254 Im Einzelnen zum Antrag analog § 80 V VwGO im Fall »faktischen Vollzugs« → Rn. 268.
255 § 13 I 2 BGebG bestimmt ausdrücklich, dass die Entscheidung über die Kosten, soweit möglich, zusammen mit der Sachentscheidung ergehen soll.
256 OVG Lüneburg BeckRS 2013, 47313.
257 Hierzu im Einzelnen *Kaiser/Köster/Seegmüller* MatÖffR Kap. 4 Rn. 11.
258 Eyermann/*Hoppe* VwGO § 80 Rn. 34.
259 OVG Lüneburg Beschl. v. 8.7.2004 – 1 ME 164/04.
260 VGH München NVwZ 1999, 1363 (1363).

- § 14 PassG, wonach unter anderem die Passentziehung (§ 8 PassG), die Ausreiseuntersagung (§ 10 PassG) und die Passsicherstellung (§ 13 PassG) sofort vollziehbar sind. Ebenso kommt gem. § 30 PAuswG Anfechtungsrechtsbehelfen gegen bestimmte personalausweisrechtliche Entscheidungen (zB die Anordnung, dass ein Personalausweis nicht zum Verlassen Deutschlands berechtigt, § 6 VII PAuswG) keine aufschiebende Wirkung zu.

272 Gemäß § 80 II 1 Nr. 3 VwGO iVm § 70 I NVwVG iVm § 64 IV 1 NPOG entfällt die aufschiebende Wirkung bei Rechtsbehelfen gegen die Androhung und Festsetzung von Zwangsmitteln in der Verwaltungsvollstreckung. Merken Sie sich, dass Rechtsbehelfe gegen Kostenbescheide nach erfolgter Ersatzvornahme nicht hierunter fallen.[261] Die Kostenerhebung nach erfolgter Vollstreckung ist nämlich nicht mehr Bestandteil des Vollstreckungsverfahrens, sondern erfolgt in einem eigenen Verwaltungsverfahren nach Abschluss der Vollstreckung.

273 **§ 80 II 2 VwGO** erfasst als »vollstreckungsrechtlicher Lückenfüller« in Abgrenzung zu § 80 II 1 Nr. 3 VwGO (wo Länder nach Landesrecht vollstrecken) die Verwaltungsvollstreckung der »Länder nach Bundesrecht«. Examensrelevant ist insbesondere die Abschiebung (§§ 58 ff. AufenthG), mit der die ausländerrechtliche Ausreisepflicht (§ 50 AufenthG) vollzogen wird.

c) Antragsbefugnis analog § 42 II VwGO

274 Die analog § 42 II VwGO erforderliche und aus einer möglichen Grundrechts-verletzung folgende Antragsbefugnis ist in der Regel mit einem Satz festzustellen.

d) Rechtsschutzbedürfnis

275 Bei dem regelmäßig problematisierten Rechtsschutzbedürfnis geht es um folgende Fragestellungen:

276 **Problem:** Offensichtliche Unzulässigkeit des Hauptsacherechtsbehelfs

In vielen Klausuren ist an dieser Stelle die form- und fristgerechte Einlegung des Hauptsacherechtsbehelfs zu prüfen. Ist dieser nicht form- und fristgerecht erhoben worden und damit offensichtlich unzulässig, entfällt das Rechtsschutzbedürfnis. Achten Sie darauf, ob die dem VA beigefügte Rechtsbehelfsbelehrung ordnungsgemäß war. In der Regel werden Sie dies im Ergebnis zu verneinen haben. Dann beträgt die Anfechtungsfrist ein Jahr (§ 58 II VwGO). Diese Frist wird gewahrt sein.

277 **Problem:** Erforderlichkeit eines erfolglosen behördlichen Aussetzungsantrags?

Bisweilen stellt sich die Frage, ob das Rechtsschutzbedürfnis fehlt, wenn der Antragsteller vor Inanspruchnahme gerichtlichen Rechtsschutzes keinen behördlichen Aussetzungsantrag gem. § 80 IV VwGO gestellt hat. Dies ist grundsätzich nicht der Fall. Nach der ganz überwiegenden Rspr. ist abgesehen von den von § 80 II 1 Nr. 1 VwGO erfassten Fällen ein vorheriger Aussetzungsantrag gem. § 80 IV VwGO nicht Voraussetzung für ein gerichtliches Verfahren (§ 80 VI 1 VwGO).

278 Formulierungsvorschlag für eine Antragserwiderung bei einem erfolglosen Antrag nach § 80 V 1 Var. 1 VwGO im Fall der Erhebung einer Abgabe:

> Der Antrag ist zulässig, aber nicht begründet. Das Rechtsschutzbegehren ist als Antrag auf Anordnung der aufschiebenden Wirkung gem. § 80 V 1 VwGO statthaft. Die Anfechtungsklage des Antragstellers vom … gegen den Bescheid des Antragsgegners vom … entfaltet gem. § 80 II 1 Nr. 1 VwGO keine aufschiebende Wirkung. Die erhobene Benutzungsgebühr stellt eine Abgabe iSd § 80 II 1 Nr. 1 VwGO dar, sodass dem Anfechtungsrechtsbehelf kraft Gesetzes keine aufschiebende Wirkung zukommt. Der Antrag ist auch im Übrigen zulässig; insbesondere kann der Antragsteller auch ein Rechtsschutzbedürfnis für einen gerichtlichen Rechtsschutzantrag geltend machen. Er hat zuvor erfolglos den Antragsgegner um Aussetzung der Vollziehung des angefochtenen Bescheides ersucht (§ 80 VI 1 VwGO).
>
> Der Antrag ist jedoch nicht begründet …

261 OVG Lüneburg BeckRS 2013, 47383.

4. Begründetheit des Antrags

Übersicht: Begründetheit des Antrags gem. § 80 V 1 Var. 1 VwGO 279

Begründetheit (+), wenn nach dem Ergebnis einer eigenständig vom Gericht zu treffenden Interessenabwägung das Aussetzungsinteresse des Antragstellers das öffentliche Vollzugsinteresse überwiegt. Diese Interessenabwägung richtet sich in erster Linie nach den voraussichtlichen Erfolgsaussichten des Rechtsbehelfs in der Hauptsache

(P) Beurteilungsmaßstab zur Interessenabwägung im Rahmen des § 80 V 1 Var. 1 iVm § 80 II 1 Nr. 1–3 VwGO

Andeutung in § 80 IV 3 VwGO bzgl. § 80 II 1 Nr. 1 VwGO (Abgaben und Kosten)
↓
Bestehen ernstliche Zweifel an der Rechtmäßigkeit des VA?

Nach hM Übertragung des Rechtsgedankens auf § 80 II 1 Nr. 2–3 VwGO

Anschließend umfassende Inzidentprüfung des VA

280 Der Antrag nach § 80 V 1 Var. 1 VwGO ist nach hM begründet, wenn ernstliche Zweifel an der Rechtmäßigkeit des angefochtenen VA bestehen. Dieses ist der Fall, wenn ein Obsiegen des Antragstellers im Hauptsacheverfahren wahrscheinlicher ist als ein Unterliegen.

281 Ist der VA nach dem Ergebnis der summarischen Prüfung **offensichtlich rechtswidrig** und verletzt den Antragsteller in seinen Rechten (vgl. § 113 I 1 VwGO), ist mit anderen Worten davon auszugehen, dass der Anfechtungsrechtsbehelf erfolgreich sein wird, besteht ein öffentliches Interesse an der sofortigen Vollziehung nicht. Schließlich kann die Rechtsordnung an der sofortigen Vollziehung eines offensichtlich rechtswidrigen VA kein Interesse haben!

282 Erweist sich der VA nach der gebotenen summarischen Prüfung als **offensichtlich rechtmäßig**, bedarf es grundsätzlich keiner umfassenden Interessenabwägung im Einzelfall mehr. In den Fällen des § 80 II 1 Nr. 1 bis 3 und II 2 VwGO hat der Gesetzgeber im Wege einer generalisierten Interessenabwägung der sofortigen Vollziehung den Vorrang vor der aufschiebenden Wirkung eingeräumt. Die aufschiebende Wirkung bildet damit die Ausnahme. Diese Wertung des Gesetzgebers deutet bereits die Linie für die Begründetheitsprüfung an. Sie formulieren im praktischen Teil der Antragserwiderung dann:

> Der Antrag ist zulässig, aber nicht begründet.
>
> [Es folgen Ausführungen zur Zulässigkeit des Antrags.]
>
> Der Antrag ist jedoch nicht begründet. Gemäß § 80 V 1 Var. 1 VwGO kann das Gericht die aufschiebende Wirkung eines Widerspruchs/einer Anfechtungsklage anordnen, wenn das Interesse des Antragstellers am vorläufigen Nichtvollzug das öffentliche Interesse an der sofortigen Vollziehung des Verwaltungsakts überwiegt. Die vom Gericht vorzunehmende Interessenabwägung hat sich an den voraussichtlichen Erfolgsaussichten des Rechtsbehelfs in der Hauptsache zu orientieren. Unter Zugrundelegung dieser Maßstäbe überwiegt das öffentliche Vollzugsinteresse. Nach der gebotenen summarischen Prüfung bestehen keine ernstlichen Zweifel an der Rechtmäßigkeit des angefochtenen Verwaltungsakts.
>
> Rechtsgrundlage des angefochtenen Verwaltungsakts ist … [Anschließend erfolgt die umfassende Erörterung der formellen und materiellen Rechtmäßigkeit des Verwaltungsakts.]
>
> Einer weitergehenden Interessenabwägung im Einzelfall bedarf es vorliegend nicht. Vielmehr hat der Gesetzgeber selbst in den Fällen des § 80 II 1 Nr. 1 bis 3 VwGO eine generalisierende Interessenabwägung dahingehend vorgenommen, dass bei fehlenden ernstlichen Zweifeln an der Rechtmäßigkeit des angefochtenen Verwaltungsakts die sofortige Vollziehung geboten ist.

283 Auf eine Darstellung der Fallkonstellation, in der die Erfolgsaussichten des Rechtsbehelfs offen sind, wird an dieser Stelle verzichtet. Diese Fallgruppe ist eher praxisrelevant; in der Klausur wird demgegenüber in der Regel erwartet, dass Sie zu einem abschließenden Ergebnis hinsichtlich der Rechtmäßigkeit gelangen.

II. Antrag gem. § 80 V 1 Var. 2 VwGO

284 Ein erweiterter Prüfungsaufbau gilt in den Fällen des § 80 V 1 Var. 2 VwGO auf Wiederherstellung der aufschiebenden Wirkung des Anfechtungsrechtsbehelfs.

Hinweis: In den Fällen des § 80 II 1 Nr. 4 VwGO entfällt die aufschiebende Wirkung, weil die (Widerspruchs-) Behörde die sofortige Vollziehung angeordnet hat. Die sofortige Vollziehung muss wegen ihres Ausnahmecharakters besonders begründet werden, sodass in dieser Fallgruppe über die Interessenabwägung hinausgehend die formelle Ordnungsmäßigkeit der Anordnung der sofortigen Vollziehung zu prüfen ist. Bitte sprechen Sie von formeller »Ordnungsmäßigkeit« und nicht von »Rechtmäßigkeit«: Die Anordnung der sofortigen Vollziehung ist mangels Regelungswirkung kein VA, sondern ein unselbstständiger Annex zur Hauptregelung.

1. Zulässigkeit des Antrags

285 Bezüglich der Zulässigkeit des Antrages auf Wiederherstellung der aufschiebenden Wirkung gelten die vorstehenden Grundsätze zum Antrag gem. § 80 V 1 Var. 1 VwGO entsprechend.

286 Innerhalb der **Statthaftigkeit** ist zu erörtern, ob der Hauptsacherechtsbehelf eingelegt worden ist und dieser wegen § 80 II 1 Nr. 4 VwGO keine aufschiebende Wirkung entfaltet. Nur dann ist grundsätzlich ein Antrag gem. § 80 V 1 Var. 2 VwGO statthaft und insbesondere nicht durch die Subsidiaritätsklausel gem. § 123 V VwGO verdrängt. Schließlich stellen Sie in der gebotenen Kürze die **Antragsbefugnis** analog § 42 II VwGO fest.

287 Weil sowohl Ausgangs- als auch Widerspruchsbehörde die sofortige Vollziehung anordnen dürfen (vgl. § 80 II 1 Nr. 4 VwGO), kann sich die Frage nach dem **richtigen Antragsgegner** stellen, wenn erst die Widerspruchsbehörde die Anordnung der sofortigen Vollziehung verfügt. Teilweise wird die Anordnung der sofortigen Vollziehung der Ausgangsbehörde zugerechnet, da es um die sofortige Vollziehung des Ausgangsbescheides gehe.[262] Dies lässt sich mit dem Rechtsgedanken des § 79 I Nr. 1 VwGO begründen. Dem wird teilweise entgegengehalten, dass es beim vorläufigen Rechtsschutz nicht um die Frage der Rechtmäßigkeit des VA, sondern nur um die Anordnung der sofortigen Vollziehung gehe. Das spreche dafür, die Widerspruchsbehörde als richtigen Antragsgegner anzusehen. Lösen Sie dieses Problem klausurtaktisch unter Heranziehung der vorne genannten Erwägungen. Der im Aktenauszug bezeichnete Antragsgegner wird in der Regel der Richtige sein.

288 Im Rahmen des **Rechtsschutzbedürfnisses** stellt sich wiederum häufig die Frage der offensichtlichen Unzulässigkeit des Hauptsacherechtsbehelfs (hierzu → Rn. 276).

2. Begründetheit des Antrags

289 Innerhalb der Begründetheitsprüfung prüfen Sie zunächst, ob die Anordnung der sofortigen Vollziehung formell ordnungsgemäß ist. Damit ist die Begründetheitsprüfung zweistufig aufgebaut.

Übersicht: Begründetheit des Antrags gem. § 80 V 1 Var. 2 VwGO

I. **Formelle Ordnungsmäßigkeit der Anordnung der sofortigen Vollziehung (nicht:** *»Formelle Rechtmäßigkeit der Anordnung der sofortigen Vollziehung«!)*
   - **Zuständigkeit:** Gemäß § 80 II 1 Nr. 4 VwGO Ausgangsbehörde und Widerspruchsbehörde; (P) Zuständigkeit der Widerspruchsbehörde bereits vor Erhebung des Widerspruchs nach hM (+)
   - **Verfahren:** (P) Anhörung gem. § 28 I VwVfG (–), da Anordnung der sofortigen Vollziehung kein VA, sondern unselbstständiger Annex ohne abschließende Regelungswirkung; mangels Vergleichbarkeit auch keine Anhörung analog § 28 I VwVfG

262 OVG Lüneburg NJW 1989, 2147 (2147); OVG Bautzen NVwZ-RR 2002, 74 (74).

- **Form:** grundsätzlich schriftlich (§ 80 III 1 VwGO); (P) Besondere Begründung erfordert über formelhafte Erklärungen hinausgehende Begründung, die Ausnahmecharakter der sofortigen Vollziehung erkennen lässt; (P) Nachschieben der ordnungsgemäßen Begründung analog § 45 I Nr. 2, II VwVfG im gerichtlichen Verfahren möglich (hM)

II. Interessenabwägung (nicht: *»Begründetheit der Anordnung der sofortigen Vollziehung«*, da eigenständige gerichtliche Ermessensentscheidung!)
- **Inzidentprüfung der Rechtmäßigkeit des VA** (in der Regel Klausurschwerpunkt)
- Nach hM auch bei Rechtmäßigkeit **besonderes Eilinteresse** erforderlich (keine Streitentscheidung treffen, nur Argumente für Eilinteresse aus Aktenauszug sammeln)

a) Formelle Ordnungsmäßigkeit der Vollziehungsanordnung

Innerhalb der formellen Ordnungsmäßigkeit der Anordnung der sofortigen Vollziehung tauchen in der Regel keine Klausurprobleme auf. Wichtig ist, die nachfolgenden, häufig in Aktenauszügen angesprochenen Gesichtspunkte, zügig abzuarbeiten. 290

aa) Zuständigkeit

Nach § 80 II 1 Nr. 4 VwGO ist die Behörde, die den VA erlassen hat, auch für den Erlass einer Vollziehungsanordnung zuständig. Die Ausgangsbehörde kann die Anordnung vor und auch nach Erhebung des Widerspruchs treffen. 291

Problem: Zuständigkeit der Widerspruchsbehörde erst nach Einlegung des Widerspruchs? 292

Nach § 80 II 1 Nr. 4 VwGO ist auch die Widerspruchsbehörde zur Anordnung der sofortigen Vollziehung befugt. Streitig ist lediglich, ab wann die Zuständigkeit der Widerspruchsbehörde eröffnet ist. Teilweise wird die Zuständigkeit erst für den Zeitraum ab Eintritt des Devolutiveffekts, also der Erhebung des Widerspruchs bejaht;[263] die überwiegende Rspr. geht aufgrund des Wortlauts aber davon aus, dass die Widerspruchsbehörde auch schon vor Erhebung des Widerspruchs die Zuständigkeit für die Anordnung der sofortigen Vollziehung hat.[264] Hiervon sollten Sie insbesondere auch aus klausurtaktischen Gründen ausgehen. Richtiger Antragsgegner bleibt aber in diesem Fall die Ausgangsbehörde (str.).[265]

bb) Verfahren

Nach hM bedarf es vor Erlass der Anordnung der sofortigen Vollziehung keiner Anhörung gem. § 28 I VwVfG, da diese lediglich einen unselbstständigen Annex zum Haupt-VA ohne eigenständige Regelungswirkung bildet. Es gibt Klausuren, in denen der Antragsteller die fehlende Anhörung rügt. Dann sollten Sie in der Antragserwiderung kurz unter Hinweis auf die Rspr. betonen, dass es keiner Anhörung bedarf: 293

> Die Anordnung der sofortigen Vollziehung ist auch in verfahrensrechtlicher Hinsicht nicht zu beanstanden. Entgegen der Ansicht des Antragstellers bedarf es insbesondere keiner Anhörung gem. § 28 I VwVfG, wonach einem Beteiligten vor Erlass eines ihn belastenden Verwaltungsakts Gelegenheit zu geben ist, sich zu den entscheidungserheblichen Tatsachen zu äußern. Dieses folgt nach einhelliger Auffassung aus dem Umstand, dass die Anordnung der sofortigen Vollziehung selbst kein Verwaltungsakt darstellt und kein Verwaltungsverfahren iSd § 9 VwVfG abschließt. Bei der Anordnung der sofortigen Vollziehung handelt es sich vielmehr um einen bloß unselbstständigen Annex zur Hauptregelung ohne eine eigenständige materielle Regelungswirkung …

Noch häufiger wird eine analoge Anwendung des § 28 VwVfG diskutiert. Gegen eine Analogie spricht, dass die Anordnung der sofortigen Vollziehung weniger intensiv in die Rechte des Betroffenen eingreift und damit die Interessenlage mit dem Erlass eines (belastenden) VA nicht vergleichbar ist.[266] 294

Hinweis: Sie sollten das Anhörungsgebot nur ansprechen, wenn die fehlende Anhörung ausdrücklich gerügt wird oder die Anordnung der sofortigen Vollziehung nachgereicht wird.

263 Kopp/Schenke/*W.-R. Schenke* VwGO § 80 Rn. 81 mwN.
264 VGH Mannheim NVwZ-RR 1992, 348 (349).
265 OVG Bautzen NVwZ-RR 2002, 74 (74); VGH Kassel NVwZ 1990, 677 (677); Kopp/Schenke/*W.-R. Schenke* VwGO § 80 Rn. 140 mwN.
266 Im Einzelnen Kopp/Schenke/*W.-R. Schenke* VwGO § 80 Rn. 82.

cc) Form (Begründung)

295 Regelmäßig trägt der Antragsteller vor, die Anordnung der sofortigen Vollziehung sei formell fehlerhaft, weil gegen die Formvorschrift des § 80 III 1 VwGO verstoßen worden sei. In der Regel geht dieser Vortrag ins Leere. Die Begründung muss das »besondere« öffentliche Interesse darlegen, das gerade im konkreten Fall über das ohnehin in jedem Fall bestehende Vollzugsinteresse hinausgeht. Die Behörde muss (nur) zu erkennen geben, dass sie sich des Ausnahmecharakters der sofortigen Vollziehung bewusst war. Lediglich allgemeine Floskeln bzw. die bloße Wiedergabe des Gesetzestextes reichen nicht aus. Machen Sie nicht den Fehler, bereits an dieser Stelle die inhaltliche Richtigkeit der Begründung zu erörtern. Insoweit handelt es sich allein um eine materielle Frage. In formeller Hinsicht ist nur maßgebend, ob die Behörde die Anordnung der sofortigen Vollziehung mit einzelfallbezogenen, über den Wortlaut des § 80 II 1 Nr. 4 VwGO hinausgehenden Erwägungen begründet hat. Im Allgemeinen ist die Begründung in den Aktenauszügen ausreichend. Sie formulieren dann:

> Die Anordnung der sofortigen Vollziehung genügt auch den formellen Anforderungen des § 80 III 1 VwGO. Eine dieser Vorschrift genügende, auf den konkreten Einzelfall abgestellte, substantiierte und nicht bloß formelhafte Begründung des besonderen Vollzugsinteresses liegt vor. Der auf den vorliegenden Sachverhalt bezogene Verweis auf ... zeigt entgegen der Ansicht des Antragstellers hinreichend deutlich, dass sich der Antragsgegner des Ausnahmecharakters der Anordnung der sofortigen Vollziehung bewusst gewesen ist.

296 **Problem:** Nachschieben einer ordnungsgemäßen Begründung

Gelegentlich stellt sich die Frage, ob eine ursprünglich unzureichende Begründung im Verlauf des gerichtlichen Verfahrens nachgeholt werden kann. Vielfach wird diese Nachholung für zulässig erachtet, weil die Behörde andernfalls unverzüglich eine neue, ordnungsgemäße Anordnung der sofortigen Vollziehung erlassen würde.[267] Der Antragsteller müsste dann sofort einen neuen Antrag stellen, was auf einen bloßen Formalismus hinausliefe. Begründet wird dies überwiegend mit dem Rechtsgedanken des § 45 I Nr. 2, II VwVfG; teilweise wird auf § 114 S. 2 VwGO Bezug genommen. Ein Teil der Rspr. und Literatur lehnt eine Heilung mit der Begründung ab, es fehle an einer hierzu ermächtigenden Grundlage.[268] § 45 II VwVfG oder § 114 S. 2 VwGO böten hierfür keine Ermächtigung, da diese Vorschriften das Vorliegen eines VA erforderten. Sie sollten diese Frage klausurtaktisch lösen. Wenn der VA im Übrigen rechtmäßig ist, sollten Sie auch die Möglichkeit des Nachschiebens einer Begründung bejahen. Dann wird der Antrag in vollem Umfang abgelehnt. Dieses vereinfacht auch die Kostenentscheidung, wobei Sie allerdings auch eine Kostenbelastung des Antragsgegners nach § 155 IV VwGO (Verschulden) in Erwägung ziehen können.

Klausurhinweis: Ist die Anordnung der sofortigen Vollziehung nur formell fehlerhaft, ist der Antrag zumindest teilweise begründet. Die Anordnung der sofortigen Vollziehung wird aufgehoben. Ist im Übrigen nicht von einem Erfolg des Rechtsbehelfs auszugehen, wird die aufschiebende Wirkung nicht wiederhergestellt (hM).[269] Für die Erwiderungsschrift bedeutet dies, dass Sie nach Prüfung der formellen Ordnungsmäßigkeit der Anordnung der sofortigen Vollziehung eine Interessenabwägung vornehmen müssen. Hierzu bedarf es also keines Hilfsgutachtens.

b) Interessenabwägung

297 Im zweiten Schritt ist im Rahmen einer Interessenabwägung zu untersuchen, ob das Aussetzungsinteresse des Antragstellers das öffentliche Vollzugsinteresse überwiegt. Soweit sich – wobei dieser Fall eher für rechtsberatend-gutachterliche Aufgabenstellungen interessant ist – der VA nach summarischer Prüfung als offensichtlich rechtswidrig erweist, überwiegt das Aussetzungsinteresse, da an der Vollziehung eines rechtswidrigen VA kein öffentliches Vollzugsinteresse bestehen kann. Dann ist der Antrag in vollem Umfang begründet.

267 OVG Berlin-Brandenburg NVwZ-RR 2008, 727 (727); OVG Greifswald NVwZ-RR 2007, 21 (23).
268 VGH München NVwZ-RR 2002, 646 (646); VGH Mannheim BeckRS 2011, 55095; Kopp/Schenke/*W.-R. Schenke* VwGO § 80 Rn. 87.
269 OVG Schleswig NVwZ 1992, 688 (690).

Erweist sich der VA nach einer summarischen Überprüfung demgegenüber als (offensichtlich) rechtmäßig, stellt sich die (zweite) Frage, ob allein deshalb von einem überwiegenden öffentlichen Vollzugsinteresse auszugehen ist. Nach der wohl vorzugswürdigen Ansicht reicht das allgemeine Interesse, einen rechtmäßigen Zustand herbeizuführen, nicht aus. Notwendig ist damit ein »besonderes« öffentliches Interesse an der sofortigen Vollziehung, das über das Interesse hinausgeht, welches den VA selbst rechtfertigt.[270] Sie sollten diesen Streit in der Klausur nicht unnötig ausbreiten und insbesondere keine Streitentscheidung vornehmen, sondern nur durch einen Absatz und eine entsprechende sprachliche Einleitung verdeutlichen, dass Sie bei Ihrer Entscheidung auch dieses »besondere« sofortige Vollzugsinteresse berücksichtigt haben. Sie müssen also in der Klausur Gründe aus dem Aktenauszug herausfiltern, die nicht nur die Rechtmäßigkeit des VA stützen, sondern darüber hinausgehend die besondere Eilbedürftigkeit begründen. Entsprechende Anhaltspunkte wird Ihnen der Aktenauszug liefern. Achten Sie insbesondere auf folgende Hinweise:[271] 298

- Interesse an einer effektiven und zeitnahen Gefahrenabwehr
- Wahrung der Rechtsordnung (zB Verhinderung einer negativen Vorbildfunktion bei konkreten Anhaltspunkten, dass eine bauliche Anlage bereits Nachahmung gefunden hat oder mit Wahrscheinlichkeit finden wird)[272]
- Schutz vor der Begehung von Straftaten

Wenn nach dem Ergebnis der summarischen Prüfung der VA offensichtlich rechtmäßig ist, formulieren Sie etwa so: 299

> Der nach § 80 V 1 Var. 2 VwGO statthafte und im Übrigen zulässige Antrag ist jedoch nicht begründet. Nach § 80 I VwGO haben Klage und Widerspruch grundsätzlich aufschiebende Wirkung. Diese entfällt ausnahmsweise unter anderem in den Fällen, in denen die sofortige Vollziehung im öffentlichen oder überwiegenden Interesse eines Beteiligten von der Behörde, die den Verwaltungsakt erlassen hat, oder der Widerspruchsbehörde besonders angeordnet wird (§ 80 II 1 Nr. 4 VwGO).
>
> Die Anordnung der sofortigen Vollziehung ist in formeller Hinsicht nicht zu beanstanden. [Es folgen Ausführungen zur formellen Ordnungsmäßigkeit der Anordnung der sofortigen Vollziehung: Zuständigkeit – Verfahren – Begründung gem. § 80 III VwGO.]
>
> Im Rahmen des § 80 V 1 VwGO, bei der das Gericht eine eigene Ermessensentscheidung zu treffen hat, sind die widerstreitenden Interessen der Beteiligten gegeneinander abzuwägen. Wenn das private Aussetzungsinteresse das öffentliche Interesse an der sofortigen Vollziehung des Verwaltungsakts überwiegt, kann der Antrag in der Sache Erfolg haben. Maßgeblich hierfür sind auch die Erfolgsaussichten des Rechtsbehelfs in der Hauptsache, die das Gericht summarisch überprüft. Ist bei der danach gebotenen summarischen Überprüfung davon auszugehen, dass der Rechtsbehelf in der Hauptsache voraussichtlich Erfolg haben wird, überwiegt regelmäßig das private Aussetzungsinteresse des Antragstellers. Ist demgegenüber der Verwaltungsakt offensichtlich rechtmäßig, überwiegt das öffentliche Vollzugsinteresse, wenn ein besonderes öffentliches Interesse an der sofortigen Vollziehung des Verwaltungsaktes besteht.
>
> Diesen Grundsätzen folgend überwiegt das öffentliche Interesse an der sofortigen Vollziehung der Anordnung, …, das private Interesse des Antragstellers, einstweilen von solchen Maßnahmen verschont zu bleiben. Der Verwaltungsakt vom … erweist sich nämlich bei der gebotenen summarischen Überprüfung als rechtmäßig; zudem besteht auch ein besonderes öffentliches Vollzugsinteresse, welches über das Interesse hinausgeht, welches den Verwaltungsakt selbst rechtfertigt.
>
> Rechtsgrundlage der Ordnungsverfügung ist …. Danach kann … Diese Vorschrift ist formell und materiell ordnungsgemäß angewendet worden …
>
> Schließlich ist auch das besondere Interesse an der sofortigen Vollziehung der Anordnung gegeben …

270 BVerfG NJW 2010, 2268 (2268); VGH Mannheim BeckRS 2010, 55353 = DÖV 2011, 84.
271 Kopp/Schenke/*W.-R. Schenke* VwGO § 80 Rn. 98.
272 OVG Greifswald BeckRS 2016, 47442.

III. Abänderungsantrag gem. § 80 VII VwGO

300 **Examensrelevanz:** Wiederholt ist in Aktenauszügen der Abänderungsantrag gem. § 80 VII VwGO thematisiert worden (Aufgabe: »Welche Möglichkeiten hat eine Behörde, wenn gerichtlich die aufschiebende Wirkung eines Anfechtungsrechtsbehelfs angeordnet bzw. wiederhergestellt worden ist, anschließend aber tatsächliche Änderungen eintreten?«). Auch in Anwaltsklausuren kann ein Antrag nach § 80 VII VwGO relevant werden (Aufgabe: »Was kann einem Mandanten empfohlen werden, wenn sich die Sach- und Rechtslage, die einem rechtskräftig abgeschlossenen Beschlussverfahren gem. § 80 V VwGO zugrunde lag, geändert hat?«)

Übersicht: Abänderungsentscheidung gem. § 80 VII VwGO

- **Zulässigkeit**
  - **Zuständigkeit des Gerichts:** Gericht der Hauptsache (§ 80 VII 1 VwGO)
  - **Statthaftigkeit** des Antrags: Änderung eines Beschlusses gem. § 80 V VwGO
  - **Von Amts wegen oder auf Antrag**
  - Geltendmachung **veränderter Umstände**
  - **Allgemeines Rechtsschutzinteresse**
- **Begründetheit**
  - I. **Änderung der entscheidungserheblichen Umstände** oder bestimmte Umstände sind ohne Verschulden im ursprünglichen Verfahren nicht geltend gemacht worden (§ 80 VII 2 VwGO)
  - II. Neue **Interessenabwägung** zwischen Aussetzungsinteresse und öffentlichem Vollzugsinteresse

301 Beschlüsse über Anträge nach § 80 V VwGO erzeugen für die Beteiligten eine materielle Bindungswirkung.[273] Die Behörde darf daher nicht von sich aus zB erneut die sofortige Vollziehung anordnen, wenn zuvor gerichtlich die a.W. wiederhergestellt wurde (Sie erinnern sich: das war der Grund, weshalb bei einer bloßen formellen Fehlerhaftigkeit [Verstoß gegen § 80 III VwGO] die Anordnung der sofortigen Vollziehung lediglich *»aufgehoben«* wird!). Dennoch können diese Beschlüsse nach § 80 VII VwGO geändert oder aufgehoben werden. Da es sich um ein eigenständiges Verfahren handelt, müssen Sie die Zulässigkeit und Begründetheit des Antrags prüfen.

302 In einigen Aktenvorträgen ist die **Zuständigkeit** des Gerichts thematisiert worden. Diese liegt beim Gericht der Hauptsache. Hieraus ergibt sich, dass das VG über den Abänderungsantrag zu entscheiden hat, selbst wenn zuvor ein Beschwerdeverfahren vor dem OVG gelaufen ist.[274] In der Sache folgt die Entscheidung den materiellen Grundsätzen eines Beschlusses nach § 80 V VwGO.[275]

303 Der Änderungsantrag eines Beteiligten ist nur zulässig, wenn sich veränderte Umstände ergeben haben oder wenn bereits für oder gegen die Wiederherstellung der aufschiebenden Wirkung sprechende Gründe ohne Verschulden nicht geltend gemacht wurden (§ 80 VII 2 VwGO). Eine Veränderung der Umstände gem. § 80 VII 2 VwGO liegt vor allem bei einer Änderung der Sach- und Rechtslage vor. Dies ist auch der Fall, wenn nach Ergehen der Entscheidung im Aussetzungsverfahren eine bis dahin strittige einschlägige Rechtsfrage höchstrichterlich anders entschieden wird und deshalb die Erfolgsaussichten des Hauptsacheverfahrens nunmehr anders zu beurteilen sind.[276]

IV. Antrag beim VA mit Doppelwirkung (§ 80a III VwGO)

304 § 80a VwGO unterscheidet zwischen dem *begünstigenden VA mit drittbelastender Wirkung* (§ 80a I VwGO, zB Gaststättenerlaubnis im Wohngebiet, Baugenehmigung bzw. -vorbescheid, sonstige bewilligende Bescheide, die Dritte belasten) und dem *belastenden VA mit*

273 *Loos* JA 2001, 698 (705).
274 Kopp/Schenke/*W.-R. Schenke* VwGO § 80 Rn. 200.
275 BVerwG NVwZ 2005, 1422 (1422).
276 Kopp/Schenke/*W.-R. Schenke* VwGO § 80 Rn. 197.

drittbegünstigender Wirkung (§ 80a II VwGO, zB Sperrzeitverlängerungen, Stilllegungsverfügung gegen Betreiber einer immissionsschutzrechtlichen Anlage).

1. Begünstigender VA mit drittbelastender Wirkung

Liegt ein begünstigender VA vor, der einen Dritten belastet, gilt § 80a I VwGO, der wiederum zwei Fälle unterscheidet: **Nr. 1** erfasst den Regelfall, in dem der Hauptsacherechtsbehelf (zB in immissionsschutzrechtlichen oder wirtschafts-verwaltungsrechtlichen Dreieckskonstellationen) aufschiebende Wirkung entfaltet (§ 80 I 2 VwGO); **Nr. 2** den Fall, in dem die aufschiebende Wirkung kraft Gesetzes ausgeschlossen ist (§ 80 II VwGO; insbesondere § 80 II 1 Nr. 3 VwGO iVm § 212a I BauGB). Da dieser Fall besonders examensrelevant ist, wird er nachfolgend zunächst dargestellt. 305

a) Drittanfechtung bewirkt keine aufschiebende Wirkung

In bestimmten Dreieckskonstellationen entfalten Drittanfechtungsrechtsbehelfe keine aufschiebende Wirkung. Der examensrelevanteste Fall ist § 80 II 1 Nr. 3 VwGO iVm § 212a I BauGB, wonach die aufschiebende Wirkung des Rechtsbehelfs eines Dritten (auch einer Gemeinde) gegen eine bauaufsichtliche Zulassung entfällt. Entfaltet der Rechtsbehelf des Dritten keinen Suspensiveffekt, ist der Adressat des begünstigenden VA (der Bauherr) berechtigt, zunächst weiterzubauen. Um dies zu verhindern, ist jetzt der im Aktenauszug als Antragsteller auftretende Nachbar »am Zug«. Er kann bei der Behörde gem. § 80a I Nr. 2 VwGO die Aussetzung der Vollziehung gem. § 80 IV VwGO oder beim VG die Anordnung der aufschiebenden Wirkung des Rechtsbehelfs beantragen (§§ 80a III 1, I Nr. 2, 80 V VwGO). 306

aa) Zulässigkeit des Antrags

Übersicht: Zulässigkeit des Antrags gem. §§ 80a III 1, I Nr. 2, 80 V 1 VwGO 307

- **Statthaftigkeit des Antrags (§§ 80a III 1, I Nr. 2, 80 V 1 VwGO)**
  - Vorliegen eines adressatenbegünstigenden, aber drittbelastenden VA
  - Hauptsacherechtsbehelf ist eingelegt worden
  - Hauptsacherechtsbehelf hat keine aufschiebende Wirkung (insbesondere § 80 II 1 Nr. 3 VwGO iVm § 212a I BauGB)
- **Antragsbefugnis** analog § 42 II VwGO; (P) Antragsbefugnis in Dreieckskonstellation (+), wenn Verletzung drittschützender Vorschrift geltend gemacht werden kann
- **Rechtsschutzbedürfnis**
  - (P) bei Fertigstellung des Vorhabens
  - (P) vorheriger behördlicher Aussetzungsantrag wegen § 80a III 2 VwGO erforderlich? Nach hM (–), da zu weite Fassung [Redaktionsversehen]; kann offen bleiben, wenn iSv § 80 VI 2 Nr. 2 VwGO Vollziehung droht, etwa weil der Bauherr weiterbauen will (in der Regel nach Aktenauszug zu bejahen)

Zur **Statthaftigkeit**: Zunächst muss ein den Adressaten begünstigender VA vorliegen, der einen Dritten (den Antragsteller) belastet. Dieses ist bei einer Baugenehmigung, die den Bauherrn begünstigt, aber den Nachbarn wegen eventueller negativer Auswirkungen auf dessen Grundstück benachteiligt, ohne Weiteres zu bejahen. Zudem muss der in der Hauptsache statthafte Rechtsbehelf (Widerspruch [vgl. für baurechtliche Nachbarkonstellationen § 80 II 1 Nr. 4a NJG] bzw. Anfechtungsklage) erhoben worden sein. Auch dies bereitet in Klausuren selten Probleme. 308

Schwerpunkt der Statthaftigkeitsprüfung ist vielmehr die Frage, ob dem Hauptsacherechtsbehelf aufschiebende Wirkung zukommt. Dies ist in den Fällen des § 80 II 1 VwGO nicht der Fall. Insbesondere entfällt im baurechtlichen Nachbarstreit gem. § 80 II 1 Nr. 3 VwGO iVm § 212a I BauGB die aufschiebende Wirkung bei Rechtsbehelfen Dritter gegen bauaufsichtliche Zulassungen. 309

Innerhalb der Statthaftigkeitsprüfung ist eine **Abgrenzung zu § 123 VwGO** (§ 123 V VwGO) insbesondere dann erforderlich, wenn sich der Antragsteller gegen Gesichtspunkte wendet, die nicht von der Legalisierungswirkung der erteilten Baugenehmigung erfasst sind (zB im Fall eines vereinfachten Baugenehmigungsverfahrens). Fragen, die innerhalb des jeweiligen 310

Genehmigungsverfahrens nicht geprüft und daher auch behördlich nicht genehmigt worden sind, können nicht »suspendiert« werden, sodass diesbezüglich ein Antrag auf bauaufsichtliches Einschreiten gem. § 123 VwGO statthaft ist.[277] Falls der Antragsteller wörtlich einen Antrag nach § 80a III VwGO stellt, dürften Sie in der Antragserwiderung jedoch nicht lediglich feststellen, dass der Antrag insoweit unzulässig ist; vielmehr sollten Sie darauf hinweisen, dass der Antrag entsprechend dem Begehren in einen Antrag auf ein bauaufsichtliches Einschreiten (§ 123 I VwGO) auszulegen ist und es insoweit an einem Anordnungsanspruch bzw. -grund fehlt.

311 Im Rahmen der **Antragsbefugnis** analog § 42 II VwGO stellen Sie dar, inwieweit der Antragsteller durch die dem Beigeladenen erteilte Baugenehmigung in einem subjektiven öffentlichen Recht verletzt sein kann. Diese Frage bildet einen Schwerpunkt der Zulässigkeitsprüfung.[278]

312 In Aktenauszügen kann das **Rechtsschutzbedürfnis** in Zweifel gezogen werden. Tatsächlich entfällt dies nach der Rspr., wenn der Antragsteller durch die begehrte gerichtliche Entscheidung keinen Vorteil gewinnen kann.

313 **Problem:** Rechtsschutzbedürfnis bei vollständiger Fertigstellung des Vorhabens

Ein Vorteilsgewinn kann in baurechtlichen Nachbarstreitigkeiten zweifelhaft sein, wenn mit der Fertigstellung des Rohbaus die Rechtsverletzung bereits eingetreten ist (zB durch Schattenwurf oder erdrückende Wirkung). Vor Fertigstellung bleibt aber das Rechtsschutzbedürfnis bestehen. Nach Fertigstellung ist der Antrag zudem auch nur dann unzulässig, wenn der Antragsteller ausschließlich wegen der Substanz bzw. der Masse des Vorhabens Rechtsschutz sucht. Wendet sich der Antragsteller auch gegen die Nutzung, entfällt das Rechtsschutzbedürfnis nicht.[279]

314 **Problem:** Rechtsschutzbedürfnis erst nach behördlichem Aussetzungsantrag

Streitig ist, ob ein Antrag nach § 80a III VwGO voraussetzt, dass der Antragsteller zuvor erfolglos einen Antrag bei der Behörde (§§ 80a I Nr. 2, 80 IV VwGO) gestellt hat. Überwiegend wird die weit gefasste Verweisung in § 80a III 2 VwGO auf § 80 VI VwGO als Redaktionsversehen angesehen, die nach dem Willen des Gesetzgebers nur auf Abgabenangelegenheiten iSd § 80 IV 1, II 1 Nr. 1 VwGO begrenzt gewesen sein sollte. In diesem Sinne sei die Verweisung als Rechtsgrundverweisung zu verstehen.[280] Das OVG Lüneburg folgt dem nicht. Dieses verlangt vielmehr, dass der Antragsteller vor einem gerichtlichen Antrag erfolglos einen Antrag bei der Behörde gestellt hat.[281] Da Gerichte nur zur Überprüfung von behördlichen Ent-

277 ZB VGH München BeckRS 2013, 46164 (gegen eine im vereinfachten Genehmigungsverfahren erteilte Baugenehmigung, in der über eine erforderliche Abweichung von den gesetzlichen Abstandsflächen nicht entschieden worden ist, kann der Nachbar nur mit einem auf ein bauaufsichtliches Einschreiten gerichteten Antrag auf Erlass einer einstweiligen Anordnung vorgehen).

278 Im Einzelnen hierzu *Kaiser/Köster/Seegmüller* MatÖffR Kap. 8 Rn. 43 ff.

279 OVG Lüneburg BeckRS 2008, 40276 = NdsVBl. 2009, 44.

280 So auch OVG Hamburg BeckRS 2017, 107317.

281 Grundlegend OVG Lüneburg NVwZ-RR 2005, 69 (»… Dem Senat ist bekannt, dass die ganz herrschende Meinung anderer Auffassung ist und die Verweisung in § 80a III 2 VwGO – auch – auf § 80 VI VwGO als offenkundiges Redaktionsversehen ansieht … Das mag bei Inkrafttreten des 4. VwGO-Änderungsgesetzes [vom 17.12.1990, BGBl. I 2809], durch welches §§ 80, 80a VwGO im Wesentlichen die heute gültige Fassung erhalten haben, eine vertretbare Position gewesen sein. Der Gesetzgeber hat indes trotz aller oben zitierten ‚juristischen Kraftausdrücke', mit dem seine vermeintliche Fehlleistung etikettiert worden ist, die bisherigen VwGO-Novellen, namentlich das 6. VwGO-Änderungsgesetz vom 01.11.1996 [BGBl. I 1626], welches sich u.a. ebenfalls § 80 VwGO gewidmet hat, nicht zum Anlass genommen, diese vermeintliche Fehlleistung oder sein ‚Redaktionsversehen' nunmehr zu korrigieren. Das lässt nur den Schluss zu, die Verweisung des § 80a III 2 VwGO – auch – auf § 80 VI VwGO müsse einen gesetzgeberischen Sinn haben. Die Sinnermittlung hat sich dabei von der Maxime leiten zu lassen, dass es nicht Wille des Gesetzgebers gewesen sein kann, für einen praktisch nie vorkommenden Sachverhalt die vorherige Befassung der Behörde zu fordern. Unsinniges ordnet der Gesetzgeber nicht an. Gerade das wäre aber der Fall, wenn man § 80a III 2 VwGO als Rechtsgrundverweisung deutet. Selbst die Kritiker … räumen ein, dass § 80a III 2 VwGO in diesem Fall einen ‚Anwendungsbereich', der diesen Ausdruck verdiente, nicht hätte … Entgegen der Meinung der Kritiker eröffnet nur die Senatsmeinung §§ 80a III 2, 80 VI VwGO einen die gesetzliche Regelung rechtfertigenden Anwendungsbereich und führt auch im Ergebnis nur zu einer sinnvollen

scheidungen berufen seien, setze ein Rechtsschutzersuchen bei Gericht stets zuvor einen Antrag bei der Behörde voraus. Wenngleich beides vertretbar ist, können Sie sich unter Umständen einer Streitentscheidung entziehen: Wenn Sie die Verweisung als Rechtsgrundverweis verstehen, bedarf es außerhalb von Abgabenangelegenheiten keines behördlichen Antrags. Nehmen Sie eine Rechtsfolgenverweisung an, ist – auch nach Ansicht des OVG Lüneburg – ein behördlicher Antrag nicht erforderlich, wenn die Voraussetzungen des § 80 VI 2 VwGO gegeben sind. Wenn zumindest eine Vollstreckung droht (im Aktenauszug finden Sie gegebenenfalls einen Hinweis, wonach der Bauherr ernsthaft beabsichtigt, zeitnah weiterzubauen), sind die Voraussetzungen des § 80 VI 2 Nr. 2 VwGO erfüllt.

bb) Begründetheit des Antrags

Begründet ist der Antrag, wenn nach dem Ergebnis einer Interessenabwägung das Aussetzungsinteresse des belasteten Antragstellers das Vollzugsinteresse des begünstigten Adressaten des VA (dem Beigeladenen) überwiegt. Dies richtet sich nach den Erfolgsaussichten des Rechtsbehelfs in der Hauptsache, wobei allein ein Verstoß gegen drittschützende Bestimmungen zu prüfen ist. Schließlich besteht kein allg. Gesetzesvollziehungsanspruch, sondern nur ein Anspruch darauf, dass die den Antragsteller individuell schützenden Bestimmungen eingehalten werden (§ 113 I 1 VwGO). 315

b) Drittanfechtung bewirkt aufschiebende Wirkung

Hat der Rechtsbehelf des Dritten (dem Grundsatz des § 80 I 2 VwGO folgend) aufschiebende Wirkung, ist der Adressat des begünstigenden VA am Zug. Um die begünstigende Regelung zu realisieren, muss er nach erhobenem Hauptsacherechtsbehelf des Dritten gem. § 80a I Nr. 1 VwGO bei der Behörde oder gem. § 80a III VwGO beim VG einen »*Antrag auf Anordnung der sofortigen Vollziehung*« gem. § 80 II 1 Nr. 4 VwGO stellen. 316

aa) Zulässigkeit des Antrags

Zunächst prüfen Sie, ob der Antrag zulässig ist. 317

Übersicht: Zulässigkeit des Antrags gem. §§ 80a III 1, I Nr. 1, 80 V VwGO

- **Statthaftigkeit** des Antrags gem. §§ 80a III 1, I Nr. 1, 80 V VwGO
  - Vorliegen eines adressatenbegünstigenden, aber drittbelastenden VAs
  - Hauptsacherechtsbehelf ist eingelegt worden
  - Hauptsacherechtsbehelf hat aufschiebende Wirkung; § 80 I 2 VwGO (insbesondere kein Fall des § 80 II VwGO)
- **Antragsbefugnis** (§ 42 II VwGO analog)
- **Rechtsschutzbedürfnis**
  - (P) Vorheriger behördlicher Aussetzungsantrag wegen § 80a III 2 VwGO erforderlich? Str.; nach *Kopp/Schenke* nicht erforderlich: Hier klausurtaktische Entscheidung treffen, damit die Zulässigkeit bejaht werden kann.

Zunächst erörtern Sie (kurz), dass der Antrag gem. §§ 80a III 1, I Nr. 1, 80 V VwGO **statthaft** ist, weil ein Dritter einen Rechtsbehelf gegen den dem Antragsteller erteilten, diesen begünstigenden VA eingelegt hat und diesem Rechtsbehelf gem. § 80 I 2 VwGO aufschiebende Wirkung zukommt. 318

Lösung der Probleme, die sich in Fällen öffentlich-rechtlichen Nachbarschutzes stellen. Gerade bei Nutzungskonflikten, in denen es um die Sicherung der Wohnqualität … geht, stellt sich häufig die nur gutachterlich zu klärende Frage, ob und in welchem Umfang beide konkurrierenden Nutzungen miteinander vereinbart werden können. Gelingt es dem Nachbarn, die Beurteilungsgrundlage der Bauaufsichtsbehörde mit eigenen, insbes. privatgutachterlichen Mitteln ernstlich zu erschüttern, hätte dies ohne das behördliche Auseinandersetzungsverfahren nach §§ 80a III 2, 80 VI VwGO in vielen Fällen zur Folge, dass allein die mangelhafte behördliche Beurteilung und Aufklärung des Sachverhalts im Eilverfahren den Ausschlag gäbe. Der Senat sieht dann regelmäßig keinen Anlass, die im Genehmigungsverfahren mangelhaft erfüllte Sachaufklärung mit eigenen Mitteln zu betreiben. …«); so auch grundlegend OVG Lüneburg NVwZ-RR 2011, 185 (185).

319 Die **Antragsbefugnis** analog § 42 II VwGO bereitet in der Regel keine Schwierigkeiten. Der Antragsteller hat durch den begünstigenden VA eine Rechtsposition erlangt, die ihm die Antragsbefugnis vermittelt.

320 Ob das **Rechtsschutzbedürfnis** im Fall des § 80a III 1, I Nr. 1, 80 V VwGO voraussetzt, dass vor Inanspruchnahme gerichtlichen Rechtsschutzes ein behördlicher Antrag erfolglos geblieben ist, wird – wie im Fall des § 80a I Nr. 2 VwGO – unterschiedlich beurteilt. Hier sollten Sie klausurtaktisch der Auffassung folgen, mit der Sie die Zulässigkeit des Antrags bejahen können.[282]

bb) Begründetheit des Antrags

321 Begründet ist der Antrag, wenn nach einer Interessenabwägung das Vollzugs-interesse des Antragstellers das Aussetzungsinteresse des belasteten Dritten überwiegt. Hiervon ist auszugehen, wenn der VA rechtmäßig ist. Darüber hinaus überwiegt das Vollzugsinteresse des Antragstellers, wenn der VA zwar (objektiv) rechtswidrig ist, aber keine subjektiven Rechte des Dritten verletzt. Die folgende Prüfung der Rechtmäßigkeit des VA wird den Klausurschwerpunkt bilden.

2. Belastender VA mit drittbegünstigender Wirkung

322 § 80a II VwGO erfasst spiegelbildlich den Fall eines belastenden VA, der einen Dritten begünstigt.

a) Anfechtung des Adressaten bewirkt aufschiebende Wirkung

323 Liegt ein belastender VA mit drittbegünstigender Wirkung (zB Ordnungsverfügung zugunsten eines Nachbarn) vor, hat der Anfechtungsrechtsbehelf gem. § 80 I 2 VwGO grundsätzlich aufschiebende Wirkung Durch diesen kann der belastete Adressat folglich die Vollziehung des VA verhindern. Daran hat der Dritte kein Interesse; er will in der Regel sicherstellen, dass die Verfügung sofort vollzogen wird. Daher kann der Dritte bei der Behörde die Anordnung der sofortigen Vollziehung des VA gem. §§ 80a II, 80 II 1 Nr. 4 VwGO beantragen und/oder beim VG einen Antrag auf Anordnung der sofortigen Vollziehung gem. §§ 80a III 1, II, 80 II 1 Nr. 4 VwGO stellen.

324 Ist der Antrag des Nachbarn bei der Behörde erfolgreich, ist wiederum der Adressat des belastenden VA am Zug, der sicherstellen möchte, dass seinem Anfechtungsrechtsbehelf (wieder) aufschiebende Wirkung zukommt. Für ihn ist dann der Antrag auf Wiederherstellung der aufschiebende Wirkung des Anfechtungsrechtsbehelfs statthaft (§§ 80a III, 80 V VwGO).

Übersicht: Zulässigkeit des Antrags gem. §§ 80a III 1, II, 80 II 1 Nr. 4 VwGO

- **Statthaftigkeit des Antrags** (§§ 80a III 1, II, 80 II 1 Nr. 4 VwGO)
  - Vorliegen eines adressatenbelastenden, aber drittbegünstigenden VA
  - Hauptsacherechtsbehelf ist eingelegt worden
  - Hauptsacherechtsbehelf hat aufschiebende Wirkung (insbesondere kein Fall des § 80 II VwGO)
- **Antragsbefugnis** analog § 42 II VwGO; (P) Dreieckskonstellation; daher Antragsbefugnis nur (+), wenn Verletzung drittschützender Vorschrift geltend gemacht werden kann
- **Allgemeines Rechtsschutzbedürfnis**
  - (P) Vorheriger behördlicher Aussetzungsantrag wegen § 80a III 2 VwGO erforderlich? Nach hM (–), da zu weite Fassung Redaktionsversehen; kann offen bleiben, wenn iSv § 80 VI 2 Nr. 2 VwGO Vollziehung droht, etwa weil der Bauherr weiterbauen will (in der Regel nach Aktenauszug zu bejahen)

b) Anfechtung des Adressaten bewirkt keine aufschiebende Wirkung

325 Der Fall, in dem einem Rechtsbehelf des belasteten Adressaten mit drittbegünstigender Wirkung keine aufschiebende Wirkung zukommt (zB wegen einer Anordnung der sofortigen Vollziehung gem. § 80 II 1 Nr. 4 VwGO), ist gesetzlich nicht geregelt: § 80a I VwGO ist nicht anwendbar, da es sich nicht um einen *begünstigenden VA mit drittbelastender Wirkung* handelt.

282 Kopp/Schenke/*W.-R. Schenke* VwGO § 80a Rn. 21.

§ 80a II VwGO ermöglicht nur, nach § 80 II 1 Nr. 4 VwGO die sofortige Vollziehung anzuordnen, so dass diese Vorschrift den Eintritt der aufschiebenden Wirkung nach § 80 I VwGO unterstellt. Einer analogen Anwendung des § 80a VwGO bedarf es nach hM dennoch nicht, da ein Antrag gem. § 80 IV 1 VwGO gestellt werden kann.[283] § 80a VwGO ergänzt nämlich nur die Regelungen des § 80 IV und V VwGO. Der Rückgriff auf § 80 IV VwGO ist daher nicht ausgeschlossen.[284]

Wird auf den Antrag des Adressaten die sofortige Vollziehung gem. § 80 IV VwGO ausgesetzt (»*Die sofortige Vollziehung des ... wird ausgesetzt*«), kann der Dritte (Nachbar) beim VG gem. § 80a III iVm Abs. 2 VwGO einen Antrag auf Anordnung der sofortigen Vollziehung stellen. Lehnt hingegen – was wahrscheinlicher sein dürfte – die Behörde den Aussetzungsantrag gem. § 80 IV VwGO ab, kann der belastete Adressat beim Gericht gem. § 80 V VwGO die Wiederherstellung der aufschiebenden Wirkung des Anfechtungsrechtsbehelfs beantragen. 326

3. Sonderkonstellation: Adressat vollzieht VA trotz aufschiebender Wirkung

Entfaltet der Rechtsbehelf des Dritten aufschiebende Wirkung, muss der Adressat die Vollziehung des VA einstweilen einstellen. Denkbar ist aber, dass der Adressat die aufschiebende Wirkung missachtet. In diesem Fall hat der Nachbar – um zu verhindern, dass »vollendete Tatsachen« geschaffen werden – die Möglichkeit, 327

- einen Antrag auf »*Feststellung der aufschiebenden Wirkung*« analog §§ 80a III, 80 V VwGO zu stellen (wodurch allerdings die Fortsetzung der Baumaßnahmen noch nicht verhindert wird und der Antrag unter Umständen nicht effektiv genug ist, soweit es sich nachweislich um einen »renitenten« Bauherrn handelt),
- bei der Behörde gem. § 80a I Nr. 2 Hs. 2 VwGO bzw. beim Gericht gem. § 80a III 1, I Nr. 2 Hs. 2 VwGO Maßnahmen zur Sicherung der aufschiebenden Wirkung zu beantragen.

Innerhalb der Zulässigkeit können Sie kurz die **Statthaftigkeit** des Antrags bejahen. Im Rahmen der **Antragsbefugnis** analog § 42 II VwGO kommt es nicht ausschließlich auf die mögliche Verletzung drittschützender Normen an. Vielmehr folgt bereits aus der aufschiebenden Wirkung des Anfechtungsrechtsbehelfs des Dritten gem. § 80 I VwGO eine Rechtsposition, die zur Antragsbefugnis führt. Zur Frage, ob der Antragsteller zunächst erfolglos einen Antrag bei der Behörde gestellt haben muss oder direkt Rechtsschutz bei Gericht beantragen kann (§ 80a III iVm Abs. 1 Nr. 1 oder Nr. 2 VwGO), → Rn. 314. 328

Der Antrag ist **begründet**, wenn der begünstigte Adressat die aufschiebende Wirkung des Rechtsbehelfs missachtet. Hier erfolgt keine Interessenabwägung. Allein die Missachtung der aufschiebenden Wirkung führt zum Erfolg des Antrags. 329

V. Antrag gem. § 123 VwGO

1. Zulässigkeit des Antrags

Übersicht: Zulässigkeit des Antrags gem. § 123 VwGO 330

- Gegebenenfalls **Verwaltungsrechtsweg** (Spezialzuweisung oder § 40 I 1 VwGO)
- Gegebenenfalls sachliche und örtliche **Zuständigkeit** des Gerichts
- **Statthaftigkeit des Antrags** (P) Auslegung des Begehrens gem. §§ 122 I, 88 VwGO
  - Kein Antrag gem. § 80 V bzw. § 80a III VwGO statthaft (§ 123 V VwGO)
  - Begehren gerichtet auf Erlass einer
    - **Sicherungsanordnung** (123 I 1 VwGO), wenn bloße Sicherung des bestehenden Zustandes (»defensive Sicherung des status quo«)
    - **Regelungsanordnung** (§ 123 I 2 VwGO), wenn Ausdehnung des bestehenden Rechtskreises angestrebt (»offensive Rechtskreiserweiterung«)
- **Antragsbefugnis analog § 42 II VwGO**
- **Rechtsschutzbedürfnis**

283 Kopp/Schenke/*W.-R. Schenke* VwGO § 80a Rn. 16; *Budroweit/Wuttke* JuS 2006, 876 (880).
284 *Budroweit/Wuttke* JuS 2006, 876 (880).

331 Hinsichtlich des **Verwaltungsrechtswegs** gelten keine Besonderheiten. Ausführungen hierzu sind nur im Ausnahmefall erforderlich. **Zuständig** ist gem. § 123 II 1 VwGO das sachlich und örtlich zuständige Gericht der Hauptsache.

332 Im Rahmen der stets zu erörternden **Statthaftigkeit** sollten Sie eine Abgrenzung zum Verfahren nach §§ 80 V, 80a III VwGO vornehmen. Bitte merken Sie sich, dass § 123 VwGO nach der gesetzlichen Systematik der Regelfall ist. Nur im Fall der begehrten Anordnung oder Wiederherstellung der aufschiebenden Wirkung einer Anfechtungsklage oder eines Widerspruchs nach §§ 80 V, 80a VwGO ist § 123 VwGO nach der Subsidiaritätsklausel des § 123 V VwGO verdrängt. Aus diesem Grund ist die einstweilige Anordnung statthaft, wenn es sich in der Hauptsache um eine Verpflichtungs-, Leistungs- oder Feststellungsklage handelt.

333 Denkbar ist aber auch, dass Rechtsschutz sowohl nach § 80 V VwGO als auch über § 123 VwGO zu gewähren ist.[285]

334 Im Anschluss an die Abgrenzung der Verfahren nach §§ 80 V, 80a III VwGO einerseits zu § 123 VwGO andererseits stellen Sie in der gebotenen Kürze klarstellend fest, ob eine Sicherungs- oder eine Regelungsanordnung vorliegt.

- Die **Sicherungsanordnung** (§ 123 I 1 VwGO) kann ergehen, wenn es dem Antragsteller um die Sicherung einer vorhandenen Rechtsposition geht.
  - Typisches Beispiel war bislang der **beamtenrechtliche Konkurrentenstreit**, in dem mit der Sicherungsanordnung die Stellenbesetzung durch einen Mitbewerber oder die Beförderung des Konkurrenten bis zum Abschluss des Hauptsacheverfahrens verhindert wird.[286] Generell ist das Unterlassen einer Begünstigung eines Dritten in mehrpoligen Verwaltungsrechtsverhältnissen zur Sicherung eines eigenen Rechts der typische Anwendungsfall der Sicherungsanordnung.[287] In einer Entscheidung hat das BVerwG hingegen festgestellt, dass die Ernennung eines erfolgreichen Stellenbewerbers ein VA mit Drittwirkung darstellt, der in die Rechte der unterlegenen Bewerber aus Art. 33 II GG eingreift.[288] Gleichzeitig hat das BVerwG abweichend von der bisherigen Rspr. betont, dass der Grundsatz der Ämterstabilität der Aufhebung der Ernennung auf Klage des unterlegenen Bewerbers nicht entgegensteht, wenn dieser daran gehindert worden ist, die Rechtsschutzmöglichkeiten zur Durchsetzung seines Bewerbungsverfahrensanspruchs vor der Ernennung auszuschöpfen.
  - Im **Baurecht** kommt eine Sicherungsanordnung beim Vorgehen gegen »Schwarzbauten« in Betracht[289] (Achtung: wird eine Baugenehmigung angegriffen, greifen §§ 80 V, 80a III VwGO; besondere Probleme bestehen im sog. vereinfachten Genehmigungsverfahren, bei dem sowohl §§ 80 V, 80a III VwGO als auch § 123 I 1 VwGO eingreifen können).
  - Im **Organstreitverfahren** (insbesondere im Kommunalverfassungsstreit) kann eine Sicherungsanordnung in Betracht kommen, wenn es um die bloße Sicherung eines Rechts des Antragstellers geht. Eine Regelungsanordnung liegt beim Kommunalverfassungsstreit hingegen vor, wenn ein bestimmtes Handeln begehrt wird (zB Einschreiten des Ratsvorsitzenden).
- Durch die **Regelungsanordnung** (§ 123 I 2 VwGO) wird die vorläufige Einräumung oder Erweiterung einer begünstigenden Rechtsposition erstrebt. Im Examen taucht diese Konstellation häufiger auf (»Regelungsanordnung ist die Regel«). Sie kommt zB in Betracht, wenn der Antragsteller von einem Antragsgegner den Erlass eines Leistungsbescheides oder ein Beamter zB die Einweisung in eine Planstelle begehrt. Gerade bei der Regelungsanordnung stellt sich oftmals das Folgeproblem des Verbots der Vorwegnahme der Hauptsache in der Begründetheit des Antrags.

---

285 Zu den typischen Klausurkonstellationen (insbesondere aus dem Baurecht) im Einzelnen *Kaiser/Köster/Seegmüller* MatÖffR Kap. 8 Rn. 48 f.

286 Kopp/Schenke/*W.-R. Schenke* VwGO § 123 Rn. 5.

287 Eyermann/*Happ* VwGO § 123 Rn. 21.

288 BVerwG BeckRS 2011, 45441.

289 Kopp/Schenke/*W.-R. Schenke* VwGO § 123 Rn. 12.

Klausurhinweis: Häufig legt das Prüfungsamt dem Antragsteller einen Antrag in den Mund, der auf §§ 80 V bzw. 80a III VwGO hindeutet. Merken Sie sich: Im Examen gibt es keinen »falschen Antrag«. Wird ein inkorrekter Antrag gestellt, ist dieser gem. §§ 122 I, 88 VwGO auszulegen. In der Antragserwiderung sollten Sie vor der Zulässigkeitsprüfung dem Gericht Hinweise geben, wie der Antrag auszulegen ist.

Als weitere Zulässigkeitsvoraussetzung ist die **Antragsbefugnis** analog § 42 II VwGO anzusprechen. Diese ist zu bejahen, wenn der Antragsteller geltend machen kann, einen Anspruch auf die begehrte Leistung oder die begehrte Unterlassung zu haben. Die Glaubhaftmachung (§ 123 III VwGO iVm §§ 920 II, 294 ZPO) von Anordnungsanspruch und -grund ist an dieser Stelle nicht zu erörtern. Dieser Gesichtspunkt gehört zur Begründetheit des Antrags (hM). 335

Schließlich sollten Sie zum **Rechtsschutzbedürfnis** Stellung nehmen, zumal in Aktenauszügen diese Zulässigkeitsvoraussetzung häufig problematisiert wird. Grundsätzlich fehlt dieses, wenn der Antragsteller vor Inanspruchnahme gerichtlichen Rechtsschutzes keinen Antrag bei der Behörde gestellt hat. Allerdings gilt dies nicht, wenn die Behörde von vornherein deutlich gemacht hat, dass sie eventuelle Ansprüche verneint. Letzteres ist in den Aktenauszügen im Examen regelmäßig der Fall. 336

2. Begründetheit des Antrags

Der Antrag ist begründet, wenn der Antragsteller einen Anordnungsanspruch und einen Anordnungsgrund glaubhaft gemacht hat (§ 123 III VwGO iVm §§ 920 II, 294 ZPO). Insoweit unterscheiden sich die Sicherungs- und Regelungsanordnung zunächst nicht. Im Examen sollten Sie – unabhängig von eventuellen Abweichungen in der Praxis – sprachlich zwischen der Sicherungsanordnung (§ 123 I 1 VwGO) und der Regelungsanordnung (§ 123 I 2 VwGO) unterscheiden: 337

- Der Antrag auf Erlass einer **Sicherungsanordnung** nach § 123 I 1 VwGO ist begründet, wenn der Antragsteller glaubhaft gemacht hat, dass ihm ein subjektives Recht zusteht und die Durchsetzung des Rechts im Hauptsacheverfahren ernstlich gefährdet ist.
- Der Antrag auf Erlass einer **Regelungsanordnung** nach § 123 I 2 VwGO ist begründet, wenn die Regelung nötig erscheint, um wesentliche Nachteile abzuwenden oder um drohende Gefahren zu verhindern oder wenn sie aus anderen Gründen erforderlich ist. In dieser Konstellation ist vor allem an das Verbot der Vorwegnahme der Hauptsache zu denken.

a) Sicherungsanordnung

Im Examen wird von Ihnen verlangt werden, dass Sie den materiell-rechtlichen Anspruch prüfen. Aus diesem Grund sollten Sie mit dem Anordnungsanspruch beginnen und erst anschließend den Anordnungsgrund erörtern. Bei dem Anordnungsanspruch handelt es sich um den zu sichernden materiellen Anspruch des Antragstellers (»Verwirklichung eines Rechts des Antragstellers«) im Hauptsacheverfahren. Sie prüfen also an dieser Stelle die materielle Rechtsgrundlage, die den zu sichernden Anspruch begründen kann. Besteht der Anspruch, müssen Sie sich mit der Frage des Anordnungsgrundes auseinandersetzen. Besteht er hingegen nicht, sind Ausführungen hierzu entbehrlich. 338

Ist der Anordnungsanspruch gegeben, prüfen Sie anschließend, ob auch der **Anordnungsgrund** glaubhaft gemacht worden ist. Dieser besteht bei der Sicherungsanordnung in der Gefahr, dass durch eine drohende Veränderung des bestehenden Zustandes die Verwirklichung des Rechts vereitelt oder wesentlich erschwert werden könnte. Dies ist der Fall, wenn im Hauptsacheverfahren die Durchsetzung des Rechts ernstlich gefährdet ist. An dieser Stelle nehmen Sie eine umfassende Güter- und Interessenabwägung vor. Bei dieser legen Sie vor allem folgende Aspekte zugrunde: 339

- Bedeutung und Dringlichkeit des geltend gemachten Anspruchs;
- die Zumutbarkeit, eine Entscheidung in der Hauptsache abzuwarten;
- den Grad der Erfolgswahrscheinlichkeit im Hauptsacheverfahren;
- Schwere und Irreparabilität der drohenden Schäden.[290]

290 *Wahrendorf* JA-Übungsbl. 1991, 13 (15).

b) Regelungsanordnung

340 Der Antrag ist jedoch in der Sache nicht begründet. Die Voraussetzungen für den Erlass einer Regelungsanordnung gem. § 123 I 2 VwGO sind nicht gegeben. Danach kann das Gericht eine einstweilige Anordnung zur Regelung eines vorläufigen Zustandes in Bezug auf ein streitiges Rechtsverhältnis treffen, wenn diese Regelung zur Abwendung wesentlicher Nachteile oder zur Verhinderung drohender Gewalt oder aus sonstigen Gründen notwendig erscheint. Voraussetzung hierfür ist, dass der Antragsteller einen Anordnungsanspruch, dh ein subjektives öffentliches Recht auf das begehrte Verwaltungshandeln sowie einen Anordnungsgrund, also die Eilbedürftigkeit, glaubhaft gemacht hat.

Diese Voraussetzungen sind nicht gegeben. Der Antragsteller hat nicht glaubhaft gemacht (§ 123 III VwGO, §§ 920 II, 294 ZPO), dass die Voraussetzungen eines Anordnungsanspruchs gegeben sind. ....

341 Falls die Voraussetzungen für einen Anordnungsanspruch und einen Anordnungsgrund gegeben sind, müssen Sie schließlich klären, ob die gerichtliche Entscheidung auf eine Vorwegnahme der Hauptsache hinausläuft.[291] Grundsätzlich ist eine Vorwegnahme unzulässig, da hierdurch die schärferen Regelungen des Hauptsacheverfahrens umgangen würden. Dieses gilt zB für die Regelungen des Beweisrechts, da gem. §§ 95, 108 VwGO grundsätzlich voller Beweis erforderlich ist, bei der einstweiligen Anordnung gem. §§ 123 III VwGO, 920 III, 294 ZPO aber bereits die Glaubhaftmachung ausreicht. Nach der Rspr. ist ausnahmsweise eine Vorwegnahme der Hauptsache gerechtfertigt, wenn der Erfolg überwiegend wahrscheinlich ist und das Abwarten in der Hauptsache für den Antragsteller schwere und unzumutbare, nachträglich nicht mehr zu beseitigende Nachteile zur Folge hätte. Hierbei ist dem jeweils betroffenen Grundrecht und den Erfordernissen eines effektiven Rechtsschutzes Rechnung zu tragen. [292] Nach diesen Grundsätzen kommt eine Vorwegnahme der Hauptsache vor allem in folgenden Konstellationen in Betracht:

- Bei zeitgebundenen Rechten, wie zB Zulassungen zu Prüfungen, Versammlungen oder Märkten (!).
- Bei sonstigen, nicht rückgängig zu machenden, unzumutbaren Nachteilen.

342 Sind diese Voraussetzungen nicht gegeben, formulieren Sie in der Antragserwiderung:

Dem Erlass der einstweiligen Anordnung steht schließlich das sog. Verbot der Vorwegnahme der Hauptsache entgegen. Nach diesem Grundsatz ist es dem Gericht grundsätzlich verwehrt, im Verfahren einstweiligen Rechtsschutzes das zuzusprechen, was in der Hauptsache erstrebt wird. Nur ausnahmsweise ist zur Gewährung effektiven Rechtsschutzes (Art. 19 IV 1 GG) eine Vorwegnahme der Hauptsache zulässig, wenn der Erfolg der Hauptsache überwiegend wahrscheinlich ist und das Abwarten in der Hauptsache für den Antragsteller schwere und unzumutbare, nachträglich nicht mehr zu beseitigende Nachteile zur Folge hätte. Hiervon ist vorliegend nicht auszugehen ...

B. Schreiben an das Verwaltungsgericht

343 Im Verfahren des vorläufigen Rechtsschutzes nach § 80 V VwGO beantragen Sie:

... beantrage ich,

den Antrag auf Anordnung (bzw. Wiederherstellung) der aufschiebenden Wirkung des Widerspruchs vom ... abzulehnen.

344 In einem Verfahren auf Erlass einer einstweiligen Anordnung nach § 123 VwGO beantragen Sie:

... beantrage ich,

den Antrag auf Erlass einer einstweiligen Anordnung abzulehnen.

291 Sie sollten das grundsätzliche Verbot der Vorwegnahme der Hauptsache nicht innerhalb der Zulässigkeit des Antrags erörtern. Diese Frage betrifft die Begründetheit des Antrags auf Erlass einer einstweiligen Anordnung; vgl. etwa OVG Münster BeckRS 2010, 46235; NVwZ-RR 2017, 354.

292 BVerfG NJW 2011, 3706 (3707 f.); OVG Münster DVBl. 2013, 321 (321).

2. Teil. Die gutachtlich-rechtsberatende Klausur

Examensrelevanz: In Niedersachsen enthält gem. § 37 II 1 Nr. 3 NJAVO eine der beiden anzufertigenden öffentlich-rechtlichen Aufsichtsarbeiten eine gutachterlich-rechtsberatende Aufgabenstellung, in der die Arbeits- und Sichtweise eines Rechtsanwalts zugrunde zu legen und darzustellen ist.[1] Entscheiden Sie sich im Rahmen der Wahlentscheidung für eine Aufsichtsarbeit aus dem Öffentlichen Recht, muss dies allerdings eine verwaltungsfachliche Klausur sein (§ 37 II 1 Nr. 4 NJAVO). 1

Häufig sind Kandidaten bei der Bearbeitung von »Anwaltsklausuren« überfordert, weil Unsicherheiten bestehen, welche Prüfungsleistungen erwartet werden und weil Kandidaten bei der Abfassung der Klageschrift bzw. dem Mandantenschreiben im praktischen Teil Schwierigkeiten haben. Schließlich fallen gutachterlich-rechtsberatende Klausuren häufig auch deshalb eher mäßig aus, weil die verlangten Zweckmäßigkeitserwägungen stiefmütterlich und viel zu knapp behandelt werden.

4. Kapitel. Rechtsberatend-gutachterliche Klausur im Widerspruchsverfahren

Examensrelevanz: Soweit noch ein Widerspruchsverfahren statthaft ist, können Sie als Anwalt einen Mandanten zu beraten haben, der nach behördlicher Ablehnung einen VA begehrt (Verpflichtungswiderspruchskonstellation) oder einen belastenden VA (Anfechtungswiderspruchskonstellation) abwehren möchte. In der Prüfungspraxis sind dies vor allem Fälle aus dem Bau-, Immissionsschutz-, Abfall- und Naturschutzrecht (§ 80 II 1 Nr. 4 NJG). Im Beamtenrecht ist in § 105 I 1 NBG ebenfalls das Widerspruchsverfahren weitgehend abgeschafft worden, soweit nicht ein Fall des § 105 I 2 NBG vorliegt. In diesem Bereich ist ein Widerspruchsverfahren nur noch vorgesehen bei VA, denen berufsbezogene Prüfungen zugrunde liegen, bei dienstlichen Beurteilungen sowie Entscheidungen in bestimmten besoldungsrechtlichen Angelegenheiten. 2

Folgende Klausurleistungen werden nach dem Bearbeitervermerk in der Regel erwartet:

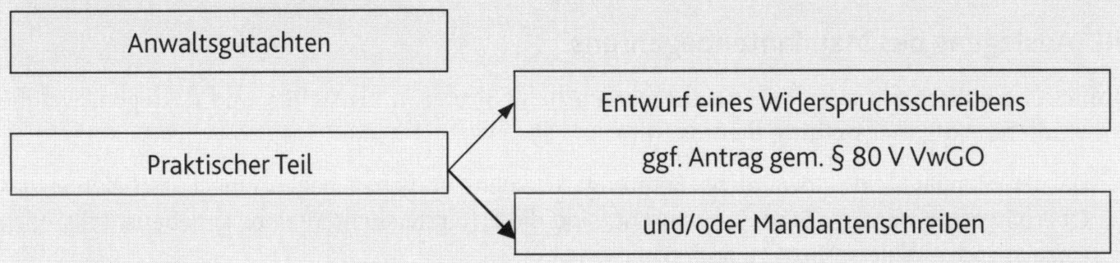

A. Aufbau des vorbereitenden Gutachtens

Übersicht: Gliederung des einschichtigen Anwaltsgutachtens 3

- Gegebenenfalls zusammenfassender **Vorschlag**
- Gegebenenfalls **Sachverhaltsdarstellung**
- Auslegung des **Mandantenbegehrens**
- **Zulässigkeit** des Rechtsbehelfs
- **Begründetheit** des Rechtsbehelfs
- **Zweckmäßigkeitserwägungen**

Auch wenn es sich um ein Anwaltsgutachten handelt, sollten Sie nur an den problematischen Stellen den klassischen Gutachtenstil verwenden. Im Übrigen sollten Sie auf den verkürzten Gut-

1 Niedersächsisches Justizministerium, Die Aufsichtsarbeit aus dem Öffentlichen Recht mit einer gutachterlich-rechtsberatenden Aufgabenstellung, Januar 2010.

achtenstil oder den Urteilsstil zurückgreifen, da Sie andernfalls die Klausur in der zur Verfügung stehenden Zeit voraussichtlich nicht vollständig abliefern werden.[2] Das Gutachten sollten Sie grundsätzlich einschichtig aufbauen. Eventuelle Beweisprobleme greifen Sie beim jeweils problematischen Tatbestandsmerkmal innerhalb der Zulässigkeits- bzw. Begründetheitsprüfung auf.

I. Zusammenfassender Vorschlag

4 Ist nach dem Bearbeitervermerk dem Gutachten ein zusammenfassender Vorschlag voranzustellen, ist das Gesamtergebnis prägnant darzustellen.

Formulierungsbeispiel:

Es wird vorgeschlagen, Widerspruch gegen den Bescheid des ... vom ... zu erheben.

II. Sachverhaltsdarstellung

5 Sofern der Bearbeitervermerk dies verlangt (etwa »*Dem Gutachten ist eine Sachverhaltsdarstellung voranzustellen, die den Anforderungen des § 117 III VwGO entspricht*«), müssen Sie den Sachverhalt zusammenfassend darstellen. Dieser Abschnitt bildet nie einen Klausurschwerpunkt, weshalb Sie auf diesen nicht zu viel Zeit verwenden dürfen. Denken Sie insbesondere an folgende Gesichtspunkte:

- Wer ist Mandant?
- Welche Regelungsteile enthält der VA (Grundverfügung; vollstreckungsrechtlicher VA)?
- Zu welchem Zeitpunkt und in welcher Form ist der VA bekanntgegeben worden?
- Welche Formulierung innerhalb der Rechtsbehelfsbelehrung ist gegebenenfalls im Hinblick auf § 58 I VwGO problematisch? Gegebenenfalls sollten Sie die Rechtsbehelfsbelehrung auszugsweise zitieren.
- Im Fall der (baurechtlichen) Drittanfechtung: Wo liegt das Grundstück des Widerspruchsführers genau? In welcher räumlichen Beziehung befindet sich dessen Grundstück zum Grundstück des Begünstigten? Ist der Mandant Eigentümer oder nur obligatorisch Berechtigter (Relevanz: Widerspruchsbefugnis analog § 42 II VwGO)?
- Welches weitere Vorgehen hat die Ausgangsbehörde bereits in Aussicht gestellt? Soll ein belastender Ausgangsbescheid in Kürze vollzogen werden?

III. Auslegung des Mandantenbegehrens

6 Einleitend sollten Sie kurz die verfahrensrechtliche Situation feststellen und darlegen, welche anwaltliche Aufgabenstellung hieraus folgt.

Da der Mandant eine anwaltliche Beratung zu einem Vorgehen gegen eine Entscheidung des Oberbürgermeisters der Stadt ... wünscht, sind die Erfolgsaussichten eines gegebenenfalls noch einzulegenden Widerspruchs zu prüfen.

Es ist zu untersuchen, ob der von dem Mandanten bereits erhobene Widerspruch gegen den Bescheid des Oberbürgermeisters der Stadt ... Erfolgsaussichten hat und daher aufrechterhalten werden sollte.

Klausurhinweis: Möglicherweise müssen Sie die Erfolgsaussichten eines Anfechtungswiderspruchs gegen einen unter § 80 II VwGO fallenden VA untersuchen. Dann bietet es sich regelmäßig an, zunächst die Erfolgsaussichten des Widerspruchs zu erörtern. Anschließend ist in der Regel zu untersuchen, ob eventuell ein Antrag auf Aussetzung der sofortigen Vollziehung bei der Behörde (§ 80 IV VwGO) oder auf Anordnung bzw. Wiederherstellung der aufschiebenden Wirkung beim VG (§ 80 V VwGO) sinnvoll ist. Der gutachterliche Darstellungsumfang bezüglich des eventuell vorläufigen Rechts-

2 Auch die Prüfungsämter raten teilweise ausdrücklich zur Darstellung im Urteilsstil, soweit es sich um »Unproblematisches« handelt; so etwa Niedersächsisches Justizministerium, Merkblätter zur zweiten juristischen Staatsprüfung, Die Aufsichtsarbeit aus dem Öffentlichen Recht mit einer gutachterlich-rechtsberatenden Aufgabenstellung, Januar 2010, I.; *Barczak* JA 2013, 937.

schutzgesuchs dürfte in der Regel nicht zu umfangreich sein, weil Sie zuvor die Erfolgsaussichten des Rechtsbehelfs in der Hauptsache untersucht haben. Hierauf können Sie verweisen.
Die Anträge gem. § 80 IV VwGO und § 80 V VwGO bilden damit einerseits einen Teil des Gutachtens; andererseits ist die Frage, ob ein behördlicher Aussetzungsantrag oder ein Antrag nach § 80 V VwGO gestellt werden soll, innerhalb der Zweckmäßigkeitserwägungen aufzugreifen. Hiervon ausgehend gliedert sich das Gutachten in folgende Abschnitte:

I. Gegebenenfalls zusammenfassender **Vorschlag**
II. Gegebenenfalls **Sachverhaltsdarstellung**
III. Auslegung des **Mandantenbegehrens**
IV. **Erfolgsaussichten eines Widerspruchs**
   1. Zulässigkeit des Widerspruchs
   2. Begründetheit des Widerspruchs
V. **Erfolgsaussichten eines Antrags auf Gewährung vorläufigen Rechtsschutzes**
   1. Zulässigkeit des Antrags
   2. Begründetheit des Antrags
VI. **Zweckmäßigkeitserwägungen**

IV. Zulässigkeit des Widerspruchs

Für die zu erörternde Zulässigkeit des Widerspruchs wird auf den Abschnitt zur verwaltungsfachlichen Klausur verwiesen. Gehen Sie diese nochmals gedanklich durch. Falls Sie unsicher sein sollten, wiederholen Sie den Abschnitt! 7

V. Begründetheit des Widerspruchs

Zur Begründetheitsprüfung wird ebenfalls auf die Ausführungen zur verwaltungsfachlichen Klausur verwiesen. 8

Grundsätzlich hat die Widerspruchsbehörde die Rechtmäßigkeit und – bei Ermessensentscheidungen – die Zweckmäßigkeit des angefochtenen VA umfassend zu überprüfen (§§ 68 I 1, 113 I 1VwGO analog bzw. §§ 68 I 1, 113 V VwGO analog).[3] 9

Der **Anfechtungswiderspruch** ist demnach begründet, soweit der angefochtene VA rechtswidrig ist und den Widerspruchsführer in seinen Rechten verletzt (§ 68 I VwGO). Der **Verpflichtungswiderspruch** ist begründet, soweit die Ablehnung des beantragten VA rechtswidrig ist und den Widerspruchsführer in seinen Rechten verletzt (§ 68 I VwGO). 10

Klausurhinweis: Ob Sie im Obersatz der Begründetheitsprüfung neben § 68 I VwGO auch § 113 I 1 VwGO bzw. § 113 V VwGO analog zitieren, ist Geschmackssache. Wenngleich in vielen Kommentierungen und Lehrbüchern diese Analogie gezogen wird, stoßen sich einige Prüfer hieran, da der Prüfungsumfang der Widerspruchsbehörde in der Regel weitgehender ist als der eines Verwaltungsgerichts.

Steht der VA im **Ermessen der Behörde,** ist der Widerspruch auch begründet, soweit der VA oder dessen Ablehnung unzweckmäßig ist und geschützte subjektive Interessen des Widerspruchsführers beeinträchtigt werden. Die Zweckwidrigkeitsprüfung ist eine umfassende inhaltliche Ermessenskontrolle. Solange die Prüfungskompetenz der Widerspruchsbehörde nicht verfassungsrechtlich (zB wegen Art. 28 II GG) oder spezialgesetzlich beschränkt ist, prüft die Widerspruchsbehörde nicht nur Ermessensfehler iSd § 114 VwGO (solche wären ohnehin von der Rechtmäßigkeitskontrolle erfasst), sondern auch, ob sie das Ermessen in gleicher Weise ausüben würde.[4] 11

Problem: Maßgebender Zeitpunkt 12

Maßgebender Beurteilungszeitpunkt ist grundsätzlich der Zeitpunkt der Entscheidung über den Widerspruch (Arg.: Wortlaut des § 79 I Nr. 1 VwGO; Charakter des Widerspruchsver-

3 Zu evtl. Beschränkungen der Überprüfungsbefugnis → Kap. 2 Rn. 35.
4 Wolff/Decker/*Decker* VwGO § 73 Rn. 26.

fahrens als Verwaltungsverfahren). Bei Drittwidersprüchen im Baurecht[5] ist hingegen ausnahmsweise auf den Zeitpunkt des Erlasses des Ausgangsbescheides abzustellen, der dem begünstigten Adressaten der Genehmigung (also dem Bauherrn) eine nach Art. 14 GG geschützte Position einräumt, die ihm im Widerspruchsverfahren zu seinen Lasten nicht mehr entzogen werden darf. Nach Bekanntgabe der Genehmigung eintretende Änderungen zulasten des Bauherrn sind irrelevant.[6] Änderungen zugunsten des Bauherrn sind allerdings zu berücksichtigen.

VI. Zweckmäßigkeitserwägungen

13 **Klausurhinweis:** Wird im Bearbeitervermerk – wie in aller Regel – die Erörterung von »Zweckmäßigkeitserwägungen« verlangt, sollten Sie sich nicht auf die Empfehlung beschränken, Widerspruch zu erheben. Da sich das »Gutachten aus Anwaltssicht« auch an dieser Stelle von dem Gutachten aus dem Referendarexamen unterscheidet, sollten Sie gerade bei der Bearbeitung dieses Klausurabschnitts einen Schwerpunkt bilden.

14 Der Zweckmäßigkeitsabschnitt dient dazu, das Ergebnis des Gutachtens mit dem praktischen Klausurteil zu verbinden.[7] Als Richtschnur können Sie sich – wie bei der zivilrechtlichen Anwaltsklausur – an den Merkposten **»Ob« – »Wer« – »Wen« – »Wie« – »Wo«** orientieren.[8]

1. Sollte Widerspruch erhoben werden (»Ob«)?

15 Bei Erfolgsaussicht leiten Sie die Zweckmäßigkeitserwägungen wie folgt ein:

> **... Zweckmäßigkeitserwägungen:**
>
> Es stellt sich die Frage, welche weiteren Schritte zweckmäßig sind.
>
> 1. Aufgrund der im Gutachten dargelegten Erfolgsaussichten sollte dem Mandanten geraten werden, gegen den Bescheid des ... vom ... Widerspruch zu erheben.
>
> 2. ...

16 **Problem:** Vorgehen bei einem rechtmäßigen VA

Bei fehlender Erfolgsaussicht ist es in der Regel zweckmäßig, keinen Widerspruch zu erheben oder einen vom Mandanten bereits fristwahrend erhobenen Widerspruch zurückzunehmen. Etwas anderes kommt in Betracht, wenn der Mandant im Fall eines Anfechtungswiderspruchs ausdrücklich betont, »Zeit gewinnen zu wollen«. Durch die Erhebung des Widerspruchs wird die Bestandskraft des VA hinausgezögert, weshalb der Mandant eine zuvor erteilte Genehmigung zunächst weiter ausnutzen darf.

2. Gegen »wen« ist Widerspruch zu erheben?

17 Als Instrument der Selbstkontrolle der Verwaltung existiert kein »Widerspruchsgegner«. Ausführungen zur Frage »gegen wen« Widerspruch zu erheben ist, sollten daher unterbleiben. Auch im anschließenden praktischen Teil sollten Sie nicht von einem »*Widerspruchsgegner*« sprechen.

3. »Wie« ist Widerspruch zu erheben?

18 **Problem:** Form und Frist des Widerspruchs (§ 70 I 1 VwGO)

Nach § 70 I 1 VwGO ist der Widerspruch innerhalb eines Monats, nachdem der VA dem Beschwerten bekanntgegeben worden ist, schriftlich, in elektronischer Form nach § 3a VwVfG oder zur Niederschrift bei der Behörde zu erheben, die den VA erlassen hat.

19 Läuft die Widerspruchsfrist (§ 70 I 1 VwGO) in Kürze ab, können Sie kurz (!) auf die Möglichkeit der Widerspruchserhebung per Fax hinweisen. Dieser unproblematische Gesichtspunkt findet auch in Lösungshinweisen Erwähnung. In einem Klausurfall erklärte der Man-

5 Dies gilt nicht im Immissionsschutzrecht, da eine vertrauensgeschützte Position des Anlagenbetreibers wegen § 17 BImSchG gerade nicht entsteht (zB VGH Mannheim BeckRS 2012, 52170; OVG Lüneburg BeckRS 2017, 107687).

6 BVerwG NJW 1979, 995.

7 Vgl. zB Niedersächsisches Justizministerium, Merkblätter zur zweiten juristischen Staatsprüfung, Die Aufsichtsarbeit aus dem Öffentlichen Recht mit einer gutachterlich-rechtsberatenden Aufgabenstellung, Januar 2010.

8 *Kaiser/Kaiser/Kaiser* Anwaltsklausur ZivilR Rn. 16.

dant, er habe bereits Klage beim VG erhoben. Beachten Sie in diesem Fall, dass die Klage die Widerspruchserhebung nicht ersetzt und grundsätzlich die Frist nicht wahrt.[9]

Problem: Antrag auf Wiedereinsetzung in den vorigen Stand 20

Ist die Widerspruchsfrist verstrichen, sollten Sie unter den Voraussetzungen der §§ 70 II, 60 VwGO mit der Widerspruchserhebung Wiedereinsetzung in den vorigen Stand beantragen. Im praktischen Teil (Widerspruchsschreiben) folgt dieser Antrag dem Hauptantrag.

Klausurhinweis: Denken Sie daran, vor der Wiedereinsetzung die Rechtsbehelfsbelehrung zu prüfen. Ist diese abgedruckt, deutet dies auf deren Fehlerhaftigkeit hin. Erweist sich diese Annahme als zutreffend, greift die Ausschlussfrist des § 58 II VwGO.

Problem: Maßnahmen bei einem sofort vollziehbaren VA 21

Entfaltet ein Anfechtungswiderspruch nach § 80 II VwGO keine aufschiebende Wirkung, ist gegebenenfalls ein zusätzlicher Antrag erforderlich, durch den die Vollziehung des VA verhindert wird. Bitte analysieren Sie das Mandantengespräch, ob auch insoweit ein anwaltliches Vorgehen gewünscht wird. Als Rechtsschutzmaßnahmen kommen vor allem in Betracht:

- Ein Antrag bei der Ausgangs- oder Widerspruchsbehörde gem. § 80 IV 1 VwGO auf Aussetzung der sofortigen Vollziehung. Erforderlich ist dieser Antrag nach § 80 VI 1 VwGO (nur) in den Fällen des § 80 II 1 Nr. 1 VwGO (Abgaben und Kosten). Im Übrigen kann er gestellt werden, wenn dies im Interesse des Mandanten liegt. Erklärt er, keinen gerichtlichen Rechtsschutz anzustreben (zB aus Kostengründen), können Sie formulieren:

  > Da die Behörde gem. § 80 II 1 Nr. 4 VwGO bezüglich Ziffer ... des Bescheides die sofortige Vollziehung angeordnet hat, sollte gleichzeitig mit der Erhebung des Widerspruchs die Aussetzung der sofortigen Vollziehung gem. § 80 IV VwGO beantragt werden.

- Daneben kommt ein Antrag beim VG auf Anordnung bzw. Wiederherstellung der aufschiebenden Wirkung gem. § 80 V 1 VwGO in Betracht. Dass dieser Antrag schon vor Erhebung der Anfechtungsklage zulässig ist, folgt aus § 80 V 2 VwGO.

  > Da die Behörde gem. § 80 II 1 Nr. 4 VwGO bzgl. Ziffer ... des Bescheides die sofortige Vollziehung angeordnet hat, sollte beim Gericht der Hauptsache die Wiederherstellung der aufschiebenden Wirkung des Widerspruchs gem. § 80 V 1 Var. 2 VwGO beantragt werden.

- Bei einem VA mit Drittwirkung ist vor allem in folgenden Fällen an Anträge auf vorläufigen Rechtsschutz zu denken:
  - Wird ein *begünstigender VA mit drittbelastender Wirkung* angefochten, ist an einen Antrag gem. § 80a I Nr. 2 Var. 1 iVm § 80 IV 1 VwGO auf behördliche Aussetzung der sofortigen Vollziehung zu denken, sofern der Anfechtungsrechtsbehelf gem. § 80 II VwGO keine aufschiebende Wirkung entfaltet. Relevant wird dies etwa bei einem Widerspruch gegen eine bauaufsichtliche Zulassung, dem wegen § 80 II 1 Nr. 3 VwGO iVm § 212a I BauGB keine aufschiebende Wirkung zukommt. Alternativ kommt auch ein gerichtlicher Antrag gem. §§ 80a III 2, 80a I Nr. 2, 80 V VwGO auf Anordnung bzw. Wiederherstellung der aufschiebenden Wirkung in Betracht.
  - Beim *belastenden VA mit drittbegünstigender Wirkung* ist die Konstellation, in der ein Anfechtungsrechtsbehelf des Adressaten (bei dem vorliegenden Klausurtyp also des anwaltlich zu beratenden Widerspruchsführers) nach § 80 II VwGO keine aufschiebende Wirkung entfaltet, in § 80a VwGO nicht ausdrücklich geregelt: § 80a I VwGO ist nicht anwendbar, da es sich nicht um einen begünstigenden VA mit drittbelastender Wirkung handelt. § 80a II VwGO ermöglicht nur, nach § 80 II 1 Nr. 4 VwGO die sofortige Vollziehung anzuordnen, sodass diese Vorschrift den Eintritt der aufschiebenden Wirkung nach § 80 I 1 oder 2 VwGO unterstellt. Einer analogen Anwendung des § 80a VwGO bedarf es nach hM dennoch nicht, da ein Antrag gem. § 80 IV 1 VwGO gestellt werden kann.[10]

9 Kopp/Schenke/*W.-R. Schenke* VwGO § 70 Rn. 3.
10 Kopp/Schenke/*W.-R. Schenke* VwGO § 80a Rn. 16; *Budroweit/Wuttke* JuS 2006, 876 (880); aA Posser/Wolff/*Gersdorf* VwGO § 80a Rn. 30: analoge Anwendung des § 80a I Nr. 2 Alt. 1 VwGO.

§ 80a VwGO ergänzt daher nur die Regelungen des § 80 VwGO. Der Rückgriff auf § 80 IV VwGO ist daher nicht ausgeschlossen.[11] Ordnet die Behörde gem. § 80 II 1 Nr. 4 VwGO die sofortige Vollziehung eines belastenden VA mit drittbegünstigender Wirkung an, ist die Aussetzung der sofortigen Vollziehung zu beantragen.

Klausurhinweis: Den Erfolg dieser Rechtsbehelfe werden Sie bereits im Gutachten dargestellt haben. Aus anwaltlicher Sicht sollten Sie innerhalb der Zweckmäßigkeitserwägungen kurz erörtern, ob ein gerichtlicher Antrag nach § 80 V VwGO einem behördlichen Aussetzungsantrag gem. § 80 IV VwGO vorzuziehen ist. Überlegungen hierzu sind notwendig, da ein Verfahren nach § 80 V VwGO Gerichtskosten auslöst.[12] Dennoch kann ein solcher Antrag vorzugswürdig sein, weil eine Entscheidung nach § 80 IV VwGO weniger rechtsschutzintensiv ist. Eine behördliche Aussetzungsentscheidung kann nämlich jederzeit geändert werden; die Abänderung einer gerichtlichen Entscheidung nach § 80 V VwGO kann von einem Beteiligten nur unter den Voraussetzungen des § 80 VII 2 VwGO herbeigeführt werden.

22 **Problem:** Vorlage der Vollmacht (§§ 79 Hs. 2, 14 I 3 VwVfG)

Vielfach befindet sich im Aktenauszug noch keine vom Mandanten unterzeichnete Vollmacht, weil Behörden auf deren Vorlage im Verwaltungsverfahren verzichten. Da der Anwalt auf Verlangen die Vollmacht allerdings schriftlich nachweisen muss (§§ 79 Hs. 2, 14 I 3 VwVfG), ist es zweckmäßig, über eine Vollmacht zu verfügen. Die Anregung zur Unterzeichnung einer Vollmacht platzieren Sie im Mandantenschreiben.

23 Die Vorlage einer schriftlichen Vollmacht ist auch deshalb zweckmäßig, weil der Widerspruchsbescheid dann zwingend dem Bevollmächtigten zuzustellen ist (§ 7 I 2 VwZG). Dies ermöglicht eine anwaltliche Kontrolle der Klagefrist.

24 **Problem:** Notwendigkeit der Zuziehung eines Bevollmächtigten im Vorverfahren

Weil die Erstattung von Gebühren und Auslagen eines Rechtsanwalts im Vorverfahren gem. § 80 II, III 2 VwVfG nur möglich ist, wenn im Bescheid die Notwendigkeit der Zuziehung des Bevollmächtigten festgestellt wird, sollten Sie – auch wenn der Rechtsanwalt in eigener Sache auftritt[13] – eine entsprechende Feststellung beantragen. Da die Feststellung von Amts wegen erfolgt, ist ein entsprechender Antrag nicht zwingend, aber dennoch zweckmäßig.[14] Für die Frage, ob die Zuziehung im Vorverfahren notwendig ist, können Sie auf die Kriterien des § 162 II 2 VwGO zurückgreifen.[15]

25 **Problem:** Anwaltliche Gebühren im Widerspruchsverfahren

Wird im Aktenauszug die Frage nach den anwaltlichen Gebühren aufgeworfen, gilt Folgendes: Der Anwalt erhält für das Widerspruchsverfahren eine Geschäftsgebühr nach Nr. 2300 VV RVG im Gebührenrahmen von 0,5 bis 2,5. Ist der Tätigkeit im Widerspruchsverfahren eine Tätigkeit im Verwaltungsverfahren vorausgegangen, erfolgt eine teilweise Anrechnung der zuvor entstandenen Gebühr.

26 Wird ein Antrag gem. § 80 IV VwGO oder nach § 80 V VwGO gestellt, entsteht eine weitere Rahmengebühr nach Nr. 2300 VV RVG, da diese Verfahren und das Widerspruchsverfahren verschiedene Angelegenheiten darstellen (§ 17 Nr. 1, 4c RVG). Daneben kann eine Einigungsgebühr (Nr. 1000 VV RVG) sowie eine Erledigungsgebühr nach Maßgabe der Nr. 1002 VV RVG entstehen. Außerdem kann der Anwalt eine Dokumentenpauschale beanspruchen. Schließlich wird die gesetzliche Umsatzsteuer fällig.

11 *Budroweit/Wuttke* JuS 2006, 876 (880).

12 Gemäß Nr. 5210 der Anlage 1 zum GKG entsteht im Verfahren nach § 80 V VwGO eine 1,5-Gerichtsgebühr.

13 BVerwGE 61, 100 = BeckRS 1980, 30422457; OVG Münster NVwZ-RR 1990, 279; zweifelnd Kopp/Ramsauer/*Ramsauer* VwVfG § 80 Rn. 53.

14 Kopp/Ramsauer/*Ramsauer* VwVfG § 80 Rn. 38.

15 *Schübel-Pfister* JuS 2015, 418 (419); hierzu im Einzelnen Kopp/Ramsauer/*Ramsauer* VwVfG § 80 Rn. 39.

4. »Wo« ist Widerspruch zu erheben?

Der Widerspruch ist bei der Behörde zu erheben, die den Ausgangsbescheid erlassen hat (§ 70 I 1 VwGO); grundsätzlich nicht bei der Widerspruchsbehörde (ein dort eingelegter Widerspruch wahrt nur die Widerspruchsfrist, § 70 I 2 VwGO). 27

B. Praktischer Teil

Klausurhinweis: Wie bei der verwaltungsfachlichen Klausur ist auch in der Anwaltsklausur der praktische Teil für die Klausurbewertung von zentraler Relevanz. Die Devise lautet (auch) hier: Fertig werden! Falls Sie infolge falscher Zeiteinteilung Schwierigkeiten haben, diesem Anspruch zu entsprechen, bleibt Ihnen keine Alternative, als im Schriftsatz mittels Spitzklammertechnik möglichst weitgehend auf das Gutachten zu verweisen. 28

I. Entwurf des Widerspruchsschreibens/ausformulierter Antrag

Für den praktischen Teil wird in Bearbeitervermerken mindestens ein ausformulierter Antrag, teilweise aber auch ein vollständig abgefasstes Widerspruchsschreiben gefordert. Zwar muss der Widerspruch grundsätzlich weder einen bestimmten Antrag noch eine Begründung enthalten,[16] im Examen wird dies je nach Bearbeitervermerk allerdings anders sein. 29

Name und Anschrift
des Rechtsanwalts

Ort, Datum

Entwurf

Anschrift
der Ausgangsbehörde

Grundstück Gemarkung ... Flur ... Flurstück ...

Bescheid vom ...

Sehr geehrte Damen und Herren,

in der vorbezeichneten Angelegenheit vertrete ich ...

In seinem Namen und Auftrag lege ich gegen den Bescheid vom ..., zugegangen am ...

Widerspruch

ein und beantrage,

1. den Bescheid des ... vom ..., Az. ... aufzuheben,

   [Gegebenenfalls:]

   dem Widerspruchsführer Wiedereinsetzung in den vorigen Stand zu gewähren,
2. die sofortige Vollziehung der Ziffer ... des Bescheides des ... vom ... auszusetzen,
3. die Kosten des Widerspruchsverfahrens der Stadt ... aufzuerlegen und die Zuziehung eines Bevollmächtigten für notwendig zu erklären.

I.

Sachverhaltsdarstellung

II.

Rechtliche Begründung

16 Kopp/Schenke/*W.-R. Schenke* VwGO § 70 Rn. 5.

- Begründung des Hauptantrags
- Gegebenenfalls Begründung des Antrags auf Aussetzung der sofortigen Vollziehung nach § 80 IV VwGO
- Begründung der Notwendigkeit der Zuziehung des Bevollmächtigten im Vorverfahren

Unterschrift des Rechtsanwalts

30 Bei der Abfassung des Widerspruchsschreibens werden Sie sich spätestens im Rahmen der rechtlichen Begründung fragen, inwieweit Gesichtspunkte, die Sie im Gutachten bereits umfassend erörtert haben, nochmals darzustellen sind. Im Examen wird dies oftmals nicht erwartet. Bearbeitervermerke ermöglichen häufig, dass »*in den zu entwerfenden Schriftsätzen auf konkrete Abschnitte des Gutachtens verwiesen*« werden darf. Sie dürfen also im Schriftsatz an den jeweiligen Passagen mittels Spitzklammertechnik auf das Gutachten verweisen.

Formulierungsbeispiel:

Vgl. hierzu Seite 8 des Gutachtens oben.

31 Bitte beachten Sie aber, dass eine Pauschalverweisung (etwa: »*Vgl. hierzu Gutachten*«) unzulässig ist.

32 Im Widerspruchsschreiben ist eine Gliederung in »*I.*« bzw. »*Sachverhalt*« und »*II.*« bzw. »*Rechtsausführungen*« oder »*Rechtliche Würdigung*« nicht zwingend, wirkt aber in der Regel übersichtlicher. Wie bei der Abfassung der Klageschrift bietet es sich an, die Rechtsausführungen im Urteilsstil zu formulieren.

II. Entwurf des Mandantenschreibens

33 Ob ein Mandantenschreiben erforderlich ist, ergibt sich aus dem Bearbeitervermerk. Üblicherweise wird die Abfassung eines Mandantenschreibens erwartet, wenn nach dem Ergebnis des Gutachtens die Erhebung eines Widerspruchs ganz oder teilweise keine Aussicht auf Erfolg bietet oder die Erfolgsaussichten eines Rechtsbehelfs offen sind. Je nach Bearbeiterhinweis ist ein Mandantenschreiben aber auch dann sinnvoll, wenn Erfolgsaussichten bestehen. Dies folgt daraus, dass der entworfene Widerspruch lediglich das Ergebnis Ihrer anwaltlichen Begutachtung darstellt und die Einwilligung des Mandanten zur Einreichung des Schriftsatzes noch einzuholen ist. Zudem ist der Mandant gem. § 11 I BORA über die wesentlichen Schriftsätze zu informieren.

34 In dem Mandantenschreiben können Sie auch Gesichtspunkte ansprechen, die im Widerspruchsschreiben deplatziert wirken. Dazu gehören zB die Anregung eines Antrags auf Gewährung vorläufigen Rechtsschutzes, eine zu erwartende Heilung von Form- und Verfahrensfehlern durch die Behörde (§ 45 VwVfG) sowie kostenrechtliche Erwägungen.

35 Bei der **äußeren Gestaltung** des Mandantenschreibens können Sie sich an den Ausführungen zur zivilrechtlichen Anwaltsklausur orientieren.[17]

Name und Anschrift des Rechtsanwalts — Ort, Datum

Name und Anschrift des Mandanten

Betreff:[18] ...
Bezug: ...

17 *Kaiser/Kaiser/Kaiser* Anwaltsklausur ZivilR Rn. 48.

18 In der Betreff- und Bezugszeile sollten Sie die Leitwörter »*Betreff*« bzw. »*Bezug*« allerdings nicht ausdrücklich aufnehmen.

Sehr geehrter Herr ...,

in der obigen Angelegenheit nehme ich Bezug auf das am ... in meiner Kanzlei geführte Gespräch.

[Sofern im Bearbeitervermerk eine dem § 117 III VwGO entsprechende Sachverhaltsdarstellung verlangt wird:]

I.

Aus den mir überlassenen Unterlagen entnehme ich im Wesentlichen folgenden Sachverhalt:
...

II.

Als Anlage überreiche ich Ihnen eine Abschrift des Entwurfs des Widerspruchsschreibens. Wenn der Widerspruch so erhoben werden soll, bitte ich um kurzfristige Benachrichtigung. Ich weise vorsorglich darauf hin, dass ein Widerspruch bis zum ... erhoben werden muss.

Auf folgende Gesichtspunkte weise ich ergänzend hin:

- Ergänzende Ausführungen zu Fragen, die im Mandantengespräch aufgeworfen wurden, aber nicht im Widerspruchsschreiben erörtert werden.
- Hinweis, dass aus anwaltlicher Vorsicht klarstellend die Feststellung der Notwendigkeit der Zuziehung eines Bevollmächtigten beantragt worden ist.
- Anforderung einer gegebenenfalls noch nachzureichenden Vollmacht, etc.

Mit freundlichen Grüßen

Unterschrift

III. Entwurf etwaiger weiterer Schriftsätze

Je nach Akteninhalt können neben dem Widerspruchsschreiben weitere Schriftsätze anzu- 36
fertigen sein. Denken Sie vor allem an einen eventuellen gerichtlichen Antrag nach § 80 V VwGO. Solche zusätzlichen Schriftsätze müssen Sie insbesondere im Blick haben, wenn im Bearbeitervermerk von *»etwaigen weiteren Schriftsätzen«* die Rede ist.

5. Kapitel. Rechtsberatend-gutachterliche Klausur im Klageverfahren

1 Innerhalb eines Klageverfahrens können unterschiedliche anwaltliche Aufgabenstellungen auftauchen. Die Standardklausur bildet die **anwaltliche Beratung eines (potenziellen) Klägers**. Daneben kommt die **anwaltliche Beratung eines Beklagten** (in der Regel eines beklagten Hoheitsträgers) in Betracht. Dieser Klausurtyp weist mit Ausnahme des praktischen Teils viele Parallelen zur verwaltungsfachlichen Klausur auf, sodass Sie bei der Bearbeitung einer solchen Klausur die Ausführungen im vorangegangenen 3. Kapitel, 1. Unterkapitel im Auge behalten sollten. Schließlich ist die **anwaltliche Beratung eines Beigeladenen** denkbar. Diese Klausuren finden ihre materielle Grundlage häufig im Bau-, Immissionsschutz- oder Wirtschaftsverwaltungsrecht; in der jüngeren Prüfungspraxis wurden entsprechende Aufgabenstellungen auch wiederholt dem Informationsfreiheitsrecht entnommen.

1. Unterkapitel. Anwaltliche Beratung des (potenziellen) Klägers

2 Auch bei diesem Klausurtyp besteht die Prüfungsleistung – je nach Bearbeitervermerk – in der Abfassung eines vorbereitenden Gutachtens und einem anschließenden praktischen Teil, der entweder aus einer Klage(begründungs-)schrift und/oder einem Mandantenschreiben besteht.

A. Aufbau des vorbereitenden Gutachtens

3 Auch das Anwaltsgutachten aus Klägersicht sollten Sie wegen des Amtsermittlungsgrundsatzes (§ 86 I 1 VwGO) grundsätzlich einschichtig aufbauen.[1] Nur ausnahmsweise – etwa wenn der tatsächliche Sachverhalt in mehreren Punkten streitig ist – kann es sinnvoll sein, in Stationen (gegebenenfalls mit einer eigenen Beweisprognose) zu gliedern.

Übersicht: Gliederung des einschichtigen Rechtsanwaltsgutachtens

Sind die Erfolgsaussichten eines Rechtsbehelfs zu prüfen, bietet sich folgender »**prozessualer Aufbau**« an:

- Gegebenenfalls zusammenfassender **Vorschlag**
- Gegebenenfalls **Sachverhaltsdarstellung**
- Auslegung des **Mandantenbegehrens**
- **Zulässigkeit** des Rechtsbehelfs
- **Begründetheit** des Rechtsbehelfs
- **Zweckmäßigkeitserwägungen**

Sollen vorrangig **materielle Ansprüche** des Mandanten geprüft werden (Mandant fragt ergebnisoffen »*Welche Ansprüche bestehen?*«), ergeben sich häufig Schwierigkeiten bei der Rechtswegbestimmung (zB bei Ansprüchen aus öffentlich-rechtlichem Vertrag, bei Entschädigungsansprüchen wegen der Inanspruchnahme als Nichtstörer, bei Ansprüchen aus Amtshaftung usw.). Bei der Bearbeitung einer solchen »echten Beratungsklausur« kann es sinnvoll sein, im Anschluss an die Auslegung des Rechtsschutzbegehrens zunächst in einem »materiell-rechtlichen Teil« die Ansprüche des Mandanten zu klären und anschließend deren Realisierung (Rechtsweg, Klageart usw.) im Rahmen eines »prozessrechtlichen Teils« zu erörtern.[2]

1 Beachten Sie aber – insbes. für die Abfassung des praktischen Teils – auch die Reichweite der richterlichen Amtsermittlungspflicht. Nach BVerwG NVwZ 2002, 1123 (1125) muss ein VG nicht »ungefragt auf Fehlersuche gehen«. Gleichzeitig betont das BVerwG aber auch regelmäßig, dass dieser Hinweis keinen Rechtssatz darstellt, sondern lediglich eine Maxime richterlichen Handelns beschreibt (BVerwG NVwZ 2007, 223; hierzu auch *Schröppel/Schübel-Pfister* JuS 2007, 1001 [1002]). Dies bedingt, dass in der Klageschrift der Prozessstoff umfassend vorzutragen ist und notwendige Unterlagen vorzulegen sind.

2 *Von Lewinski* JA 2007, 845 (846 f.).

I. Zusammenfassender Vorschlag

Wird verlangt, dem Gutachten einen zusammenfassenden Vorschlag voranzustellen, ist das Ergebnis der anwaltlichen Begutachtung prägnant darzustellen. 4

> Es wird vorgeschlagen, dem Mandanten zu einem gerichtlichen Vorgehen gegen den Bescheid des ... vom ... zu raten.

An dieser Stelle sind etwaige Anträge noch nicht auszuformulieren. Diese gehören in den praktischen Teil. Es geht nur darum, das Ergebnis der anwaltlichen Beratung in einem Satz darzustellen. 5

II. Sachverhaltsdarstellung

Bisweilen wird gefordert, dem Gutachten eine Sachverhaltsdarstellung (Sachbericht) voranzustellen, die – so die Bearbeiterhinweise in diesen Fällen – den Erfordernissen des § 117 III VwGO entspricht. Demzufolge entspricht der Sachbericht im Wesentlichen der Darstellung eines verwaltungsgerichtlichen Tatbestandes. 6

III. Auslegung des Mandantenbegehrens

Vielen Referendaren ist unklar, ob und gegebenenfalls wann in einem eigenen Abschnitt das Mandantenbegehren darzustellen ist. Natürlich ist dies der Fall, wenn der Bearbeitervermerk dies ausdrücklich vorsieht. Zudem bietet sich eine entsprechende Darstellung an, wenn dies nicht eindeutig umrissen ist. Auch in der Praxis ist dies eine der Kernaufgaben anwaltlicher Tätigkeit. Daher wird es von Prüfern gerne gesehen, wenn Sie der Ermittlung des Mandantenbegehrens einen eigenen Abschnitt widmen.[3] 7

Die Darstellung des Mandantenbegehrens darf nicht auf eine bloße Sachverhaltswiedergabe hinauslaufen. Stattdessen müssen Sie darlegen, welches wahre **Rechtsschutzziel** der Mandant zum Ausdruck bringt. Gerade in Klausuren, in denen schlichte Leistungsansprüche zu untersuchen sind, ist hierauf ein besonderes Augenmerk zu legen. Schwierigkeiten bereitet zB die Abgrenzung zwischen der Abwehr eines gegenwärtigen oder zukünftigen hoheitlichen Eingriffs und der Rückgängigmachung rechtswidriger Folgen hoheitlicher Handlungen.[4] 8

Achten Sie auch darauf, nicht bereits im Rahmen der Prüfung des Mandantenbegehrens den statthaften Rechtsbehelf zu erörtern (zB »*... Damit stellt sich die Frage, ob eine Anfechtungsklage Erfolg verspricht*«). Die Klärung des statthaften Rechtsbehelfs sollte in der Regel der anschließenden Zulässigkeitsprüfung vorbehalten bleiben. 9

Ergibt sich aus den Erklärungen des Mandanten, dass er vorrangig (gerichtlichen) Eilrechtsschutz anstrebt, müssen Sie dennoch beachten, dass zur Verhinderung einer Bestandskraft eines ergangenen VA gegebenenfalls ein Hauptsacheverfahren geboten ist. Nach Eintritt der Bestandskraft entfällt nämlich das Rechtsschutzbedürfnis für einen Antrag auf Gewährung vorläufigen Rechtsschutzes.[5] In diesem Fall bietet es sich an, bereits im Rahmen des Mandantenbegehrens deutlich zu machen, dass neben vorläufigem Rechtsschutz auch Maßnahmen zur Verhinderung der Bestandskraft zweckmäßig sind. Spiegelbildlich bietet sich der Hinweis an, dass neben einem Hauptsacheverfahren ein Antrag auf vorläufigen Rechtsschutz klärungsbedürftig ist, wenn der Aktenauszug zwar vorrangig auf die Erörterung eines Hauptsacheverfahrens gerichtet ist, der Mandant aber zugleich zum Ausdruck bringt, eine zeitnahe Klärung herbeiführen zu wollen oder wenn eine eventuelle Vollziehung eines belastenden VA 10

---

3 *Barczak* JA 2013, 937 (938).

4 Beispiel nach OVG Koblenz NVwZ-RR 2010, 428: Der Mandant ist Eigentümer eines Grundstücks, an dem ein offener Abwasser- oder Mischwasserkanal vorbeigeführt wird, der den Regeln der Abwassertechnik nicht entspricht. Strebt er die Beseitigung des noch rechtswidrigen Zustandes an, kommt als Anspruchsgrundlage der öffentlich-rechtliche FBA in Betracht. Strebt der Mandant hingegen die Abwehr künftiger rechtswidriger Beeinträchtigungen an, kommt es auf den allgemeinen öffentlich-rechtlichen Abwehr- und Unterlassungsanspruch an. Im Ergebnis können aber auch die Voraussetzungen beider Anspruchsgrundlagen gegeben sein.

5 Kopp/Schenke/*W.-R. Schenke* VwGO § 80 Rn. 80.

verhindert werden soll (Fälle des § 80 V 1 VwGO). Beachten Sie aber in solchen »Kombinationsfällen« stets den Bearbeitervermerk. Dieser beschränkt vielfach den Arbeitsauftrag (zB »*Vorläufiger Rechtsschutz ist nicht zu prüfen*«).

IV. Zulässigkeit der Klage

11 Im Rahmen des prozessualen Aufbaus prüfen Sie zunächst die Zulässigkeit der Klage.

Klausurhinweis: Häufig wird die Frage aufgeworfen, welche Zulässigkeitsvoraussetzungen im Anwaltsgutachten zu erörtern sind. Soll man etwa stets die Eröffnung des Verwaltungsrechtswegs oder die statthafte Klageart ansprechen oder sich auf die wirklich problematischen Zulässigkeitsvoraussetzungen beschränken? Eine eindeutige Leitlinie der Prüfungsämter gibt es hierzu nicht. Wir empfehlen Ihnen, sämtliche Zulässigkeitsvoraussetzungen (mit Ausnahme der nur in problematischen Fällen aufzugreifenden allgemeinen Sachentscheidungsvoraussetzungen) zumindest kurz anzusprechen, wobei vertiefte Erörterungen nur für problematische Voraussetzungen sinnvoll sind. Nach der Mehrzahl der (veröffentlichten) Lösungsvorschläge werden nämlich auch unproblematische Sachentscheidungsvoraussetzungen in der gebotenen Kürze positiv festgestellt.

12 Klausurträchtige Probleme wirft insbesondere die Klagefrist (§ 74 VwGO) auf. Gegebenenfalls ist bei ihrer Versäumung Wiedereinsetzung in den vorigen Stand (§ 60 VwGO) zu beantragen.

Klausurhinweis: In Drittanfechtungsfällen (zB bei Nachbarklagen) und bei Verpflichtungsklagen bildet die Klagebefugnis (§ 42 II VwGO) häufig einen Klausurschwerpunkt.[6] Der Hinweis, dass sich bei einer Anwaltsklausur aus Klägersicht häufig Probleme der Klagefrist (§ 74 VwGO) stellen, gilt besonders für die Drittanfechtungsklage. Diese unterliegt bei unwirksamer Bekanntgabe des angefochtenen VA keiner Fristbindung (weder nach § 74 I 1 VwGO noch nach § 58 II VwGO). Vielmehr kommt insbesondere eine prozessuale Verwirkung des Klagerechts (Rechtsgedanke des § 242 BGB) in Betracht (→ Kap. 3 Rn. 102).

13 **Problem:** Klageänderung

Wird der Anwalt beauftragt, die Erfolgsaussichten einer bereits anhängigen (§§ 90 I, 81 I 1 VwGO) Klage zu begutachten, kann es vorkommen, dass Sie vorab die Zulässigkeit einer Klageänderung erörtern müssen. Hat sich das – von dem Kläger rechtshängig gemachte – ursprüngliche Klagebegehren etwa erledigt, ist im Fall einer Anfechtungs- oder Verpflichtungsklage der Übergang zur Fortsetzungsfeststellungsklage gem. § 113 I 4 VwGO (analog) bzw. – bei einem erledigten Realakt – zur Feststellungsklage (§ 43 VwGO) prüfungsbedürftig. Grundsätzlich richtet sich die Klageänderung nach § 91 VwGO, wobei der Übergang ausnahmsweise privilegiert sein kann (§ 173 S. 1 VwGO iVm § 264 Nr. 2 ZPO).[7]

V. Begründetheit der Klage

14 Beim prozessualen Aufbau ist anschließend zu prüfen, ob der statthafte Rechtsbehelf begründet ist. Nur zur Erinnerung: Denken Sie an saubere Obersätze. Nur so gewinnt die Klausur einen roten Faden und eine Struktur, an dem sich auch der Korrektor orientieren kann.

15 **Problem:** Prüfungsumfang bei Drittanfechtungsklagen

Bei Drittanfechtungsklagen ist der eingeschränkte gerichtliche Prüfungsumfang zu beachten. Begehrt der Mandant zB die Aufhebung einer drittbegünstigenden Baugenehmigung, ist im Rahmen der Begründetheit grundsätzlich nur die Verletzung solcher Normen zu prüfen, die gerade dem individuellen Schutz des Klägers dienen (§ 113 I 1 VwGO). Macht der Mandant einen Verstoß gegen Vorschriften geltend, die allein der städtebaulichen Ordnung dienen, ist im Mandantenschreiben darzulegen, dass derartige Einwendungen den Aufhebungsanspruch nicht begründen.

6 Hierzu → Kap. 3 Rn. 74; Kopp/Schenke/*R. P. Schenke* VwGO § 42 Rn. 96 ff.
7 Im Einzelnen hierzu → Kap. 3 Rn. 148.

Problem: Beweisfragen in öffentlich-rechtlichen Anwaltsklausuren 16

Stellt sich bei der Begutachtung heraus, dass bestimmte Voraussetzungen beweisbedürftig sind, bietet es sich beim einschichtigen Gutachten an, die Beweislastverteilung sowie die Beweisbedürftigkeit der Tatsache im Rahmen der Zulässigkeits- bzw. Begründetheitsprüfung bei der jeweils streitigen Voraussetzung zu erörtern. Dies gilt ebenso für die Klärung, welche Beweismittel der beweisbelasteten Partei zur Verfügung stehen. Demgegenüber gehört bei mehreren zur Verfügung stehenden Beweismitteln die Auswahl des zu benennenden Beweismittels in die Zweckmäßigkeitsstation.

Auch wenn im Verwaltungsprozess wegen des Untersuchungsgrundsatzes (§ 86 I VwGO) 17
keine Behauptungs- und Beweisführungspflicht (formelle Beweislast) existiert, ist die **materielle Beweislast** zu beachten. Formulieren Sie daher stets:

... Die materielle Beweislast hierfür trägt ...

Diese beantwortet, wen die Folgen einer trotz aller gerichtlichen Bemühungen verbleibenden 18
Unerweislichkeit einer Tatsache treffen.[8] Insoweit gilt, dass – soweit keine anderweitigen Regelungen bestehen (zB Nachweispflicht gem. § 2 VI StVG) – derjenige, der für sich ein Recht oder eine Befugnis in Anspruch nimmt, die materielle Beweislast für die anspruchsbegründenden Tatsachen trägt; derjenige, der ein Recht bestreitet oder sich auf ein Gegenrecht beruft, trägt die Beweislast für rechtshindernde, rechtsvernichtende und rechtshemmende Tatsachen.[9] Damit gilt grundsätzlich auch im Verwaltungsprozess, dass jeder Beteiligte die für ihn günstigen Tatsachen zu beweisen hat (Günstigkeitsprinzip).[10] Diese Grundsätze gelten auch bei Ermessensentscheidungen: Die Behörde muss die Tatsachen beweisen, auf die sie ihre Ermessensentscheidung gestützt hat; der Kläger muss das Vorliegen eines Ermessensfehlers nachweisen.[11]

- Wird mit der Klage ein **Anspruch** verfolgt oder soll ein Recht festgestellt werden (also insbesondere bei Leistungsklagen [soweit keine Unterlassungsklage vorliegt], bei Verpflichtungsklagen und bei Feststellungsklagen), trägt grundsätzlich der Kläger die Beweislast für Tatsachen, aus denen er den Anspruch auf die begehrte Leistung bzw. den begehrten VA herleitet. Er trägt also die Beweislast für Umstände, die seinen Verpflichtungsanspruch stützen. In Fällen präventiven Verbots mit Erlaubnisvorbehalt (zB Verfolgung einer Baugenehmigung) trägt der Kläger die Beweislast für die Erlangung der Erlaubnis; die Behörde muss – wegen der an sich grundrechtlich gewährleisteten Position – die die Versagung rechtfertigenden Gründe nachweisen.[12] Bei einer auf die Erteilung einer Baugenehmigung gerichteten Verpflichtungsklage müsste also die Behörde den Verstoß gegen öffentlich-rechtliche Vorschriften beweisen. Bei einem (grundrechtlich nicht geschützten) repressiven Verbot mit Befreiungsvorbehalt ist der Kläger hingegen voll beweisbelastet.[13]
- Bei einer auf die **Abwehr** hoheitlicher Eingriffe gerichteten Klage (Anfechtungsklage, Unterlassungsklage, gegebenenfalls Feststellungsklage) trägt die Behörde die Beweislast für die den Eingriff rechtfertigenden Tatsachen, der Kläger muss das Vorliegen eines Ausnahmefalles beweisen. Bei einer auf die Aufhebung einer bauordnungsrechtlichen Abrissverfügung gerichteten Klage muss die Behörde also die Befugnis zum Erlass des belastenden VA und der Kläger die den Bestandsschutz begründenden Umstände beweisen. Bei Mängeln im Verwaltungsverfahren trägt die Behörde die Beweislast dafür, dass sich der Fehler nicht auf das Ergebnis ausgewirkt hat.[14]

Eine **Beweislastumkehr** ist möglich, wenn dies gesetzlich vorgesehen ist (zB bei Verfolgung 19
eines Schadensersatzanspruchs bei einer öffentlich-rechtlichen Sonderbeziehung analog §§ 280 I 2, 311a II 2, 286 IV BGB) oder weil ein Beteiligter Beweismittel schuldhaft vereitelt.

8 Kopp/Schenke/*W.-R. Schenke* VwGO § 108 Rn. 11.
9 Kopp/Schenke/*W.-R. Schenke* VwGO § 108 Rn. 13.
10 HK-VerwR/*Terhechte* VwGO § 108 Rn. 16.
11 *Ewer/Rapp* NVwZ 1991, 549.
12 Kopp/Schenke/*W.-R. Schenke* VwGO § 108 Rn. 14.
13 Kopp/Schenke/*W.-R. Schenke* VwGO § 108 Rn. 14.
14 Kopp/Schenke/*W.-R. Schenke* VwGO § 108 Rn. 15.

Nicht zur Umkehr der Beweislast, sondern lediglich zur Absenkung der Anforderungen an einen Beweis führen Fälle, in denen ein *Beweis des ersten Anscheins* anwendbar ist. Diese Grundsätze sind im Verwaltungsprozess anwendbar, wenn nach der Lebenserfahrung ein bestimmter typischer Lebenssachverhalt anzunehmen ist.[15] Hier muss der Anspruchsgegner lediglich die ernsthafte Möglichkeit eines anderen Geschehensablaufs nachweisen. Schafft er dies, sind die Regeln des Anscheinsbeweises erschüttert, sodass die allgemeinen Grundsätze gelten.[16]

20 Ist die Beweislast zulasten des Klägers geklärt, stellt sich (zweitens) die Frage, welche **Beweismittel** in Betracht kommen. Die Ihnen aus dem Zivilprozess bekannten Beweismittel (S – A – P – U[17] – Z – A) sind auch von § 96 I 2 VwGO erfasst, auch wenn die amtliche Auskunft dort nicht ausdrücklich erwähnt ist (vgl. auch die Erwähnung in §§ 87 I 2 Nr. 3, 99 I 2 VwGO).[18] Steht ein Beweismittel zur Verfügung, müssen Sie – bei entsprechendem Hinweis im Aktenauszug – gegebenenfalls erörtern, ob die Verwertung aus tatsächlichen Gründen (insbesondere wegen Unerreichbarkeit) oder aus rechtlichen Gründen unzulässig ist. Das VG wird nämlich einem benannten Beweismittel nicht nachgehen, wenn ein Beweisverwertungsverbot eingreift oder dessen Heranziehung generell oder im konkreten Fall verboten ist.[19]

21 Eine Beweiserhebung ist auch über solche Tatsachen unzulässig, die der gerichtlichen Feststellung entzogen sind, weil das Gericht an eine bereits vorliegende Entscheidung gebunden ist:

- Ist gesetzlich eine **Bindungswirkung** hinsichtlich bestimmter Umstände normiert worden, sind gerichtliche Untersuchungen insoweit unzulässig.[20] Ein Anwendungsfall ist § 121 VwGO, wonach rechtskräftige verwaltungsgerichtliche Entscheidungen im Rahmen ihrer (gegebenenfalls in der Klausur zu untersuchenden) Rechtskraftwirkung die Beteiligten und das Gericht binden.
- Bestandskräftigen Entscheidungen kommt grundsätzlich eine **Tatbestandswirkung** zu. Daher sind Gerichte an die Existenz und den Inhalt eines wirksamen unanfechtbaren VAs gebunden (besitzt der Bauherr zB eine bestandskräftige Baugenehmigung, kann das Gericht nicht von formeller Baurechtswidrigkeit ausgehen).[21]
- Der gerichtliche Untersuchungsumfang kann auch aufgrund **spezialgesetzlich** geregelter Bindungswirkung beschränkt sein. So regelt etwa § 4 III 2 StVG eine Bindung an Entscheidungen im Straf- und Bußgeldverfahren, die die Entziehung der Fahrerlaubnis nach dem sog. Punktesystem zum Inhalt haben. § 3 IV StVG hingegen verbietet grundsätzlich der zuständigen Behörde, in einem Fahrerlaubnisverfahren zulasten (!) des Betroffenen von der Feststellung des Sachverhalts oder der Schuldfrage in einer strafgerichtlichen Entscheidung abzuweichen, soweit sich diese auf die Fahreignung bezieht (es müssen also entsprechende Feststellungen zur Fahreignung getroffen worden sein).[22]
- Problematisch ist die Bindungswirkung von **Verwaltungsvorschriften**. Diese binden Gerichte im Grundsatz nicht. Sie erlangen nur über Art. 3 I GG iVm der Selbstbindung der Verwaltung Bedeutung, wenn sie das behördliche Ermessen steuern und die Verwaltung ohne sachlichen Grund von ihrer auf Grundlage der Richtlinien herausgebildeten Praxis abweicht. Jenseits dessen wird eine Bindungswirkung ausnahmsweise in folgenden Konstellationen anerkannt:
  - Anzuerkennen ist eine Bindungswirkung, wenn sie gesetzlich angeordnet ist. So wird zB im Ausländerrecht bei der Erteilung einer Duldung ausdrücklich auf eine behördliche Anordnung Bezug genommen (§ 60a AufenthG). In diesem Fall hat das Gericht die Regelungen der Verwaltungsvorschrift zugrunde zu legen, sodass bei Erfüllung der

15 Kopp/Schenke/*W.-R. Schenke* VwGO § 108 Rn. 18.
16 Kopp/Schenke/*W.-R. Schenke* VwGO § 108 Rn. 18.
17 Im Rahmen des Urkundsbeweises können auch Sachverständigengutachten, die in den beigezogenen und zum Gegenstand der mündlichen Verhandlung gemachten Verwaltungsakten enthalten sind oder welche die Behörde in das Verfahren eingeführt hat, als Urteilsgrundlage verwertet werden; VGH Mannheim NVwZ-RR 2013, 576 (576).
18 Hierzu im Einzelnen *Kaiser/Kaiser/Kaiser* Anwaltsklausur ZivilR Rn. 13.
19 Hierzu im Einzelnen Kopp/Schenke/*W.-R. Schenke* VwGO § 98 Rn. 4 ff.
20 Kopp/Schenke/*W.-R. Schenke* VwGO § 86 Rn. 5; Eyermann/*Geiger* VwGO § 86 Rn. 14.
21 Eyermann/*Schübel-Pfister* VwGO § 86 Rn. 8.
22 Eyermann/*Schübel-Pfister* VwGO § 86 Rn. 11 mwN.

tatbestandlichen Voraussetzungen der Anordnung der obersten Landesbehörde ein Anspruch auf Erteilung einer Duldung besteht.

- Ausnahmsweise erkennt die Rspr. zudem eine beschränkte Bindungswirkung von **technischen Regelwerken** (klausurrelevant sind insbesondere die TA Lärm und TA Luft) als normkonkretisierende Verwaltungsvorschriften an. Hier haben Gerichte (nur) zu prüfen, ob sich die Regelwerke im Rahmen der gesetzlichen Vorschriften (etwa § 48 BImSchG) bewegen, ob die festgelegten Werte den gesetzlichen Anforderungen und Wertungen entsprechen und nicht durch wissenschaftliche und technische Erkenntnisfortschritte überholt sind.[23] Dass diese Grenzen nicht überschritten sind, können Sie in der Klausur mangels gegenteiliger Erkenntnisse unterstellen. Dies hat zur Folge, dass Sie etwa bei der Frage, ob der Mandant eine »erhebliche« Belästigung iSd § 3 I BImSchG nachweisen kann, auf eventuell im Aktenauszug abgedruckte Grenzwerte zurückgreifen können.

Im *praktischen Teil* müssen Sie – nach einer gegebenenfalls in der Zweckmäßigkeitsstation vorzunehmenden Auswahl – das Beweismittel innerhalb der Klageschrift an der jeweils zu erörternden Tatsache benennen (»*Beweis: Sachverständigengutachten.; Beweis: Augenschein.; Beweis: Vernehmung des Zeugen [vollständiger Name mit ladungsfähiger Anschrift]*«). Besteht ein Verwertungsverbot, wird das Beweismittel in der Klageschrift nicht benannt. 22

VI. Zweckmäßigkeitserwägungen

In den mit dem Einleitungssatz »*Es ist zu prüfen, welche weiteren Schritte im vorliegenden Fall zweckmäßig sind*« einzuleitenden Zweckmäßigkeitserwägungen erörtern Sie, welches Vorgehen zur Erreichung des Mandantenbegehrens zweckmäßig ist. Auch hier gelten die Merkposten **»OB« – »WER« – »WEN« – »WIE« – »WO«**. 23

1. Sollte Klage erhoben werden (»ob«)?

Einleitend ist zu beantworten, ob überhaupt Klage erhoben werden soll. Dies ist in der Regel zweckmäßig, wenn der VA oder dessen Ablehnung rechtswidrig ist und den Kläger in seinen Rechten verletzt (§ 113 I 1 bzw. § 113 V VwGO). Der konkrete Antrag ist allerdings erst im praktischen Teil auszuformulieren. Innerhalb der Zweckmäßigkeit formulieren Sie nur: 24

> Aufgrund der im Gutachten dargelegten Erfolgsaussichten sollte dem Mandanten geraten werden, gegen den Bescheid des … vom … Anfechtungsklage zu erheben.

Problem: Anwaltliches Vorgehen bei einem rechtmäßigen Bescheid 25

Erweist sich der VA bzw. dessen Ablehnung als rechtmäßig und hat eine Klage keine Erfolgsaussicht, sollte dem Mandanten von einem gerichtlichen Vorgehen abgeraten werden.

Hat der Mandant vor der anwaltlichen Beratung bereits Klage erhoben, ist – jedenfalls bei bestehender Gerichtskostenpflicht (§ 2 IV 2 GKG iVm § 188 S. 2 VwGO) – in der Regel zu empfehlen, die Klage zurückzunehmen. Dies ist trotz der zwingenden Kostentragung (§ 155 II VwGO) in der Regel zweckmäßig, da bei einer Rücknahme die Gerichtskosten von 3,0 auf 1,0 Gebührensätze ermäßigt werden (Nr. 5111 Nr. 1 Anlage 1 zum GKG). 26

> Aufgrund der im Gutachten dargelegten fehlenden Erfolgsaussichten sollte dem Mandanten geraten werden, die bereits erhobene Anfechtungsklage zurückzunehmen.

Im *praktischen Teil* können Sie diese kostenrechtliche Überlegung im Mandantenschreiben aufgreifen. 27

Problem: Zusätzliches vorläufiges Rechtsschutzgesuch 28

Je nach Aktenauszug sollten Sie kurz erörtern, weshalb Sie ausschließlich ein Hauptsacheverfahren empfehlen und nicht (auch) einen Antrag auf vorläufigen Rechtsschutz (§§ 80 V, 80a III, 123 VwGO) anstreben. Bedenken Sie, dass in den Fällen des § 80 II VwGO die bloße Anfechtungsklage keine aufschiebende Wirkung herbeiführt.[24]

23 Eyermann/*Schübel-Pfister* VwGO § 86 Rn. 43.
24 Hierzu → Kap. 3 Rn. 267 ff.

29 **Problem:** Vorgehen bei form- und verfahrensfehlerhaften und ermessensfehlerhaften VAen

30 Leidet der VA unter beachtlichen Form- und Verfahrensfehlern, sollten Sie bedenken, dass die Behörde diese im gerichtlichen Verfahren voraussichtlich gem. § 45 VwVfG heilen wird. Dass ein gerichtliches Vorgehen gleichwohl zweckmäßig ist, begründen Sie damit, dass nur dadurch die Bestandskraft des derzeit noch rechtswidrigen VAs verhindert werden kann. Die Klageerhebung gewährleistet auch einen Zeitgewinn, den Mandanten häufig anstreben.

31 Läuft eine Klagefrist in Kürze ab, sollte daher eine Klageerhebung in Erwägung gezogen werden. In diesem Fall dürfte auch ein Kostenrisiko des Mandanten als Argument gegen die Klageerhebung regelmäßig ausscheiden. Falls die erhobene Klage durch eine wirksame Heilung gegenstandslos werden sollte, wird der Rechtsstreit – um einer zwingenden Kostentragungspflicht des Mandanten infolge der heilungsbedingt zu erwartenden Abweisung der Klage zu entgehen – voraussichtlich übereinstimmend für erledigt erklärt werden. Bei der nach billigem Ermessen zu treffenden Kostenentscheidung (§ 161 II VwGO) kann das Gericht auch das Verschulden der Behörde berücksichtigen (§ 155 IV VwGO).[25] Wegen der Billigkeitsentscheidung sollten Sie im Mandantenschreiben auf das verbleibende Kostenrisiko hinweisen (gerichtliche Ermessensentscheidung!), zumal die nach § 161 II VwGO zu treffende Kostenentscheidung gem. § 158 II VwGO unanfechtbar ist.

32 Diese Erwägungen gelten entsprechend, wenn der VA unter Ermessensfehlern leidet.

33 **Problem:** Isolierte Anfechtung des Widerspruchsbescheides

Im Rahmen des § 79 I Nr. 2 und § 79 II VwGO kann ein Widerspruchsbescheid isoliert angefochten werden. Klausurrelevant ist dies insbesondere in Fällen der *reformatio in peius*.

34 Innerhalb der *Zweckmäßigkeitserwägungen* können Sie die Anregung aufgreifen, isoliert den Widerspruchsbescheid anzufechten, um das Ziel des Mandanten, nur den Ausgangsbescheid bestandskräftig werden zu lassen, zu erreichen.

35 **Problem:** Unmittelbare Klageerhebung bei Entbehrlichkeit des Widerspruchsverfahrens

Ist ein Widerspruchsverfahren *unstatthaft*,[26] ist unmittelbar Klage zu erheben. Da dies gesetzlich zwingend ist, erübrigen sich Ausführungen in den Zweckmäßigkeitserwägungen. Ist die Durchführung eines Widerspruchsverfahrens allerdings nur *entbehrlich*, ist entweder Widerspruch oder Klage zulässig.

36 Welcher Rechtsbehelf erhoben werden soll, wird der Mandant andeuten. Im Gesprächsvermerk werden Sie gegebenenfalls den Hinweis finden, dass weitere Zeitverzögerungen ausgeschlossen werden sollen. Denkbar ist auch der Hinweis, dass ein Widerspruch »sein Ziel doch gar nicht mehr erreichen könne«. In solchen Fällen ist es in der Regel zweckmäßig, unmittelbar Klage zu erheben. Hierfür spricht auch, dass nach zum Teil vertretener Auffassung ein entbehrlich erhobener Widerspruch den Eintritt der Bestandskraft nicht verhindert.[27]

37 **Problem:** Zusätzlicher Annexantrag (§ 113 I 2 VwGO)

Ist der VA bereits vollzogen, ist bei einer Anfechtungsklage zur Vermeidung einer späteren Klage nach Eintritt der Rechtskraft ein Annexantrag (§ 113 I 2 VwGO) zweckmäßig.[28] Dieser bietet einen Zeitgewinn, da die Rechtskraft des Anfechtungsurteils nicht abgewartet werden muss. Vorläufig vollstreckbar ist das Anfechtungsurteil schließlich nur »wegen der Kosten« (§ 167 II VwGO). Kostenrechtlich ist der Annexantrag sinnvoll, da in der Regel § 45 I 3 GKG Anwendung findet.

25 Kopp/Schenke/*R. P. Schenke* VwGO § 161 Rn. 17; Kopp/Ramsauer/*Ramsauer* VwVfG § 45 Rn. 38.

26 Zu den Fallgruppen → Kap. 2 Rn. 11 ff.

27 Kopp/Schenke/*W.-R. Schenke* VwGO § 68 Rn. 16; *Schübel-Pfister* JuS 2009, 999 (1000).

28 Ob bei einer Verpflichtungsklage ein Antrag analog § 113 I 2 und 3 VwGO zulässig ist, wird unterschiedlich beurteilt. Teilweise wird ein solcher Antrag für zulässig gehalten (etwa Kopp/Schenke/*W.-R. Schenke*/*R. P. Schenke* VwGO § 113 Rn. 86; VGH Mannheim BeckRS 2009, 42395); demgegenüber wird eine analoge Anwendbarkeit des § 113 I 2 u. 3 VwGO mangels »vergleichbarer Verfahrenslage« auch verneint (Schoch/Schneider/Bier/*Riese* VwGO § 113 Rn. 83).

Klausurhinweis: Den Erfolg des Annexantrages sollten Sie im Gutachten im Anschluss an die Prüfung der (erfolgreichen) Anfechtungsklage erörtern. Dieser ist unter den erleichterten Voraussetzungen des § 113 I 2 VwGO prozessual zulässig (Antrag, Statthaftigkeit [lex specialis ggü. § 113 IV VwGO]). Ist der Vollzug des VAs durch schlichtes Verwaltungshandeln rückgängig zu machen, handelt es sich um einen Leistungsantrag (Beispiel: Anfechtungsklage gegen Abgabenbescheid mit auf Erstattung gerichteter Leistungsklage). Setzt die Rückgängigmachung der Vollzugsfolgen den Erlass eines VAs voraus, handelt es sich um einen Verpflichtungsannexantrag

Beispiel: Drittanfechtung einer Baugenehmigung mit Verpflichtungsannexantrag auf Erlass einer Beseitigungsverfügung.

Da es sich bei der Kombination einer Anfechtungsklage mit einem Annexantrag um eine objektive Klagehäufung handelt (str.), sollten Sie kurz auch die Voraussetzungen des § 44 VwGO bejahen. Problematisch ist insoweit – wenn landesrechtlich für die Anfechtungsklage das Behördenprinzip gilt – »derselbe Beklagte«, da mit dem Annexantrag ein Leistungsanspruch (Vollzugs-Folgenbesetigungsanspruch) verfolgt wird, für den sich der richtige Beklagte nach dem Rechtsträgerprinzip richtet. Nach wohl hM erfasst § 78 VwGO aber neben dem Anfechtungsantrag auch den Annexantrag, sodass auch Letzterer gegen den Klagegegner zu richten ist, der für den Anfechtungsantrag der richtige Beklagte ist.[29] Es bedarf also auch bei landesrechtlicher Geltung des Behördenprinzips nicht der Einbeziehung eines weiteren Beklagten (Rechtsträger). Materiell setzt der Antrag voraus, dass die Voraussetzungen des Vollzugs-FBA erfüllt sind und die Sache spruchreif ist (§ 113 I 3 VwGO).[30] Die Spruchreife fehlt, solange ein behördlicher Ermessensspielraum besteht.

Im *praktischen Teil* folgt der Annexantrag dem Klageantrag zur Anfechtungsklage.[31] 38

Problem: Verbindung einer Anfechtungsklage mit einer Leistungsklage (§ 113 IV VwGO) 39

Zudem bietet als weiteren Fall einer Stufenklage § 113 IV VwGO die Möglichkeit, verschiedene Klagebegehren miteinander zu verbinden. Durch § 113 IV VwGO können Folgeansprüche, die sich aus der Aufhebung des VAs ergeben, bereits im Anfechtungsprozess geltend gemacht werden (zB Anfechtung einer Entlassung aus dem Beamtenverhältnis verbunden mit einem Antrag auf Nachzahlung der infolge der Entlassung nicht geleisteten Besoldung). Auch hier ergibt sich die Zweckmäßigkeit aus der Überlegung, andernfalls die Rechtskraft des Gestaltungsurteils abwarten zu müssen. Vielen Referendaren bereitet die Abgrenzung zwischen § 113 I 2 VwGO und § 113 IV VwGO Schwierigkeiten: § 113 IV VwGO ist die allgemeine Regelung; nur hinsichtlich der Verbindung von Anfechtungsklage mit Folgenbeseitigungsansprüchen, weil der VA bereits »vollzogen« wurde, ist § 113 I 2 VwGO vorrangig.[32]

Problem: Erhebung einer Untätigkeitsklage (§ 75 VwGO) 40

Eine Untätigkeitsklage ist nur zulässig, wenn die Sperrfrist im Zeitpunkt der mündlichen Verhandlung abgelaufen ist. Die Klage kann zwar schon vor Ablauf der Sperrfrist erhoben werden und »in die Zulässigkeit hineinwachsen«[33]. Diese verfrühte Klage ist allerdings mit einem Kostenrisiko verbunden. Ergeht innerhalb der Sperr- bzw. Aussetzungsfrist gem. § 75 S. 3 VwGO eine für den Kläger positive Entscheidung, erledigt sich das Klageverfahren. Die Kostenentscheidung gem. § 161 II VwGO dürfte zulasten des Klägers ausfallen.

Problem: Behörde trifft nach erhobener Untätigkeitsklage eine negative Entscheidung 41

Trifft die Behörde eine negative Entscheidung, müssen Sie unterscheiden:[34]

- Der Kläger kann den Rechtsstreit für erledigt erklären (Kostenfolge: § 161 II VwGO).
- Der Kläger kann einen zurückweisenden Widerspruchsbescheid in das (Verpflichtungs-) Klageverfahren einführen. Diese Einbeziehung muss nicht zwingend innerhalb der Klagefrist

29 BVerwG NVwZ 2002, 718 (722).
30 Zur Darstellung im Gutachten vgl. *Kaiser/Köster/Seegmüller* MatÖffR Kap. 3 Rn. 6 ff.
31 Zur Formulierung des Antrags → Rn. 86.
32 HK-VerwR/*Emmenegger* VwGO § 113 Rn. 157.
33 Wolff/Decker/*Decker* VwGO § 75 Rn. 13.
34 Wolff/Decker/*Decker* VwGO § 75 Rn. 15.

des § 74 VwGO erfolgen, da die im Ausgangsbescheid getroffene Regelung schon rechtshängig ist.[35]

- Der Kläger muss einen negativen Ausgangsbescheid zunächst mit dem Widerspruch anfechten (§§ 68 ff. VwGO), weil durch die fristgemäße Bescheidung die Vergünstigung des § 75 S. 1 VwGO entfällt. Das gerichtliche Verfahren wird dann ausgesetzt,[36] eine Abweisung der Untätigkeitsklage als »unzulässig« erfolgt nach hM nicht. Ergeht die angestrebte Entscheidung erst nach Aussetzung und nach Ablauf der gerichtlich gesetzten Frist, ist ein Widerspruchsverfahren auch dann entbehrlich, wenn die Entscheidung für den Kläger negativ erfolgt. Dieser Bescheid kann nach der Rspr. ohne Weiteres in das Verfahren einbezogen werden, wenn der Streitgegenstand der Untätigkeitsklage und der Regelungsgegenstand des später ergangenen Bescheides kongruent sind.[37] Fehlt die erforderliche Kongruenz, liegt eine Klageerweiterung vor. Der erweiterte Teil muss dann gesondert auf seine Zulässigkeit (also auch auf die Einhaltung des Erfordernisses des ordnungsgemäßen Vorverfahrens) überprüft werden.[38]

42 **Problem:** Gerichtskosten und anwaltliche Gebühren

- Besteht keine sachliche Kostenfreiheit (vgl. § 2 IV 2 GKG, insbesondere iVm § 188 S. 2 VwGO), werden mit Klageerhebung **Gerichtskosten** iHv 3,0 Gebühren (Nr. 5110 Anlage 1 zum GKG) fällig (§ 63 I 1 GKG). Die Höhe richtet sich nach dem Streitwert, den Sie dem rechtlich nicht verbindlichen, aber allgemein anerkannten Streitwertkatalog[39] entnehmen können. Unter den Voraussetzungen des § 52 II GKG greift der Auffangstreitwert iHv 5.000 EUR ein. Hiernach belaufen sich die Gerichtskosten auf 3,0 × 161 EUR, also auf 483 EUR.
- Als **Anwaltsgebühr** entsteht im erstinstanzlichen Verfahren eine ebenfalls nach dem Streitwert berechnete *Verfahrensgebühr* (Nr. 3100 VV RVG) von 1,3. Diese entsteht für das Betreiben des Geschäfts einschließlich der Information (amtl. Vorbemerkung 3 II). Beachten Sie, dass auf die Verfahrensgebühr, soweit wegen desselben Gegenstandes eine Geschäftsgebühr nach den Nr. 2300–2304 entstanden ist, diese Gebühr iHv max. 0,75 angerechnet werden kann (amtl. Vorbemerkung 3 IV). Neben der Verfahrensgebühr kann eine *Terminsgebühr* von 1,2 (Nr. 3104 VV RVG) entstehen. Voraussetzung ist nicht, dass tatsächlich ein gerichtlicher Termin stattfindet; entscheidend ist, dass es sich um ein Verfahren handelt, für das nach dem Gesetz grundsätzlich eine mündliche Verhandlung vorgeschrieben ist (amtl. Vorbemerkung 3 III, amtl. Anmerkung I.1. zu 3104). Eine Terminsgebühr entsteht mithin auch etwa dann, wenn gem. § 101 II VwGO im Einverständnis der Beteiligten ohne mündliche Verhandlung entschieden wird (Arg.: Sicherung der Entlastungsfunktion). Neben der Verfahrens- und Terminsgebühr kann nach Nr. 1000 und 1002 des VV RVG eine *Einigungsgebühr* entstehen. Zusätzlich können *Auslagen* pauschal iHv max. 20 EUR erstattet verlangt (Nr. 7002 VV RVG) und aus dieser Summe *Umsatzsteuer* in gesetzlicher Höhe beansprucht werden (Nr. 7008 VV RVG).

43 **Problem:** Erklärung der Notwendigkeit der Zuziehung eines Bevollmächtigten im Vorverfahren

Ist ein Bevollmächtigter im Vorverfahren tätig geworden, sollten Sie die Feststellung der Notwendigkeit der Zuziehung im Vorverfahren gem. § 162 II 2 VwGO beantragen. Diese Entscheidung ergeht nämlich nur auf Antrag (str.).[40] Andernfalls kommt die Festsetzung einer

35 Str. Eyermann/*Rennert* VwGO § 75 Rn. 15, nach aA muss der Widerspruchsbescheid innerhalb der Klagefrist entweder selbst beklagt oder in das Untätigkeitsklageverfahren einbezogen werden, andernfalls wird er bestandskräftig und entzieht dem rechtshängigen Klagebegehren die Grundlage.

36 Entweder nach § 94 S. 1 VwGO oder nach § 75 S. 3 VwGO analog, für letztere Meinung BVerwGE 88, 254 = NVwZ 1992, 180.

37 Eyermann/*Rennert* VwGO § 75 Rn. 18, 19.

38 Eyermann/*Rennert* VwGO § 75 Rn. 19.

39 Kopp/Schenke/*Hug* VwGO Anh § 164 Rn. 14.

40 ZB OVG Berlin-Brandenburg BeckRS 2018, 19027.

Geschäftsgebühr für das Betreiben des Widerspruchsverfahrens (Nr. 2300 VV RVG) nicht in Betracht.[41]

Im *praktischen Teil* sollten Sie unter »II.« vor eventuellen besonderen Erklärungen (zB zu § 101 II VwGO) kurz darlegen, aus welchem Grund es dem Kläger nach seinen individuellen Fähigkeiten nicht zuzumuten war, das Vorverfahren selbst zu führen. 44

Problem: Vergleichsabschluss als Alternative zum gerichtlichen Verfahren 45

Es ist denkbar, dass der Mandant die Prüfung von Alternativen zu einem gerichtlichen Verfahren wünscht. Dies korrespondiert vielfach mit im Aktenauszug enthaltenen Andeutungen anderer Beteiligter, wonach diese auch grundsätzlich einigungsbereit sind. Finden Sie einen solchen – in der Regel klar erkennbaren – Hinweis im Vermerk über das Mandantengespräch, sollten Sie an die Möglichkeit eines *(außergerichtlichen) Vergleichsabschlusses* denken. Materiell steuert dieser Hinweis auf die Prüfung der §§ 54 ff. VwVfG zu. Ebenso kann es sein, dass während eines bereits anhängigen gerichtlichen Verfahrens der Mandant den Wunsch äußert, durch eine vergleichsweise Verständigung solle zugleich das gerichtliche Verfahren zum Abschluss gebracht werden. In einem Klausurfall äußerte ein Mandant etwa, dass ihm der laufende Rechtsstreit zu lange dauere. Wegen seiner Doppelnatur (1. materiell-rechtlicher Vertrag iSd §§ 54 ff. VwVfG, 2. verfahrensbeendigende Prozesshandlung) deutet diese Formulierung auf die Prüfung eines *Prozessvergleichs* (§ 106 VwGO) hin.

Finden Sie Hinweise, dass das Prüfungsamt die Erörterung solcher Vergleichsmöglichkeiten verlangt, bietet sich an, bereits im *Mandantenbegehren* zu skizzieren, dass der Mandant die Prüfung eines außergerichtlichen Vergleichs oder – sofern ein anhängiges gerichtliches Verfahren »mitbeendet« werden soll – eines Prozessvergleichs wünscht. 46

Im *Gutachten* erörtern Sie zunächst die Erfolgsaussichten einer bereits anhängigen oder möglichen Klage. Insoweit spielt die Vergleichsüberlegung noch keine Rolle. Vielfach werden Sie zu dem Ergebnis gelangen, dass die Erfolgsaussichten der Klage aus tatsächlichen und/oder rechtlichen Gründen offen sind. Diesem Abschnitt folgt – bei einem außergerichtlichen Vergleich – die Prüfung der formellen und materiellen Wirksamkeitserfordernisse der §§ 54 ff. VwVfG.[42] Formell wird (kurz) zu erörtern sein, wer als vertretungsbefugter Vertragspartner des Mandanten zeichnungsberechtigt ist, wie also der Hoheitsträger vertreten werden muss. Achten Sie – insbesondere für die materielle Wirksamkeit – darauf, ob der Aktenauszug Hinweise auf zu erörternde Vertragsformverbote enthält. Der Schwerpunkt wird voraussichtlich bei der Prüfung der Wirksamkeitsvoraussetzungen für einen Austauschvertrag (§ 56 VwVfG) liegen. Bei einem gerichtlichen Vergleich sind zusätzlich zu den aus §§ 54 ff. VwVfG folgenden materiellen Wirksamkeitserfordernissen die Voraussetzungen für eine wirksame Prozesshandlung zu erörtern (Doppelnatur!). Diese folgen aus § 106 VwGO.[43] Insoweit ist gegebenenfalls zu erörtern, dass bei einer vergleichsweisen Verständigung der gerichtlichen Hauptbeteiligten (Kläger [also Mandant] und Beklagter) ein bereits notwendig Beigeladener (§ 65 II VwGO) zustimmen muss. Schließlich dürfte zu erörtern sein, wie der Vergleichsschluss auch prozessual wirksam herbeigeführt werden kann. Da Sie sich in »Ihrem« Beratungsstadium voraussichtlich außerhalb einer mündlichen Verhandlung befinden werden, sollten Sie kurz betonen, dass Sie dem VG einen Vergleichsvorschlag zuleiten, den dieses gem. § 106 S. 2 VwGO als Beschluss den Beteiligten unterbreitet. Dies hat auch Auswirkungen für den praktischen Teil. 47

Im Rahmen der *Zweckmäßigkeitserwägungen* sollten Sie folgende Punkte im Auge behalten: Ein Vergleichsabschluss ist in der Regel zweckmäßig, wenn die Erfolgsaussichten eines anhängigen bzw. möglichen gerichtlichen Rechtsbehelfs aus rechtlichen und/oder tatsächlichen Gründen offen sind und gegebenenfalls eine zeit- und kostenaufwändige Beweisaufnahme erforderlich ist. Für einen gerichtlichen Vergleich spricht, dass dieser einen Vollstreckungstitel 48

41 OVG Bremen NVwZ-RR 2014, 700 (700).

42 Hierzu umfassend *Kaiser/Köster/Seegmüller* MatÖffR Kap. 2 Rn. 1 ff.

43 Im Einzelnen Kopp/Schenke/*W.-R. Schenke* VwGO § 106 Rn. 5 ff.; beachten Sie bei bereits vorliegendem Vergleich auch den gem. § 105 VwGO iVm § 162 I 1 ZPO erforderlichen »v.u.g.«-Vermerk; dazu VGH München NJW 2014, 955.

darstellt (§ 168 I Nr. 3 VwGO). Will der Mandant diesen Vorteil in Anspruch nehmen, muss also Klage erhoben werden. Kostenrechtlich ist bedeutsam, dass ein gerichtlicher Vergleich Gerichtskosten auslöst (Nr. 5110 Anlage 1 zum GKG). Nach Nr. 1000 VV RVG wird als Anwaltsvergütung eine Einigungsgebühr fällig.

49 Im *praktischen Teil* werden Sie den Vergleich entwerfen. Hierbei müssen Sie darauf achten, dass dieser einen vollstreckungsfähigen Inhalt hat. Zudem ist es ratsam, eine Kostenregelung aufzunehmen. Handelt es sich um einen außergerichtlichen Vergleich, sollten Sie – sofern parallel ein gerichtliches Verfahren anhängig ist – eine Regelung aufnehmen, wie dieses Verfahren seinen Abschluss finden soll. Dies kann durch eine Regelung erfolgen, kraft derer sich die Beteiligten zur Rücknahme der Klage oder zur Abgabe einer Erledigungserklärung verpflichten. Möchten Sie dem VG einen gerichtlichen Vergleichsvorschlag unterbreiten, bietet sich folgendes Anschreiben an:

> In pp. (Kurzrubrum) schlage ich vor, den Rechtsstreit durch folgenden Vergleich zu beenden:
>
> 1. Hauptregelung mit vollstreckungsfähigem Inhalt
> 2. Kostenregelung[44]
> 3. Gegebenenfalls Widerrufsvorbehalt (sofern ausdrücklich vom Mandanten gewünscht).
>
> Ich rege an, dem Beklagten diesen Vergleichsvorschlag im Wege eines Beschlusses gem. § 106 S. 2 VwGO zu unterbreiten.

Klausurhinweis: Nach einem Beschluss der Präsidenten der Prüfungsämter der Länder sollen künftig kautelarjuristische Fragestellungen im Assessorexamen behandelt werden. Hierbei kann es sich insbesondere um den Entwurf eines Verwaltungsvertrages, einer Rechtsnorm (zB Friedhofssatzung, gefahrenabwehrbehördliche Verordnung etc.) oder den vorstehend dargestellten Entwurf eines gerichtlichen oder außergerichtlichen Vergleichs handeln. Denkbar ist, dass solche Fragen künftig in eine »reine« anwaltliche Kautelarklausur eingekleidet werden. Nach einer Veröffentlichung des niedersächsischen Justizministeriums wird die Prüfungsleistung voraussichtlich aus einem Gutachtenteil, in dem die Zielvorgaben eines fiktiven Mandanten zu untersuchen sind, und einem praktischen Teil bestehen, in dem die notwendigen Schriftstücke (etwa Vertragsentwürfe, Satzungen, Vergleichsvorschläge) nebst Erörterungsschreiben an die Mandantschaft anzufertigen sind.[45] Als grobe Orientierung sollten Sie sich Folgendes merken: Da bisher kaum Erfahrungen mit diesem Klausurtyp bestehen, liegen kaum konkretisierende Weisungen der jeweiligen Prüfungsämter vor. Deshalb ist gerade hier ein genaues Studium des Bearbeitungshinweises entscheidend. Gleichwohl soll der grundsätzliche Aufbau einer Anwaltsklausur (vorbereitendes Gutachten mit anschließendem praktischen Teil einschließlich eines Mandanten- bzw. Erörterungsschreibens) bei dieser Klausurvariante nicht verlassen werden. Im Rahmen des *Gutachtens* werden Sie die Voraussetzungen für die zu entwerfende Satzung bzw. die ordnungsbehördliche Verordnung (zB Verordnungen zum Schutz vor gefährlichen Hunden, Taubenfütterungsverbotsverordnungen, Alkoholkonsumverbotsverordnungen für innerstädtische Bereiche) umfassend erörtern müssen.[46] Insoweit bietet es sich an, zunächst zu klären, welches Regelungsinstrument für die Zielvorgabe des Mandanten in Betracht kommt (zB Satzung, Verordnung etc.) und sodann nach Benennung der Ermächtigungsgrundlage deren formelle und materielle Voraussetzungen zu prüfen. Ein Schwerpunkt wird insoweit bei der Prüfung des Gebots der hinreichenden Bestimmtheit und der Einhaltung höherrangigen Rechts liegen. In dem *praktischen Teil* formulieren Sie ausgehend vom Ergebnis des Gutachtens die – hinreichend bestimmten – Rechtsnormen aus. Je nach Bearbeitervermerk müssen Sie diesen Verordnungs- oder Satzungsentwurf in eine Beschlussvorlage an den Verordnungsgeber (zB Gemeinderat) einkleiden, der über den Erlass der Rechtsnorm zu entscheiden hat. In dem *»Erörterungsschreiben«* sollten Sie sich – auch aus Zeitgründen – kurz fassen. Insoweit dürfte – sofern sich aus dem Bearbeitervermerk

44 Treffen die Beteiligten keine Kostenregelung, werden gem. § 160 VwGO die Gerichtskosten jedem Teil zur Hälfte auferlegt. Die außergerichtlichen Kosten trägt jeder Beteiligte selbst.

45 Http://www.mj.niedersachsen.de/portal/live.php?navigation_id=3745&article_id=100990&_psmand=13 (Stand 1.1.2016). Danach soll aufgrund eines Beschlusses der Präsidenten der Prüfungsämter der Länder diese neue Klausurform ab 2013 in allen Bundesländern geschrieben werden.

46 Hierzu im Einzelnen *Kaiser/Köster/Seegmüller* MatÖffR Kap. 2 Rn. 1 ff. (Verwaltungsvertrag), Kap. 5 Rn. 30 ff. (Gefahrenabwehrverordnungen), Kap. 11 Rn. 4 ff. (kommunalrechtliche Satzungen).

nichts Abweichendes ergibt – nicht zu beanstanden sein, wenn Sie lediglich eine Durchschrift des Gutachtens übersenden.[47]
Neben »reinen« Kautelarklausuren müssen Sie damit rechnen, dass Ideen zur Rechtsgestaltung als besondere Zweckmäßigkeitserwägung in eine klassische Klausurvariante eingekleidet werden.

2. »Wer« sollte Klage erheben?

Problem: Subjektive Klagehäufung gem. § 64 VwGO 50

Gemäß § 64 VwGO gelten die Vorschriften der Streitgenossenschaft (subjektive Klagehäufung) gem. §§ 59–63 ZPO entsprechend. Hierbei ist zwischen einfacher Streitgenossenschaft (§§ 59, 60 ZPO) und notwendiger Streitgenossenschaft (§ 62 ZPO) zu unterscheiden.

Klausurhinweis: Schlagen Sie im Examen (soweit Sie dieses Hilfsmittel nutzen dürfen) im *Kopp/Schenke* unter VwGO § 64 Rn. 4 ff. nach. Dort sind die wichtigsten Fallgruppen systematisch dargestellt.

- Bei der **einfachen Streitgenossenschaft** (§§ 59, 60 ZPO) bleiben die einzelnen Streitgenossen hinsichtlich der Prozessrechtsverhältnisse selbstständig.
- Innerhalb der **notwendigen Streitgenossenschaft** (§ 62 ZPO) ist wiederum zwischen der uneigentlichen und der eigentlichen notwendigen Streitgenossenschaft zu unterscheiden.[48]
  - Da bei der *uneigentlichen notwendigen Streitgenossenschaft* (Streitgenossenschaft aus prozessualen Gründen) nicht zwingend einheitlich geklagt werden muss, liegt im Examen häufig ein solcher Fall vor. Dann deutet der Aktenauszug nur an, dass es weitere mögliche Streitgenossen gibt (zB Miteigentümer, die eine Baugenehmigung begehren). Diese Fallgruppe ist unproblematisch, weil Sie unabhängig von den anderen Streitgenossen Klage für den Mandanten erheben können.
  - Demgegenüber können bei einer *eigentlichen notwendigen Streitgenossenschaft* (Streitgenossenschaft aus materiellen Gründen) die Streitgenossen nur gemeinsam klagen und verklagt werden. Der wohl bedeutsamste Fall ist die Klage eines Miterben einer ungeteilten Erbengemeinschaft gegen eine dem Nachbarn erteilte Baugenehmigung.[49] In einem solchen Fall sollten Sie den Mandanten auf das Erfordernis der gemeinsamen Klageerhebung und auf die gegebenenfalls notwendige Abstimmung innerhalb der Streitgenossen hinweisen. Hinsichtlich der Klagefrist (§ 74 VwGO) sollten Sie sich merken, dass die rechtzeitige Klageerhebung eines Streitgenossen auch zugunsten der Übrigen wirkt. Nach der Rechtsprechung stellt die Klagefrist nach § 74 VwGO eine Frist iSd § 62 I ZPO dar.[50]

3. Gegen »wen« ist die Klage zu richten?

Problem: Klageerhebung gegen Rechtsträger oder Behörde 51

Sofern Sie den richtigen Beklagten nicht im Gutachten geklärt haben, können Sie kurz (!) ansprechen, ob die Klage nach § 78 I Nr. 1 VwGO gegen den Rechtsträger der handelnden Behörde zu richten ist oder gem. dem Behördenprinzip (§ 78 I Nr. 2 VwGO iVm § 79 II NJG) gegen die Behörde selbst.

Bedarf es – aufgrund entsprechender Hinweise im Aktenauszug – einer vertieften Erörterung des richtigen Beklagten, empfehlen wir eine Platzierung der erforderlichen Ausführungen in dem Gutachten (im Rahmen der Zulässigkeit, sofern man die Frage des Klagegegners im Sinne einer passiven Prozessführungsbefugnis [hM] bzw. im Rahmen der Begründetheit, sofern man – wie in Süddeutschland – § 78 VwGO als Frage der Passivlegitimation versteht). 52

Hat der Kläger bei der Erhebung der bereits vor der anwaltlichen Beratung erhobenen Klage das Aktiv- oder Passivrubrum fehlerhaft bezeichnet, bietet es sich an, auf die Erforderlichkeit einer Rubrumsberichtigung durch das VG hinzuweisen. Eine nur berichtigende Klarstellung ist nicht den Voraussetzungen des § 91 VwGO unterworfen. 53

47 So auch *Kintz* ÖffR Rn. 864.
48 Kopp/Schenke/*W.-R. Schenke* VwGO § 64 Rn. 5 ff.
49 Kopp/Schenke/*W.-R. Schenke* VwGO § 64 Rn. 7.
50 Kopp/Schenke/*W.-R. Schenke* VwGO § 64 Rn. 11.

54 **Problem:** Anregung der Beiladung

Um die Rechtskraft gem. §§ 121 Nr. 1, 63 Nr. 3 VwGO auf weitere noch nicht beteiligte Personen zu erweitern, ist gegebenenfalls eine Beiladung gem. § 65 VwGO anzuregen bzw. zu beantragen. Eine Streitverkündung (§§ 72 ff. ZPO) sieht die VwGO nicht vor. Mit dem Antrag zwingen Sie das Gericht, über die begehrte Beiladung durch gegebenenfalls rechtsmittelfähigen Beschluss zu entscheiden.

- Eine *einfache Beiladung* kommt gem. § 65 I VwGO in Betracht, wenn rechtliche Interessen eines Dritten berührt werden (zB Beiladung des Nachbarn zur Anfechtungsklage eines Bauherrn gegen eine auf die Initiative des Nachbarn hin erlassene Bauordnungsverfügung).[51]
- Ein Fall *notwendiger Beiladung* (§ 65 II VwGO) liegt vor, wenn die gerichtliche Sachentscheidung unmittelbar Rechte des Dritten gestaltet, bestätigt, verändert oder aufhebt (zB Beiladung des Begünstigten im Drittanfechtungsprozess des klagenden Nachbarn; Beiladung einer Gemeinde in einem gegen die Baugenehmigungsbehörde gerichteten Verpflichtungsklageverfahren auf Erteilung einer Baugenehmigung). Der Verpflichtungstenor ersetzt dann das fehlende Einvernehmen der Gemeinde (§ 36 BauGB).

55 Im *praktischen Teil* sollten Sie die Beiladung unmittelbar im Anschluss an den Klageantrag anregen. Zur Begründung sollten Sie kurz darlegen, aus welchem Grund eine Beiladung zweckmäßig (§ 65 I VwGO) ist bzw. der Mandant die Beiladung gem. § 65 II VwGO beanspruchen kann. An dieser Stelle wird der Prüfer erkennen, ob Sie von einer einfachen Beiladung (§ 65 I VwGO) oder von einer notwendigen Beiladung (§ 65 II VwGO) ausgehen. Daher bietet es sich an, diese Unterscheidung bereits in der Zweckmäßigkeit vorzunehmen.

4. »Wie« ist Klage zu erheben?

56 **Problem:** Klagehäufung

Je nach Mandantenbegehren werden Sie in der Zulässigkeit und Begründetheit ggf. mehrere Klagebegehren geprüft haben. Im Rahmen der Zweckmäßigkeit geht es darum, zu ermitteln, wie diese Mehrzahl von Klagebegehren in einem Verfahren verfolgt werden können. Unter den Voraussetzungen des § 44 VwGO ist eine Klagehäufung wie folgt möglich:

- als *kumulative Klagehäufung* (zB Anfechtungsklage gegen Ernennung eines Konkurrenten verbunden mit Verpflichtungsklage auf Neubescheidung bezüglich eigenen Antrags),
- als *Eventualklagehäufung* (zB hauptsächlich verfolgte Feststellungsklage [§ 43 VwGO] verbunden mit hilfsweise erhobener Verpflichtungsklage auf Erteilung der Genehmigung [§ 42 I Alt. 2 VwGO], falls die begehrte Feststellung der Genehmigungsfreiheit erfolglos bleibt).[52] Diese Konstellation tritt in Aktenauszügen sehr häufig auf (zB hauptsächlich verfolgte Feststellung der baurechtlichen Genehmigungsfreiheit [»Negativattest«] mit Verpflichtungsklage auf Erteilung der Baugenehmigung; hauptsächlich verfolgte Feststellung der Nutzung einer Straße im Rahmen des genehmigungsfreien Gemeingebrauchs verbunden mit Verpflichtungsklage auf Erteilung der Sondernutzungserlaubnis [»BierBike«]).

57 Die Eventualklagehäufung ist zulässig, weil sie nur von einer innerprozessualen Bedingung abhängt. Demgegenüber ist eine alternative Klagehäufung wegen der Unbestimmtheit des Antrags (vgl. § 82 I 2 VwGO) nach hM unzulässig. Eine Klagehäufung ist wegen der Degression der Gebührentabelle kostenrechtlich zweckmäßig, zumal bei einer Nämlichkeit von Haupt- und Hilfsantrag § 45 I 2, 3 GKG eine weitere Kostenprivilegierung ermöglicht.[53]

---

51 OVG Münster NVwZ-RR 2013, 295: Für eine dahingehende Ermessensausübung spricht, dass mit der Beiladung uU ein etwaiger nachfolgender Prozess des Dritten auf bauordnungsrechtliches Einschreiten der Behörde gegen den Nachbarn vermieden wird. Der Dritte wird vor allem auch zu einer unstreitigen Beendigung des Verfahrens im Sinne einer endgültigen Befriedung des konkreten Nachbarschaftsverhältnisses entscheidend beitragen können.

52 Ob die uneigentliche Klagehäufung (Hilfsantrag wird nur für den Fall der Begründetheit des Hauptantrags gestellt) zulässig ist, wird unterschiedlich beurteilt. ZT wird eingewandt, es handele sich um eine unzulässige Stufenklage.

53 *Barczak* JA 2013, 937 (941).

Problem: Einverständnis zur Entscheidung ohne mündliche Verhandlung (§ 101 II VwGO) 58

In einigen Aktenauszügen erklärt der Mandant, dass er eine gerichtliche Entscheidung anstrebt, ohne bei Gericht erscheinen zu müssen. Bisweilen wird auch lediglich auf einen weiten Anfahrtsweg zum Gericht hingewiesen. Sie sollten dann eine Entscheidung ohne mündliche Verhandlung gem. § 101 II VwGO anregen und hierzu das Einverständnis erklären. Sinnvoll ist eine Entscheidung ohne mündliche Verhandlung aber in der Regel nur, wenn – wie in Aktenauszügen aus dem Examen oftmals der Fall – ausschließlich über Rechtsfragen gestritten wird und eine grundsätzlich in der mündlichen Verhandlung durchzuführende Beweisaufnahme (vgl. § 96 I 1 VwGO) entbehrlich ist.

Im praktischen Teil gehört das Einverständnis zur Entscheidung ohne mündliche Verhandlung an das Ende der Klageschrift vor die Unterschrift des Anwalts. Hat der Mandant noch nicht ausdrücklich erklärt, dass eine mündliche Verhandlung umgangen werden soll, müssen Sie auf diese Entscheidungsform auch im Mandantenschreiben eingehen. 59

Problem: Einverständnis zur Entscheidung durch den Berichterstatter (§ 87a II, III VwGO) 60

Um zeitnah eine gerichtliche Hauptsacheentscheidung herbeizuführen, kann es zudem zweckmäßig sein, ein Einverständnis zur Entscheidung durch den Berichterstatter (§ 87a II, III VwGO) zu erlassen.

Im praktischen Teil gehört dieses Einverständnis – wie ein solches nach § 101 II VwGO – an das Ende der Klageschrift, unmittelbar vor die Unterschrift. 61

Problem: Beifügung einer Originalvollmacht (§ 67 VI 1 VwGO) 62

Im Verwaltungsprozess ist gem. § 67 VI 1 VwGO notwendig, eine Originalvollmacht zu den Gerichtsakten zu reichen. Auch wenn das Gericht den Mangel der Vollmacht nur dann von Amts wegen zu berücksichtigen hat, wenn als Bevollmächtigter kein Rechtsanwalt auftritt (§ 67 VI 4 VwGO), erwarten viele Gerichte erfahrungsgemäß auch weiterhin die Vorlage einer Vollmacht. Im praktischen Teil sprechen Sie dies in der Einleitung (»*... erhebe ich unter Beifügung einer Originalvollmacht Klage*«) sowie gegebenenfalls in der Aufzählung der Anlagen an.

Problem: Wiedereinsetzungsantrag bei verfristeter Klage (§ 60 VwGO) 63

In einigen Aktenauszügen ist die Klagefrist (§ 74 VwGO) ohne Verschulden des Klägers abgelaufen. Die Prüfung der Wiedereinsetzungsvoraussetzungen erfolgt im Gutachten im Rahmen der Zulässigkeit des Rechtsbehelfs. In der Zweckmäßigkeitsstation stellen Sie lediglich fest, dass ein entsprechender Antrag geboten ist und dass die die Wiedereinsetzung begründenden Tatsachen glaubhaft zu machen sind (§ 60 II 2 VwGO).

An dieser Stelle sollten Sie das Mittel der Glaubhaftmachung benennen. Neben den klassischen Beweismitteln (S – A – P – U – Z – A) ist zB eine eidesstattliche Versicherung bezüglich des Hinderungsgrundes anerkannt. Zudem darf auf amtliche Auskünfte (zB der Post zu üblichen Brieflaufzeiten) oder – falls andere Mittel nicht zur Verfügung stehen – sogar auf schlichte Erklärungen des Betroffenen zurückgegriffen werden (§ 173 VwGO iVm § 294 ZPO).[54] Schließlich sollten Sie darauf hinweisen, dass durch eine schlüssige Darlegung des Wiederaufnahmeantrages, der die Entstehung ausscheidbarer antragsbedingter Mehrkosten verhindert, eine Kostenbelastung des Mandanten gem. § 155 III VwGO verhindert werden kann.[55] Einer Glaubhaftmachung bedarf es indessen nicht, wenn die Hinderungsgründe ohne Weiteres für das Gericht ersichtlich, allgemein bekannt oder zumindest gerichtsbekannt sind.[56] Aus anwaltlicher Vorsicht sollten Sie bei einem Verzicht auf die Glaubhaftmachung aber zurückhaltend sein. 64

In der Klageschrift folgt der Antrag dem Hauptsacheantrag. 65

54 Zu den Mitteln der Glaubhaftmachung Kopp/Schenke/*W.-R. Schenke* VwGO § 60 Rn. 30.
55 Kopp/Schenke/*W.-R. Schenke/Hug* VwGO § 155 Rn. 14.
56 Kopp/Schenke/*W.-R. Schenke* VwGO § 60 Rn. 27, 29.

> … beantrage,
>
> 1. …,
> 2. dem Kläger wegen der Versäumung der Klagefrist Wiedereinsetzung in den vorigen Stand zu gewähren.
>
> I.
>
> Darstellung des Sachverhalts (hierbei insbesondere auch auf die tatsächlichen Verhältnisse hinsichtlich der Fristversäumnis eingehen).
>
> II.
>
> Begründung der Klage; im Rahmen der Zulässigkeit der Klage Begründung des Wiedereinsetzungsantrags.
>
> …

66 **Problem:** Antrag auf Gewährung von Prozesskostenhilfe (PKH)

Im verwaltungsgerichtlichen Verfahren haben die Beteiligten unter denselben Voraussetzungen wie im Zivilprozess Anspruch auf PKH (§ 166 VwGO iVm §§ 114 ff. ZPO). Formell erfordert die Bewilligung von PKH einen Antrag an das Prozessgericht mit Darstellung des Streitverhältnisses (§ 117 I ZPO) und die Vorlage der »Erklärung über die persönlichen und wirtschaftlichen Verhältnisse« (§ 117 II 1 ZPO). Insoweit besteht ein Zwang zur Benutzung bundeseinheitlich gestalteter Vordrucke (§ 117 III, IV ZPO).[57] Da Sie über diese Formulare im Examen voraussichtlich nicht verfügen werden, müssen Sie in der Klageschrift in der Regel formulieren:

> Die amtliche Erklärung gem. § 117 ZPO zu den persönlichen und wirtschaftlichen Verhältnissen reiche ich unverzüglich nach.

67 Die materiellen Voraussetzungen für die Bewilligung von PKH ergeben sich aus § 114 I 1 ZPO (Bedürftigkeit, hinreichende Erfolgsaussicht der Rechtsverfolgung, keine Mutwilligkeit [§ 114 II ZPO]).

Eine Entscheidung über die Bewilligung von PKH kann in zwei Formen verfolgt werden: Zum einen kann ein Antrag mit einer gleichzeitig erhobenen Klage verbunden werden (Hauptsache wird bereits anhängig); zum anderen kann isoliert nur die Bewilligung von PKH beantragt werden (Hauptsache wird noch nicht anhängig).

68 Falls **PKH gleichzeitig mit der Klage** beantragt werden soll, platzieren Sie diesen Antrag in der Klageschrift vor dem Klageantrag zur Hauptsache. Beachten Sie bei der Antragstellung, dass neben der Bewilligung von PKH die Beiordnung eines konkret zu benennenden Rechtsanwalts (nicht einer Sozietät!) zu beantragen ist, wenn die Beiordnung – wovon Sie im Examen ausgehen dürfen – erforderlich ist (§ 166 VwGO iVm § 121 II ZPO).

> … beantrage ich,
>
> 1. dem Kläger Prozesskostenhilfe für das erstinstanzliche Verfahren zu bewilligen und den Unterzeichner zur unentgeltlichen Wahrnehmung seiner Rechte beizuordnen,
> 2. (Hauptantrag).
>
> I.
>
> Sachverhalt
>
> II.
>
> Begründung des Antrags auf Bewilligung von PKH:[58]
>
> Nach § 166 VwGO iVm § 114 I 1 ZPO ist einem Beteiligten, der nach seinen persönlichen und wirtschaftlichen Verhältnissen die Kosten der Prozessführung nicht, nur zum Teil oder nur in Raten

57 BGH NVwZ-RR 2011, 87 (88).
58 In Anlehnung an MPFormB VerwR/*Marschner* J.II.6.

aufbringen kann, auf Antrag Prozesskostenhilfe zu bewilligen, wenn die beabsichtigte Rechtsverfolgung hinreichende Aussicht auf Erfolg bietet und nicht mutwillig erscheint.

Diese Voraussetzungen sind gegeben. Der Kläger verfügt weder über einzusetzendes Einkommen noch Vermögen, sodass Prozesskostenhilfe ohne Ratenzahlung zu bewilligen ist. Die Formularerklärungen gem. § 117 III, IV ZPO zu den persönlichen und wirtschaftlichen Verhältnissen nebst der erforderlichen Belege reiche ich unverzüglich nach.

Die beabsichtigte Rechtsverfolgung bietet auch hinreichende Aussicht auf Erfolg. Wie sich aus der nachfolgenden Klagebegründung ergibt, ist davon auszugehen, dass der Prozesserfolg wahrscheinlich ist. Die für die Bewilligung von Prozesskostenhilfe erforderliche gewisse Wahrscheinlichkeit eines Obsiegens ist mithin ohne Weiteres gegeben. Bei dieser Sachlage ist auch davon auszugehen, dass die Rechtsverfolgung nicht iSd § 114 II ZPO mutwillig ist, da auch ein wirtschaftlich ausreichend Bemittelter vernünftigerweise sein Recht in derselben Weise verfolgen würde.

Wegen der Schwierigkeit der Sach- und Rechtslage und der persönlichen Verhältnisse des Klägers ist die Beiordnung eines Rechtsanwalts erforderlich, da es dem Kläger nicht zumutbar ist, das Verfahren selbst zu führen (§ 166 VwGO iVm § 121 II ZPO).

Begründung der Klage:

…

Soll die Klage noch nicht anhängig gemacht werden, können Sie auch isoliert einen Antrag auf Bewilligung von PKH stellen. Diesen **isolierten PKH-Antrag** sollten Sie insbesondere in Erwägung ziehen, wenn im Aktenauszug entsprechende Hinweise enthalten sind. So kann etwa die Erklärung des Mandanten, er wünsche eine Prognose über die Erfolgsaussichten der Klage, auf ein isoliertes PKH-Gesuch hindeuten. Da der Hauptsacherechtsbehelf gegebenenfalls einer Fristbindung (§ 74 VwGO) unterworfen ist, müssen Sie Folgendes im Blick haben: Die isolierte Beantragung von PKH hemmt keine Rechtsbehelfsfristen. Daran ändert sich auch nichts, wenn zur Begründung des PKH-Antrags die Klageschrift als Entwurf beigefügt wird.[59] Nach der Rechtsprechung gilt aber jedenfalls bei einem nicht gem. § 188 VwGO gerichtskostenfreien Verfahren ohne Anwaltszwang die Nichteinlegung des Rechtsbehelfs solange als unverschuldet iSd § 60 VwGO, wie eine gerichtliche Entscheidung über das vollständige PKH-Gesuch fehlt.[60] Der Mandant ist folglich darauf hinzuweisen, dass die Klage binnen zwei Wochen nach Zustellung des Beschlusses über die Bewilligung zu erheben ist. In dem isolierten PKH-Antrag sind die Beteiligten dann als »*Antragsteller*« bzw. »*Antragsgegner*« zu bezeichnen. 69

Problem: Aufrechnung mit (rechtswegfremder) Forderung 70

Auch im Verwaltungsprozess ist eine Aufrechnung möglich. Examensrelevant ist insbesondere die Aufrechnung mit einer rechtswegfremden Forderung. Eine typische Klausureinkleidung ist Folgende: Der Adressat eines Kostenbescheides, mit dem Kosten für eine Vollstreckungsmaßnahme festgesetzt und zurückverlangt werden, wendet sich mit einer Anfechtungsklage gegen den Kostenbescheid. Wird anschließend (etwa weil der Mandant die Anfechtungsklage bereits vor der Mandatierung erhoben hat) festgestellt, dass die kostenpflichtige Vollstreckungsmaßnahme rechtmäßig war, stellt sich die Frage, wie der Anwalt taktisch vorgehen kann. Besteht eine Gegenforderung, kann gegen das im Kostenbescheid enthaltene Zahlungsgebot die Aufrechnung erklärt und damit zur Aufhebung geführt werden (Rechtswidrigkeit der Kostenforderung wegen materieller Erfüllungswirkung infolge der Aufrechnung).

Problematisch ist der Fall, in dem die Gegenforderung des Mandanten nicht vor dem VG einzuklagen ist (zB gem. Art. 34 S. 3 GG vor dem ordentlichen Gericht einzuklagender Amtshaftungsanspruch oder gefahrenabwehrrechtlicher Entschädigungsanspruch wegen 71

59 VGH Mannheim BeckRS 2015, 53375.

60 Zu dem Ausnahmefall einer nicht unverschuldeten Fristversäumnis bei einem gerichtskostenfreien Verfahren (Ausbildungsförderung) OVG Lüneburg NVwZ-RR 2013, 622 (623); OVG Weimar DÖV 2011, 744 (744).

der Inanspruchnahme als Nichtstörer). Der Anwalt kann eine solche rechtswegfremde Forderung vor dem ordentlichen Gericht einklagen und gleichzeitig im Anfechtungsprozess verwenden, da die zur Aufrechnung gestellte Forderung hierdurch nicht rechtshängig wird und damit der Einwand der entgegenstehenden Rechtskraft (§ 17 I 2 GVG) nicht eingreift.[61] Da nach hM das VG nicht befugt ist, die Gegenforderung zu prüfen (es handelt sich nicht um einen »rechtlichen Gesichtspunkt« iSd § 17 II 1 GVG!), wird das VG – sofern Kostenforderung und rechtswegfremde Gegenforderung der Höhe nach identisch sind – ein Vorbehaltsurteil gem. § 173 VwGO iVm § 302 ZPO erlassen, soweit die Sache spruchreif ist. Übersteigt die Kostenforderung die Gegenforderung, kann letzte insoweit eine materielle Erfüllungswirkung nicht bewirken, sodass die Klage insoweit (!) zurückgenommen werden sollte. Das sich dem Vorbehaltsurteil anschließende Nachverfahren wird – sofern die Gegenforderung eingeklagt worden ist – gem. § 94 VwGO ausgesetzt. Ist die Gegenforderung noch nicht anhängig, wird das Verfahren in entsprechender Anwendung des § 94 VwGO ausgesetzt und eine Frist zur klageweisen Geltendmachung der Forderung (in der Regel von einem Monat) gesetzt.

72 Im *praktischen Teil* wäre im Anfechtungsprozess folgende Erklärung denkbar:

> Hinsichtlich der in dem Bescheid vom ... in Gestalt des Widerspruchsbescheides vom ... geltend gemachten Kostenforderung erklärt der Kläger die Aufrechnung mit einer Gegenforderung in Höhe von ... aus ...

73 Soweit die Kostenforderung die Gegenforderung übersteigt:

> Hinsichtlich der weitergehenden Kostenforderung von ... wird die Klage zurückgenommen.

74 Soweit bereits eine Klage vor dem ordentlichen Gericht anhängig ist, ist zu bedenken, dass infolge der Aufrechnung eine Zahlungsklage nicht mehr erfolgreich sein wird; insoweit ist eine Leistungsklage gegebenenfalls zugunsten einer Feststellungsklage zu ändern. Ein solcher Feststellungsantrag ist zulässig, da aus dem erloschenen Rechtsverhältnis noch Rechtsfolgen für das verwaltungsgerichtliche Nachverfahren hergeleitet werden können.[62]

5. »Wo« ist Klage zu erheben?

75 **Problem:** Sachliche und örtliche Zuständigkeit des VG

Erstinstanzlich **sachlich zuständig** ist in der Regel das VG (§ 45 VwGO). Nur beim Normenkontrollantrag ist gem. § 47 VwGO die Zuständigkeit des OVG bzw. VGH gegeben. § 48 VwGO ist wenig examensrelevant.

76 Die **örtliche Zuständigkeit** des VG richtet sich nach § 52 VwGO. Sie ist in folgender Reihenfolge zu prüfen: **Nr. 1** (Belegenheit: Ort der Sache) – **Nr. 4** (Beamtenrecht: S. 1 [dienstlicher] Wohnort und subsidiär S. 2 Sitz der Behörde) – **Nr. 2** – **Nr. 3** (Regelfall) – **Nr. 5** (Auffanggerichtsstand: Sitz des Beklagten).

77 Durch die Anrufung des zuständigen VG verhindern Sie ein Kostenrisiko des Mandanten. Nach § 83 S. 1 VwGO, §§ 17a II, 17b II 2 GVG sind dem Kläger die durch die Verweisung entstehenden Mehrkosten auch dann aufzuerlegen, wenn er in der Hauptsache obsiegt. Eine Ausnahme macht die Rspr. dann, wenn die Rechtsbehelfsbelehrung unrichtig war (§ 155 IV VwGO).

78 **Problem:** Verwaltungsrechtsweg vs. Zivilrechtsweg

Bisweilen ist zu erörtern, ob zu einem verwaltungsgerichtlichen Vorgehen zu raten ist oder der Zivilrechtsweg eine sinnvolle Alternative darstellt.

61 *Kruse* JuS 2007, 1104 (1104).
62 *Kruse* JuS 2007, 1104 (1105) mwN.

Klausurhinweis: Relevant wird dies bei Abwehransprüchen. Wendet sich der Mandant gegen Immissionen, können abwehrrechtliche Ansprüche gegenüber einem Hoheitsträger (statthaft ist insoweit in der Regel ein auf behördliches Einschreiten gerichtetes Verpflichtungsbegehren, mit dem die Behörde zu Maßnahmen gegenüber dem Störer verpflichtet werden soll) mit zivilrechtlichen Ansprüchen gegen den Störer selbst (zB aus §§ 1004, 906 ff., 823 II BGB) konkurrieren. Eine Auswahlentscheidung zwischen ordentlichem Rechtsweg und Verwaltungsrechtsweg haben Sie in der Regel auch dann zu treffen, wenn ein Mandant Leistungsansprüche gegenüber einem privaten Rechtsträger begehrt, an dem die öffentliche Hand beteiligt ist (zB Bereitstellung von Räumen einer in privater Rechtsform betriebenen Stadthalle). Denkbar ist hier ein zivilgerichtliches Vorgehen gegen den privaten Rechtsträger oder ein verwaltungsgerichtlich zu verfolgender Einwirkungsanspruch gegen den Hoheitsträger auf gesellschaftsrechtliche Einwirkung auf den privaten Rechtsträger.

Für ein Beschreiten des Verwaltungsrechtswegs sprechen folgende Erwägungen:[63] **79**

- VG verfügen gegebenenfalls über mehr Erfahrungen bei der Anwendung öffentlich-rechtlicher Vorschriften,
- im verwaltungsgerichtlichen Verfahren gilt gem. § 86 I 1 VwGO der Amtsermittlungsgrundsatz, im Zivilprozess der Beibringungsgrundsatz,
- der verwaltungsgerichtliche Streitwert ist in der Regel geringer als im Zivilprozess,
- Anspruchsgegner eines verwaltungsgerichtlichen Vorgehens ist der Hoheitsträger. Bei einem zivilgerichtlichen Vorgehen steht dem Kläger der möglicherweise weniger rechtstreue Störer selbst gegenüber,
- die verwaltungsgerichtliche Entscheidung ist wegen §§ 124, 124a VwGO in der Regel nur unter erschwerten Voraussetzungen (Berufungszulassung) rechtsmittelfähig. Die Zulässigkeitsschwelle der zivilgerichtlichen Berufung ist eher überwindbar (§ 511 I ZPO).

Allerdings bietet ein zivilgerichtliches Vorgehen auch Vorteile: Im Verwaltungsprozess besteht in der Regel nur ein Anspruch auf ermessensfehlerfreie Entscheidung. Dann kommt nur bei einer Ermessensreduzierung auf Null eine Verpflichtung der Behörde in Betracht. **80**

Problem: Herbeiführung einer Vorabentscheidung über den Rechtsweg (§ 17a III 2 GVG) **81**

Strebt der Mandant die zeitnahe Klärung der Rechtswegfrage an, kann gem. § 173 S. 1 VwGO iVm § 17a III 2 GVG eine Vorabentscheidung herbeigeführt werden, indem die Zulässigkeit des Rechtswegs gerügt wird. In einer Examensklausur sollte einem Mandanten geraten werden, eine Vorabentscheidung über den Rechtsweg anzuregen. Dieses dürfte zumindest dann in Betracht kommen, wenn im gerichtlichen Verfahren ein anderer Beteiligter die Zulässigkeit des Rechtswegs in Zweifel zieht.

B. Praktischer Teil

Der praktische Teil besteht in der Regel aus dem

- Entwurf eines **Schriftsatzes an das Gericht** oder einem **ausformulierten Klageantrag** und/oder dem
- Entwurf eines **Mandantenschreibens.**

I. Entwurf der Klageschrift

Beim formalen Aufbau der Klageschrift können Sie sich am zivilrechtlichen Klageschriftsatz orientieren. Denken Sie an folgende Besonderheiten bzw. Merkposten: **82**

63 *Müller-Grune*, Anwaltsstrategien im Verwaltungsprozess, 2009, Rn. 27.

Übersicht: Stilistische Grundsätze zum Abfassen einer Klageschrift

- Geben Sie wie im verwaltungsgerichtlichen Urteil das »**volle Rubrum**«[64] an.
- Benennen Sie den **Streitgegenstand** und beziffern Sie den **vorläufigen Streitwert** (§ 61 GKG).[65]
- Betonen Sie die Beifügung der **Originalvollmacht**.
- Stellen Sie die **Anträge** (Haupt-, Hilfs- und Annexanträge) in der Weise, wie das Gericht später tenorieren soll. Machen Sie sich klar, dass Sie diese grundsätzlich in der »noch anzuberaumenden mündlichen Verhandlung« stellen werden. Ein Kostenantrag ist nicht erforderlich (§ 161 VwGO). Praxisüblich ist jedoch die Aufnahme des Antrags nach § 162 II 2 VwGO (Feststellung der Notwendigkeit der Zuziehung des Bevollmächtigten).
- Vergessen Sie nicht die chronologisch aufzubauende **Sachverhaltsdarstellung** (»I.«). Eine Trennung zwischen »I.« und der rechtlichen Würdigung (»II.«) fördert die Übersichtlichkeit und Verständlichkeit. Sie können diese Abschnitte auch sprachlich voneinander trennen:

  > Der Klage liegt folgender Sachverhalt zugrunde: ... [Anschließend:] In rechtlicher Hinsicht ist Folgendes auszuführen: ...

- Verwenden Sie die verfahrenstypischen Bezeichnungen der Beteiligten (*»der Kläger«*); nicht »der Mandant«.
- **Beweisangebote** (vgl. § 82 I 3 VwGO) geben Sie im Schriftsatz bei der konkreten Tatsache eingerückt an (*»Beweis: Einholung eines Sachverständigengutachtens«*), für die der Kläger die materielle Beweislast trägt. Machen Sie sich deutlich, dass Tatsachen gegebenenfalls nur glaubhaft zu machen sind (»Glaubhaftmachung: nachzureichende eidesstattliche Versicherung«).
- Verwenden Sie in der **rechtlichen Würdigung** (»II.«) den Urteilsstil. Orientieren Sie sich stilistisch und aufbaumäßig an den Entscheidungsgründen eines Urteils. Beschränken Sie sich im Rahmen der rechtlichen Würdigung auf die wesentlichen und problematischen Aspekte des Falles und verzichten Sie auf die Behandlung unproblematischer Punkte. Bei unterschiedlichen Auffassungen der Beteiligten zu **Rechtsfragen** setzen Sie sich (auch) mit der für den Kläger ungünstigen Auffassung auseinander und führen aus, weshalb diese nicht überzeugt.
  - Halten Sie sich insbesondere bei der **Zulässigkeit** kurz.
  - Den Schwerpunkt der Klageschrift sollte die Erörterung der **Begründetheit** bilden. Wegen der Heilungsmöglichkeit (§ 45 VwVfG) kommt der materiellen Rechtswidrigkeit bei Anfechtungsklagen größere Bedeutung zu als Form- und Verfahrensfehlern. In Verpflichtungskonstellationen spielen formelle Fehler ohnehin keine Rolle, weil es für den verfolgten Anspruch formell in der Regel nur auf den Antrag ankommt.
- Abschließend erklären Sie sich gegebenenfalls zu besonderen **prozessualen Entscheidungsformen**

  > Mit einer Entscheidung ohne mündliche Verhandlung gem. § 101 II VwGO und durch den Berichterstatter allein (§ 87a II und III VwGO) ist der Kläger einverstanden.

- Grußformeln sind bei Schriftsätzen an ein Gericht oder eine Behörde unüblich.[66]
- Falls Sie nach dem Bearbeitervermerk bezüglich *konkreter* Passagen auf das Gutachten verweisen dürfen, sollten Sie die sog. »**Spitzklammertechnik**« anwenden.

64 Nach den Hinweisen einzelner Prüfungsämter reicht ausdrücklich die Angabe des Kurzrubrums in der Klageschrift nicht aus; vgl. zB Weisungen des Niedersächsischen Justizministeriums zur Aufsichtsarbeit aus dem öffentlichen Recht mit einer gutachterlich-rechtsberatenden Aufgabenstellung, Januar 2010.

65 Vgl. hierzu Streitwertkatalog für die Verwaltungsgerichtsbarkeit, abgedruckt in Kopp/Schenke/*Hug* VwGO Anh § 164 Rn. 14.

66 Ggf. klären Sie diese Frage mit Ihrem Arbeitsgemeinschaftsleiter.

Hieraus ergibt sich folgendes Grundgerüst einer Klageschrift: 83

Name und Anschrift des
Rechtsanwalts

Ort, Datum

– Entwurf –

Anschrift des
Verwaltungsgerichts

Namens und im Auftrag des/der … (vollständige, ladungsfähige Anschrift) erhebe ich unter Bezugnahme auf die als Anlage 1 beigefügte Originalvollmacht

Klage

gegen

…

wegen: …

vorläufiger Streitwert: …

Im Termin zur mündlichen Verhandlung werde ich beantragen:[67]

1. …
2. …

I.
bzw.

Der Klage liegt folgender Sachverhalt zugrunde:

…

II.
bzw.

In rechtlicher Hinsicht ist Folgendes auszuführen:

…

gegebenenfalls Einverständnis zur Entscheidung ohne mündliche Verhandlung (§ 101 II VwGO) und sonstige Erklärungen zu prozessualen Vorfragen

Unterschrift

Anlagen:

- Mehrausfertigung zwecks Zustellung an Beklagten;
- Abschrift des Bescheides vom …;
- Abschrift des Widerspruchsbescheides vom …;
- Originalvollmacht

Achten Sie bei der Formulierung auf die richtigen Anträge. Hier werden häufig Fehler gemacht. Bitte machen Sie auch hier klar, dass Sie die Anträge – es sei denn, Sie beantragen eine Entscheidung nach § 101 II VwGO – in der »noch anzuberaumenden mündlichen Verhandlung« stellen werden (str.). Die Standardanträge lauten: 84

Bei der **Anfechtungsklage (§ 113 I 1 VwGO):** 85

> Der Bescheid des … vom … in Gestalt des Widerspruchsbescheides des … vom … wird aufgehoben.

67 Anders natürlich, wenn eine Entscheidung ohne mündliche Verhandlung beantragt wird. Dann können die Anträge wie folgt eingeleitet werden: »*Ich beantrage, …*«.

86 Gegebenenfalls mit **Annexantrag gem. § 113 I 2 und 3 VwGO:**

> Der Beklagte wird verpflichtet, ... rückgängig zu machen.

87 Bei der **spruchreifen Verpflichtungsklage (§ 113 V 1 VwGO):**

> Der Bescheid des ... vom ... in Gestalt des Widerspruchsbescheides des ... vom ... wird aufgehoben. Der Beklagte wird **verpflichtet**, dem Kläger auf seinen Antrag vom ... die begehrte Gewerbezulassung zu erteilen.

88 Bei der **nicht spruchreifen Verpflichtungsklage (§ 113 V 2 VwGO):**

> Der Bescheid des ... vom ... in Gestalt des Widerspruchsbescheides des ... vom ... wird aufgehoben. Die Beklagte wird **verpflichtet**, den Antrag des Klägers vom ... unter **Beachtung** der Rechtsauffassung des Gerichts neu zu bescheiden.

89 Bei der **allgemeinen Leistungsklage** im Fall der Geltendmachung eines Zahlungsanspruchs nebst Prozesszinsen analog §§ 291, 288 I 2 BGB:

> Die Beklagte wird **verurteilt**, an den Kläger 2.500 EUR zzgl. Prozesszinsen in Höhe von fünf Prozentpunkten über dem jeweiligen Basiszinssatz seit Rechtshängigkeit zu zahlen.

90 Bei Unterlassungsansprüchen sollten Sie darauf achten, das zu unterlassende Verhalten genau zu konkretisieren (Beispiel: der Kläger wendet sich gegen Störungen der Abend- und Nachtruhe durch die Benutzung eines städtischen Jugendhauses).

> Die Beklagte wird verurteilt, die Zuführung von Geräuschimmissionen zu unterlassen, deren Beurteilungspegel nach Maßgabe der Freizeitlärmrichtlinie 1995 an Werktagen in der Zeit von 20.00 bis 22.00 Uhr und an Sonn- und Feiertagen einen solchen von 55 dB (A) und in der Nachtzeit von 22.00 bis 6.00 Uhr einen solchen von 45 dB (A) überschreitet.

91 Bei der Verbindung einer **Anfechtungsklage mit einer Leistungsklage** (§ 113 I 1, IV VwGO):

> Der Bescheid des ... vom ... in Gestalt des Widerspruchsbescheides des ... vom ... wird aufgehoben. Der Beklagte wird verurteilt, an den Kläger ... zu zahlen.

92 Bei der **Feststellungsklage:**

> Es wird festgestellt, dass ....

93 Bei der **Anfechtungsfortsetzungsfeststellungsklage:**

> Es wird festgestellt, dass der Bescheid des ... vom ... in der Gestalt des Widerspruchsbescheides des ... vom ... rechtswidrig gewesen ist.

94 Bei der **Verpflichtungsfortsetzungsfeststellungsklage:**

> Es wird festgestellt, dass die Ablehnung des beantragten ... durch den Bescheid des Beklagten vom ... und den Widerspruchsbescheid vom ... rechtswidrig gewesen ist.

95 Die Feststellung, dass eine Behörde zum Erlass des beantragten VA verpflichtet gewesen ist, erfolgt nur bei fehlendem Ermessens- oder Beurteilungsspielraum oder in den Fällen der Ermessensreduzierung auf Null.

96 Den **Antrag gem. § 162 II 2 VwGO** (Notwendigkeit der Zuziehung eines Bevollmächtigten im Vorverfahren) formulieren Sie wie folgt:

> ... werde ich beantragen:
>
> 1. Den Bescheid des Beklagten vom ... aufzuheben.
> 2. Dem Beklagten die Kosten des Verfahrens aufzuerlegen. Die Zuziehung eines Bevollmächtigten im Vorverfahren wird für notwendig erklärt.

97 In einer Klageschrift aus dem öffentlichen Recht sind Rechtsausführungen üblich. Wird im Bearbeitervermerk zugelassen, bezüglich konkreter Passagen auf das Gutachten zu verwiesen, greifen Sie auf die Spitzklammertechnik zurück.

Achten Sie bei der Begründung der Klage darauf, dass es in der *Anfechtungssituation* grundsätzlich um die Abwehr eines belastenden VA geht. Dieses hat zur Folge, dass Sie in der Klagebegründung (trotz der eventuellen späteren Heilung) auch auf formelle Fehler eingehen müssen. In einer Verpflichtungssituation spielen dagegen rein formelle Fehler der Behörde bei der Ablehnung des begehrten VA keine Rolle. Maßgeblich ist, ob der Mandant einen Anspruch auf Erlass des begehrten VA hat. Dies setzt in formeller Hinsicht voraus, dass der Mandant einen Antrag bei der zuständigen Behörde gestellt hat. Materiell müssen die Voraussetzungen der Anspruchsgrundlage erfüllt sein. Aus diesem Grund wäre es auch fehlerhaft, die Klage auf Anhörungsfehler zu stützen. Denken Sie beim Antrag daran, dass Sie entsprechend des Ergebnisses der rechtlichen Würdigung beim Verpflichtungsantrag zwischen § 113 V 1 VwGO und § 113 V 2 VwGO unterscheiden 98

II. Entwurf des Mandantenschreibens

Ein Schreiben an den Mandanten ist nach den üblichen Bearbeitervermerken in der Regel jedenfalls dann abzufassen, wenn nach dem Ergebnis des Gutachtens ein gerichtliches Vorgehen ganz oder teilweise keine Aussicht auf Erfolg bietet oder die Erfolgsaussichten zumindest offen sind. Darüber hinaus wird vielfach ein Mandantenschreiben auch dann für sinnvoll erachtet, wenn ein gerichtliches Verfahren zwar Erfolgsaussichten bietet, die Erörterungen bestimmter Gesichtspunkte jedoch (nur) von Mandanteninteresse sind und daher in der Klageschrift deplatziert (zB kostenrechtliche Erwägungen, Prozessrisiken etc.) wirken würden. 99

Name und Anschrift
des Rechtsanwalts

Ort, Datum

Name und Anschrift
des Mandanten

»Betreffzeile:« ...

»Bezugszeile:« ...

Sehr geehrte(r) ...,

ich nehme Bezug auf das am ... in meiner Kanzlei geführte Gespräch.

Klage hat (teilweise) Erfolg:	**Klage hat keinen Erfolg:**
Als Ergebnis meiner rechtlichen Prüfung übersende ich eine Abschrift meines Gutachtens sowie eine vorbereitete Klageschrift im Entwurf.	Als Ergebnis meiner rechtlichen Prüfung übersende ich eine Abschrift meines Gutachtens.
Sofern Klage erhoben werden soll, bitte ich um Mitteilung bis zum ..., da die Klagefrist am ... abläuft.	Ich empfehle Ihnen, von einem gerichtlichen Vorgehen gegen den Bescheid des ... abzusehen.
Gegebenenfalls ergänzende Hinweise	– **Sachverhaltsdarstellung** – **Mandantenbegehren** – **Rechtliche Würdigung**
Mit freundlichen Grüßen Unterschrift	Mit freundlichen Grüßen Unterschrift

2. Unterkapitel. Anwaltliche Beratung des Beklagten

100 **Examensrelevanz:** Diese Klausurtyp taucht in Niedersachsen eher selten auf. Sollen Sie die Rolle der beklagten Behörde einnehmen, werden Sie in der Regel eine verwaltungsfachliche Klausur erhalten, in der Sie eine Klageerwiderung abfassen müssen. Dass ein Bürger von einer Behörde verklagt wird, ist ebenfalls selten. Wegen der geringen Klausurrelevanz finden Sie nachfolgend nur einige knappe Hinweise.

A. Aufbau des vorbereitenden Gutachtens

101 Das vorbereitende Gutachten ist in der Regel genauso aufzubauen wie ein Anwaltsgutachten aus Klägersicht.

I. Klärung des Rechtsbehelfs

102 Einleitend können Sie kurz klären, welche Schritte in der konkreten verfahrensrechtlichen Situation geboten sind. Vielfach reicht folgender Hinweis aus:

> Ob dem Beklagten zu empfehlen ist, sich gegen die Klage zu verteidigen, hängt von deren Erfolgsaussicht ab.

II. Zulässigkeit der Klage

103 Hinsichtlich der Zulässigkeitsprüfung gelten keine Besonderheiten. Häufig werden hier Fristprobleme eingebaut, etwa weil dem angefochtenen Bescheid eine fehlerhafte Rechtsbehelfsbelehrung beigefügt worden ist. In Drittanfechtungsklagen ist zudem regelmäßig die Klagebefugnis gem. § 42 II VwGO zu erörtern.

Klausurhinweis: Sofern die Klage unzulässig ist, müssen Sie stets auch die Begründetheit der Klage erörtern. Dies gilt sowohl im Gutachten als auch in der Klageerwiderungsschrift.

III. Begründetheit der Klage

104 Die Begründetheitsprüfung erfolgt nach üblichem Muster. Es ist nicht der Regelfall, dass die erhobene Klage in vollem Umfang Erfolg hat. Falls Sie dennoch auf diesen Fall stoßen sollten, ist dem Mandanten, sofern es sich um eine Behörde handelt, zu empfehlen, den VA aufzuheben bzw. den begehrten VA zu erlassen.

Klausurhinweis: Hat der Kläger einen unstatthaften Rechtsbehelf erhoben, sollten Sie zunächst erörtern, weshalb dieser unzulässig ist. Anschließend verweisen Sie darauf, dass das Gericht gem. § 88 VwGO verpflichtet ist, das wirkliche Begehren der rechtlichen Prüfung zu unterziehen. Sie benennen insofern den richtigen Rechtsbehelf und prüfen dessen Erfolgsaussichten.
Dieses Problem stellt sich besonders häufig im vorläufigen Rechtsschutz. Beantragt der Antragsteller eine Anordnung gem. § 123 I VwGO, obwohl in der Hauptsache eine Anfechtungsklage statthaft ist, müssen Sie in der Erwiderung auch auf § 80 V VwGO eingehen. Im Klageverfahren haben Sie etwa dann auf unstatthafte Rechtsbehelfe zu erwidern, wenn der Kläger sich gegen eine Inhaltsbestimmung wendet, aber fälschlicherweise eine Anfechtungsklage erhebt.

IV. Zweckmäßigkeitserwägungen

105 Die Zweckmäßigkeitserwägungen spielen bei diesem Klausurtyp eine untergeordnete Rolle. Einige sollten Sie sich jedoch merken:

106 **Problem:** Heilung von Form- oder Verfahrensfehlern bzw. Nachschieben von Ermessenserwägungen

Leidet der angefochtene VA unter beachtlichen Form- oder Verfahrensfehlern, ist dem Mandanten, sofern es sich um eine Behörde handelt, zu raten, den Mangel gem. § 45 VwVfG zu heilen. In dem Mandantenschreiben an die Behörde sollten Sie die Voraussetzungen für ein ordnungsgemäßes Nachholungsverfahren darstellen.[68]

Ebenso sollten Sie an die Ergänzung von Ermessenserwägungen im Verwaltungsprozess denken. § 114 S. 2 VwGO stellt klar, dass einer solchen Ergänzung prozessual keine Hindernisse entgegenstehen, sofern die Ergänzung materiell-rechtlich zulässig ist. Beachten Sie, dass der Rahmen einer zulässigen Ergänzung von Ermessenserwägungen überschritten wird, wenn der VA in seinem Wesen geändert wird. Ebenso wenig darf der Kläger unzulässig in seinen rechtlichen Verteidigungsmöglichkeiten beeinträchtigt werden. Auch eine erstmalige Ausübung von Ermessen stellt keine »Ergänzung« der Ermessenserwägungen dar.[69] 107

B. Praktischer Teil

Bei der Anfertigung der Klageerwiderung und des Mandantenschreibens können Sie sich an den vorstehenden Ausführungen zur rechtsberatend-gutachterlichen Klausur aus Klägersicht orientieren. In der Klageerwiderung ist nach Angabe des Kurzrubrums und des Aktenzeichens in der Regel einleitend zu beantragen, die Klage abzuweisen. 108

Die Darstellung des **Sachverhalts** beschränkt sich (sofern dieser Klausurabschnitt nicht insgesamt erlassen ist) auf die Korrektur der von dem Kläger unzutreffend dargestellten Tatsachen. 109

In der folgenden **rechtlichen Würdigung** erfolgt die Auseinandersetzung mit den rechtlichen Aspekten des Sachverhalts. Ist das Vorverfahren unterblieben, ist im Rahmen der Zulässigkeit deutlich zu machen, ob sie sich auf die Klage einlassen will oder nicht (Entsprechendes gilt für die Zustimmung zu einer Klageänderung nach § 91 I, II VwGO). Innerhalb der Ausführungen zur Begründetheit des Rechtsbehelfs sollten Darstellungen aufgenommen werden, die zur Heilung von Form- und Verfahrensfehlern dienen (§ 45 I, II VwVfG). Ebenso sind auf der Rechtsfolgenebene gegebenenfalls Ermessenserwägungen zu ergänzen, soweit das Nachschieben prozessual (§ 114 S. 2 VwGO) und materiell zulässig ist. 110

3. Unterkapitel. Anwaltliche Beratung des Beigeladenen

Examensrelevanz: Vereinzelt werden Aktenauszüge zur Bearbeitung herausgegeben, in denen ein Beigeladener anwaltlich zu beraten ist. Typischerweise handelt es sich um folgende Klausureinkleidungen: 111

- Beratung eines bereits beigeladenen oder noch beizuladenden Bauwilligen bzw. eines Betreibers einer immissionsschutzrechtlichen Anlage zu einer Anfechtungsklage eines Dritten (in der Regel eines Nachbarn);
- Beratung eines beigeladenen oder noch beizuladenden Dritten zu einer Verpflichtungsklage eines Bauwilligen bzw. eines Betreibers einer immissionsschutzrechtlichen Anlage auf Erteilung einer Genehmigung;
- Beratung eines Marktteilnehmers im Rahmen der Konkurrentenklage eines Mitbewerbers. Dieser Fallgruppe ähnelt die Klausurkonstellation, in der sich ein Beigeladener gegen die Veröffentlichung von Informationen im Rahmen eines IFG/UIG/VIG wendet.

Die formale Gestaltung des Aktenauszugs hängt von der Verfahrenssituation ab.
Ist eine Beiladung bereits erfolgt, wird der Mandant den ihm gem. § 65 IV 1 VwGO zugestellten Beiladungsbeschluss und Abschriften des zwischen den Hauptbeteiligten gewechselten Schriftverkehrs vorlegen. Dabei wird die Erwiderung des Beklagten aus Prüfungszwecken voraussichtlich nur verkürzt dargestellt sein.
Ist der Mandant noch nicht beigeladen, wird der Aktenauszug voraussichtlich aus vorgerichtlicher Korrespondenz und dem Hinweis bestehen, dass von einem Dritten Klage erhoben worden ist. In dieser Konstellation dürfte im Anschluss an das Gutachten und die in diesem Rahmen anzustellenden Zweckmäßigkeitserwägungen im praktischen Teil ein Beiladungsantrag zu stellen sein.

68 Kopp/Ramsauer/*Ramsauer* VwVfG § 45 Rn. 40 ff.; auch → Kap. 3 Rn. 194 ff.
69 Eyermann/*Rennert* VwGO § 114 Rn. 89.

Die geforderte Klausurleistung besteht auch in diesem Klausurtyp in der Regel aus einem Gutachten und einem praktischen Teil. Beachten Sie aber, dass gerade bei diesem Klausurtyp ein strenger Aufbau nicht verlangt wird. Gerade hier sollen Sie »Kreativität« beweisen.

A. Aufbau des vorbereitenden Gutachtens

I. Klärung des Rechtsbehelfs

112 Einleitend sollten Sie durch einen frühen Hinweis auf die Beiladung verdeutlichen, dass Sie die Ausgangslage der Klausur verstanden haben. Ein vor der Zulässigkeitsprüfung platzierter Hinweis auf die Beiladung ist sinnvoll, weil die Frage, ob jemand rechtmäßig zum Rechtsstreit beigeladen wurde, keine Sachentscheidungsvoraussetzung darstellt und deshalb jedenfalls weder in der Zulässigkeit noch in der Begründetheit der Klage geprüft werden darf.[70] Ein typischer Anwendungsfall der notwendigen Beiladung ist die Beiladung einer Gemeinde, die in einem bauaufsichtlichen Verfahren zur Erteilung einer Genehmigung nach den §§ 31, 33–35 BauGB gem. § 36 BauGB zu beteiligen ist.

113 Ist eine Beiladung noch nicht erfolgt, ist die anwaltliche Beratung darauf auszurichten, ob der Mandant beizuladen ist. In diesem Fall erscheint es für den Klausuraufbau sinnvoll, einleitend nur darzustellen, dass der Mandant noch nicht beigeladen worden ist und dass das weitere anwaltliche Vorgehen von der Zulässigkeit und Begründetheit der Klage abhängig ist.

II. Zulässigkeit der Klage

114 Bitte bedenken Sie: Es geht nicht um die Zulässigkeit der Beiladung (der positive Beiladungsbeschluss ist unanfechtbar; § 65 IV 3 VwGO). Vielmehr prüfen Sie, ob die erhobene Klage zulässig ist.

115 **Problem:** Klagebefugnis (§ 42 II VwGO)

Bei einer Drittanfechtung ist im Rahmen der Klagebefugnis (§ 42 II VwGO) auf die Schutznormtheorie zurückzugreifen.[71] Die Klagebefugnis kann sich nur aus der möglichen Verletzung solcher Normen ergeben, die nicht allein dem öffentlichen Interesse dienen (etwa im Baurecht der städtebaulichen Ordnung), sondern auch den Dritten schützen sollen.

116 Gerade auf diese Zulässigkeitsvoraussetzung müssen Sie besonders achten. Hier kleidet das Prüfungsamt in die Klageschrift bewusst eine Reihe von Rechtsverletzungen ein, die gerade nicht den Kläger individuell treffen.

117 **Problem:** Prozessuale Verwirkung des Klagerechts (§ 242 BGB)

Ebenso werden Sie im Rahmen der Zulässigkeit häufig die prozessuale Verwirkung[72] des Klagerechts erörtern müssen. Bitte erinnern Sie sich: § 74 VwGO und die Ausschlussfrist des § 58 II VwGO greifen weder direkt noch analog, wenn dem Kläger der VA nicht bekannt gegeben worden ist. Es kommt insbesondere eine Verwirkung des Klagerechts entsprechend § 242 BGB in Betracht. Daneben kann auch ein – in entsprechender Anwendung des § 130 I 2 BGB bis zum Zugang bei der Baugenehmigungsbehörde widerruflicher – Verzicht auf Nachbarrechte relevant werden.[73]

70 Wolff/Decker/*Decker* VwGO §§ 65, 66 Rn. 3; *Guckelberger* JuS 2007, 436 (441).

71 Kopp/Schenke/*R. P. Schenke* VwGO § 42 Rn. 83 ff.

72 Demgegenüber bewirkt die materielle Verwirkung idR lediglich die Unbegründetheit eines Rechtsbehelfs. Eine solche materielle Verwirkung von Abwehrrechten kommt – anders als die prozessuale Verwirkung – auch gegenüber ungenehmigten Bauvorhaben in Betracht. Hierbei spielt im baurechtlichen Nachbarstreit auch ein Eigentumswechsel keine Rolle, da die jeweiligen nachbarrechtlichen Abwehrrechte dinglich, dh auf die beteiligten Grundstücke bezogen sind, sodass der neue Eigentümer in die Rechtsstellung des früheren einrückt (OVG Magdeburg NVwZ-RR 2012, 752 [752 f.]).

73 Hierzu OVG Lüneburg BeckRS 2013, 55055.

Klausurhinweis: Bitte fragen Sie sich: Wann gilt die Klagefrist nach § 74 I VwGO? Wann die Ausschlussfrist des § 58 II VwGO? Wann spielt die Verwirkung eine Rolle? Welche Formen werden hierbei unterschieden? Können Sie diese Fragen nicht beantworten, sollten Sie die Ausführungen zur Drittanfechtungsklage im Allgemeinen[74] und zur baurechtlichen Nachbarklage[75] im Besonderen wiederholen.

III. Begründetheit der Klage

Anschließend erörtern Sie die Begründetheit der Klage. Beachten Sie, dass im Rahmen der Begründetheit der Klage nur zu prüfen ist, inwieweit der Kläger durch eine Genehmigung in seinen subjektiven Rechten verletzt ist (§ 113 I 1 VwGO). 118

IV. Zweckmäßigkeitserwägungen

1. Antrag auf Beiladung

Ist eine Beiladung bislang nicht erfolgt, finden Sie im Aktenauszug weder einen Beiladungsbeschluss (§ 65 IV 1 VwGO) noch einen Hinweis auf die gerichtlich beschlossene Beiladung im Bearbeitervermerk. In diesem Fall ist es zweckmäßig, beim VG die Beiladung des Mandanten zu beantragen (vgl. § 65 I VwGO »von Amts wegen oder auf Antrag«). 119

An dieser Stelle sollten Sie auch kurz erörtern, ob ein Fall der **einfachen** (§ 65 I VwGO) oder der **notwendigen** Beiladung vorliegt (§ 65 II VwGO). Dieses ist insbesondere für die Frage wichtig, welche Sachanträge gestellt werden können. Abweichende Sachanträge kann nach § 66 S. 2 VwGO nämlich nur der notwendig Beigeladene stellen. 120

Bitte prägen Sie sich zur Abgrenzung zwischen einfacher und notwendiger Beiladung folgende Grundsätze und Fallgruppen ein: 121

Problem: Fallgruppen der einfachen Beiladung (§ 65 I VwGO) 122

Eine einfache Beiladung setzt voraus, dass durch die Entscheidung des Rechtsstreits rechtliche (nicht nur wirtschaftliche oder ideelle!) Interessen eines Dritten in Bezug auf den Kläger oder den Beklagten berührt werden. Dies ist der Fall, wenn der Beizuladende zu einem (oder beiden) Beteiligten oder zum Streitgegenstand so in Beziehung steht, dass sich je nach dem Ausgang des Rechtsstreits seine Rechtsposition verbessern oder verschlechtern kann.[76]

- Der Grundstücksnachbar ist bei einer Verpflichtungsklage des Bauherrn auf Erteilung der Baugenehmigung einfach beizuladen. Selbst wenn nachbarschützende Regelungen nicht verletzt sind, kann die Genehmigung wegen anderer entgegenstehender Vorschriften zu versagen sein und muss daher nicht einheitlich ausfallen, sodass die Voraussetzungen des § 65 II VwGO nicht erfüllt sind. Ebenso ist im immissionsschutzrechtlichen Genehmigungsverfahren nach § 4 BImSchG der Nachbar (nur) einfach beizuladen, da neben nachbarschützenden Vorschriften auch andere öffentlich-rechtliche Vorschriften zu berücksichtigen sind. Bitte merken Sie sich diese Fälle. Hier wird oft fälschlicherweise eine notwendige Beiladung angenommen.
- Ebenso ist bei einer Anfechtungsklage des Bauherrn gegen eine Bauordnungsverfügung der Nachbar allenfalls einfach beizuladen. Auch hier muss die Entscheidung in der Regel nicht einheitlich ausfallen, weil die Ordnungsverfügung aus anderen, also nicht nachbarschützenden Vorschriften gerechtfertigt sein kann. Nur wenn die Ordnungsverfügung zur Erfüllung eines Rechtsanspruchs des Nachbarn ergeht, kommt eine notwendige Beiladung in Betracht.

Klausurhinweis: Achten Sie bei der Fassung des Antrags auf Beiladung im praktischen Teil sprachlich darauf, nicht von einem Rechtsanspruch auf Beiladung zu sprechen. Einen Anspruch gibt es nur bei der notwendigen Beiladung, nicht bei der im Ermessen des Gerichts stehenden einfachen Beiladung.

74 → Kap. 3 Rn. 76 f.

75 *Kaiser/Köster/Seegmüller* MatÖffR Kap. 8 Rn. 43 ff.

76 Kopp/Schenke/*W.-R. Schenke* VwGO § 65 Rn. 9.

123 **Problem:** Fallgruppen der notwendigen Beiladung (§ 65 II VwGO)

Eine notwendige Beiladung liegt gem. § 65 II VwGO vor, wenn Dritte an dem streitigen Rechtsverhältnis derart beteiligt sind, dass die beabsichtigte Entscheidung auch ihnen gegenüber nur einheitlich ergehen kann. Dies ist nur der Fall, wenn die begehrte gerichtliche Sachentscheidung nicht wirksam getroffen werden kann, ohne dass dadurch gleichzeitig und unmittelbar in Rechte des Dritten eingegriffen wird. Die Rechte des Dritten müssen also durch die gerichtliche Entscheidung gestaltet, bestätigt oder festgestellt, verändert oder aufgehoben werden.[77]

- Bei **Anfechtungsklagen** besteht folglich ein Anspruch auf Beiladung, wenn der Adressat eines VA durch die von dem Kläger erstrebte Aufhebung unmittelbar rechtlich beschwert wird. Ein typischer Fall ist die Anfechtungsklage gegen einen VA mit Doppelwirkung. Beachten Sie, dass eine notwendige Beiladung nicht vorliegt, wenn das Anfechtungsurteil gegenüber dem Dritten keine rechtsgestaltende Wirkung entfaltet. Wegen dieser Beschränkung liegt häufig eine notwendige Beiladung gerade nicht vor.
- Bei **Verpflichtungsklagen** liegt ein Fall notwendiger Beiladung vor, wenn dem stattgebenden Urteil Gestaltungswirkung zukommt. Diese Voraussetzung ist zu bejahen, wenn der Kläger die Verpflichtung des Beklagten begehrt, gegen einen bestimmten Dritten einen diesen belastenden VA zu erlassen oder wenn die Verpflichtungsklage auf Erlass eines mehrstufigen VA gerichtet ist. Letzteres ist unter anderem der Fall, wenn mit einer Verpflichtungsklage eine Baugenehmigung begehrt wird, diese aber nur im Einvernehmen mit der Gemeinde erteilt werden kann (§ 36 BauGB). Bitte merken Sie sich gerade diese außerordentlich relevante Konstellation.

124 Im Examen sind insbesondere folgende Fallgruppen der notwendigen Beiladung denkbar:

- Der Anlagenbetreiber ist bei der Anfechtungsklage des Nachbarn gegen eine gewerberechtliche, gaststättenrechtliche, immissionsschutzrechtliche oder wasserrechtliche Genehmigung notwendig beizuladen.
- Der Bauherr ist bei einer Drittanfechtungsklage des Nachbarn gegen die dem Bauherrn erteilte Baugenehmigung notwendig beizuladen.

2. Kostenrisiko (§§ 154 III, 162 III VwGO)

125 Das Kostenrisiko des Beigeladenen bzw. Beizuladenden wird von den Prüfungsämtern häufig in den Mittelpunkt der Zweckmäßigkeitserwägungen gerückt. Daher sollten Sie diesen Gesichtspunkt stets im Auge behalten und die anwaltliche Beratung des Beigeladenen (soll ein Antrag gestellt werden oder nicht?) am Kostenrisiko orientieren.

126 **Problem:** Notwendigkeit der Zuziehung eines Bevollmächtigten im Vorverfahren

War der Beigeladene am Vorverfahren beteiligt, können zu den erstattungsfähigen Kosten auch die Kosten dieses Vorverfahrens gehören. Aus diesem Grund kann die Zuziehung des Bevollmächtigten im Vorverfahren für notwendig erklärt werden. Hierauf sollten Sie hinweisen und bei der Formulierung des Schriftsatzes an das Gericht achten.

3. Zu stellender Sachantrag

127 Der Beigeladene ist als Beteiligter (§ 63 Nr. 3 VwGO) berechtigt, einen Sachantrag zu stellen und Rechtsmittel einzulegen, soweit er durch die Entscheidung materiell beschwert ist. Abweichende Sachanträge kann jedoch nur der notwendig Beigeladene stellen (§ 66 S. 2 VwGO). Aus diesem Grund kann der notwendig beigeladene Nachbar in einem Streit über die Rechtmäßigkeit von Auflagen zu einer Baugenehmigung die vollständige Aufhebung der Baugenehmigung beantragen

128 **Problem:** Erweiterung des Streitgegenstandes durch den notwendig Beigeladenen

Streitig ist, ob die Berechtigung des notwendig Beigeladenen zur Stellung abweichender Anträge (§ 66 S. 2 VwGO) zugleich das Recht vermittelt, den Streitgegenstand zu erweitern. Vereinzelt wird die Ansicht vertreten, der notwendig Beigeladene sei auf den vom Kläger gestell-

77 BVerwG NVwZ 2007, 1207 (1207).

ten Antrag beschränkt und könne diesen weder erweitern noch ändern.[78] Nach der Gegenmeinung, der sich auch das BVerwG angeschlossen hat, wird allerdings diese Beschränkung für zu weitgehend gehalten. Danach werden die Grenzen der Antragsbefugnis des Beigeladenen allein durch § 44 VwGO und § 64 VwGO gezogen.[79]

4. Beiladung im vorläufigen Rechtsschutz

Eine Beiladung ist auch im vorläufigen Rechtsschutzverfahren möglich. Der von dem Antragsteller als Hauptbeteiligten zu stellende Antrag richtet sich dann nach §§ 80, 80a VwGO. Tritt der Mandant dem Antragsgegner bei, ist der Antrag des Beigeladenen auf die *»Ablehnung«* des Antrags auf Gewährung vorläufigen Rechtsschutzes zu richten. 129

B. Praktischer Teil

Die Gestaltung des praktischen Teils ist danach auszurichten, ob der Mandant bereits beigeladen worden ist oder nicht. 130

I. Es ist noch keine Beiladung erfolgt

Ist der Mandant noch nicht beigeladen worden, muss die Beiladung zunächst angeregt bzw. beantragt werden. In einem dahingehenden Schriftsatz an das Gericht können Sie bereits den Sachantrag ankündigen. 131

Vergessen Sie nicht, gegebenenfalls den Antrag auf Feststellung der Erforderlichkeit der Zuziehung des Bevollmächtigten im Vorverfahren zu stellen, wenn der Beigeladene bereits am Vorverfahren beteiligt gewesen ist. 132

> …
>
> Ich rege an,
>
> die Eheleute … beizuladen.
>
> Im Termin zur mündlichen Verhandlung werde ich beantragen,
>
> die Klage abzuweisen.
>
> (gegebenenfalls:) Die Stellung eines Antrags behalte ich mir vor.
>
> I.
>
> Mit der Klage begehrt die Klägerin gem. § 4 BImSchG die Verpflichtung des Beklagten zur Erteilung der Genehmigung für die Erweiterung der …-Anlage auf dem Grundstück …; Gemarkung …
>
> Die beizuladenden Eheleute … sind Eigentümer eines mit einem Wohnhaus bebauten Grundstücks, welches in einer Entfernung von 100 m in östlicher Richtung von dem vorgesehenen Betriebsgelände liegt. Die Beizuladenden haben bereits im förmlichen Genehmigungsverfahren rechtzeitig gem. § 10 III 2 Hs. 2 BImSchG Einwendungen erhoben, da von der beabsichtigten Anlage unzumutbare Immissionen ausgehen werden.
>
> II.
>
> Die beantragte Beiladung ist rechtlich geboten, weil durch die ergehende gerichtliche Entscheidung die rechtlichen Interessen der Beizuladenden berührt werden (§ 65 I VwGO).
>
> …
>
> (gegebenenfalls:)
>
> - Antrag auf Feststellung der Erforderlichkeit der Zuziehung des Bevollmächtigten im Vorverfahren (§ 162 II 2 VwGO).
>
> Unterschrift des Rechtsanwalts
>
> Anlagen: 3 Abschriften

78 Eyermann/*Schmidt* VwGO § 66 Rn. 10.
79 BVerwG BeckRS 1998, 30019628; Posser/Wolff/*Hartung* VwGO § 66 Rn. 8 mwN.

II. Der Mandant ist bereits beigeladen worden

133 Ist der Mandant bereits beigeladen worden, bedarf es keines Antrags auf Beiladung. In dem Schriftsatz an das Gericht ist dann in der Regel (nur) der Sachantrag anzukündigen.

6. Kapitel. Rechtsberatend-gutachterliche Klausur im Rechtsmittelverfahren

Vereinzelt werden Aktenauszüge herausgegeben, in denen ein Mandant im Rahmen eines 1
Rechtsmittelverfahrens zu beraten ist. Zur Erinnerung: Von den ordentlichen Rechtsmitteln der VwGO ermöglichen nur die Berufung und die Beschwerde, nicht aber die Revision, eine Überprüfung in tatsächlicher und rechtlicher Hinsicht. Klausurrelevant sind insofern insbesondere die Beratung im Berufungs(zulassungs-)verfahren (hierzu: 1. Unterkapitel) sowie die Beratung im Beschwerdeverfahren (hierzu: 2. Unterkapitel).

1. Unterkapitel. Beratung im Berufungs(zulassungs-)verfahren

Examensrelevanz: Klausurrelevant können insbesondere folgende Konstellationen sein: 2

- Das VG hat die Berufung nicht gem. § 124a I 1 VwGO zugelassen. Sie sollen deshalb prüfen, ob gem. § 124a IV VwGO die Berufungszulassung beantragt werden soll.
- Die Berufung wurde erstinstanzlich gem. §§ 124a I 1, 124 II Nr. 3 und 4 VwGO oder vom OVG/VGH gem. § 124 V VwGO zugelassen. Sie sollen nunmehr eine Berufungsbegründung entwerfen.

Die nachfolgende Darstellung ist wegen der größeren Klausurrelevanz auf den Antrag auf Zulassung einer Berufung gem. § 124a IV VwGO beschränkt. Sollten Sie im Examen auf eine solche Aufgabenstellung treffen, besteht die Klausurleistung in der Regel in der

- Anfertigung eines vorbereitenden Gutachtens und einem
- anschließenden praktischen Teil, der grundsätzlich den Antrag auf Zulassung der Berufung und/oder ein Mandantenschreiben enthalten muss.

Zunächst ein Überblick über das Berufungsrecht im Verwaltungsprozess: 3

Zulassung der Berufung durch das VG

In den Fällen des § 124 II VwGO
- Nr. 3 (Grundsatzberufung)
- Nr. 4 (Divergenzberufung)

↓

Berufung (zweite Tatsacheninstanz)

Keine Zulassung der Berufung durch das VG

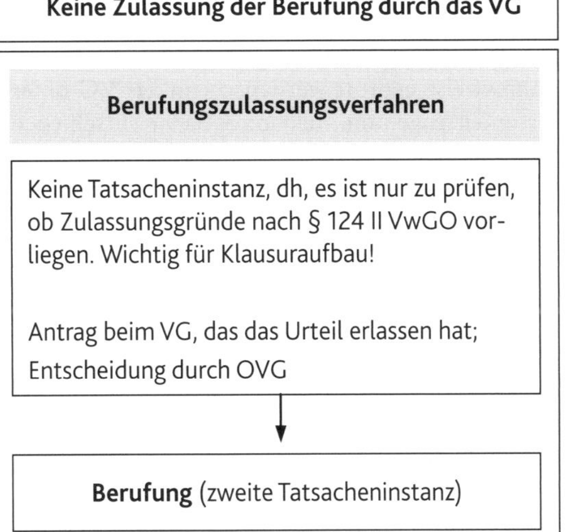

A. Aufbau des vorbereitenden Gutachtens

I. Rechtsbehelfsstation

Um zu verdeutlichen, dass die Zulassung in einem Zulassungsverfahren nach § 124a IV 4
VwGO erstritten werden muss, sollten Sie kurz feststellen, dass das VG die Berufung nicht gem. § 124a I 1 iVm § 124 II Nr. 3 oder 4 VwGO von Amts wegen zugelassen hat.

II. Zulässigkeit des Antrags

5 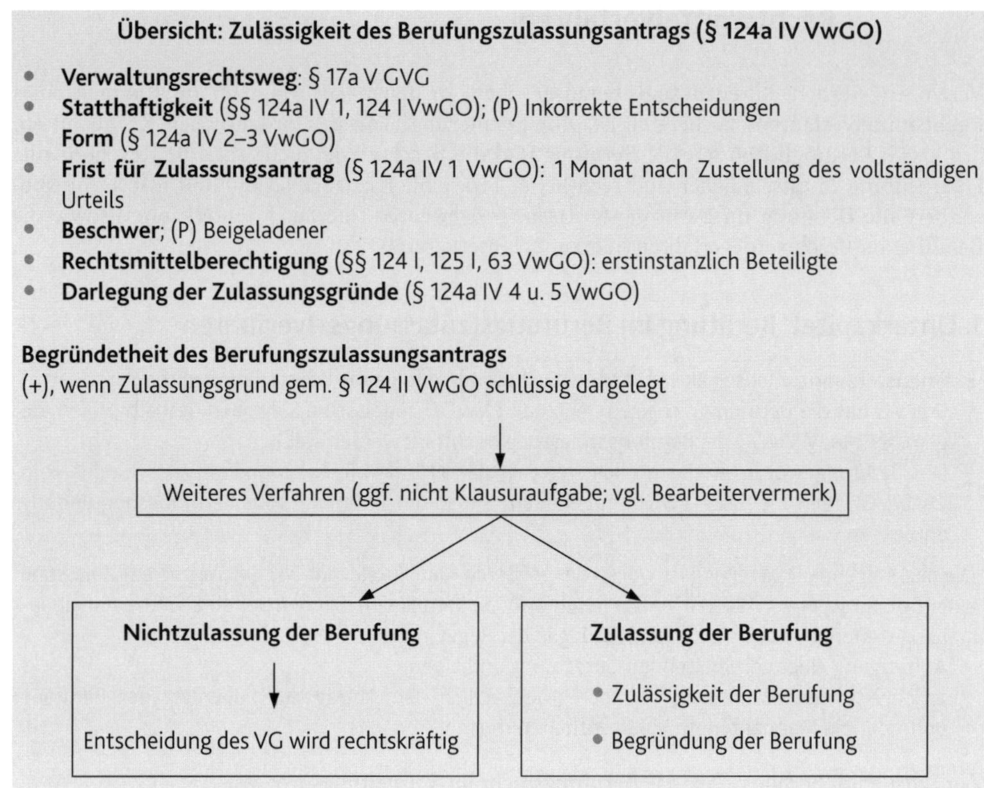

1. Verwaltungsrechtsweg

6 Der Verwaltungsrechtsweg ist gem. § 17a V GVG stets eröffnet. Er sollte deshalb nur ausnahmsweise geprüft werden, wenn das VG unter Missachtung des § 17a III 2 GVG trotz Zulässigkeitsrüge unmittelbar zur Sache entschieden hat.

2. Statthaftigkeit des Antrags auf Zulassung zur Berufung

7 Statthaft ist der Berufungszulassungsantrag gem. §§ 124a IV 1, 124 I VwGO gegen Urteile einschließlich Teilurteile gem. § 110 VwGO, gegen Zwischenurteile gem. §§ 109, 111 VwGO sowie gem. § 84 II Nr. 1 VwGO gegen Gerichtsbescheide.[1] Ein spezialgesetzlicher Ausschluss der Berufung (zB gem. § 78 I AsylVfG) dürfte bei diesem Klausurtyp nicht in Betracht kommen.

8 **Problem:** Inkorrekte Entscheidungen

Ergeht eine Entscheidung in unrichtiger Form, also etwa als Beschluss statt durch Urteil, ist sie inkorrekt. Sie kann nach dem Grundsatz der Meistbegünstigung sowohl mit dem formell zutreffenden Rechtsmittel angegriffen werden als auch mit dem, das statthaft wäre, wenn die Entscheidung in der richtigen Form ergangen wäre.[2]

3. Form (§ 124a IV 2–3 VwGO)

9 Der Berufungszulassungsantrag hat als bestimmender Schriftsatz die Schriftform zu wahren.[3] Vertiefte Ausführungen hierzu sind im Gutachten aber entbehrlich. Wichtiger ist, dass der Zulassungsantrag das angefochtene Urteil bezeichnen muss (§ 124a IV 3 VwGO). Im praktischen Teil müssen Sie daher im Zulassungsantrag das erlassene Gericht, das Entscheidungsdatum, das Aktenzeichen und die Prozessbeteiligten angeben.[4]

1 Beim Gerichtsbescheid kann der Beschwerte – was im Rahmen der Zweckmäßigkeitserwägungen relevant wird – daneben auch einen Antrag auf mündliche Verhandlung stellen (§ 84 II Nr. 2 VwGO).
2 Kopp/Schenke/*W.-R. Schenke* VwGO Vorb § 124 Rn. 22 mwN.
3 Eyermann/*Happ* VwGO § 124a Rn. 37.
4 Kopp/Schenke/*W.-R. Schenke* VwGO § 124a Rn. 47.

4. Frist (§ 124a IV 1 VwGO)

Bitte unterscheiden Sie folgende Ereignisfristen (§§ 187 I, 188 II Alt. 1 BGB), die nicht verlängert werden können (§ 57 II VwGO, § 224 II ZPO):[5] 10

- Für den **Zulassungsantrag** gilt eine Frist von *einem Monat* nach Zustellung des vollständigen Urteils. Dieser Zulassungsantrag ist beim *VG* einzulegen (§ 124a IV 1 VwGO).
- Für die **Begründung des Zulassungsantrages** gilt eine Frist von *zwei Monaten* nach Zustellung des vollständigen Urteils beim *OVG*, soweit die Begründung nicht bereits mit dem Antrag vorgelegt worden ist (§ 124a IV 4 und 5 VwGO).

Klausurhinweis: Der Zulassungsantrag ist unzulässig, wenn ein Prozessbevollmächtigter die Berufungsbegründungsschrift am vorletzten Tag an das VG statt an das OVG sendet. Eine Wiedereinsetzung in den vorigen Stand kommt wegen Verschuldens nicht in Betracht. Der Verfahrensbeteiligte muss sich das Verschulden seines Bevollmächtigten gem. § 173 S. 1 VwGO iVm § 85 II ZPO zurechnen lassen. Auf ein Fehlverhalten von dessen Büroangestellten kann er sich regelmäßig nicht berufen. Da es bei der Anfertigung von Rechtsmittelschriftsätzen um eine eigenverantwortliche Tätigkeit eines Rechtsanwalts handelt, darf er diese nicht dem Büropersonal zur Erledigung überlassen.[6]

5. Beschwer

Die Beteiligten sind formell beschwert, soweit die Entscheidung hinter den von ihnen gestellten Anträgen zurückbleibt.[7] Hat der Beklagte keinen Antrag gestellt, genügt es, dass er durch die Entscheidung nachteilig in seinen Rechten und somit materiell beschwert ist.[8] 11

Problem: Beschwer bei Beigeladenen 12

Die materielle Beschwer ist auch maßgeblich für den Zulassungsantrag eines Beigeladenen, der erstinstanzlich keinen Antrag gestellt hat.[9]

Klausurhinweis: In der Klausur schauen Sie unbedingt in Kopp/Schenke/*W.-R. Schenke* VwGO Vorb. § 124 nach. Dort ist das Wesentliche kommentiert.

6. Rechtsmittelberechtigung

Zulassungsberechtigt sind die Beteiligten des erstinstanzlichen Verfahrens (§§ 124 I, 125 I, 63 VwGO). Hierbei ist unerheblich, ob eine eventuelle Beiladung rechtmäßig erfolgt ist. Beachten Sie, dass eine einfache und notwendige Beiladung auch nach Ergehen der erstinstanzlichen Entscheidung bis zum Eintritt der Rechtskraft zulässig ist.[10] 13

7. Darlegung der Zulassungsgründe

Gemäß § 124a IV 4 und 5 VwGO sind die Gründe, aus denen die Berufung zuzulassen ist, »darzulegen«. Nach der Rechtsprechung kann die Berufung auf alle Zulassungsgründe gestützt werden. Aus diesem Grund dürfen Sie – auch aus Gründen anwaltlicher Vorsicht – keinesfalls in der Klausur die Prüfung beenden, wenn Sie einen Zulassungsgrund bejaht haben. 14

Problem: Erledigung nach Ergehen des erstinstanzlichen Urteils 15

Manchmal erledigt sich der Rechtsstreit zu einem Zeitpunkt, in dem das verwaltungsgerichtliche Urteil bereits ergangen ist, der Zulassungsantrag aber noch nicht gestellt wurde. In diesem Fall kann der Antragsteller bei Vorliegen eines qualifizierten Feststellungsinteresses analog § 113 I 4 VwGO zu einer Fortsetzungsfeststellungsklage übergehen.[11] Dieses Feststellungsinteresse muss in der Antragsschrift besonders dargelegt werden.

Mangelt es an einem besonderen Feststellungsinteresse, kommt ein Zulassungsantrag in Betracht, um den Rechtsstreit für erledigt zu erklären. Nun muss der Antragsteller nur noch ein einfaches (rechtliches) Feststellungsinteresse darlegen. Dafür genügt in der Regel der Hinweis 16

5 Eyermann/*Happ* VwGO § 124a Rn. 38, 50.
6 OVG Lüneburg BeckRS 2008, 37480.
7 Kopp/Schenke/*W.-R. Schenke* VwGO Vorb. § 124 Rn. 41.
8 Kopp/Schenke/*W.-R. Schenke* VwGO Vorb. § 124 Rn. 40.
9 PHB-VerwS/*Kukk* § 6 Rn. 25.
10 Kopp/Schenke/*W.-R. Schenke* VwGO Vorb. § 124 Rn. 35.
11 HK-VerwR/*Himstedt/Schäfer* VwGO § 124a Rn. 52.

auf die Erledigung und die einseitige Erledigungserklärung, weil dadurch die erstinstanzliche Entscheidung infrage gestellt wird.[12]

III. Begründetheit des Antrags

17 Im Rahmen der Begründetheit ist zu untersuchen, ob ein Zulassungsgrund iSd § 124 II VwGO tatsächlich vorliegt. Examensrelevant sind vor allem zwei Zulassungsgründe:

1. Ernstliche Zweifel an der Richtigkeit des Urteils (§ 124 II Nr. 1 VwGO)

18 »Ernstliche Zweifel an der Richtigkeit des angefochtenen Urteils« bestehen, wenn ein einzelner tragender Rechtssatz oder eine erhebliche Tatsachenfeststellung mit schlüssigen Gegenargumenten infrage gestellt werden und sich ohne Durchführung eines Berufungsverfahrens nicht beantworten lässt, ob das Urteil aus anderen Gründen im Ergebnis richtig ist.[13] Gefordert ist also eine zweistufige Prüfung: Zunächst muss ein tragender Rechtssatz oder eine erhebliche Tatsachenfeststellung infrage gestellt werden. Insoweit muss der Vortrag stets über die Behauptung, das VG liege falsch, hinausgehen. Anschließend muss gegebenenfalls geprüft werden, ob das Urteil aus anderen Gründen »im Ergebnis« richtig ist. Beachten Sie aber, dass die Entscheidungsgründe ausnahmsweise die »Richtigkeit des Urteils« prägen können, soweit sie – wie die Urteilsformel selbst – an der Rechtskraft teilnehmen können. Dies wird insbesondere relevant bei Bescheidungsurteilen, bei denen die Gründe, soweit sie die Ermessensentscheidung betreffen, das eigentliche Ergebnis des Rechtsstreits bilden.[14]

19 **Problem:** Begründung ernstlicher Zweifel durch »neue Tatsachen« und bei »veränderter Rechtslage«

Ein Klassiker ist die Frage, ob der Zulassungsantrag auf tatsächliche oder rechtliche Umstände gestützt werden kann, die sich erst nach der erstinstanzlichen Entscheidung ergeben haben. Dagegen spricht, dass das VG zum damaligen Zeitpunkt zutreffend entschieden hat.[15] Nach der hM sind neue Umstände hingegen zu berücksichtigen: Zum einen komme es maßgeblich auf die Sach- und Rechtslage im Zeitpunkt der Beschlussfassung über den Zulassungsantrag an.[16] Zum anderen würde nur so die Möglichkeit eröffnet, die materielle Richtigkeit der Entscheidung in einem dem Zulassungsverfahren nachfolgenden Berufungsverfahren zu prüfen.[17] Dass aufgrund des Meinungsstreits ein gewisses Prozessrisiko besteht, sollten Sie im Mandantenschreiben darlegen.

20 **Problem:** Berücksichtigung neuen Vortrags, der erstinstanzlich hätte geltend gemacht werden können

Da im Berufungsverfahren nach § 128 S. 2 VwGO neu vorgebrachte Tatsachen und Beweismittel berücksichtigt werden können, ist es trotz einer möglichen »Flucht in die Berufung« zulässig, auch solchen Vortrag zu berücksichtigen, der im erstinstanzlichen Verfahren hätte vorgebracht werden können. Im späteren Berufungsverfahren sind hierbei allerdings die Anforderungen des § 128a VwGO zu beachten, soweit es sich um erstinstanzlich nach § 87b I und II VwGO ausgeschlossenes Vorbringen handelt. Wenn der Gesetzgeber damit einen solchen Vortrag aber nicht per se ausschließt, ist es sachgerecht, ein solches Vorbringen im Zulassungsverfahren zuzulassen.

2. Verfahrensmangel (§ 124 II Nr. 5 VwGO)

21 Nach § 124 II Nr. 5 VwGO ist die Berufung zuzulassen, wenn (erstens) ein Verfahrensmangel geltend gemacht werden kann und (zweitens) die Entscheidung hierauf beruhen kann. Hierzu gehört zB eine mangelhafte Sachaufklärung durch das Gericht oder die Verletzung rechtlichen Gehörs. Der Begriff des Verfahrensmangels entspricht dem des Revisionsrechts nach § 132 II Nr. 3 VwGO. Gegebenenfalls sollten Sie im Examen in der umfassenden Darstellung im *Kopp/Schenke* (VwGO § 132 Rn. 21 ff.) nachschauen.

12 HK-VerwR/*Himstedt/Schäfer* VwGO § 124a Rn. 52 mwN.
13 BVerwG NVwZ-RR 2004, 542.
14 Eyermann/*Happ* VwGO § 124 Rn. 14.
15 PHB-VerwS/*Kukk* § 6 Rn. 30.
16 HK-VerwR/*Himstedt/Schäfer* VwGO § 124 Rn. 91.
17 PHB-VerwS/*Kukk* § 6 Rn. 30.

Beachten Sie, dass § 124 II Nr. 5 VwGO eine doppelte Kausalität erfordert: 22

- Zunächst muss die Entscheidung auf dem festgestellten Verfahrensmangel beruhen können. Dies ist der Fall, wenn mindestens die Möglichkeit besteht, dass das VG unter Zugrundelegung seines materiellen Standpunktes ohne den Verfahrensverstoß zu einem dem Rechtsmittelführer günstigeren Ergebnis hätte gelangen können.[18]
- Zudem muss dieser Verfahrensfehler unter Zugrundelegung des Rechtsstandpunktes des OVG für den Ausgang des Berufungsverfahrens von Bedeutung sein.

IV. Zweckmäßigkeitserwägungen

1. Ist ein Zulassungsantrag zu stellen (»Ob«)?

Problem: Auswahl des Rechtsbehelfs beim Gerichtsbescheid 23

Wird der Mandant durch einen Gerichtsbescheid beschwert, ist als Rechtsbehelf neben einem Antrag auf Zulassung der Berufung auch ein Antrag auf mündliche Verhandlung statthaft (§ 84 II Nr. 2 VwGO). Insoweit besteht für den Mandanten eine echte Wahlmöglichkeit. Zwar ist der Antrag auf mündliche Verhandlung rechtsschutzintensiver, da in der ersten Instanz noch eine mündliche Verhandlung durchgeführt wird und die zweite Instanz offenbleibt.[19] Für eine Berufungszulassung spricht jedoch der Umstand, dass das Gericht bereits seine Rechtsauffassung gebildet hat und die mündliche Verhandlung verfahrensverzögernd wirken kann. Ohnehin ist eine mündliche Verhandlung oftmals wenig fruchtbar, wenn nur über Rechtsfragen gestritten wird. Beachten Sie aber, dass nach der Rspr. einem Berufungszulassungsantrag das Rechtsschutzbedürfnis fehlt, wenn die Berufungszulassung nur auf die Versagung rechtlichen Gehörs gestützt wird. Diesem Fehler kann durch eine mündliche Verhandlung begegnet werden. Deshalb ist es hier wichtig, neben einer Verletzung des rechtlichen Gehörs weitere Zulassungsgründe zu finden. Streben Sie eine Berufungszulassung an, dürfen Sie nicht sowohl Berufungszulassung als auch mündliche Verhandlung beantragen, da dann die mündliche Verhandlung stattfindet (§ 84 II Nr. 2 Hs. 2 VwGO).

2. »Wo« ist der Zulassungsantrag zu stellen?

Gemäß § 124a IV 2 VwGO ist der Zulassungsantrag grundsätzlich bei dem VG zu stellen, das die angegriffene Entscheidung erlassen hat. Ist der Zulassungsantrag beim VG bereits eingelegt worden, richten Sie die Berufungsbegründung an das OVG (§ 124a IV 5 VwGO). 24

B. Praktischer Teil

Im praktischen Teil müssen Sie den Zulassungsantrag ausformulieren. Bei der Anfertigung des Schriftsatzes müssen Sie die besonderen Darlegungsanforderungen für die Berufungszulassung beachten. Die Zulassungsgründe müssen allein aus dem Schriftsatz ersichtlich werden. Der in der Antragsschrift zu stellende Antrag lautet: 25

> Die Berufung des Klägers gegen das Urteil des Verwaltungsgerichts (genau bezeichnen) vom …, Az. … (genau bezeichnen) wird zugelassen.

2. Unterkapitel. Beratung im Beschwerdeverfahren

Examensrelevanz: Anwaltsklausuren aus dem Recht des Beschwerdeverfahrens sind ein Ausnahmefall. Vereinzelt war allerdings nach anwaltlichem Vorgehen gegen einen Beschluss im vorläufigen Rechtsschutzverfahren gefragt. In gewisser Regelmäßigkeit tauchen zudem Aktenvorträge aus dem Recht der Beschwerde auf. In der mündlichen Prüfung werden auch Grundkenntnisse vorausgesetzt. Aus diesem Grund sollten Sie etwas Zeit investieren und sich die nachfolgende Übersicht einschließlich typischer Problemfelder einprägen, um eine Sensibilität für Aufgaben aus diesem Bereich zu gewinnen. 26

18 Posser/Wolff/*Roth* VwGO § 124 Rn. 76.
19 PHB-VerwS/*Kukk* § 6 Rn. 20.

A. Aufbau des vorbereitenden Gutachtens

27 **Übersicht: Zulässigkeit der Beschwerde**

- **Statthaftigkeit**[20]
  (+) gegen Entscheidungen des VG, des Vorsitzenden oder des Berichterstatters, die nicht Urteile oder Gerichtsbescheide sind (§ 146 I VwGO)
  (–) bei prozessleitenden Verfügungen etc. (§ 146 II VwGO) und bei Entscheidungen mit ausdrücklicher Unanfechtbarkeit
  (–) bei Streitigkeiten über Kosten, Gebühren und Auslagen, wenn Beschwerdesumme 200 EUR nicht übersteigt (§ 146 III VwGO)
  (–) gegen Entscheidungen des OVG/VGH (§ 152 I VwGO), es sei denn: Nichtzulassungsbeschwerde (§ 133 VwGO) und Beschlüsse über Rechtsweg (§ 17a IV 4 GVG)
- **Form** (§ 147 I VwGO)
- **Frist** (§ 147 I, II VwGO): Zwei Wochen nach Bekanntgabe der Entscheidung
- **Form- und fristgerechte Begründung**, soweit Beschwerde gegen Entscheidung im vorläufigen Rechtsschutzverfahren (§ 146 IV VwGO) einschl. **Antrag** (§ 146 IV 3 VwGO)
- **Beschwerdebefugnis** (§ 146 I VwGO)
- **Beschwer**
- **Allgemeines Rechtsschutzbedürfnis**

28 Die Beschwerde ist begründet, soweit die angefochtene Entscheidung formell und/oder materiell rechtswidrig ist. Hierbei ist die Berücksichtigung neuer Beweismittel und Tatsachen zulässig.

B. Praktischer Teil

29 Bei der Abfassung der Beschwerdeschrift können Sie sich an dem Aufbau der Berufungszulassungsschrift orientieren.[21] Dies gilt auch für das – bei Anfechtung von Entscheidungen im vorläufigen Rechtsschutz – zu beachtende Begründungs- und Darlegungserfordernis (§ 146 IV 3 VwGO), das ähnlich wie das Darlegungserfordernis des § 124a IV 4 VwGO auszulegen und anzuwenden ist.[22]

30 Der nach § 146 IV 3 VwGO zwingend erforderliche **Antrag** eines in einem Verfahren vorläufigen Rechtsschutzes erstinstanzlich unterlegenen Beschwerdeführers könnte lauten:

> beantrage ich,
>
> unter Aufhebung des Beschlusses des Verwaltungsgerichts Hannover vom ..., Az. ... die aufschiebende Wirkung der Anfechtungsklage gegen den Bescheid des Antragsgegners vom ... hinsichtlich Ziffer ... anzuordnen und hinsichtlich Ziffer ... wiederherzustellen.

20 Im Einzelnen Kopp/Schenke/*W.-R. Schenke* VwGO § 146 Rn. 4 ff.
21 So auch *Kintz* ÖffR Rn. 855.
22 *Kintz* ÖffR Rn. 855 unter Hinweis auf *Seibert* NJW 2002, 265 (268).

7. Kapitel. Rechtsberatend-gutachterliche Klausur im vorläufigen Rechtsschutz

Examensrelevanz: Klausuren aus dem vorläufigen Rechtsschutzverfahren sind bei anwaltlichen Fragestellungen häufig anzutreffen. Neben Klausuren, die ausschließlich auf den vorläufigen Rechtsschutz zugeschnitten sind, werden aber auch Klausuren aus Klägersicht mit Problemen der §§ 80 V, 80a III, 123 VwGO angereichert. Auch bei diesem Klausurtyp besteht die Klausurleistung in der Regel in der Anfertigung eines Gutachtens und eines praktischen Teils. Letzterer besteht grundsätzlich aus einer Antragsschrift (bzw. zumindest einem ausformulierten Antrag) und/oder einem Mandantenschreiben. In einigen Bearbeitervermerken wird allerdings auch nur die Anfertigung eines Gutachtens oder eines Vermerkes gefordert, ohne dass es einen praktischen Teil gibt. 1

A. Aufbau des vorbereitenden Gutachtens

Auch hier bietet sich folgender Aufbau an: 2

- **Auslegung des Mandantenbegehrens**
- **Zulässigkeit des Antrags**
- **Begründetheit des Antrags**
- **Zweckmäßigkeitserwägungen**

I. Auslegung des Mandantenbegehrens

Zunächst stellen Sie klar, dass der Mandant vorläufigen Rechtsschutz begehrt und welcher Rechtsbehelf zur Erreichung dieses Ziels nachfolgend geprüft wird. 3

Die Vorgehensweise des Rechtsanwalts hat sich am Rechtsschutzziel des Mandanten zu orientieren. Dieses besteht vorliegend in der Erlangung vorläufigen Rechtsschutzes, da …

II. Zulässigkeit des Antrags

Bei der Zulässigkeitsprüfung tauchen die typischen Klausurprobleme auf, die im Abschnitt zur verwaltungsgerichtlichen Klausur dargestellt wurden. Auf die dortige Darstellung wird verwiesen. 4

III. Begründetheit des Antrags

In der Prüfung der Begründetheit eines Antrags gem. § 80 V VwGO wägen Sie zwischen dem privaten Aussetzungsinteresse (Suspensivinteresse) des Adressaten des VA (Mandanten) und dem behördlichen Vollzugsinteresse nach den üblichen Beurteilungskriterien ab. Der Antrag ist begründet, wenn nach der herbeizuführenden gerichtlichen Interessenabwägung das Interesse des Mandanten am einstweiligen Nichtvollzug das öffentliche Interesse an der sofortigen Vollziehung überwiegt. 5

Innerhalb der Begründetheitsprüfung eines Antrags gem. § 80a III VwGO (vorläufiger Rechtsschutz bei VA mit Doppelwirkung) gelten Besonderheiten.[1] 6

Bei einem Antrag gem. § 123 VwGO prüfen Sie, ob der Anordnungsanspruch und der Anordnungsgrund glaubhaft gemacht werden können. Häufig finden Sie in Aktenauszügen den Einwand des Antragsgegners, die begehrte Anordnung nehme die Hauptsache vorweg und habe deshalb keinen Erfolg. Häufig kommt bei solchen Klausuren eine ausnahmsweise Vorwegnahme der Hauptsache zum Tragen. Dies kommt zur Vermeidung irreparabler Rechtsverluste dann in Betracht, wenn das Hauptsacheverfahren zu spät käme und damit effektiver Rechtsschutz (Art. 19 IV 1 GG) nicht gewährleistet wäre. Diese Ausnahme findet zB bei der Zulassung von Gewerbetreibenden zum Jahrmarkt Anwendung.[2] 7

1 → Kap. 3 Rn. 315 ff.; *Kaiser/Köster/Seegmüller* MatÖffR Kap. 8 Rn. 48 ff. zum vorläufigen Rechtsschutz im baurechtlichen Nachbarstreit.

2 BVerfG NJW 2002, 3691 (3692).

Klausurhinweis: Bitte denken Sie daran, dass in Klausuren, in denen es um die Zulassung zu gemeindlichen Einrichtungen geht, gegebenenfalls erforderlich ist, auch den Konkurrenten zu verdrängen. Sie müssen dann bezüglich der Zulassung des Konkurrenten gegebenenfalls einen Drittanfechtungsrechtsbehelf erheben, einen Antrag gem. § 80 V VwGO stellen und im Hinblick auf die eigene Zulassung einen Antrag auf Erlass einer einstweiligen (Regelungs-)Anordnung gem. § 123 I 2 VwGO stellen.[3]

IV. Zweckmäßigkeitserwägungen

1. Generelle Frage des Vorgehens im Wege des einstweiligen Rechtsschutzes (»ob«)

8 Die Zweckmäßigkeitsüberlegungen leiten Sie mit folgendem Satz ein:

> Angesichts der Eilbedürftigkeit und der in dem Gutachten dargelegten Erfolgsaussichten sollte dem Mandanten zu einem Vorgehen im Wege vorläufigen Rechtsschutzes geraten werden.

9 **Problem:** Zweckmäßigkeit eines (vorherigen) behördlichen Aussetzungsantrags (§ 80 IV VwGO)

Neben einem gerichtlichen Rechtsschutzantrag gem. § 80 V VwGO ist vielfach auch ein behördlicher Aussetzungsantrag gem. § 80 IV VwGO denkbar. Allerdings können Sie regelmäßig zu dem Ergebnis gelangen, dass ein solcher Antrag nicht erfolgversprechend ist, da die Behörde ihre Rechtsauffassung bereits gebildet hat. Erwägenswert ist damit ein entsprechender Antrag in der Regel nur gegenüber einer mit der Ausgangsbehörde nicht identischen Widerspruchsbehörde.

10 Ein vorheriger behördlicher Aussetzungsantrag ist grundsätzlich nicht erforderlich (Ausnahme: § 80 VI iVm § 80 II 1 Nr. 1 VwGO [Abgaben und Kosten]). Schließlich ist gerichtlicher Rechtsschutz rechtsschutzintensiver, da ein gerichtlicher Beschluss nur im Wege der Abänderung nach § 80 VII VwGO verändert werden kann. Danach kann das Gericht einen Beschluss über einen Antrag gem. § 80 V VwGO zwar jederzeit von Amts wegen ändern (§ 80 VII 1 VwGO); die Beteiligten können eine Abänderung indessen nur unter erschwerten Voraussetzungen erwirken (§ 80 VII 2 VwGO).

11 **Problem:** Kosten bei verwaltungsgerichtlichen Eilverfahren

- *Gerichtsgebühren* werden – soweit keine sachliche Kostenfreiheit (§ 2 IV 2 GKG) eingreift – iHv 1,5 Gebührensätzen fällig (Nr. 5210 Anlage 1 zum GKG). Im Fall der Antragsrücknahme reduzieren sich diese auf 0,5 (Nr. 5211 Anlage 1 zum GKG).
- Im Eilverfahren entsteht als *Anwaltsgebühr* eine Verfahrensgebühr von 1,3 (Nr. 3100 VV RVG) und (ausnahmsweise) eine Terminsgebühr (Nr. 3104 VV RVG). Beachten Sie, dass das Hauptsacheverfahren und das Eilverfahren nach § 17 Nr. 4 RVG (auch gebührenrechtlich) verschiedene Angelegenheiten darstellen.

2. Gegen »wen« ist der Antrag zu richten?

12 Da § 78 VwGO analog im vorläufigen Rechtsschutzverfahren Anwendung findet, können Sie bei der Frage, gegen wen der Antrag zu richten ist, kurz zum Rechtsträger- bzw. Behördenprinzip Stellung nehmen.

13 **Problem:** Richtiger Antragsgegner bei Anordnung der sofortigen Vollziehung durch Widerspruchsbehörde

Beachten Sie, dass nach wohl hM auch im Verfahren nach § 80 V VwGO die Ausgangsbehörde der richtige Antragsgegner ist, wenn die Widerspruchsbehörde die sofortige Vollziehung angeordnet hat.[4]

3. »Wie« ist der Antrag zu stellen?

14 **Problem:** Einlegung des Hauptsacherechtsbehelfs

Vielfach ist in Aktenauszügen der statthafte Hauptsacherechtsbehelf gegen den Bescheid noch nicht eingelegt worden. Da ein Antrag gem. § 80 V VwGO grundsätzlich voraussetzt, dass

3 Zum Erfordernis, neben einem Verpflichtungsantrag einen Anfechtungsantrag bzgl. des Konkurrenten zu erheben → Kap. 3 Rn. 116.

4 Kopp/Schenke/*W.-R. Schenke* VwGO § 80 Rn. 140 mwN.

der Rechtsbehelf (Widerspruch bzw. Anfechtungsklage) erhoben worden ist (da andernfalls dessen aufschiebende Wirkung nicht angeordnet bzw. wiederhergestellt werden kann), ist es in der Regel zweckmäßig, einen solchen einzulegen.[5]

Im *praktischen Teil* müssen Sie dann neben der Antragsschrift an das Gericht mit einem weiteren Schriftsatz den statthaften Anfechtungsrechtsbehelf erheben. Eine vollständige Begründung des Hauptsacherechtsbehelfs wird häufig nicht verlangt. Es ist ausreichend, wenn Sie fristwahrend Widerspruch erheben oder zur Begründung des Widerspruchs auf eine Durchschrift der Antragsschrift verweisen. 15

Problem: Zusätzlicher Antrag gem. § 80 V 3 VwGO (»Annexantrag«) 16

Ist der VA bereits vollzogen, sollten Sie gegebenenfalls einen Antrag auf Rückgängigmachung der Folgen stellen (sog. Annexantrag).

Problem: Antrag auf Erlass einer gerichtlichen Zwischenverfügung 17

In der Regel sieht die Behörde von Vollstreckungsmaßnahmen ab, wenn diese von dem vorläufigen Rechtsschutzgesuch Kenntnis erlangt. Gibt die Behörde allerdings zu erkennen, eine angekündigte Vollstreckung auch einzuleiten, wenn der Mandant einstweiligen Rechtsschutz begehrt, ist es zweckmäßig, zeitgleich mit dem Antrag nach § 80 V VwGO eine Zwischenverfügung (»Schiebeverfügung« bzw. »Hängebeschluss«) zu beantragen, die der Behörde bis zum Abschluss des vorläufigen Rechtsschutzverfahrens Vollstreckungsmaßnahmen untersagt.[6]

Dieser Antrag wird im *praktischen Teil* wie folgt formuliert: 18

> ... beantragt,
>
> 1. ... (es folgt Hauptantrag gem. § 80 V 1 VwGO)
> 2. dem Antragsgegner wird aufgegeben, bis zur endgültigen Entscheidung im Eilverfahren von Vollstreckungsmaßnahmen abzusehen.

Problem: Anregung einer Entscheidung durch den Vorsitzenden (§ 80 VIII VwGO) 19

In wirklich dringenden Fällen (Ausnahme) kann der Vorsitzende allein entscheiden (§ 80 VIII VwGO; § 123 II 3 VwGO). Im praktischen Teil ist dies am Ende der Antragsschrift anzuregen. 20

Problem: Glaubhaftmachung des Anordnungsanspruchs und -grundes 21

Denken Sie bei einem Antrag gem. § 123 VwGO an das Erfordernis der Glaubhaftmachung (§ 123 III VwGO iVm §§ 920 II, 294 ZPO). Im Examen reicht zur Glaubhaftmachung in der Regel die Vorlage des Schriftwechsels zwischen den Verfahrensbeteiligten aus. Zusätzlich kommt eine eidesstattliche Versicherung des Mandanten oder eines Dritten in Betracht. Diese müssen Sie nach dem jeweiligen Bearbeitervermerk jedoch in der Regel nicht ausformulieren. Sie können allerdings im Mandantenschreiben auf das Erfordernis einer eidesstattlichen Versicherung hinweisen.

4. »Wo« ist der Antrag zu stellen?

Zuständig ist das Gericht der Hauptsache (§ 80 V 1 bzw. § 123 II 1 VwGO). 22

B. Praktischer Teil

Achten Sie beim praktischen Teil darauf, die Beteiligten als »*Antragsteller*« bzw. »*Antragsgegner*« und Bevollmächtigte als »*Verfahrensbevollmächtigte*« zu bezeichnen. Die Anträge sollten sich an den unter → Kap. 3 Rn. 343 f. dargestellten Formulierungen orientieren. 23

5 Im Einzelnen hierzu → Kap. 3 Rn. 286.

6 Nach der Rspr. des BVerfG sind Behörde und ggf. VG wegen Art. 19 IV GG zum Erlass einer Zwischenverfügung bzw. Anweisung hierzu verpflichtet, wenn der Antrag auf vorläufigen Rechtsschutz nicht aussichtslos oder missbräuchlich ist und nicht ohnehin für die Dauer des Verfahrens von der Vollstreckung abgesehen wird, BVerfG NVwZ 2014, 363.

I. Muster für Antrag gem. § 80 V 1 VwGO

24 Name und Anschrift des Rechtsanwalts

Ort, Datum

– Entwurf –

Anschrift des Verwaltungsgerichts

Antrag auf Gewährung vorläufigen Rechtsschutzes[7]

des …

– Antragsteller –

Verfahrensbevollmächtigte: …

gegen …

– Antragsgegner –

wegen: …

hier: Gewährung vorläufigen Rechtsschutzes

beantrage ich namens und in Vollmacht des Antragstellers,

die aufschiebende Wirkung des Widerspruchs des Antragstellers vom … gegen den Bescheid des Antragsgegners vom … in der Gestalt des Widerspruchsbescheides des … vom … wiederherzustellen.

Begründung:

I.

Sachverhalt

II.

Rechtliche Würdigung

Gegebenenfalls Anregung der Entscheidung durch den Vorsitzenden (§ 80 VIII VwGO)

Unterschrift

7 Klären Sie bitte mit Ihrem Arbeitsgemeinschaftsleiter, ob ggf. eine abweichende Formulierung üblich ist. So ist es etwa nicht unüblich, auch in einem auf die Gewährung vorläufigen Rechtsschutzes gerichteten Schriftsatz die Formulierungen aus dem Hauptsacheverfahren zu übernehmen.

II. Muster für Antrag gem. § 123 VwGO

Name und Anschrift des Rechtsanwalts — Ort, Datum 25

– Entwurf –

Anschrift des
Verwaltungsgerichts

Antrag auf Erlass einer einstweiligen Anordnung

des …

– Antragsteller –

Verfahrensbevollmächtigte: …

gegen …

– Antragsgegner –

wegen: …

hier: Gewährung vorläufigen Rechtsschutzes

beantrage ich namens und in Vollmacht des Antragstellers,

…

Begründung

I.

Sachverhalt

Glaubhaftmachung: …

II.

Rechtliche Würdigung

Gegebenenfalls Anregung der Entscheidung durch den Vorsitzenden (§§ 123 II 3, 80 VIII VwGO)

Unterschrift

Sachverzeichnis